U0119443

蘭臺出版社

中國文化研究叢書第一輯 9

總編纂 党明放

先秦儒家的專制主義精神

丁家桐題

李憲堂 著

中國學術研究叢書系列

總編纂　党明放

中國文化研究叢書第一輯

党明放　　鄭茂良、陳　濱　肖愛玲　韋明鏵　許友根

艾永明　　傅紹良　　王　勇　李憲堂　雷　戈

《中國學術研究叢書》出版總序

党明放

國學，初指國立學校，明置中都國子學，掌國學諸生訓導政令。後改稱中都國子監，國子監設禮、樂、律、射、御、書、數等教學科目。

國學，廣義指中國歷代的文化傳承和學術記載，狹義指以儒學為主的中國傳統學說，根據文獻內容屬性，國學分經、史、子、集四類，各有義理之學、考據之學及辭章之學。

國學是以先秦經典及諸子百家為根基，涵蓋了兩漢經學、魏晉玄學、隋唐佛學、宋明理學、明清實學和同時期的先秦詩賦、漢賦、六朝駢文、唐詩宋詞元曲與明清小說等一脈特有而完整的文化學術體系，並存各派學說。

學術，指系統而專門的學問，是對客觀事物及其規律的學科化。學問，學識和問難，《周易》：「君子學以聚之，問以辯之。」而自成系統的觀點、主張和理論，即為學說，章炳麟《文略》：「學說以啟人思，文辭以增人感。」無論是學術、學問、學說，皆建立在以文化為主體之上。

「文化」一詞源於拉丁文 Colere，本義開發、開化。最早將其作為專門術語加以運用的是英國文化人類學創始人愛德華・泰勒（Edward. B. Tylor 1832—1917），他在《原始文化》書中寫道：「文化或文明是一個複雜的總體，它包括知識、信仰、藝術、道德、法律、風俗以及作為一個社會成員的個人通過學習獲得的任何其他的能力和習慣。」

　　人類社會可劃分為政治部分、文化部分和經濟部分。一個國家，有其政治制度、文化面貌和經濟結構；一個民族，有其政治關係、文化傳統和經濟生活。在人類社會發展進程中，文化是「源」，文明是「流」。文化存異，文明求同。

　　文化是產生於人類自身的一種社會現象。《周易》云：「觀乎天文，以察時變。觀乎人文，以化成天下。」東漢史學家荀悅《申鑒》云：「宣文教以章其化，立武備以秉其威。」南齊文學家王融〈曲水詩序〉云：「設神理以景俗，敷文化以柔遠。」

　　文化是人類的內在精神和這種內在精神的外在表現。文化具有多方的資源、特質、滯距，以及不同的選擇、衝突和創新。

　　文化分為物質文化、精神文化和制度文化。文化不僅在人類學、民族學、社會學、考古學，以及心理學中作為重要內涵，而且在政治學、歷史學、藝術學、經濟學、倫理學、教育學，以及文學、哲學、法學等領域的核心價值。

　　文化資源包括各種文化成果和形態。比如語言、文字、圖畫、概念、遺存、精神，以及組織、習俗等。其特性主要體現在文化資源的精神性、多樣性、層次性、區域性、集群性、共享性、變異性、稀缺性、潛在性以及遞增性。

　　歷史文化資源作為人類文化傳統和精神成就的載體，構成了一個獨立的文化主體，並具有獨特的個性和價值，可分為自然文化資源和社會文化資源，自然文化資源依靠文化提升品味，依靠時間形成魅力；社會文化資源包括人文景觀、歷史文化和民俗風情等。

　　民族文化資源具有獨特性、融合性和創新性，包括有形的文化資源和無形的精神文化資源，諸如：民俗節慶、遊藝文化、生活文化、禮儀文化、制度文化、工藝文化以及信仰文化等。

　　我國是一個多種宗教並存的國家，諸如佛教、道教、基督教、天主教以及伊斯蘭教等，在漫長的歷史發展進程中，各類宗教和宗教派別形成了寶貴的宗教文化資源。宗教文化具有很大的包容性，幾乎囊括了從哲學、思想、文學、藝術到建築、繪畫、雕塑等方面的所有內容，並且具有很大的旅遊需求和開發價值。

　　文化資源具有社會功能和產業功能。社會功能具有明顯的時代性、可變性、

擴張性、商品性、潛在性，以及滯後性，主要體現在促進文化傳播、加強文化積累、展現國民風貌、振奮民族精神、鼓舞民眾士氣和推動文明建設等方面。

　　文化是一個國家和民族的凝聚力、生命力和影響力的集中體現。人類文化的交往，一種是垂直式的，稱之為文化傳遞；一種是水平式的，稱之為文化傳播。垂直式的文化交往屬於文化積累，或稱文化擴散，能引發「量」的變化；水平式的文化交往屬於文化融合，或稱文化采借，能引發「質」的變化。一切文化最終將積澱為社會人群的內涵與價值觀，群體價值觀建築在利它，厚生，良善上，這族群的意識模式便影響了行為模式，有了利它，厚生為基礎的思維模式，文化出路便往利它，厚生，豐盛溫潤社會便因之形成。這個群體因有了優質文化而有了安定繁盛的社會，生活在其中的人們可以快樂幸福。

　　東漢王符《潛夫論》云：「天地之所貴者，人也；聖人之所尚者，義也；德義之所成者，智也；明智之所求者，學問也。」歷代學人為了文化進程，著手文獻整理，進行編纂，輯佚，審校，註釋，專研等，「存亡繼絕」整校出版文化傳承工作。

　　蘭臺出版社擬踵繼前人步伐，為推動時代文化巨輪貢獻禺人之力，對中國傳統文化略盡固本培元，守正創新，傳佈當代學界學人，對構建中國傳統文化研究的成果，將之整理各類叢書出版，除冀望將之藏諸名山，傳諸百代之外，也將為學人努力成果傳佈，影響更多人，建立更好的優質文化內涵。並將此整校編纂出版的重責大任，視其為出版者的神聖使命，期盼學界學人共襄盛舉！

　　蘭臺出版社社長盧瑞琴君致力於中國文化文獻著作的整理出版，首部擬策劃出版《中國學術研究叢書》，接續按研究主題分類，舉凡國家制度、歷史研究、經濟研究、文學研究、典籍史論，文獻輯佚、文體文論、地理資源、書法繪畫、哲學思想，倫理禮俗，律令監督，以及版本學、考古學、雕塑學、敦煌學、軍事學等領域，將分門別類，逐一出版。邀稿對象多為國內知名大學教授、社科機構研究員，以及相關研究領域裡的專家和學者的專業研究成果為主，或國家社會科學、文化部、教育部，以及省級社科基金項目的代表性科研成果，諸位教授主持國家社科基金重大招標項目，以及擔任部省級哲學、社會科學重大攻關項目首席專家，並且獲得不同層次、不同級別、不同等級的成果獎項為出版目標。

　　中國文化研究首部《中國學術研究叢書》的出版，將以此重要的研究成果，全新的文化視野，深邃厚重的歷史文化積澱和異彩紛呈的傳統文化脈絡為出版稿約。

　　清人張潮《幽夢影》云：「著得一部新書，便是千秋大業；注得一部古書，允為萬世宏功。」人類著述之根本在於人文關懷。叢書所邀作者皆清遠其行，浩博其學；學以辯疑，文以決滯；所邀書稿皆宏富博大，窮源竟委；張弛有度，機辯有序。

　　文搜百代遺漏，嘉惠四方至學。《中國學術研究叢書》開啟宏觀視覺，追溯本紀之源，呈現豐贍有趣的文化圖景。雖非字字典要，然殊多博辯，堪為文軌，必將為世所寶。

　　瑞琴君問序於余，鄙人不才，輒就所知，手此一記，罔顧辭飾淺陋，可資通人借鑒焉。

王寅端月識於問字庵

作者係文化學者、蘭臺出版社駐北京總編輯、中國學術研究叢書總編纂

目　錄

緒　論

　　僅僅把儒學作為一個乾枯的理論體系，或作為一個抽象出來的學術傳統進行研究，是當前學術界存在的根本性問題。波普爾曾把人類的世界分為三部分：世界一是物理世界，包括所有物理對象及其狀態；世界二是精神世界，包括心理素質、意識狀態、主觀經驗等；世界三是客觀知識世界，包括一切見諸於客觀物質的精神產品。這三個世界無疑是緊密相關的。任何有生命的思想體系，都是一棵根深葉茂的大樹，它的根深紮在民族潛意識的土壤裡，從悠久的傳統中吸收營養；它的基幹挺立於現實世界，以崇高的道德法則抵抗著人間的墮落；它的葉冠則伸向想像的高處，吸收和轉化來自精神宇宙深處的光能。因而，對儒學的研究，就應當是一種包括環境學、植物學、分子生物化學在內的綜合性研究，而不應當僅僅局限在物理學範疇。然而，迄今為止，人們所做的只是把它連根拔起，拖進波普爾第三世界中的手工作坊裡，對它進行純材料學上的分解，各依其所好取捨、發揮。其結果是，不同學術流派甚至不同的研究者都有各自的儒學，儒學的面貌因之變得越來越混沌、越來越模糊；不同觀點之間勢同水火，這麼多年來人們孜孜矻矻上下求索的結果，似乎只是增加了更多的問題。

　　在眾多的儒學當中，現代新儒家的儒學無疑最具魅惑力。它經過了現代觀念的精心包裝，使古老的中華傳統具有了指向未來的普遍適應性，不僅可以撫慰無家可歸的現代人的寂寞鄉愁，而且能夠增強早已底氣不足的民族自信心，因而近年來行情不斷看漲。

本文從歷史現象學的角度入手，歷史地解析儒學的生成條件和本質面目，對其每一塊理論基石進行嚴格的考古學探查，最終將證明這樣的結論：儒學從一開始就帶有強烈的實踐傾向，全面參與到了權力機制的建構之中，因而全息地帶有專制主義的毒素。

一、新儒家的儒學：一個虛構的神話

對新儒家的觀點，《中國傳統哲學與現代新儒家》一書的作者韓強先生做過相當精要的概述：

現代新儒家極力把五四新文化運動所提倡的科學與民主精神納入傳統儒學的內聖外王模式之中。他們認為只有在對中國傳統文化價值認同的基礎上，才談得上對西方新潮的適應，儒家傳統與科學民主並不矛盾，由儒家心性之學的「內聖」可以開出科學、民主的「新外王」，或謂之「反本開新」（反儒家之本，開科學、民主之新）。他們極力從儒家人文主義中尋找「適應」現代化的因素，認為中國古代就講「正德、利用、厚生」，孟子的民貴君輕和「人皆可以為堯舜」包含著大平等的精神，科學與民主正是中國文化的道德精神發展的必然要求。為此，他們提出了各種內聖外王的新方案，如熊十力的「斷染成淨」，以自由平等改造儒家禮制的設想；馮友蘭的道德方面繼往、科學方面開來的中體西用論；賀麟的儒化西洋文化，以西洋的哲學、基督教、藝術充實儒家的理學、禮教、詩教的方案；牟宗三由良知主體「自我坎陷」出知性主體和政治主體的「三統說」，都沿襲了傳統儒學內聖為體、外王為用的思維模式[1]。

新儒家內部的觀點並不一致，每個人在不同時期也可能有所改變。大致說來，第一代新儒家普遍認為中國古代亦有民主制度，儒家思想即是一種民主思想。如錢穆就堅持，古代中國非但沒有專制，而且奉行著一種理想的民主制度——「君主立憲制」[2]。梁漱溟則認為「中國非無民主，但沒有西洋近代國家那樣的民主」，即缺乏「政治上之民主」和近代法律上之民主，特別是缺乏個人本位權利觀念。梁氏認為民主即承認旁人，平等、講理、取決多數、尊重個人

1　韓強，《中國傳統哲學與現代新儒學》，天津：理論與現代化編輯部 1993 年，140—141 頁。

2　啟良，《新儒學批判》，上海：上海三聯出版社 1995 年，第 221 頁。

自由。前三點，中國人並不缺乏[3]。賀麟認為，中國儒家傳統本來就有民主精神，他稱之為民治主義，比如「天視民視」、「天聽民聽」、和「民貴君輕」等說法就是儒家的民主思想，與西方近代的民主政治是一致的。華盛頓、佛蘭克林、林肯等人「皆有儒者」氣象，其推行的民主政治，即儒家所說的「王道」[4]。熊十力的觀點是：孔子的外王說，本應為「同情天下勞苦小民，獨持天下為公之大道，蕩平階級，實行民主，以臻天下一家，中國一人之盛」，但是，自漢以來，朝廷之宣揚與社會上師儒之疏釋或推演，皆以六經外王之學為擁護君主統治階級與私有制，而使下安其分以事上，而上亦務抑其狂逞之欲，有以綏下，將以保小康之治，這都不符合孔子六經之本義[5]。他強調天下為公之大道，是六經外王學之一貫旨趣：「六經廣大，無所不包通，科學思想，民治思想，六經皆已啟其端緒」[6]。他甚至認為，「明儒陳白沙所言天自信天，地自信地，吾自信吾就是獨立」；孔子「我欲仁，斯仁至矣」就是自由最精義；而孔子的「當仁不讓于師」和孟子的「人皆可以為堯舜」，就是平等之意[7]。張君勱的觀點稍微有點不同，與牟宗三等人的看法相近。他的意見是：「自孔孟以至宋明儒者之所提倡者，皆偏於道德論，言乎今日之政治，以民主為精神，非可求之於古代典籍中也……與其今後徘徊于古人之墓前，反不如坦白承認今後文化之應出於新創。」[8]他認為，中國儒家思想是中國現代化的理論基礎，它可以為中國當代的科學與民主建設提供基本的方法。儒家思想中的一些基本原則，如理智的自主、智慧的發展、思考反省的活動、以及質疑與分析的方式等，都是指導科學與民主建設的思想基礎。因此，「儒家思想的復興足以導致一種新的思想方法，這種新的思想方法將是中國現代化過程中的基礎」[9]。

　　第二代新儒家一般不再在儒家思想中尋求民主內容，而是致力於論證儒學中內含著「民主的種子」。這種觀點以牟宗三為代表。牟宗三認為，中國文化「在

3　宋仲福等著，《儒學在現代中國》，鄭州：中州古籍出版社1991年，第245頁。

4　啟良，《新儒學批判》，上海：上海三聯出版社1995年，第197頁。

5　宋仲福等著，《儒學在現代中國》，鄭州：中州古籍出版社1991年，第293頁。

6　熊十力，《讀經示要》，重慶：南方印書館1945年，第149頁。

7　方克立、李錦全主編，《現代新儒家研究論集》，北京：中國社會科學出版社1989年，第60頁。

8　啟良，《新儒學批判》，上海：上海三聯出版社1995年，第166頁。

9　呂希晨、陳瑩，〈張君勱新儒學思想初探〉，見方克立、李錦全主編，《現代新儒學研究論集（一）》，北京：中國社會科學出版社1989年，第232頁。

全幅人性的表現上，從知識方面說，它缺少了『知性』這一環，因而也不出現邏輯數學與科學；從客觀實踐方面來說，它缺少了『政道』之建立這一環，因而也不出現民主政治，不出現近代化的國家政治與法律」[10]。但他又認為，「中國不出現科學與民主，不能近代化，乃是超過的不能，不是不及的不能」[11]，只要道德理性讓開一步，從往上講轉為往下講，由直通轉為曲通，便可以推出外王事功來。在他看來，「民主政治之實現就是道德理性之可觀地實現」，因而，「我們若真知道道德理性必須被廣被出來，必須要客觀化，則即可知民主政治即可從儒家學術的發展中一根而轉出」[12]。唐君毅亦以為，民主乃中國文化的內在要求，內聖外王的基本格局不變，民主是要在內聖基礎上開出「新外王」[13]。徐復觀的見解是，民主政治「可因儒家精神之復活而得其更高的依據」[14]，因為「儒家德與禮之思想，正可把由勢逼成之公與不爭，向上推到道德之自覺，民主政治至此才真有其根基」[15]。

　　第三代新儒家仍處在分化與形成之中。與其師輩不同，他們一般來說不再迷戀於儒家文化的德性、智慧和情趣，也不再糾纏於儒家是否內含著民主與科學的問題，而是主張保守和發揚儒家思想中最具普遍性的價值。如劉述先就認為，儒家的典章制度都已經過時，真正的精神是生生不已的「仁」心。他主張把安身立命與終極關懷相聯繫，強調「我們如今所唯一要保留的，乃是儒家『仁心』的託付與『生生不已』的精神，如能將之貫注在現代科學人文的成果之內，則生命不至於流落到無意義的境地」[16]。蔡仁厚主張「保內聖而開外王」[17]，把現代社會需要的民主與科學，增益到儒家的常道上去，以實現常道表現方式的

10　牟宗三，《歷史哲學》，學生書局 1984 年，第 191 頁。

11　啟良，《新儒學批判》，上海三聯出版社 1995 年，第 309 頁。

12　啟良，《新儒學批判》，上海三聯出版社 1995 年，第 307 頁。

13　韋政通，〈當代新儒家的心態〉，原載臺北《中國論壇》第 15 卷第 1 期（總第 169 期），1982 年 10 月 10 日，亦見羅義俊，《評新儒家》，上海人民出版社 1989 年，第 165—166 頁。

14　樂炳南，〈徐復觀對儒家思想的詮表與創發〉，《中華雜誌》（臺北）第 20 期（總第 226 期），1982 年 5 月。

15　同上。

16　劉述先，〈儒家哲學的現代意義〉，見《當代新儒家》，生活・讀書・新知三聯書店 1989 年，第 244 頁。

17　蔣國保，〈儒學的現代走向〉，見《現代新儒學研究論集（一）》，中國社科出版社 1989 年，第 107 頁。

變通。余英時[18]、杜維明、成中英諸人主要致思於儒學的哲學和信仰層面，力圖在人類文明的廣闊視域內，審視和肯定作為一種價值取向和生活方式的儒家傳統的現代意義。

總之，在新儒家那裡，儒家思想是一個超越於歷史現象的、自成一體的偉大傳統，是歷史的洪流上雲帆高掛駛向未來的福音船隊。它的基本價值具有普遍性意義，是人類自我救贖的希望所在。他們把儒家的基本價值歸結為人文主義精神，認為自孔子誕生後，中國的歷史便充滿了人性的溫情，道義的光輝。儘管儒家沒有提出明確的民主觀念，沒有開出系統的民主政治制度，但儒家在精神上是民主的，至少包含了民主的種子，從中完全可以生發出現代民主的價值和實踐。

一些國外學者也基本接受了新儒家的觀點。如狄百瑞認為，中國的理學知識分子存在著個人自主性，存在先知式的啟示[19]，實際上承認儒學中具有「准民主」成分。孟旦[20]（Donald J. Munro）對儒家的平等觀和「等差之愛」表示了相當程度的欣賞。而羅思文（Henry Rosemont, Jr.）的觀點則別具一格，在〈誰的民主？何種權利──一個儒家對當代自由主義的批評〉一文中，他審查了西方自由與民主觀念的歷史根源與哲學、倫理基礎，指出儒學是另一個話語體系，不能用西方的標準進行衡量，儒學意味著人類走向未來的另一條途徑，是「自由與民主」的另一種方式。

以上種種觀點不能不令人懷疑。在一個兩千餘年來一直是權力支配一切的社會裡，卻孕育出了一個具有現代民主精神的偉大傳統！難道一個思想流派能夠從社會中分離出來而獲得其自足性？難道一個理論體系只是思想家們向壁虛構的結果？

我不接受這樣的解釋。我認為，理論既不超越於、獨立於實踐，也不簡單地是實踐的產物。理論就是實踐，是人類社會歷史現象的有機組成部分。一個民族進入世界的角度和途徑，就是他們思考和行動的方式與方法，「思」與「行」

18　余英時本人不承認自己是新儒家，但他的基本觀點與新儒家相比並無二致。

19　狄百瑞，《中國的自由傳統》，香港中文大學出版社 1983 年，第 7 頁。

20　孟旦，〈一種證明倫理規則的現代方式：約翰・斯圖亞特・穆勒、孟子和當代生物學〉，安延明譯，載於哈佛燕京學社、三聯書店主編，《儒家與自由主義》，生活・讀書・新知三聯書店 2001，第 201—212 頁。

是一致的。理論與實踐的劃分不過是一種「理論」抽象。實際上，實踐時刻生發為理論，而理論則反過來像催化劑一樣生成著實踐。理論與實踐的辯證關係，構成了人類社會生生不已的自催化機制。

顯然，新儒家所裝扮的儒學是一種脫離了歷史實踐的理論虛構，是一個精心杜撰的神話。不同於盲人摸象式的偏執和固陋，新儒家充分表現了思辯中的深邃、機智和理論上的成熟。但是，當我們期待著他們的大象站起來演一個雜耍，或者哪怕打一個噴嚏時，我們看到的只是活靈活現的關於大象的皮影戲。本書的寫作，在某種意義上是跟新儒家進行的一次對話：各人把各人的大象牽出來（如果能牽出來的話），看誰的大象能用鼻子捲起一隻馬鈴薯或一個皇帝。

我的意見是，儒家思想作為一個源遠流長的思想體系，既不是天啟的教言，也不是聖人創制的道統，而是一種文化編程機制、社會信息和能量運作系統。它像人體上的經絡，可以被抽象出來，但不能被剝離。

新儒家遠離了思想與社會歷史的複雜關係，就儒學而論儒學，自然可以毫無阻礙地為它塗上一層美麗迷人的色彩。他們的做法是，把自己的解釋（他們心目中的儒學）作為根據，然後大加發揮（他們主張研究傳統文化要「懷著敬意的同情」）。經過反復「滿懷敬意」的描繪，曲線變成直線，暗色變成亮色，於是造出一個令全世界豔羨的儒學來。至於儒學曾為專制權力服務這一事實（為方便起見，借用這一通行的說法，其實儒學就是專制權力，誰服務誰呀！），新儒家的辯護狀主要有三條：一是把「原始儒家」與「後來的儒家」分開，認為原始儒家是真正的儒家，後來的儒家則是被歪曲後的非正常形態[21]。這樣的觀點顯然是站不住腳的。我們說評價一個人要「蓋棺定論」，就是要根據他的歷史而不是他的抽象品質對他作出評判，如果因為一個人小時候品質不錯就斷定

21　幾乎新儒家都是通過區分「真儒學」與「假儒學」來捍衛儒學的神聖價值的。如梁漱溟認為，現代儒學的復興，就是「批評地把中國原來的態度重新拿過來」，這「中國原來的態度」，就是未經後來「腐儒」糟賤過的原版儒家，秦漢以後，中國文化遠離了孔孟真義的文化路向；熊十力一再強調，儒家思想在孔孟那裡，是十分完備完美的，既有內聖之蘊，又有外王之通，只是「呂秦以焚坑毀學，漢人竄亂六經，假借孔子以護帝制，孔子之外王學，根本毀絕」；方東美則認為，原始儒學「不是把人展開在廣大的藝術世界看，而是把人集中了，在形而上的原則的支配下，然後再落實到道德體系裡面來看人」。這就是「志於道，據於德，依於仁，游於藝」。宋儒卻偏離了原始儒家的大義，不僅淡化了原始儒家的藝術精神，而且將「道」與「氣」勾搭在一起，從而使儒學由形而上降格為形而下。（引自啟良，《新儒學批判》，上海三聯出版社1995年，第295頁。）

這個人不錯，這實在是一種常識性錯誤。再打個比方，棘子小時候像一株小草一樣柔弱，長大後卻布滿紮人的硬刺，我們不能通過把棘苗與長成的棘子分開，來證明這種植物是可愛的。只有在實驗室的玻璃瓶裡，它們才永遠鮮美可人；同樣，只有在新儒家的理論製作室裡，儒學才會永遠高尚美好。

二是歸因於法家的誘惑與玷污。他們認為儒家原是清白無辜的，由於受了法家的影響，到漢朝時期統治者援法入儒，使儒家偏離正道而失迷了本性，因而經過正本清源，儒家可以煥發光彩與生機[22]。這種說法完全顛倒了事實。實際上，法家完全可以看作儒家中的旁門左道。眾所周知，法家的代表人物韓非、李斯，皆出於儒家門下。

第三種說辭是儒家遭受了權力的強暴，不得已墮落風塵，如今時移事異，完全可以從良自新[23]。這顯然是一廂情願的狡辯之辭。因為外因只是事物變化的條件和契機，內因才是事物變化的根本原因。倘若儒家真的擇善固執，獨善其身，誰又能強迫它折心忍垢？其實，從孔子開始，儒家就表現出了對專制權力的自覺奉迎。

新儒家的觀點越來越受到人們追捧。這種現象有深刻的社會歷史根源。從「五四」開始對傳統文化的激烈解構，固然使我們這個陳陳相因的民族打破了大一統的千年迷夢，參與到現代世界進程中來，然而，正如一個施泄過度的病人，因為元氣離散而虛弱依舊。於是，培元固本成為辯證施治的另一個環節。也可以這樣說，我們在波濤滾滾的海面上已拼搏得太久了，需要重新沉潛下去，從民族生活的深處汲取新的能量。新儒家適應了這一重建民族文化自信的需要，因而擁有越來越大的市場。然而，問題在於，他們開出的補藥——從腐敗的泥土裡挖出來的「千年何首烏」，未經現代意識的去魅，仍然含有致命的毒素。又因為他們把這種生藥掛上了一層甜美的糖霜，使之看起來就像現代化的藥丸，對其危害性就越需要提高警惕。

22　這種論點以余英時先生為代表。參見其《中國思想傳統的現代詮釋》，江蘇人民出版社 1998 年，第 61—99 頁。

23　如徐復觀就認為，儒家傳統基本上以人民為主體，但在現實的專制政治中卻是以人君為主體（徐復觀，《學術與政治之間》，臺北：學生書局 1980 年，第 104 頁）。言外之意儒家「為專制政治服務」是不得已而為之。金耀基主張把儒學分為「制度化儒學」和「社會化儒學」，也是這個意思。（見金耀基，《中國社會與文化》，香港：牛津大學出版社 1992 年，第 166 頁。）

　　因此，儘管重建已成為當務之急，本書要做的卻是對新儒家已經奠定的基礎進行重新解構。因為他們的設計依據的仍然是舊有的圖式，他們使用的材料帶有致命的放射性。本文力圖從歷史現象學的角度，分析理論與實踐如何相互催化，真理與權力如何相互生成，以歷史地描摹出儒學的真面目、真精神。新儒家的每一個理論前提，都將受到嚴格的拷問。本書的結論是，傳統文化在精神氣質上就是專制主義的，從作為傳統文化主流的儒學中，不可能像新儒家認為的那樣，「開出」現代西方式的民主制度。

二、學術史回顧

　　進入二十世紀，儒學開始成為反思和批判的對象。洋務運動的失敗，宣告了「中體西用」美夢的破滅，保守派的最後一道防線暴露在激進實力的火力射程之內。於是，傳統文化成了保守、陳腐的代名詞，被視為中國積貧積弱的根本原因。作為傳統文化的主流，儒家學說首當其衝，被作為戕害靈性的毒素、禁錮思想的枷鎖、兩千年封建專制統治的幫凶而大加討伐。

　　其實早在戊戌時期，譚嗣同「衝決網羅」的吶喊已開「五四」之先河。在《仁學》中，他對儒家「名教綱常」的聲討可以說振聾發聵。值得注意的是，他以西方的政教風俗為依據來否定中國傳統的倫常秩序。可以說，譚嗣同是五四批判精神之濫觴。

　　其後藍公武、黃遠生（名基，字遠庸，筆名遠生）等人先後舉起了討伐禮教的旗幟。1915 年 1 月 20 日，《大中華》雜誌創刊號上發表〈辟近日復古之謬〉一文，指出「中國之禮教，以尊卑之別而刑罰輕重之矣，以長幼之序而刑罰偏頗之矣，乃至親長操刑戮之權，君上專殺罰之威，其侵國權而背人道，又寧待論也」。1916 年 1 月 10 日，《東方雜誌》發表黃遠生文章〈國人之公毒〉，對儒家學說造成的危害進行了全面揭露：「自漢尊孔之後，已漸養成獨斷形式主義之空氣」，造成我國思想界最大的弊病：籠統主義，即無系統、無實質、無個性、無差別等等，其表現形式則為武斷、專制、沉滯、腐朽、因循、柔弱等；另一種消極表現為根本不認為有個人的人格與自由，必使一切之人，沒入於家族，沒入於宗法社會。易白沙於 1916 年初在《青年雜誌》上發表〈孔子評議〉一文，對儒家學說發起攻擊，他認為孔子思想內涵著諸多獨夫民賊所利用的東

西，實為中國專制主義政治文化的思想土壤。蔡元培也認為儒學已成為阻礙歷史前進的因素：「忠君與共和政體不合，尊孔與信教自由相違」。[24]

五四運動中，儒學遭受了第一次徹底清算。陳獨秀直接把儒家思想與專制主義聯繫在了一起：「孔教與帝制，有不可離散之因緣」[25]。在《新青年》第2卷第4號上，陳發表〈袁世凱復活〉一文，指出：「若夫別尊卑，重階級，主張人格，反對民權之思想之學說，實為製造專制帝王之根本原因。吾國思想界不將此根本惡因剷除淨盡，則有因必有果，無數廢共和復帝制的袁世凱，當然接踵應運而生」。李大釗從經濟基礎與上層建築的角度，分析了儒學與專制制度的關係：「君主專制制度完全是父權中心的大家族制度的發達體」，「而以孔子主義為其全結晶體。」[26]因而他認為：「孔子生於專制之社會，專制之時代，自不能不就當時之政治制度而立說，故其說確足以代表專制社會之道德」，「孔子者，歷代專制帝王專制的護符也，而憲法者，現代國民自由之證券也。專制不能容於自由，即孔子不當存於憲法」[27]。被胡適譽為只手打倒孔家店的老英雄吳虞，自然是當時批判儒學專制主義思想的重鎮。在給陳獨秀的信中，他寫道：「不佞常謂孔子自是當時之偉人，然欲堅執其學以籠罩天下後世，阻礙文化之發展，以揚專制之餘焰，則不得不攻之者，勢也。」[28]他特別著力揭示了專制政治與儒家提倡的倫理道德的內在聯繫，指出：「孝弟二字為二千年來專制政治與家族制度聯結之根幹」。[29]

抗日戰爭時期，由於救亡圖存成為民族當務之急，檢討和反省傳統文化的任務便被暫時放到了一邊，對儒學的批判也沉寂了下來。目前容易見到的有關文章有杜國庠的〈略論禮的起源及中國禮學的發展〉。杜在文章中指出了禮學的反民主性質：「都具有差等觀念，適應於從奴隸社會後半期到封建社會經濟結構的東西。所以，不加批判地提倡什麼『禮學』，那必然要做古人的俘虜……

24　轉引自宋仲福等著，《儒學在現代中國》，中州古籍出版社1991年，第8頁。

25　轉引自啟良，《新儒家批判》，上海三聯書店1995年，第17頁。

26　轉引自宋仲福等著，《儒學在現代中國》，第91頁。

27　李大釗，〈孔子與憲法〉，《甲寅日刊》，1917年1月30日。

28　《新青年》第3卷5號，轉引自宋仲福等著，《儒學在現代中國》，第51頁。

29　吳虞，〈說孝〉，《星期日》1920年1月，轉引自宋仲福等著，《儒學在現代中國》，第51頁。

因為它們是既不科學又非民主的不適於現代中國的東西」[30]。

　　20 世紀 50—60 年代，人們開始主要依據馬克思主義的階級分析法來評判孔子及其學說，並且觀點比較一致，基本上認為孔子代表的是統治階級的利益，不管這個階級是奴隸主階級，還是「封建地主階級」。當然，有人從改良主義、民本思想等方面，強調孔子及儒學相對的進步性。如侯外廬、趙紀彬、杜國庠等人就認為，孔子是一位改良主義者，但是，他的改良的進步意義是有限的，從「禮」的思想來看，前期儒家的社會觀是一種自上而下的改良主義[31]。馮友蘭的觀點是，儒家學說是封建地主階級利益的代表，在反對奴隸主貴族勢力的鬥爭中表現了軟弱性和妥協性，但是當封建制完全確立並且向前發展時，當社會的主要矛盾變成了封建地主階級和農民階級的矛盾時，這種學說維護封建秩序的作用，就被提到了首要地位。[32] 在任繼愈主編的《中國哲學史》中，孔子則成了「維護奴隸制度的思想家」，認為「他代表沒落奴隸主階級對抗新興封建勢力，是保守派」，「在哲學上要保持已經動搖了的上帝的神權，和他在政治上力圖維持已經崩壞了的奴隸制（周禮）王權立場是一致的」。[33] 1954 年，楊榮國的《中國古代思想史》出版，可謂儒學研究史上的一件大事。楊氏的觀點政治色彩濃厚，具有強烈的戰鬥精神，因而受到官方青睞，後來在「文革」中成為一時顯學。他認為，孔子在骨子裡維護殷商西周以來的奴隸貴族的統治，但在表面上，便是以仁治代替德治，走上仁治的道路。[34] 史學家呂振羽的觀點是：「以儒家為主幹的中國封建統治階級的哲學，在意識形態上取得了一個長期的支配地位。」[35] 他對孔子的看法在當時很有代表性，認為孔子用以調節封建主內部關係的規範、制度是「禮」和「正名」，而對被統治階級的農民，則提倡「德」和使用「刑」，實行的是「民可使由之，不可使知之」的愚民政策；在愚民政策之外，則兼用「麻醉政策」，就是用「命」和「德」去麻痺被統治階級的反

30　轉引自宋仲福等著，《儒學在現代中國》，第 211 頁。

31　侯外廬等著，《中國思想通史》，中國人民出版社 1957 年，轉引自宋仲福等著，《儒學在現代中國》，第 296 頁。

32　馮友蘭，《中國哲學史新編》第一編，人民出版社 1962 年，轉引自同上第 296 頁。

33　任繼愈主編，《中國哲學史》第一冊，人民出版社 1963 年，轉引自同上第 297 頁。

34　轉引自同上第 297 頁。

35　《中國政治思想史・導言》，生活・讀書・新知三聯書店，1955 年第四版，轉引自同上第 193 頁。

抗意識。[36] 在當時重新評價一切的革命性氛圍裡，著名考古學家唐蘭也耐不住寂寞，加入到思想界的論爭裡。他的觀點是，「孔子這個人根本不是什麼保守派、改良派與調和派，而應該是初期封建社會中的革命派」[37]。他認為孔子的思想體系已經遠遠超出了它的時代，他代表了新興的平民階級的立場，主要是「士」這個階層的思想，而又吸收了奴隸社會中各個時代的遺產，所以，諸子百家中只有孔子學說才成為封建主義理論的基礎[38]。

　　「文革」期間的儒學研究，摻雜了太多的政治因素，本人認為只有史料價值而無學術意義，在這裡不予詳細評論。其主調是把孔子同「勞動人民」對立起來，將儒學完全視為「反動知識分子」有意鍛造的統治工具。其中楊榮國的觀點較有代表性，茲舉一例，聊備一斑之見：孔子「是站在正在崩潰中的奴隸主貴族的立場上，反對新興的封建勢力，他的思想實質，是要維護奴隸主階級的統治，論證勞動人民只能被剝削、被奴役、被統治」[39]。

　　從「文革」結束後，儒學研究進入了一個新階段。隨著政治形勢的日漸寬鬆，人們小心翼翼地、像洪水過後的野草一樣，從淤泥裡挺起身來，開始用自己的頭腦去思考歷史和現實。作為思想解放的體現，對孔子及其學說的正面評價逐漸多了起來。例如，在 1980 年 10 月 28 日—11 月 3 日於曲阜召開的孔子討論會上，與會代表在觀點上分為兩派，一派仍然認為孔子與封建專制主義有內在的聯繫，但不再像以前那樣摟頭亂打，而是強調了批判的證據，指出孔子和歷代孔子崇拜者都把「三綱」作為出發點和歸宿，這種三綱學說，更適合封建專制主義的需要。另一派則為孔子辯護，認為批判封建專制主義不能和批孔畫等號，孔孟都沒有提出三綱，三綱是韓非在《韓非子‧忠孝》篇裡提出來的，後經董仲舒發揮，到《禮緯‧含文嘉》中才得到確立。他們之間的論爭是溫和的，具有較多的儀式性成分，既是一種相互試探，又作為一種默契試探外頭的風向。其後對孔子及儒學的評價，基本上採取了「一分為二」的態度。1985 年6 月 10—15 日，在北京召開的第五次孔子討論會，確立了這個時期儒學研究的基調。會議的結論是：孔子是春秋戰國時期百家爭鳴的實際創造人，是封建時

36　轉引自同上，第 195 頁。

37　〈評論孔子首先應該辨明孔子所處的是什麼樣性質的社會〉，《文匯報》，1962 年 1 月 26 日。

38　轉引自同上第 301 頁。

39　楊榮國，〈孔子——頑固地維護奴隸制的思想家〉，《人民日報》，1973 年 8 月 8 日。

代精神文明的主要奠基者。要對儒學和孔子進行歷史的辯證的分析，發揚其民主性精華，反對其封建性糟粕。同年，匡亞明出版了《孔子評傳》，提出了類似的觀點，他認為，孔子思想是兩千多年來中國歷代封建王朝統治階級的思想支柱，孔子本人則是封建秩序的忠實維護者，但孔子認為，要維護封建社會的秩序，必須照顧被統治階級的利益，這在一定程度上符合勞動人民的要求和願望，是人民性的反映，是人道主義的反映。

　　李澤厚的儒學觀在當時給人以別開洞天之感。他認為，孔子思想的主要範疇是「仁」而非「禮」，孔子的仁學是一種整體模式，由四個方面或因素組成，諸因素相互依存、滲透或制約，從而具有自我調節、相互轉換和相互穩定的適應功能，構成一個頗具特色的思想模式和文化心理結構。此四因素為：血緣基礎，心理原則，人道主義，個體人格。其整體特徵則是實踐理性。孔子講仁是為了釋禮，與維護禮直接相關；禮是以血緣為基礎、以等級為特徵的氏族統治體系；維護和恢復這種體系是仁的根本目標。[40] 李澤厚的深刻之處在於，他沒有僅僅從階級性上，而是在民族文化心理結構的層面上認識儒學的角色和作用。他把原始儒學和「被封建主義化」了的儒學、把真實的孔子和被神化了的孔子作了區分，指出本來的孔子「反對殘酷的剝削壓榨，要求保持、恢復並突出地強調相對溫和的遠古氏族統治體制，具有民主性和人民性」[41]；而君主專制主義、禁欲主義、等級主義的孔子「是封建上層建築和意識形態的人格化的總符號，它當然是資產階級民主革命的對象。直到今天，也仍然有不斷地、徹底地肅清這個封建主義的孔子餘毒的重要而艱鉅的任務」[42]。由此出發，他進一步揭示了兩者之間的內在聯繫：「這個封建主義的孔子與孔學原型中對血緣基礎與宗法等級的維護，對各種傳統禮儀的尊重，以及因循、保守、反對變革、更新聯繫在一起」[43]。他的結論是：孔子的仁學文化心理結構「始終是中國走向工業化、現代化的嚴重障礙」[44]。李澤厚這些觀點在當時擁有巨大的市場，可以說影響了一代學人。

40　李澤厚，《中國古代思想史論》，人民出版社 1986 年，第 16 頁。

41　同上，第 15 頁。

42　同上，第 36 頁。

43　同上。

44　同上，第 37 頁。

從 20 世紀 80 年代中期開始，由於改革導致的社會矛盾的激化，社會上開始醞釀著一種浮躁和憤懣情緒，人們一致希望通過政治體制改革清刷時弊，開出民主政治的新境界。於是傳統文化又一次成為現實壓力發洩的對象。《河殤》、《權力的祭壇》之類情緒性作品紛紛冒了出來，對包括思維方式在內的中華文明的諸形態、諸層次痛加針砭，但更多的還是「集中批評中國傳統文化的政治導向，認為其從根本上是一種專制主義的文化，其核心是維護封建皇權、等級制度和宗法家族制度，它的存在是中國遲遲不能完成向現代化過渡的癥結所在」。[45] 批判的矛頭雖然沒有直接指向儒學，但儒學毫無疑問首當其衝。儘管有個別人士鑒於人心不古的社會現實，開始倡言重建社會價值信仰體系，但並不能扭轉人們對儒學的基本態度。

「六‧四」事件以後，早已飽經政治荒誕性、深懷幻滅感的知識界一時沉寂下來。於是，在一片空虛的敞開中，正當那些原來憂國憂民的天下匹夫們因為消極妥協而對自己充滿厭倦感的時候，新儒家面帶微笑走了進來，把溶有鴉片鎮痛劑的玫瑰色葡萄酒，倒進人們心灰意懶的玻璃杯裡——新儒家對主體自我的修飾和信持，對由傳統開出未來的美好設想，使人們發現躲進安全的「傳統」裡，可以救世救己兩不誤，於是紛紛入夥。於是 90 年代的儒學研究，基本成了保皇黨人的維新會。最終我們遺憾地發現，新儒家同他們的祖宗老儒家一樣，在不經意之間，打著莊嚴的旗號，又一次承擔了意識形態的角色。

然而仍然有人在思考。劉澤華先生就是一例。與別人不一樣，劉先生從來不為風尚所左右。從 70 年代末開始，他鑿壁空山，堅持用自己的頭腦對傳統社會進行審查和拷問。在國內學術界，劉先生第一個提出了傳統社會是一個「權力支配一切的社會」這樣的觀點，指出王權（專制）主義是社會的控制和運行機制，它的精神滲透了社會生活的各個層面。從 1987 年起，他陸續出版了《中國傳統政治思想反思》（三聯出版社 1987 年）、《先秦政治思想史》（南開大學出版社 1984 年）、《中國的王權主義》（上海人民出版社 2000 年）等著作，系統研究了專制權力的經濟基礎、哲學依據、運作機制及表現形態，成為傳統文化研究的一大重鎮。隨著探討的深入，劉先生自然而然地把矛頭指向了儒學，因為他發現，溫情脈脈的儒學，在許多人眼裡閃耀著人性光輝的儒學，實際上

45　楊陽，〈90 年代復興儒學運動批判〉，《天津社會科學》1998 年第 4 期。

是專制主義最深厚的土壤。

　　與通常人們的做法不同，劉先生沒有將主要精力用於辨析儒家思想中的專制主義內容，也沒有糾纏於儒家思想與專制王權的相互關係，而是就儒學本身，從其起源處，通過對其核心觀念的考察，揭示儒學的精神實質。例如，對「道」這個儒家安身立命的根本，劉先生即一針見血地拔除了其神祕性和超越性，指出了它的王權主義神髓；對於普遍稱揚、被視為儒家思想精華的人文主義，劉先生亦從其整體論價值取向揭示了它「使人不成為人」的專制主義實質；「天人合一」觀念，亦被目為傳統文化的精粹，以現代新儒家為主的眾多研究者認為它啟示了人與自然關係的新模式，具有普遍性價值和意義，劉先生亦毫不留情地打碎了這種一廂情願的癡人之夢，指出這種美妙的天人合一不過是「天王合一」的另一個說法，是天子神話的一種生產機制；另外，對「聖」、「大公無私」、「民本」等同樣被視為至寶的儒家核心觀念，劉先生也一一進行了辨析，指出了它們與專制王權的血肉相關，從而不言而喻地得出這樣的結論：儒家學說是專制王權的理論基礎，為王權提供著形而上依據和合法性證明。

　　港臺地區對儒學的評價基本上是「正面」的。自由主義知識分子殷海光在批判傳統文化的專制主義性格時，對儒學曾略有涉及，只是未能深入。倒是一些國外漢學家，出於其民主傳統的文化背景，自然而然地發現了儒學與專制政治的內在聯繫。在其《漢哲學思維的文化探源》中，郝大維、安樂哲兩位作者指出：「儒家的法則規定了等級制的權力結構的正當性和家長制家庭制度的秩序」[46]。約瑟夫·李文森（Joseph Levenson）、麥隆·科亨（Myron Cohen）、馬傑利·沃爾夫（Marjory Wolf）等人認為儒學「是過時的、家長制的意識形態」[47]。白魯恂雖然認為儒學價值觀可以容受民主體制運作，但他同時指出，「民主的基本原則——政治圍繞著社會中各種利益的競爭而展開——對儒家而言，是完全陌生的」[48]。他認為，「儒家試圖通過稱頌和諧、始終要求恰當和正確的行為來控制相互侵擾。其結果就是否認衝突的合法性，提倡對敵意的壓制」，

46　郝大維、安樂哲，《漢哲學思維的文化探源》，施忠連譯，江蘇人民出版社 1999 年，中文版作者序第 3 頁。

47　同上。

48　白魯恂，〈儒學與民主〉，見哈佛燕京學社、生活·讀書·新知三聯書店主編，《儒家與自由主義》，三聯書店 2001 年，第 181 頁。

「對穩定的肯定、對亂的恐懼，又加強了反民主的專制」[49]。墨子刻（Thomas A Metzger）直接指出，君主專制主義是儒學（理學）「理想社會中通行的原則」：「中國人過於重視孝道和報恩觀念，理學中的自我具有墮入接受社會現狀和特定社會規範的傾向，理學中的『理』與忠孝觀念及對權力的崇敬相聯繫，理學家的理想社會中通行的原則，如宗法主義和君主專制主義，是與現實社會相通的，中國人傳統上對過去的習俗、社會環境和自然環境採取消極態度。」[50]另外，一些國外學者通過論證儒學的保守主義性格，通過對諸如個體自由、人格獨立等所謂儒家神聖價值的顛覆，揭示了儒學的專制主義傾向。如芬格利特認為：「孔子主張的克己復禮一方面高度重視發揮個體的精神作用，然而另一方面要求將個體的主體作用作為實現禮、道的手段，因而孔學中個體不是人類價值的最根本的基礎」[51]。韋伯將儒家視為傳統和習俗的最堅定的維護者：「全部儒學要造成的理想人格——君子，雖然舉止優雅，但卻是遵循傳統和習慣的榜樣，對於士大夫來說，理性不是促成世界變化和前進的力量，而只不過是用以適應世界。」[52]

三、方法與框架思路說明

關於本書所採用的方法，如果一定要歸門依派的話，我想可稱為歷史現象學[53]。宇宙在本質上是偶在的、機緣的。它沒有一個最終目標，也不存在一個不斷進化的過程；儘管在一定時空域限內，會形成為結構，表現為趨勢，但不存在永恆的規律。所有的規律，都不過是一種經驗性描述。因而人類的歷史也不存在什麼必然歸宿，它是一個只能用模態來描述的偶然性的海洋，充滿了隆起、

49　白魯恂，〈儒學與民主〉，見哈佛燕京學社、三聯書店主編，《儒家與自由主義》，生活・讀書・新知三聯書店 2001 年，第 177 頁。

50　墨子刻，《擺脫困境——新儒學與中國政治文化的演進》，顏世安等譯，江蘇人民出版社 1996 年，第 203—204 頁。

51　《孔子——神聖的凡人》，紐約哈珀和羅出版社 1972 年，〈前言〉，第 7 頁。

52　施忠連，〈新儒學與美國的儒學研究〉，見《現代新儒學研究論文集（一）》，中國社會科學出版社 1989 年，第 187 頁。

53　不同於德里達的歷史現象學。德里達的現象學關注的是「不在場者的在場」，是月亮無法被照亮的一面，存在與意義在他那裡是分離的。我則把黑暗部分和被照亮的部分看作一體，強調的是意義與存在的統一，是不變的本質與變化的事實之間的相互顯現與生成。

塌陷、板塊與板塊的碰撞、局部能量的彙聚與爆發以及種種人為的興風作浪
——各種力相互推蕩、強化、抵消，一切都生成於瞬間，但卻沒有一個線性原
因。其間人既不是推動者、操作者，也不只是隨波逐浪的碎片：他隱現在事象
之間，既規定又被規定，既生成又被生成。因而在這裡，現象既不是康德所謂
的物自體的影像，也不是實證主義者所認為的客觀存在的經驗或事實，亦不同
於胡塞爾所謂事實本質的「純粹意識」。它是指構成人類生存內容、為人的意
識所照亮、與人的行為相關聯的事實、事件或關係。所以，我所採取的「還原
法」，不是像胡塞爾那樣，把存在放進括弧裡，退向意識的起始處，而是對歷
史現象的「解蔽」：剝落硬殼與灰塵，呈現事件的鮮活狀態，在歷史的生成處，
在主體與客體的結合點，去觀察、去傾聽、去感受。

　　本書也採用了福柯譜系學的某些概念與操作技術，如對話語的分析、對事
件紋路的梳理、對斷裂和變異的追蹤等等。但在根本價值上，我拒絕接受福柯
那種冷寂的、灰色的歷史觀。他把歷史視為人類的分泌物，就像珊瑚蟲留下的
珊瑚礁。福柯的歷史實際上是人類本能的裂變史（他把權力的生成與演進看作
歷史的機制，而權力又是遙遠戰爭的迴響），但他關注的不是這種裂變的內在
生成力，而是裂變後的紋路形態。因而，福柯的歷史研究，只是一種地質學考
古和地形學描繪：它在人的歷史中取消了人。

　　本書時刻貫徹對人的主體性（這裡的主體性不是與客體相映而成的，而是
就「世界是人的存在形式」這一意義而言）和人的實踐的本體性的強調。我認
為，人並不像海德格爾所描述的那樣，是被從暗處扼住的抽象存在；也不像薩
特所認為的，是氧氣稀薄的高空的自由漂浮物；既不是胡塞爾事件之流的岸邊
被剝光了感性的靈胎，也不是佛洛德潛意識的污泥裡蒙昧的軟體動物；既不是
柏格森冥冥中的靈明，也不是福柯考古化石上的印痕。當然，他也不是黑格爾
所認定的冷酷無情的必然性的工具，也不像馬克思所說的那樣，是被總體化了
的階級意志。人是他的歷史的創造者，歷史就是他的存在的顯現；他既不在世
界之內，又不在世界對面，世界就是他生存的形式，其中所有的反轉、纏繞、
褶皺、斷裂，都是其內在矛盾相互作用的結果。

　　因而，在對一個文化現象進行「歷史研究」時（歷史性不僅僅體現在事件
程序上。歷史是事件與結構之間不斷相互作用、相互生成和轉化的過程），不
僅應當考慮它的成員思考與行動的共同角度、方式，還應當關注深層的個人意

向及其社會效應；不僅應研究社會系統自我強化、防衛與平衡的機制，還應考察個體與其世界相統一的方式。更重要的是，要關注現象之間的「機緣相關性」：一個事實或事件，在它飄浮不定的途程中，如何生成、展開、位移、破碎、轉化；奇怪吸引子如何出現又消失；褶皺如何隆起又被抹平；網路如何形成而人又是如何撞到網上；人與人之間的摩擦如何形成電場人又是如何被閃電所擊穿；人的理想、信念，以及無知、盲目、狂熱、根性的愚蠢是如何參與到歷史之中的等等。

　　民族古老的智慧——太極思維模式，也是我方法論的一個重要來源。這就是認為任何事物都內在地包含著、生產著其反制因素，陰盛則陽衰，此消則彼長，因而任何事物都將走向崩潰或它的對立面。與霸道的、總有理的辯證法不同，這種方法強調的是事物展開和變異的歷史性，而不是既此又彼、亦好亦壞之類純邏輯詭辯。因此，可以稱之為行動的、實踐的辯證法。這種方法的有效性在於，人類生存的本然狀態即是一種二律背反，充滿了荒誕的價值顛倒和目的反轉。我們是虛空中的存在，就像晃動著的樹葉上的蟲子，為了免於被吹落於虛無，我們吐絲結網，把樹葉捲起來，於中安頓我們的肉體和精神。那捲起的樹葉就是我們的世界，我們此在的統一體，我們生存的形式。它使我們獲得某種穩定和安全感。然而，生命的活力卻因此而窒息。於是，我們又費盡心思，甚至不惜相互齧咬，力圖去咬破那腐敗的葉片，抹平褶皺，擴大生存的外延，呼吸一點新鮮空氣。因此卻又面臨著一個致命的危險：掉落進永恆的虛無裡。綜觀歷史，到處可以發現此類充滿張力的關係式：浪漫主義者咬碎了古典的世界，後現代主義解構了現代性的基礎；獨尊儒術導致了對儒學的棄絕，佛道的振盪又直接催發了儒學的復興……等等。故而，本文在研究中，不僅致力於分析某個事物當下和潛在的意義，而且還注意了通過擬構它的對立面，而在某個時空局域的動態平衡的維持中，評估其效能。

　　還應一提的是，書中使用了大量形象語言。這是因為，內容決定形式，我們離真理越近，就越發現她的蹤跡是閃爍不定的，用三段論與歸納法構成的、沒有閃光燈的老掉牙相機根本拍不下她生動鮮活的面容。其實根本就不存在客觀的、獨立於人之外的真理。真理是一種顯現，一種聚光，而不是一種用論據拼裝起來的類比圖像。歸納法只是一種啟蒙孩子的智力遊戲。試想即便有一萬條論據，又如何能保證一個結論的「真理性」？實際上，且不說哲學家們，就

是一向奉實證為圭臬的科學界，也不得不用形象去言說他們的「真理」。所謂太陽風、黑洞、雙螺旋、巨噬細胞等，比比皆是此類。離開了形象語言，現代科學將寸步難行。反觀史學界，權威們以瑣碎自築其名聲牌坊，以枯燥自奉其學術尊嚴，動輒巨著煌煌卻全無情性，使人不僅得不到求知的愉悅，反而容易產生自卑自棄的挫折感。

總之，本書不再只把儒學當作一個客觀的文化存在物，一個由觀念搭構起來的上層建築，對它進行拆分、整形、塗彩、脫水、提純等，而是從不同的角度，不同的層面，對它進行構擬、透視、凸顯、照亮、激活。具體說來，在人類本原實踐（胡塞爾的「真實生活」）的層面上，我把它看作一個話語體系，陳述著秩序生成中的價值指向；在政治文化層面上，把它看作一個編程機制，通過對現象的符碼化編制社會秩序的執行軟體；在政權維持的功能層面上，把它看作一個經脈網絡，其效能在信息過濾與能量的傳遞，承擔著權力向社會深處的貫徹與滲透職能；在社會運作機制的層面上，則把它看作一個由作為君主之合夥人的儒生操作的生產系統，通過真理的生產為權力進行合法性論證。這幾個層次是垂直統一的，既保證了對儒學的整體性理解，也能隨時變化觀察的角度：既把它看作一個具有自我意識的生命體，也把它看作一個更大有機體的組成部分；同時又不斷打破其整體性，考察其不同的細胞組織在與其環境進行能量與信息交換時的本能指向與工作原理。總之，既入乎其中，又出乎其外；既察其「言」，又觀其「行」；既拆解它，又整合它；既分析它，又感受它：全接觸地把握、認證其精神特徵。所以，與其說本書是對儒學的研究，還不如說是對行動著的、言說著的儒家的考察與感受。

本書共分九章。

第一章的任務可以說是「清理和搭建作業平臺」。著重對專制以及與專制密切相關的民主、極權、專政、獨裁等概念的歷史淵源、使用範圍等進行了分析、釐定，以便為即將開始的研究奠定一個堅實的理論基礎。

第二章仍然是準備工作。對儒學的歷史和理論框架作了一個簡要敘述和歸結，以便形成一個整體性概念和全域性把握，同時表明像新儒家那樣把儒學分為「前期的」（古典的）和「後期的」截然不同的兩大塊是一種遠離了歷史實際的主觀想像。

第三章在價值取向的層面解析了儒學的內在精神，著重對儒家的道德主義傾向和「仁」、「義」等綱紐性價值概念作了剖析。實際上是對儒學的精神實質作了一個總體性診斷。

第四章在人類本原實踐的層面、從先在規定性的角度，分析了儒家行為與言說的姿態、方式與內容。表明在一個一切都被絕對者所規定的大一統世界裡絕不會生發出獨立自主的民主精神。

第五章在社會運作機制層面上、依據經濟學原理分析了儒學與專制王權的內在相關，通過論證儒家與專制帝王既是交易對象又是經營合夥人，來說明儒家不可能獨立於社會現實之外開出一個民主傳統。

第六章在政治理念、統治理論和政治實踐的層面上，分析了儒家為專制政治所做的制度設計的工作原理與運行機制，說明儒家是自覺而投入地為專制政治服務的。

第七章從主體與客體關係方式的角度，分析了儒家的自我定位與自我期許。證明儒家的基本人生姿態是向絕對者的主動投誠，因而不可能成為民主政治的主體。

第八章從社會與政權之維持的功能層面上，通過對儒家綱紐性理念的分析，揭示了儒學的專制主義意識形態性質。

第九章對儒學進行了盡可能可觀的綜合性評價，並通過對傳統與現實、專制與民主之間關係的分析，展望了儒學的未來可能性。

第一章　概念分析：專制的內涵與外延

在這個人們對語言不再持有任何敬意的時代裡，在人們競相創造概念以圖標新立異的學術氛圍中，我們發現，不首先對將要使用的概念進行一番釐定和清洗工作，任何研究都會寸步難行。因此，這裡首先對專制這個概念的內涵和外延加以分析、界定。

這個工作可以由以下兩個問題來表述，即專制是什麼和專制不是什麼。前者主要關涉對它的本質屬性的規定，後者則專注於它的對象的適用範圍。

第一節　專制是什麼

人們通常在兩種意義上使用專制這個概念：把它視為一種政體，或一種統治方式。前者指向一種權力實體，其特徵是權力處於一種未經分割的狀態，並最終歸屬於高高在上的一個人手中；後者則是指權力行使的方法和形式。一般說來，這兩者是統一的，有什麼樣的政體，就有什麼樣的統治方式。然而，由於受社會科學中量化趨向的影響，有一些學者堅持認為事物之間所有的差別都是程度的差別，否認不同政體之間的嚴格界限，把專制和民主視為光譜帶上的兩個極端。這種觀點的危險性在於，它使人們糾纏於一個政治形態的某些表面屬性的量值，而失去對原則性和方向感的把握，從而有可能得出如下荒唐的結論：所有的政體都是民主政體，同時又都是專制政體──除了把事情搞得更混

亂外，這等於什麼也沒有說。

　　我認為，專制與民主是兩種完全不同的東西。它們不僅僅是兩種不同的政體，它們意味著兩種在方向上完全相反的生活方式——一個社會組織和運作資源與能量的不同的形式與方法。就像構成一個太極圖的陰陽兩部分，它們相互纏繞、相互依存，相互包含著對方的因素，但又各自保持著其獨立性。它們之間是質的區別而不是量的區別。

一、專制的定義

　　有好幾個英語詞彙可以翻譯成漢語的「專制」或「專制主義」，如 absolutism、autocracy、despotism、tyranay 等，好多人不加區別地使用它們。我認為它們之間的區別還是應當引起注意的。在詞源學上，absolutism 源於形容詞 absolute，意為絕對的，用於指權力或處於權力圈中的人物，有達到極限、無以復加的意思；autocracy 意為獨裁、專制制度，它的形容詞形式是 autocratic，指實行絕對專橫的統治，常指把自我意志、傲慢、自高自大強加於人；tyranay 的形容詞形式是 tyrannical，指通過強硬的壓力或嚴厲手段濫用權力，無法無天。因此，tyranay 被用來翻譯古希臘的僭主政治；despotism 經常被翻譯成專制、專制主義、專制政治。它的形容詞形式是 despotic，意為專制暴君的、專橫的、暴虐的。與它相關的人格名詞形式是 despot，意為專制君主、暴君。這個詞出自希臘語 despotes，相當於英語中的 master、lord，意為主人、主子。最早使用這個概念的哲學家有柏拉圖和亞里斯多德。在他們的時代，君主權意味著「一家之主」，而由於家庭中包括婦女和奴隸，這個詞便與「奴隸的主人」同義。亞里斯多德用這個詞來描述波斯帝國這樣的君主國，這些國家在他看來採取的都是醜惡的一人統治形式。在羅馬文中這個詞變形為 dominus（主人），與希臘文同樣都是貶義詞。[1]

　　可以看出，absolutism、autocracy、tyranay 等詞是對個人殘暴統治的一種感情化表達。只有 despotism 一詞源於對一種客觀關係——主奴關係——的描述，它代表著人類歷史上一種結構性的關係——一種個人對全體國民實行政治統治的政體形式。《布萊克維爾政治學百科全書》（中文版）是這樣定義專制

1　〔英〕大衛・米勒，韋農・波格丹諾編主編，《布萊克維爾政治學百科全書》，中
　　國政法大學出版社 1992 年，第 194—195 頁。

（despotism）的：「一種統治者與被統治者的關係是主奴關係的統治方式……專制在概念上幾乎與獨裁制無法分開。」[2]

亞里斯多德充實和發展了這個在希波戰爭時期被廣泛使用的政治概念。亞里斯多德認為，專制和殘暴的暴君制是把臣民視為奴隸的兩種統治形式，它們體現了亞洲文明的野蠻特點：亞洲人生來就是奴隸，必須屈從於自由的統治者一人。因此「專制」這個概念一開始就具有歐洲中心主義的色彩，它把所有亞洲政府置於同一侮辱性的類別之下。亞里斯多德的觀點是，專制對於亞洲人來說是正常之事，而對希臘人來說是反常的。

但亞里斯多德注意了專制和暴君制的區分：前者是一種合法的統治，君主的權力受法律和習俗的制約，社會穩定所依賴的是心照不宣的沉默；後者則用來指稱政體中的個人使用欺騙或暴力方法篡奪權力所建立起來的統治體系。

十六世紀，專制作為政治概念的含義發生了很大轉變。歐洲人懷著對基督教文明化使命的信仰，運用亞里斯多德的分類，帶著一種征服者的傲慢航海探險，認為把天涯海角的所有野蠻人種都納入上帝的光照之下是他們的天職。於是，博丹（Bodin, J.）、格老秀斯（Grotius, H.）、普芬道夫（Pufendorf, S. F.）、霍布斯（Hobbes, T.）和洛克（Locke, J.）等人紛紛提出了合乎時代所需的專制主義理論。博丹認為「至高無上的權力是國家特有的標誌，這種權力是唯一的、絕對的，在時間或管理權上沒有限制，它依賴自己的力量而存在，它的有效性無需臣民認可……臣民的全部義務就是遵從他們的統治者。」[3]他運用羅馬法中的權利理念為專制賦予了一種近代資本主義的色彩，把在正義戰爭中的奴役、征服和財產掠奪作為勝利者的權利問題來加以辯護。格老秀斯和普芬道夫論證了得到被奴役和征服的人贊成的奴役是「合法的奴役」。霍布斯把專制統治解釋為由被征服者同意而獲得的權力：提供和平與統一的征服者應得到服從。洛克則把專制權力和政治權力區別開來，把專制權力解釋為君主對那些在非正義戰爭中喪失了所有權利的人的權力[4]。

2　〔英〕大衛・米勒、韋農・波格丹諾編主編，《布萊克維爾政治學百科全書》，中國政法大學出版社 1992 年，第 194—195 頁。

3　《不列顛百科全書》第 2 冊，中國大百科全書出版社 1999 年，第 544 頁。

4　〔英〕大衛・米勒、韋農・波格丹諾編，《布萊克維爾政治學百科全書》，中國政法大學出版社 1992 年，第 195 頁。

　　十七和十八世紀，法國貴族和攻擊路易十四的胡格諾派第一次把專制的概念直接用於歐洲國家的政體。當時，「專制」是作為法國古典立憲傳統的對立物、從野蠻的亞洲和非洲引進的，是加於殘暴統治的一個仇恨的標籤。孟德斯鳩則把專制作為三種政體基本形式的一種，是與暴君制不同的個人統治的另一種形式。他認為專制建立在人民恐懼感和完全被動的服從上，並推斷說專制對東方來說是一種自然的體系，但對歐洲君主制來說是外來的和危險的。伏爾泰等具有浪漫主義傾向的啟蒙思想家則褒義地把這個詞用於法國的路易十五、普魯士的腓特烈大帝和俄國的葉卡捷琳娜女皇的政府上。他們認為，如果專制君主是「開明」的，那麼這樣的一種統治形式就可能很不錯，因而有了開明專制這一措辭。[5]

　　自羅馬時期直到十八世紀，暴君的概念比專制概念被人們談論得更多。它產生了西方傳統中影響深遠的正義抵抗理論。到 18 世紀末，在西方語言中專制一詞就與暴君制混同了，並進而與絕對專制主義（現代波拿巴意義上的 absolutism）、獨裁（dictatorship）和極權主義（totalitarianism）這些詞摻雜在了一起。人們忘卻了亞里斯多德基於文化的冷靜分類，使「專制」成了具有強烈情緒色彩的政治符號。

　　黑格爾和馬克思用專制概念來概括和描述他們眼中的東方社會。他們兩人都保留了專制的消極的內涵，並補充了停滯的含義。黑格爾把歷史運動描寫為絕對理念由東方向西方的旅行，專制是歷史的第一階段（東方文明還停留在世界歷史的第一階段），它的最終目標是在歐洲——更具體地說是在普魯士——建立君主政治。馬克思也認為東方社會是一成不變的社會。他的觀點是，東方社會的生產方式——「亞細亞方式」是人類第一種生產方式。在這種方式下，土地不是私有財產，而屬於國王一人所有；專制集權的國家管理著如灌溉等必不可少的公共工程。亞細亞社會建立在自給自足的村社基礎上，村社維持那種不變的生產方式。這種制度窒息了一切「歷史活力」和從事意味深長的政治鬥爭的的意志，因而在這種制度下沒有《共產黨宣言》所說明的那種階級鬥爭，沒有為爭取進步的社會變革所進行的政治鬥爭，沒有社會革命，只有歐洲的殖

5　〔英〕大衛・米勒、韋農・波格丹諾編，《布萊克維爾政治學百科全書》，中國政法大學出版社 1992 年，第 194 頁。

民擴張才把東方社會帶進了與世界資本主義經濟發生激烈衝突的時代。[6]

　　卡爾‧A.魏特夫創立了一套東方專制的修正理論，並應用於對蘇聯政權的解釋。在《東方專制主義》一書中，他指出「治水經濟」導致了專制主義的產生，專制權力是一種極權力量而非仁慈力量。他的主要觀點可以概括如下：「這種社會形態主要起源於乾旱和半乾旱地區。在這類地區，只有當人們利用灌溉，必要時利用治水的辦法來克服供水的不足和不調時，農業生產才能順利地和有效地維持下去。這樣的工程時刻需要大規模的協作，這樣的協作反過來需要紀律、從屬關係和強有力的領導」，「要有效地管理這些工程，必須建立一個遍及全國或者至少及於全國人口重要中心的組織網。因此，控制這一人口組織網的人總是巧妙地準備行使最高政治權力」，於是便產生了「東方專制主義」[7]。卡爾‧波普爾則把專制制度與「封閉社會」聯繫起來，指出「封閉社會以歷史決定論為理論基礎，貫徹等級制度，實行專制統治，要求個人服從集體，對全體公民實行統一管制」[8]。最近的討論大多涉及長期以來專制概念所含的輕侮東方的涵義，爭論集中在愛德華‧賽義德所謂的「東方主義」上。但這些爭論忽略了專制作為政權形式和政治概念的歷史和作用。

　　國內比較權威的工具書《辭海》對專制的解釋是：「最高統治者獨攬國家大權、實行專橫統治的政治制度，剝削階級專政的一種形式」[9]儘管這個詞在漢語中古已有之[10]，但作為一個政治體制概念，它是一個舶來品。光緒23年（1898年），梁啟超在〈論君政民政相嬗之理〉一文中，提到君主制時，借用嚴復的話稱為「一君之制」，而不是「專制」[11]。在光緒25年（1900年）發表的〈各國憲法異同論〉一文中，第一次出現了「專制」字眼：「政體之種類……實不

6　參見〔美〕卡爾‧A.魏特夫，《東方專制主義——關於極權力量的比較研究》，徐式谷等譯，中國社會科學出版社1989年；1981年文塔奇出版社版本，〈前言〉，第30頁。

7　〔美〕卡爾‧A.魏特夫，《東方專制主義——關於極權力量的比較研究》，徐式谷等譯，中國社會科學出版社1989年，中譯本出版說明，第2頁。

8　《中國大百科全書‧政治學》，大百科全書出版社1992年，第18頁。

9　《辭海》，上海辭書出版社1999年，第81頁。

10　《韓非子‧亡征》：「出軍命將太重，邊地任守太尊，專制擅命，徑為而無所請者可亡也」；《史記‧穰侯傳》：「范睢言宣太后專制……」

11　梁啟超：「嚴復曰，歐洲政制，向分三種；曰滿那棄者，一君治民之制也；曰巫理斯托格拉時者，世族貴人共和之制也；曰德謨克拉時者，國民為政之制也」。又：「若夫吾中土奉一君之制，而使二千年來殺機寡于西國者，則小康之功德無算也」。（《飲冰室合集‧第二》，中華書局1989年，第10頁，第17頁。）

外君主國與共和國二大類而已。其中於君主國之內，又分為專制君主、立憲君主二小類」。至遲到 1903 年前後，「專制」在學界已成為一個非常流行的概念。[12] 馬克思主義理論家如王亞南等，把專制與封建弄在一塊，於是有了「封建專制主義的說法」。

通過以上尋波討源，我們可以明白，如果一定要給專制下一個定義，這個定義應該是描述性的：作為一種權力現象，「專制」隨時隨地都會產生，因為它來於人類支配他人的本能願望；作為一種政治體制，它是各個民族歷史上一個必經的階段，儘管會表現為不同的形式；作為一種文明形態，作為一種文化氣質，它是「東方的」，紮根於東方文化的土壤之中。專制是一種建立在臣民「同意」基礎上的「合法的」統治形式。典型的專制制度——東方式專制——依託的是天道及人倫這種原發性秩序，並且擁有深厚的民族文化傳統的支持，因而在一個較長的歷史時段內表現出了效率和活力。濾去其歐洲中心主義和殖民主義色彩（諸如認為亞洲人是天生的奴隸之類觀點），我認為它確可以與生發於西方傳統的民主構成一個對子，形成人類社會組織方式的陰陽兩極。但對它的研究迄今為止還比較膚淺：馬克思的「亞細亞方式」過於含糊，魏特夫的「治水理論」過於具體而偏頗，國內學者的研究基本上局限於政治制度和政治思想領域，缺乏應有的人類文化視野。

如果抽去歷史內容，僅僅從邏輯上看，我想可以這樣理解：西方是「民主的」，但它的內部亦含有自己的反制因素——「專制」，體現為思想中的馬基雅維利主義和社會意識中的法西斯精神，以及政治實踐中希臘的僭主制、羅馬的獨裁制、路易十四式的絕對君主制等；東方是「專制的」，它的內部也含有自己的反制因素——「民主」，體現為民本思想、天下公益與一姓私利的公私之辨、春秋及其以前的貴族共治、君權與相權的制衡等。西方與東方，是一陰一陽兩個世界，互為他者而照見自身，儘管它的界限實際上是變動不居的。民主與專制，是人類社會組織能量與資源的兩種基本方式，前者的運作機制是「質

---

12 如鄒容，《革命軍・緒論》：「以掃除數千年種種之專制制度，脫去數千年種種之奴隸性質。」（引自《論中國傳統政治文化》，吉林大學出版社 1987 年，第 54 頁。）；馬敘倫發表於 1903 年《政藝通報》上的〈二十世紀之新主義〉：「專制政治癒甚者，則所製造之無政府黨愈眾。」（引自《無政府主義思想資料選》，北京大學出版社 1984 年，第 13 頁。）；無名氏發表於 1903 年 6 月 19 日《蘇報》上的〈虛無黨〉：「俄羅斯者，世界第一專制國也。」（引自同上第 3 頁。）

分」（性質的分別）與「對立」，其社會建構方式是兩元的、外向的；後者的
運作機制是「類分」與「和同」，其社會建構方式是一元的，向心的。西方專
制權力的形成是將不同質的權力（如教權、行政權、立法權、司法權等）強制
性地聚合為一，因而專制只是一種暫時性的非正常態；東方文明中的專制權力
則是天造地設的乾坤大法，即使偶爾被打成碎片，也會很快合為一統。這就是
為什麼西方中世紀嚴酷的封建社會直接孕育了資產階級近代民主，而溫情脈脈
的中華大地若沒有外力衝擊，永遠也走不出一治一亂的循環。

　　所以，本文沒有把專制僅僅看作是一種政治體制，而是看作一種文化現象，
是人類生存的方式之一，與特定的生活方式、思維方式密切相關，既有形而上
的、又有倫理和心理上的基礎。

　　因此，不應當把專制看作「惡」的代名詞。在人類歷史上，它無疑發揮了
偉大的建設性作用，在有的地方、有些時期甚至比民主制度更加有效。然而，
它所採取的方式畢竟是陰暗的、消極的，與普遍性的人道理想背道而馳，因而
也就沒有指向未來的開口。也許它的某些原則還會在人類社會現實的建構中發
揮作用，作為自成一體的生產、生活方式，作為一種完整的政治制度，它已失
去了存在的歷史合理性。

　　專制作為一種價值和行為取向，稱為專制主義。談到專制主義，就不能不
提到另一個概念——王權主義。國內許多學者把兩者看作一回事[13]。這一點我感
到沒什麼問題。因為專制是王權的本質，王權必然地追求專制；王權主義強調
的是權力的唯一性和絕對性，專制主義體現的是權力的統攝性和籠罩性。所以
本文把專制與王權專制、把專制主義與王權主義，看作完全相同的概念。

二、專制的形而上基礎

　　我認為，總體性、整體性、同質性是專制的形而上基礎。

　　總體性（totality）一詞最早出現在黑格爾著作中，指體現為絕對精神的歷
史意志。在馬克思那裡，則體現為不依人的意志為轉移的規律、趨勢、法則等。
盧卡奇顯發了馬克思主義哲學中的總體性精神，指出總體性是辯證法中最根本

13　如劉澤華先生：「從內容上看，中國古代人文思想的主題是倫理道德，而不是政治的
　　平等、自由和人權，當時的倫理道德觀念只能導致專制主義，即王權主義」。（劉澤華，
　　《中國的王權主義》，上海人民出版社 2000 年，第 209 頁。）

的東西，它壓平一切偶然性和表面的事物，堅定不移地奔向既定的目標。總體性是一種不可還原的結構，是一種統攝性機制，它在人的生活中剝奪了人的感性，在集體的事業裡消彌了個人的獨特性。專制主義正是建立在對總體性的占有之上的。法國哲學家蜜雪兒·福柯曾直截了當地稱：總體性概念本身帶有濃重的極權主義色彩，都是表達權力意志的一種隱祕形式[14]。

用總體性觀念解釋社會歷史，就導致歷史決定論——認為歷史有一個明確的方向、合理的目的和預定的目標。歷史決定論會不可避免地以無情的必然性、以整體性事業的名義統合民眾的現實權利，從而走向極權主義的暴政。現代西方許多自命為民主價值捍衛者的政治哲學家如 K. 波普爾、泰奧德·W. 阿多諾、漢娜·阿倫特、蜜雪兒·福柯等，都把歷史決定論視為與對手進行鬥爭的戰場。如自由資本主義制度最有力的辯護人之一 K. 波普爾指出：「歷史決定論關於必須從總體上改造社會才能實現人類最大幸福的主張，是一種烏托邦式的社會工程。任何全面改造社會的工程都要求制定全面的總體計畫，總體計畫的實行則要求權力的集中，權力一旦集中就難以控制。」[15]

整體性（entirety and unity）亦稱「整一性」、「有機性」、「完整性」，一開始也是黑格爾用語，用以表達對事物作辯證的、有機整體把握：「生命必須作為一種身體構造的整體，才是實在的」。[16] 對整體性的追求即整體論，它強調的是系統的部分之間的有機聯繫，認為系統各部分之間的整合作用與相互聯繫規定著系統的性質。J. C. 斯穆茨在《整體論與進化論》中認為，整體是自然的本質，進化是自然的創造過程。現代進化論的觀點是，整體的性質大於各部分性質之和；離開整體的結構與活動不可能對其組成部分有完整的理解；有機整體有歷史性，它的現在包含著它的過去和未來。[17] 整體性體現在社會實踐層面，是政治、經濟、意識形態、法律、國家與君主的綜合；進一步擴展開去，則是人與自然的有機統一。在整體性的世界裡，人只作為碎片而存在。因此，後現代哲學家利奧塔宣稱：「讓我們向整體性挑戰，讓我們成為不可表現之物

14　參見陳永國，《文化的政治學闡釋：後現代語境中的詹姆遜》，中國社會科學出版社 2000 年，第 37 頁。

15　《中國大百科全書·政治學卷》，大百科全書出版社 1992 年，第 18 頁。

16　引自馮契主編，《哲學大辭典》，上海辭書出版社 1992 年，第 1752 頁。

17　參見《中國大百科全書·哲學卷》，中國大百科全書出版社 1987 年，第 1161 頁。

的見證人，讓我們激活差異並且拯救這個名字的聲譽。」[18]

同質性（homogeneity）指事物之間的類屬性，是一種由共同本質所決定的表面和形式上的相似。同質性是對個體性的消彌，「它掩蓋了事物內部的差異和矛盾……是把自然界、人類社會和思維中的單純共同點加以絕對化的產物」[19]。馬克思將專制制度下的民眾喻為「散亂的土豆」，強調的就是這種同質性。同質性的社會具有極高的信息傳導性，往往一點風吹草動都能掀起滔天波瀾。這就是為什麼專制主義的政府都患有輿論敏感症，在思想與言論控制上無所不用其極。

總體性、整體性和同質性分別從不同向度、不同側面規定了事物的非主體性。它們使任何事物都成為一個巨大整體的有機構成部分，為一個絕對的中心所統攝、所規制；它們使每一個體都成為一個偉大目標的構成因素，為一個宿命的洪流所激盪、所裹挾。

我們知道，民主首先是一種價值觀，它意味著對個體人格和權利的尊重。一個文化，如果完全以總體性、整體性和同質性原則來建構它的社會現實，它就從根本上剷除了「權利的個體」生存和發展的土壤，也就消除了民主制度生發的任何可能性。這個文化在精神上必定是專制主義的，因為「專制制度的唯一原則就是輕視人類，使人不成其為人」[20]。因此，不論是一種思想、理論還是觀點，只要我們弄明白總體性、整體性、同質性原則在其中發揮著主導性作用，我們就可以斷定它的專制主義性質。

三、專制的倫理基礎

群體主義或者集體主義（collectivism），是專制主義的倫理基礎。[21]

這是處理個人利益與整體利益關係的一種道德原則。它抽象地強調整體利益高於個人利益，個人利益必須服從整體利益乃至為之作出犧牲。集體主義與個人主義是人類建構其倫理、政治、經濟秩序的兩大主要原則。個人主義往往

18　引自肖鷹，《目擊時間的深淵──利奧塔美學評述》，見李惠國、黃長卿主編，《重寫現代性：當代西方學術話語》，社會科學文獻出版社 2001 年，第 19 頁。

19　馮契主編，《哲學大辭典》，上海辭書出版社 1992 年，第 548 頁。

20　《馬克思恩格斯全集》第 1 卷，第 411 頁。

21　當然，集體主義具有積極的、崇高的一面，這裡不作全面評論。

導向民主政治，而集體主義則與專制制度密不可分——美國學者丹尼爾・貝爾指出：「個人如果喪失同整體的關聯感，他們的逐利行為就會導致『每一個人對其他個人的戰爭』，但是，當群體的要求板結成一種總體時，其後果也是可怕的，它造成意識形態信念的趨一，造成官僚獨裁制度的俯臨」[22]；弗雷德里希・哈耶克也曾直接了當地說：「任何對『全體利益』或普遍福利的強調，都必然踐踏個人自由，剝奪個人權利。」[23]

在西方，古希臘時期，贊同君主制的亞里斯多德就認為，從邏輯上說，城邦先於個人和國家，因此城邦利益應該高於任何個人的利益；德國哲學家黑格爾將集體主義具體化為國家至上的道德原則，認為民族國家是客觀精神的體現，個人只有成為國家成員才具有客觀性、真理性和倫理性，否則就是沒有著落、沒有意義的純偶然性存在；在中國古代專制社會中，集體主義表現為家族主義的道德原則與倫理觀念，它要求個體將自己存在的意義完全繫連於家族整體的延續和發展，一切行為必須以維護家族的利益為旨歸，因而「孝」成為維繫社會穩定的核心價值。由於「國」是「家」的擴大，對家的「孝」很容易轉化為對國的「忠」。因而集體主義正是專制主義的一種建設性力量。

需要說明的是，群體主義與集體主義的用法在情感色彩上略有不同。群體主義強調的是一個群體的統一性，集體主義側重於人類行為的利他傾向。但就對個體的剝奪和壓抑方面看，它們並沒有什麼本質性的區別。特別是當民眾被統治者以天意或歷史意志的旗號所代表時，集體主義就成了權力實施奴役的道義性的工具，成了加諸眾生頭上的閃閃發光的枷鎖。

與集體主義相關的另一個概念是「平等」。作為一種群居動物，「平等」使人類個體得到一種深層的歸屬感和安全感，因為「平等」使其個體存在融入群體構成的巨大整體性之中，從而可以不必為自己可能受到的孤立、侵犯而操心。另外，從眾心理也使得到「平等」的個體更容易接受現實秩序。所以，「平等」是人類最具普遍性的烏托邦理想。無論是專制社會還是民主社會，都講「平等」，但兩者的含義是有很大不同的。前者作為統治技術是一種同質化的一刀切，此即孔子所謂「不患寡而患不均」[24]；作為一種烏托邦理想，則是絕對者對

22　朱士群，〈公共家庭：貝爾政治哲學的主要議程〉，載於《社會科學》，1996年第9期。

23　《中國大百科全書・政治學卷》，中國大百科全書出版社1992年，第147頁。

24　《論語・季氏》。

差異性的抹平，此即《禮記・禮運》之「大道之行也，天下為公」。後者作為一種制度建構原則，追求的是「平等地使差異合法化」[25]；作為一種意識形態理論[26]，強調的是每個人都擁有與生俱來的不可讓度的權力——天賦人權。單在實踐領域看，前者是在「類分」（貴賤上下之別）的基礎上進行的「彌和」，追求的是大家「彼此彼此」；後者是在共同的權利訴求和伸張基礎上的「類分」，強調的是對弱勢者的保護。民主制度之所以更具有道義性，不在於它是「人民的統治」，也不在於它是「多數人的統治」，而在於它能夠為少數人表達自己的意願、維護自己的利益提供一種制度上的保障。

第二節　專制不是什麼

要對專制有進一步的理解，還應當明白專制「不是什麼」。而「不是什麼」的含義有兩層：它的反義詞——即對立物是什麼，以及它的近義詞——似是而非的類似物有哪些。

一、民主

前面已講過，專制的反義詞是民主。[27] 下面就對民主的概念、歷史、以及形而上與倫理基礎作一番簡要的考察，以便為專制樹立起一個對照的「他者鏡像」，也為我們以後的研究準備一套批判的武器。

民主的字面意思是「人民統治」，在當代用法上，主要有以下幾種不同意義：

(1) 由全體公民依照多數裁決程序直接行使政治決定權的一種政體，稱直接民主；

25　引自魏小萍，〈契約原則是否帶來了自由和平等：國外馬克思主義者和自由主義者的論戰——雅克・比岱的元結構與羅爾斯的正義論〉，載於《哲學研究》2002 年第 3 期。

26　關於烏托邦與意識形態的區別，請參考本文第八章第二節。

27　有不同的看法。如《民主新論》的作者喬・薩托利將反義詞分為對比詞（contrary）和對立詞（contradictory）兩類。前者指非對立性的反義詞，後者指不但相互排斥，而且絕對相互排斥的詞。因此他認為民主的反義詞是極權主義或權威主義（見馮克利、閻克文譯，《民主新論》，東方出版社 1992 年，第 205—209 頁。）我本人不同意這種觀點。因為極權（主義）是一種非正常的權力形態，它可以徹底否定民主（其實極權往往是在民主的框架內、以民主的形式發展起來的，如納粹政權），但不是民主的對立物，因為兩者沒有對等的基礎。至於權威主義，則是一個含義過於籠統、態度有點曖昧的說法，也許算不上一個科學概念。

⑵ 公民通過由他們選出並對他們負責的代表行使同樣權力的政體——代
　　議制；

⑶ 一種通常也是代議制、多數人在保證全體公民享受某些個人或集體權利
　　諸如言論自由、宗教信仰自由的憲法約束的框架內行使權力，稱為自由
　　民主或憲政民主。[28]

同專制不同，民主仍然是一個發展中的事物，人們對民主的理想和民主的
歷史、現實處在相互糾纏、相互影響的過程之中，因而這個詞的字面意思並不
真正有助於我們理解民主實際上是什麼。喬・薩托利的辦法是同時給民主下一
個描述性定義和規範性定義，把民主之「實然」與民主之「應然」區分開來，
把經驗的民主與理想的民主區分開來——同時在民主的歷史、現實和理想諸向
度上「定義」民主。

所以我們有必要首先回顧一下民主的過去。

英語中的民主（democracy）一詞出自希臘文 demokratia，由 demos（人民、
地區）和 kratos（權力、統治）合成，意為「人民的全力」、「人民的政權」、
或「人民進行統治、治理」。民主這個詞大概出現於西元前 5 世紀，一般認為
是希羅多德首先提出來的。作為一種以直接參與為特徵的政治制度，它是城邦
政治的內在生成物，是建立在對「公民」的嚴格限定以及海外貿易和奴隸勞動
創造的大量財富與閒暇基礎上的。這種民主實際上是由「發言權」構成的集體
決策的統治體系。因此，隨著生活世界的擴大，隨著城邦內部階級矛盾的加劇，
這種政體很快便分崩離析，留給後人的只是關於自由與平等的美好想像。

現代西方民主制度脫胎於中世紀。關於神授法、自然法和習慣法制約權力
的觀念，為民主制度準備了理論基礎；國王把不同利益的代表人物召集起來諮
詢國是的做法，為民主制度的創設提供了實踐演練。天賦人權和自由平等的理
想，為民主制度的高歌猛進提供了動力支援。而法國大革命和北美獨立戰爭，
則像除殘去穢的暴風雨一樣，為民主的生長提供了適宜的大氣環境。

容易被忽視但實際上更重要的是，淵源於希臘傳統的人與自然對立二分的
世界觀和重分析的思維方式，形成了民主制度的形而上基礎。

28　《不列顛百科全書》第五冊，中國大百科全書出版社 1999 年，第 227 頁。

　　希臘人首先區分了現象與本質、自我主體與客觀對象，使人的歷史得以從大宇宙的永恆中分離出來，人站在了自然的對立面，自然事物成了認識的客體，人的智慧被導向對不變的實在的外科手術式的解析。這一思想被中世紀所繼承，形成了西方文化的基本預設──關於宇宙人生的常識性概念：空間被設想為從永恆到永恆、從無限到無限的物質性的空間，自然是由一小塊一小塊在空間中運動的物質構成的集合，一小塊物質被設想為持有其獨特屬性的個體實在。人的世界因此充滿靈魂與肉體、精神與物質的緊張，充滿了個體追求獨立的躁動──民主成為一種最隱祕的價值體驗。從 16 世紀開始，透過資本主義生產方式對舊秩序衝開的縫隙，理性的光輝照進了神學統治的黑暗人間，在思想領域首先發生了針對精神專制的顛覆活動：萊布尼茨的單子論，笛卡爾的形式幾何，狄德羅的「異質的物質」觀，透露的都是這方面的消息。這就是為什麼在經歷了漫長的中世紀之後，民主這種已被歷史實踐摧毀了的政治理念能在 18 世紀中期戲劇般地迅速復興。西方文化中最基本的價值取向──對質的差異性的追求，時刻為民主拓展著生存和發展的縫隙。

　　差異性是秩序的前提。異質的差異性導向自由秩序，秩序的形成是無數「原子」博弈的結果；同質的差異性導向專制秩序，秩序的形成來於各個部分對中心的順應。

　　與此相適應，個人主義是民主的倫理基礎。根據《簡明不列顛百科全書》的定義，個人主義是一種政治和社會哲學，它「高度重視個人自由，廣泛強調自我支配、自我控制、不受外來約束的個人和自我……個人主義的價值體系可以表述為以下三種主張：一切價值均以人為中心，即一切價值都是由人體驗的（但不一定是由人創造的）；個人本身就是目的，具有最高價值，社會只是達到個人目的的手段；一切個人在某種意義上說道義上是平等的」[29]。個人主義的內容可以分為兩部分：對主體性的追求和對平等、自由的渴望。這裡的主體是權利主體和認識主體，是有實實在在的內容（如公民和政治權力）和對象的，而不是像新儒家所標榜的主體那樣，只是一種可以憑自己的精神力量無限擴張的空洞形式。平等與自由作為普遍性的人類價值經常被冒用。前面我們已經分析了在民主和專制制度中「平等」的不同含義，被更多誤解的「自由」其實是

29　《簡明不列顛百科全書》第 3 卷，中國大百科全書出版社 1983 年，第 406 頁。

一個更需要辨析的概念。現代政治哲學家都強調，自由才是民主制度的根本，不能保障個體自由的「民主」不是真正的民主制度。「自由」是一個具有不同側面的神聖之物，因為它既是經驗的又是價值上的，它的真面目永遠綽約在人類社會現實的雲霧變幻裡——就是說，自由是人類永遠在追求的東西，它既是一種權力又是一種實踐條件，既是一種感覺又是一種想像，但毫無疑問的是，只有體現於制度之中它才是現實的。因而，判斷一個制度是否具有更強的道義性，不是看它提供了多少「自由的想像」，而是要看它是否較多地落實和保障了社會個體行動的「自由」。正是由於這個緣故，以賽亞‧柏林才對「積極自由」和「消極自由」進行了區分。前者回答的是「誰是我的主人」這個問題，追求的是「自做主宰」：通過「內在超越」使「本然之我」歸依於天道、永恆真理、國家意志之類絕對者，從而在精神領域實現自由；後者回答的是「我在多大範圍內是自己的主人」這個問題，關注的是如何減少他者的干涉，如何保障「自我決定」的空間，從而獲得行動的權力和自由。積極自由實際上是感性生命的自我放棄，是對整體性的主動投誠，因此很容易由一種自我修持的信條變成道德壓迫的教義，從而成為專制主義最稱手的武器。消極自由才是現實的、具體的自由，它既是民主制度訴求的目標，也是民主制度自新的動力。

　　現在再回到被繞開的話題。個人主義在西方並不像在中國那樣，幾乎是自私自利的同義詞：它意味著對個體權利和義務的自覺，也意味著對個體力量和創造性的追求。民主實際上就建立在對個人自由的追求和嚮往上。奔放的個人主義激情曾經洋溢於古代雅典人的生活中，這正是滋潤城邦民主政治的精神氛圍[30]。即使在中世紀神學的嚴厲統治下，這種個體獨立的欲求也沒有真正消失過，它像蟄伏在泥土中的種子，等待著春天的消息。文藝復興正是這種個人主義精神的春天。現代資本主義及其偉大創造物——代議式民主就是在這種氣候中生發起來的。馬克斯‧韋伯曾經探討過新教倫理與資本主義的關係，他認為宗教的理性化潛力是促生資本主義的主要因素。而宗教的理性化實際上是作為個體的人的覺醒：個人不再被代表，不再被中介，而是以自己正直的行為直接

30　在古希臘，自由還只是個政治概念，它只意味著參與的自由，而不含有「天賦人權」之類抽象內容。城邦作為一個神聖實體形成了對個體的籠罩，個人在集體面前實際上得不到保護。但這是一種自願的歸依和獻祭：希臘人是作為個體面對他們的神聖之物的。如果說希伯來是一種訴諸成文法的契約文化，希臘就是一種訴諸個人忠誠（這種忠誠是以神意、命運、城邦等神聖之物為訴求物件的相互妥協）的誓約文化。

面對上帝，力求在現實可能性的範圍內自我救贖。

儘管現代民主與古希臘民主在形式上甚至在精神氣質上已經天壤懸隔，但它們的文化基因是一致的。對民主的定義，只有立基於文化核心價值的層次才能具有函括性。像《中國大百科全書》那樣，將民主定義為「以多數人的意志為政權的基礎、承認全體公民自由、平等的統治形式和國家形態」[31]，顯然是比較表面的。市場交換的獨特價值的堅決捍衛者波普爾（Popper, K.R.）否認民主就是「人民的統治」或「多數人的統治」，因為真理和正義並不必然地掌握在多數人手裡。他認為民主是一種制度，即公民可以通過非暴力形式監督和任免統治者的制度。民主制度並不能給人們帶來直接收益，它只為人民表達自己的意願、維護自己的利益提供一種制度上的保障。民主的目的在於防止壞的或不勝任的統治者對社會造成過多危害。[32] 這種觀點仍然停留在政治領域，因而同樣沒有觸及民主的本質。我認為，民主是體現和捍衛個體價值（不論表現為生存權、公民權，還是平等、自由等抽象價值）的，滲透政治、經濟、文化諸領域的一整套制度安排──它是與專制相對立的一種建構原則，一種生活方式。

二、極權、獨裁、專政

專制的近義詞主要有「極權」、「獨裁」與「專政」三個。另外經常被人們提到的還有「暴政」，但「暴政」作為一個概念顯然缺乏規範性，因此在這裡不予討論。

極權這個詞來於英文 totalitarianism，其詞根是「total」（總體、整體），因此直譯應為「總體主義」。「極權主義」是目前約定俗成的譯法。根據漢語習慣，在用它指稱一種統治方式而不僅僅是一種政治現象時，應該譯為「極權」、「總體性統治」或「無所不在的統治」，不應該再加「主義」二字。本文同時使用「極權」和「極權主義」，其側重有所不同。

作為一種政治現象[33]，極權主義完全是現代社會產生的怪胎。這個詞一開始是用來指稱法西斯政權的，冷戰時期一些西方學者也用它來定義共產黨國家

31　《中國大百科全書・政治學》，中國大百科全書出版社 1992 年，第 251 頁。

32　參考《中國大百科全書・政治學》，中國大百科全書出版社 1992 年，第 18 頁。

33　極權或者極權主義能否看作一種特定的政治制度或政體，學術界尚存爭論。筆者認為把它看作一種非正常歷史條件下的政治現象，一種由權力癌變導致的極端統治方式，似乎更合理一些。

的一黨專政。根據阿倫特（H. Arendt）、弗里德利克（C. J. Friedrich）和喬·薩托利等人的觀點，極權主義是獨裁政治的一個極端變種，它以國家的名義對人的非政治生活進行全面徹底的政治統治，暴力恐嚇和意識形態灌輸是它的統治原則，無所不在的滲透性是它的特徵。極權主義政府不僅要控制所有的經濟、政治事務，還竭力控制人民的意見、價值和信仰，從而消彌了國家與社會之間的一切分別。公民對國家的義務成為共同體首要的關注所在，而國家的目標則是用一種完美的理想社會替代現存社會。[34]

可見，極權政治與專制政治不是一回事。極權政治是權力的癌變，是政治的無限擴大化，它可以出現在任何政體中，但它本身不是一種政體。專制政體則是一個國家或民族的存在方式，擁有深厚的社會心理基礎。正如卡爾·洛溫斯坦指出的：「我們沒有資格把某些古代獨裁政體叫作極權主義政體，因為這些國家－社會的目標……很少是用世俗語言來表達的，掌權者和權力對象都一致接受它們，並且深植於傳統之中，無需意識形態的闡述或強制。」[35]

「獨裁」（dictatorship）這個詞總是令人不快地聯想到一種非法的壓制性制度。的確，它的來源已經透露了這方面的消息：它的詞源意義「命令」（dictare）分明表達了一種冷酷的個人權力意志——對建立在同意上的統治的否定。

但在羅馬共和國時期，獨裁卻不是一個貶義詞：它是非常時期的一種執政官制度，被嚴格規定應用於軍事上的緊急狀態。國家危急時，從兩名執政官中選出一人，全權處理國家一切事務，成為 Dictature（音譯為狄克推多），意即「無限權力」。到凱撒時期，這一制度發生了質變，獨裁失去了令人敬仰的光彩，成了表示權力個人化的一個概念：個人獨裁原則的含義就是權力不受約束，不受限制，以及在環境（除了被統治者的意志之外）允許的範圍內儘量集權。

「專政」與「獨裁」來於同一個英語詞：dictatorship。《布萊克維爾政治學百科全書》認為：「嚴格地說，專政是以存在一個單一統治者為特徵的一種

34　參見阿倫特（H. Arendt）《極權主義的起源》（*The Origins of Totalitarianism*, Meridian Books, 1958）；弗里德利克和布熱津斯基（C. J. Friedrich and Z. K. Brezinski）《極權主義獨裁和專橫統治》（*Totalitarian Dictatorship and Autocracy*, Harvard Univ. Press, 1956）；喬·薩托利《民主新論》，馮克利、閻克文譯，東方出版社 1992 年。

35　洛溫斯坦，〈民主國家和權威主義國家〉（Karl Loewenstein, The Democratic and The Authoritarian State），引自喬·薩托利《民主新論》，馮克利、閻克文譯，東方出版社 1992 年，第 219 頁。

統治模式，即是一種獨裁制。這種統治者之所以被稱為獨裁者，乃是因為他享有權力所根據的是一種個人要求，而不是君主政體原則或王朝原則的運作。專政一詞從這個意義上派生出了它的近代含義。在不那麼精確的意義上，它常用來指由軍隊領袖們共同統治，或由一個黨單獨統治的獨裁主義政府」。該書引用了 F. 諾伊曼對這個概念所下的、被廣泛接受的定義：「我們理解的專政一詞是指，僭取並壟斷了國家權力，因而可以不受約束的使用這種權力的一個人或一群人的統治。」[36]

馬克思主義理論家們為它賦予了一種特殊的含義，用以指稱一種類似「階級支配權」的東西。按照《中國大百科全書》的說法，它是「一定階級的統治，即在經濟上占統治地位的階級，運用其掌握的國家權力，對社會進行控制和管理」[37]。馬克思主義認為，國家的實質就是一定階級的專政。作為一種政體，「專政」是社會主義運動的創造物。

本章結論：專制對立於民主，又不同於獨裁、極權、專政等統治形式。同民主一樣，專制是一種文明形態，是一定歷史條件下的某些社會群體組織資源的方式、運作能量的機制；與獨裁等「非正常的」統治形式不同的是，專制是一種原發性秩序，擁有深厚的文化傳統的支持，是建立在臣民「同意」基礎上的一種「合法的」統治。

36　〔英〕大衛・米勒，韋農・波格丹諾編主編，《布萊克維爾政治學百科全書》，中國政法大學出版社 1992 年，第 201 頁。

37　《中國大百科全書・政治學》，中國大百科全書出版社 1992 年，第 611 頁。

第二章　朝聖的旅程：儒學的歷史與邏輯

　　在開始研究之前，先對儒學整體作一個全面考察是有必要的，就像要對一個人的頭部進行研究，必須以對那個人作為一個生命整體的組織結構和功能系統的知識的全面掌握為前提。

　　而對儒學進行總體性研究，首先要面對的問題是：什麼樣的儒學？誰的儒學？孔子去世後，儒家一分為八，為爭奪正統地位展開了激烈鬥爭。荀子之儒與孟子之儒一度勢同水火。此後在兩千多年的發展歷程中，每一個時期，儒學都會呈現出不同的面貌；即便在同一個時期，內部也往往呈現為眾多幾乎互不相容的流派。因而，如果我們只是浮於表面，在論證某個問題時，各自援引某些學派和思想家的觀點以為的證，很容易就會得出相互衝突的結論。結果是，每個人心目中都有自己的「儒學」，對儒學的研究因為缺乏討論的共同基礎而長久得不到深化和提高。

　　我的做法是：首先對儒學的歷史作一個順流而下的全面考察，弄清楚它在不同時期所面臨的課題和應對的辦法，也弄清楚同一時期的不同派別所承擔的角色、發揮的作用，然後歸納、構擬出一個能夠統合不同流派的邏輯框架。以這個框架作為分析的對象，再反過來求證於史實，力求歷史與邏輯的統一。由此，我們可以對先秦儒學在儒學史上的地位、功能有一個確切的理解，從而明白像新儒家那樣將先秦儒學與秦漢以後的儒學斷為兩截，以論證先秦儒學的民主性，是沒有任何說服力的。本章不言而喻的結論是：儒學是一個有機整體，

後世儒學是先秦儒學的邏輯展開和理論提升；而儒學的邏輯展開過程就是它投向專制王權的朝聖之旅。

第一節　孔子：人間秩序的重建者

儘管儒學後來成為一個無所不包的文化體系，持「述而不作」態度的孔子一開始並無意於創造什麼高深理論。他只是針對當時禮崩樂壞的社會現實，提出了一套安定人心、恢復秩序的解決辦法。孔子的儒學，與其說是一個思想理論體系，還不如說是一種實用的政治哲學，一種傾向於採取行動的實用原理。

在〈滕文公下〉篇中，孟子將作《春秋》的孔子等視於敷布九州的大禹和平定天下的周公：「昔者禹抑洪水，而天下平；周公兼夷狄，驅猛獸，而百姓寧；孔子成春秋，而亂臣賊子懼」。因此他說「春秋，天子之事也。」漢儒則為孔子冠以「素王」之號，認為孔子作《春秋》是撥亂世反之正，是為萬世立法。他們心目中的孔子自然難免拔高之嫌，但毫無疑問，孔子是以規劃和重建人間秩序為己任的。孔子一生懸匏求售，就是為了得到一個通過「正己」而「正人」、通過「修身」以「安百姓」的施政機會。他的理想是君主為政以德，民眾質樸向化，從而實現以君主為中心的、自然而熨貼的人間秩序[1]——在《論語 · 顏淵》中，孔子將這種理想秩序歸結為「君君、臣臣、父父、子子」。在現實中的進取失敗之後，孔子退而修《春秋》。《春秋》明善惡、見褒貶的標準就是禮。這是在族類的永恆中，對人間秩序的校正、規劃。

孔子的心思在於治世安民——「老者安之，朋友信之，少者懷之。」（《論語 · 公冶長》）是夫子自道的人生抱負。在其他領域的體察和探索，都是為他的經世之道服務的。孔子的意義在於，作為民間的聲音，他第一次鮮明地打出了「德政」和「仁政」的旗幟，主張通過對民眾的教化實現社會秩序的安定。孔子的德政思想來源於《尚書》。《尚書》把聖人作為人類的核心，把君子賢臣作為社會的紐結，認為聖人以自己通天地鬼神的智慧、視民眾如子女的德行、艱苦卓絕的勞作，維繫著人類的生存和發展。孔子為《尚書》這種高高在上的理念注入了溫情主義的內涵，提煉歸結為一種政治理性原則——「道」——通

1　《論語 · 為政》有「為政以德，譬如北辰，居其所而眾星共之」。

向「父父、子子、君君、臣臣」美好社會的方式和途徑。這個途徑可以概括為：禮樂相成，德刑互補。禮規範人的行為，樂感化人的心性；德是長養萬物的和風細雨，刑是肅殺邪惡的冬雪秋霜。禮與樂一陰一陽，德與刑一張一弛，相輔相成地維繫著社會的安定。[2]

禮是以君主為中心的等級社會的結構形式和行為規範。早在孔子之前，禮即被政治家們視為維繫人類社會的根本秩序。如《左傳・隱公十一年》有「禮，經國家，定社稷、序民人，利後嗣者也」；《左傳・昭公十五年》有「禮，王之大經也」。孔子全面繼承並發展了春秋諸賢的禮治思想，認為完美的禮制，會使人類社會像大自然一樣，井然有序，一派和諧──這就是他心目中「謀閉而不興，盜竊亂賊而不作，故外戶而不閉」（《禮記・禮運》）的大同理想。因而孔子把禮視為治國理民的根本，故《論語・為政》有「道之以政，齊之以刑，民免而無恥；道之以德，齊之以禮，有恥且格」；《論語・子路》有「上好禮，則民莫敢不敬」。為此，他堅定不移地捍衛禮的自足性和神聖性。他把作為禮之載體的「名」與「器」看得重於一切，聲稱「唯器與名，不可以假人，君之所司也。」（《左傳・成公二年》）認為政治的首要之務即「正名」。孔子認為禮是超越現實功利之上的，是必須虔誠遵守的莊嚴儀式。當子貢為了節省要減去餼祭用羊時，他說：「賜也，爾愛其羊，我愛其禮。」（《論語・憲問》）當齊國陳成子（桓）弒君的消息傳到魯國後，孔子沐浴而朝，告於哀公：「陳恆弒其君，請討之。」連他本人也知道這毫無實際意義，只好訕訕然自我表白：「以吾從大夫之後，不敢不告也。」（《論語・憲問》）表明為了守禮不得不如此。

為了確立和捍衛禮的權威性，孔子同時在天道、歷史和社會現實的向度上探討了它的合理性依據。當他說「一日克己復禮，天下歸仁焉」（《論語・顏淵》）時，言外之意是，通過踐行禮，人類群體就能進入天道秩序的永恆。他強調不學禮則「無以立」，宣稱自己「三十而立」，堅信「天生德於予」，追求「下學上達」，說明禮不僅是一種功能性的人際儀式，而且是人之為人的依

2　在《論語・為政》一篇中，孔子有「道之以政，齊之以刑，民免而無恥；道之以德，齊之以禮，有恥且格」的議論，似乎不主張用刑治國。其實孔子在這裡談的只是刑的局限性。作為一個現實主義者，孔子對刑的作用還是有清醒認識的，在〈里仁〉中，他又談到「禮樂不興則刑罰不中，刑罰不中則民無所措手足」，「君子懷德，小人懷土；君子懷刑，小人懷惠」。

據，是下學上達的憑依，天道下注的對象。儘管孔子的基本態度是「不語怪力亂神」，但他並沒有否定鬼神的存在。對難以言說的神聖之物，他採取了懸置的策略，保留了敬畏的態度。孔子的「天」依然保有擬人化特徵 [3]，但不就是一個人格神 [4]。在孔子那裡，天命存在於人和天的互動關係之中：如其說天命是一種必然性，還不如說是對這種必然性的信念 [5]。故而當「畏于匡」而危及性命時，孔子自信地說：「文王既沒，文不在茲乎？天之將喪斯文也，後死者不得與于斯文也；天之未喪斯文也，匡人其如予何？」（《論語・子罕》）而在《論語・子張》中，當有人問及「孔子焉學」時，子貢回答：「文武之道，未墜於地，在人。賢者識其大者，不賢者識其小者，莫不有文武之道焉。夫子焉不學？而亦何常師之有？」對孔子來說，天命是需要通過自己的行為去顯現、去認證的東西：人通過承擔天命取得言說的合法性，而天命是在對禮的踐行過程中被體知的。

　　這種天命經由聖人的承接下注於歷史之中就是道統的轉移。「周監於二代，鬱鬱乎文哉！吾從周」（《論語・八佾》），「述而不作，信而好古，竊比於我老彭。」（《論語・述而》）孔子從來不以「作者」自居，而是自覺地把自己繫連於先王開創的偉大傳統之中，主張通過「克己復禮」重建上古黃金時代的道德秩序，使旁出斜逸的人類社會重歸先王正道。但孔子並不是一個泥古不化的保守派。按孟子的說法，他是「金聲玉振」的「聖之時者」。他以理性的眼光重新解說歷史、構造現實，確立了儒家大敘事的基本語法和基調。孔子把傳說中的半神話人物重塑為至善至美的齊天聖人，確立為人類道德的永恆楷模。[6] 這樣，人類的歷史就成了從遠古的黃金時代不斷墮落的過程——孔子在為歷史去魅的同時把人們引向了對過去的崇拜，在照亮傳統的同時使自己進入了

3　在孔子那裡，「天」有時候似乎能有意識地干預人間事務，如《論語・子罕》：「文王既沒，文不在茲乎？天之將喪斯文也，後死者不得與于斯文也；天之未喪斯文也，匡人其如予何？」；《論語・先進》：「顏淵死。子曰；噫！天喪予！天喪予！」；《論語・八佾》：「獲罪於天，無所禱也。」

4　認為孔子的「天」是個人格神的觀點很普遍，這是不明了孔子思想的內在邏輯所致。倘如「天」是個人格神，則人只能被動的生活，只能從外在權威那裡取得秩序和意義；而對孔子來說，自己就是意義的源泉，天只是一個確認者，天人之間是一種相互確認的關係。

5　《論語・憲問》：「不怨天，不尤人，下學而上達。知我者其天乎？」；《論語・堯曰》：「孔子曰，不知命，無以為君子也。」

6　孔子對堯的評價就很有代表性：「大哉堯之為君也！巍巍乎唯天唯大，唯堯則之。蕩蕩乎民無能名焉。」

傳統。既然歷史表現為聖人（王）前後相繼的加冕儀式，是「道」（天道，也是先王之道）的盛裝遊行，它就不是線性的、「不斷進步」的過程，而是一個終將回到其起始處的圓環，最終將因失去動力（道德腐敗後）而變成一個復古主義的泥潭──先王所確立的道德秩序對於人類社會具有了永恆的籠罩性。

在現實生活的層面上，孔子對「禮」進行了徹底的人性化改造。儘管作為一種從原始社會傳承下來的制度安排和人際關係方式，「禮」擁有深厚的民族心理基礎，但到孔子時期，社會原生秩序的崩潰導致了禮的全面形式化。孔子重新挖掘和弘揚了禮的真精神，使之建基於日常生活情理，訴求於內在心理需要：「把原來的僵硬的強制規定，提升為生活的自覺理念，把一種宗教性、神祕性的東西變而為人情日用之常，從而使倫理規範與心理欲求溶為一體。」[7] 例如，他把「子生三年，然後免於父母之懷」（《論語‧陽貨》）這個天然事實作為「三年之喪」的依據，把「心安」與否定作取捨的標準。他強調禮並不僅僅是犧牲玉帛之類外在的東西，它必須建立在真實情感的基礎上，否則不能被人們自覺接受。故而，在《論語‧里仁》中，他說：「不能以禮讓為國，如禮何？」在〈論八佾〉篇中，又說：「居上不寬，為禮不敬，臨喪不哀，吾何以觀之哉？」

尤其值得注目的是，他把「仁」的精神注入了已經腐朽的傳統禮制之中，使這種源於氏族時代的組織制度在新的社會形勢下煥發了生機，重新成為社會的結構性力量。儘管「仁」早已作為一種人際關係之中的美德而存在，但孔子首先為它賦予了一種超越性價值，使之煥發出人文主義的光彩。這首先表現在對人的生命價值的尊重，「仁者愛人」可謂那個時代最響亮的命題；其次是對個體人格之精神的弘揚和珍重。他把人看作一個開放的過程，認為人是自我定義、自我成就的──在對「道」的踐行中，在與他人的雙向交流中，成就自己。再次是對現實人生的關注。他關心的只是有關世道人心、切近國計民生的問題。[8] 他強調的是實踐的本體性，認為道德源泉就在每個人的踐行中，不假外求[9]，主

7　李澤厚，《中國古代思想史論》，人民出版社1986年，第20頁。

8　當學生樊遲問怎樣才算「智」的時候，孔子回答：「敬鬼神而遠之，可謂智矣」；子路問如何事鬼神時，他回答：「未能事人，焉能事鬼？」問關於死的事情，他回答：「未知生，焉知死？」

9　《論語‧述而》：「能近取譬，可謂仁之方也已。……仁遠乎哉，我欲仁，斯仁至矣。」

張通過具體的行動去顯現世界固有的秩序[10]。最後，是提倡一種積極入世、剛健有為的人生態度：「孔子沒有原罪觀念和禁欲意識。相反，他肯定正常情欲的合理性，強調對它的合理引導。正因為肯定日常世俗生活的合理性和身心需求的正當性，也就避免了、抵制了捨棄或輕視現實人生的悲觀主義和宗教出世觀念。」[11]這一切使孔子的禮治具有了一種人道主義的脈脈溫情。但「仁」並不是一種超階級的博愛，它只是統治者對其統治對象的策略性懷柔。「愛人」體現於道德領域不過是指以「禮」去「立人」、「達人」，以及「居處恭，執事敬，與人忠」（《論語・子路》）之類自我約束，擁有最後發言權的是「禮」；落實到現實政治層面則只意味著「出門如見大賓，使民如承大祭」（《論語・顏淵》）、以及「恭、寬、信、敏、惠」（《論語・陽貨》）之類自上而下的恩賜，目的是潤滑日益僵硬的統治機制。

禮的另一端是刑。儘管在《論語・子路》篇中，孔子將「齊之以禮」作為「齊之以刑」的對立面而強調，但他並沒有也不可能否定刑的作用。孔子追求的是「必也使無訟」（《論語・顏淵》），反對的只是「不教而殺」、「不戒視成」（《論語・堯曰》）。實際上，他把刑看作了禮樂的後續手段，故而在《論語・子路》篇中，他說：「禮樂不興，則刑罰不中；刑罰不中，則民無所措手足。」

與禮相輔相成的是樂。孔子把「文之以禮樂」（《論語・憲問》）看作成人的最重要標誌，認為君子應當「立於禮，成於樂」（《論語・泰伯》）。《禮記・經解》稱「廣博易良，樂教也」。樂作用於人的內心，通過對性情的化導製造合乎禮制規範的標準化人格——專制統治所需要的臣民——樂是一種編碼技術，它使人成為只有在主旋律的構成中才有意義的符號。並且，它在人際之間製造一種親密無間的意識形態氛圍，使人在一種喜氣洋洋的狀態中失掉自己。作為一種施政手段，樂的另一端是「德」（政）。德政的主要標誌是君使民以禮[12]，就是把民眾作為構成王權主旋律的不可缺少的音符來進行安排。說得嚴苛一點，孔子的德政仍然只是一種馭民之術，它強調統治者與民眾之間的

10　《論語・衛靈公》：「人能弘道，非道弘人」。《論語・顏淵》：「克己復禮為仁，一日克己復禮，一日歸仁焉。」

11　李澤厚，《中國古代思想史論》，人民出版社 1986 年，第 21 頁。

12　《論語・子路》有「上好禮，則民莫敢不敬」；〈八佾〉有「君使臣以禮，臣事君以忠」。

情感聯繫，要求關注被統治者基本的利益和需求，希望統治者以身作則來教正天下——《論語・顏淵》稱「政者，正也。子帥以正，孰敢不正？」〈子路〉稱「其身正，不令而行；其身不正，雖令不行」。

孔子並沒有提出任何系統的制度設計，他留給世人的只是一套關於政治實踐的原則性教言，因而他對德政的追求最後還是落實到「德」的承擔者——聖人君子身上。於是，社會改良的途徑便只剩下了一條：君子以身作則的引導與教化——君子通過品行修養「下學上達」，以「道」的啟示照亮世界；通過導民行孝化俗從政，以「德」的踐行平定天下。這樣，仁人志士的道德秉性實際上成了秩序的生發處。這就是為什麼孔子把如此之多的心思放在了君子人格的修飾和打磨上。「不怨天，不尤人」（《論語・憲問》），「內省不疚，夫何憂何懼」（《論語・顏淵》），「知其不可為而為之」（《論語・憲問》），「仁者不憂，知者不惑，勇者不懼」（《論語・憲問》）……孔子從仁、義、禮、智、信五個向度規劃並描繪了君子的莊嚴形象——這種形象既有宗教徒的崇高又富有健康向上的現實進取精神，啟示了在世者自我實現的目標、途徑、憑據、方式、姿態等等。只是它並不導向一個獨立自足的個體人格，它導向的是對絕對秩序的自覺投靠與歸依，使人成為天道以及作為天道之體現的禮的承載者和展示者。

孔子生產君子的途徑是「六藝」[13]之教。這是一種學做人的人生之學。可以說，這是孔子為學生打開的六扇知識視窗，為後人啟示的六個人生視界。

《詩經》創作於中華民族寒風料峭而又生機蓬勃的早春。它所描述的是一個整體性的世界，天人相應，萬物共鳴。因而《詩》中寄寓著天道人事的法則和啟示，故孔子稱《詩》「可以興，可以觀，可以群，可以怨。邇之事父，遠之事君。多識於鳥獸草木之名」（《論語・陽貨》）。《尚書》包含著上古先王治國理民的理念和教言。通過《尚書》，孔子為弟子們確立了一幅有關人類社會的整體性圖景：這就是，以聖王為中心，人類社會構成一個融入天道自然的有機整體，歷史是先王道德顯化的場所。由此，孔子為弟子們確立了思考社會文化與政治問題的框架和尺度：以先王之道為最高標準，為人以「仁」，

13　兩種說法。一指禮（禮儀）、樂（音樂）、射（射箭）、御（駕車）、書（識字）、數（計算）六種科目；二指《詩》、《書》、《禮》、《樂》、《易》、《春秋》六種經書。這裡指後者。

為政以「德」。「禮」是關於社會制度、規則，以及人際關係方式的規定。它把人類社會設計為一個向心式等級網路，每個人都是這個網路上的一個節點，按照被規定好了的方式與他人關聯在一起；每個人都有自己的名分，也就是與自己的地位相應的名號、權力和義務。因此，「禮」使人們時刻意識到自己的局限性，時刻意識到自己處於複雜的相互制約關係之中，從而時刻保持恭敬謹慎。[14]《易》是開向宇宙深處的一扇窗口，它使人理解偉大和神祕之物，以及日常生活中的深奧法則。通過《易》，孔子啟示了一種至簡又至深的現實主義智慧──中庸之道。他認為，通過學《易》，能夠實現對宇宙人生的深切理解，免於犯原則性的錯誤。[15]《春秋》是孔子修訂而成的魯國編年史。通過它，孔子向人們展示了先王之道（表現為禮、義）在人類群體發展中的嚴正力量，歷史被解說為通過自我裁制向先王盛世的回歸──此即《孟子‧滕文公下》所謂孔子著《春秋》乃是「行天子事」，是「正人心，息邪說，距詖行，放淫辭，以承三聖」的立法行為。它用一種嚴厲而委婉的筆法評價歷史上的是非功過，表明每個人的所作所為都具有長遠的意義；它是一面使人自我反省的鏡子，教人過一種負責任的目光長遠的生活。「樂」體現著天道自然運行的功能態──一種生成著秩序的大和諧態。對宇宙自然來說，它是萬物的呼吸；對人來說，它是自然情感的流露。所以，音樂是人和自然交流的媒介，好的音樂──雅樂──能夠平和血氣，節制性情。

通過六藝之教，孔子啟示了一個具有存在論意味的真理認知途徑：在萬物之中、在先人創造的文化傳統之中、在群體關係之中、在實踐過程之中，體察、領悟和凸顯存在的意義。這是一種「知行合一」的認識論與實踐觀。孔子強調的是以行動說話，在實踐中學習。《論語‧學而》稱：「學而時習之，不亦說乎？」這兒的「學」主要指的是「大學」即為人之學，「時習之」即後面接著講的「弟子入則孝，出則弟，謹而信，泛愛眾而親仁」。孔子的學生子夏也說「事父母能竭其力，事君能致其身，與朋友交言而有信，雖曰未學，吾必謂之學矣」。（《論語‧學而》）對孔子來說，真理不是經驗與實在的符合，而是一種享有──〈憲問〉有「古之學者為己，今之學者為人」，〈述而〉有「三

14　《論語‧八佾》：「居上不寬，為禮不敬，臨喪不哀，吾何以觀之哉」。《論語‧顏淵》：「君子敬而無失，與人恭而有禮。」

15　《論語‧述而》：「加我數年，五十以學《易》，可以無大過矣。」

人行，則必有我師焉。擇其善者而從之，擇其不善者而改之」。通過這種享有實現自我與宇宙、與宗族整體性存在的調適，達到「從心所欲不踰矩」的境界。「學」的意義不在於研究客觀知識，而在於對文化傳統的繼承、體認和踐行[16]；「思」也不指向標新立異的別識只見，而指向對所學內容的創造性消化。由此，孔子催生了一個具有清醒使命意識的知識群體——一個以天道承擔者和闡釋者自居的社會精英階層。這個階層以現世關懷為基本價值取向，以「立功、立言、立德」[17]為自我實現目標，持一種審美的生活態度，追求一種藝術化的人生境界。他們以文質彬彬的君子形象走進歷史，在失去精神的創造力後，由權力的規範者變成了權力的同謀和幫凶，由傳統的弘揚者變成了一團以傳統為食物又以其分泌物構築著傳統的蟲子——從而開創了一個「學而優則仕」的士大夫政治傳統。

　　下面可以勾畫出孔子思想的基本框架了。如圖 2—1 所示，禮（意味著自願的約束）與樂（意味著天然和諧的秩序）、德與政（意味著強加的制裁）兩極分別構成一個指向德政的向量軸，形成一個二維座標，從而確定了一個平面，這就是孔子政治思想的基本內容。它們的交點就是孔子整個思想體系的原點「仁」；「仁」與「天」以一條虛線連接起來——因為它們之間還不是直接相互灌注的關係，它們之間的相互作用是以「聖人」、「君子」為仲介實現的——與禮—樂和德—刑兩個坐標軸一起構成一個三維座標。

　　而在這個框架之外，則是孔子全部人倫思考的理念預設——一種有機整體論的宇宙觀。孔子的宇宙觀主要體現在他對《周易》的闡釋中。[18]《易》所揭示的宇宙，是一個天人合一、萬物相感相應的有機系統。因而在孔子看來，人類社會同天地自然是一個倫理的和道德的連續體[19]，「在這個連續體中，甚至天和

16　如孔子對自己的評價是「述而不作」（論語・述而）；「我非生而知之者，敏而好古」。

17　《左傳・襄公二十四年》：「大上有立德。其次有立功。其次有立言。雖久不廢。此之謂不朽。」

18　關於孔子為《周易》作傳之事，本來史有明文，似乎證據確鑿：《論語・述而》：「子曰：『加我數年，五十以學《易》，可以無大過矣。』」《史記・孔子世家》：「孔子晚而喜《易》，序〈彖〉、〈系〉、〈象〉、〈說卦〉、〈文言〉；讀《易》韋編三絕，曰：『假我數年，若是我于《易》則彬彬矣』。」北宋歐陽修作《易童子問》，始對此提出懷疑，到晚清以至《古史辨》時代，則幾乎被論為傳訛。當今一些學者如李學勤等根據新出土的資料，認為有關歷史記載基本是可信的。我的觀點是，孔子促成了「不安其用而樂其辭」（《帛書易・要》）的易學轉變，留下了大量論《易》的言論，被保留在了《易傳》中，但《易傳》的主體部分當形成於戰國時代。

19　《論語・陽貨》：「子曰：天何言哉？四時行焉，百物生焉，天何言哉？」；《易・

自然界都被倫理化為道德的、具有目的的組成部分」[20]。因而社會的秩序同構於自然的秩序，萬物的法則也是適合於人間的法則。

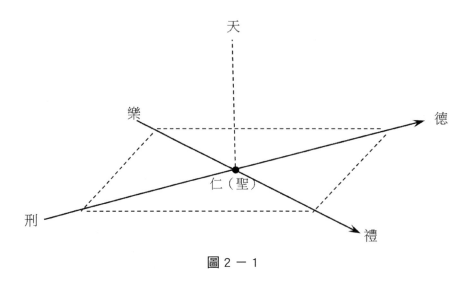

圖 2 － 1

　　總結以上所述，作為儒學的奠基者，孔子主要做了以下工作：

　　第一，確定了儒學理論體系的原點和地平面：「仁」觀念和「德刑互補、禮樂相成」的政治思想。由此，他啟示了一種獨特的政治形式，我想可以稱為「教政」，教育被視為政治的手段和途徑；也啟示了儒家學說的致思方向：一天人，合內外。

　　第二，確定了以人文主義為特徵的儒家核心價值取向：對人生抱有強烈的現世樂觀主義態度，不逃避塵世責任，不關心怪力亂神等無結果問題，其終極關懷在於現世道德的圓成和人格的完滿。但由於缺乏內在人格的緊張對立，儒學沒有培育出知識分子直面鬼神的精神力量，也就沒有發展出實現經世抱負的有效手段，因而最終流於自以為是的樂觀主義——以為通過格物致知即可修身齊家即可治國平天下——和拘謹繁瑣的形式主義，成為傳統與守舊的代名詞。

　　第三，確定了儒家大敘事的語法和基調：把歷史解釋為聖人德行顯化的場

　　繫辭下》：「子曰：乾坤其易之門邪？……陰陽合德，而剛柔有體，以體天地之撰，以通神明之德。」

20　〔韓〕黃秉泰，《儒學與現代化——中韓日儒學的比較研究》，北京：社會科學文獻出版社 1995 年，第 38 頁。

所，把社會轉化的契機解釋為與天命相繫的道統的轉移，把社會成員個體通過修行契合於天道看作實現社會改良的唯一途徑。這種過去現在時的、倫理的社會歷史觀使儒家否定了通過進步獲得拯救的必要，而最終淪陷在道德主義和復古主義的泥潭裡；儒學本身也因為沒有指向未來的開口而走向神祕化、宗教化。

第四，確定了儒家進入世界的方式、途徑和姿態：投身事物的深處，領悟天道的韻動；專注行動的過程，體察世界的真知。這是一種以人為中心的內在論。儘管孔子本人保持了作為獨立思想者的超然地位，但他並沒有為後世留下心智成長的空間，這種倫理主義的姿態把一切非行為領域排除於理智的關注之外，對與「行」無關的純粹知識漠不關心，結果不僅使儒學沒能建立起安身立命的「學統」，而且喪失了對客觀對象的敏感，從而陷於「萬物皆備於我」、「我心即是宇宙」之類理性迷狂。

可以看出，孔子的所有理論探討，都是圍繞著如何構建一種熨貼而持久的社會秩序進行的，而他理想的社會秩序是以君主為絕對中心的權力秩序，此即《論語・為政》所謂：「為政以德，譬如北辰，居其所而眾星共之」——每個人都安於其位，都自覺地按照絕對權力的要求修整自己（成為君子），像群星拱衛北極那樣投誠於君主。

第二節　思孟學派與《易傳》：通向絕對者之路

孔子去世後，弟子們各執一偏，開始了對儒學的分解、消化和提升工作。據《韓非子・顯學》記載：「自孔子死後，有子張之儒，有子思之儒，有顏氏之儒，有孟氏之儒，有漆雕氏之儒，有仲良氏之儒，有孫氏之儒，有樂正氏之儒。」韓非子這種歸結，只是辯論家堆砌說詞而已，並不是一種準確的歷史描述，因為這八派並非同時存在，其中如子思之儒與孟氏之儒其實是同一支系。《史記・儒林列傳》也記載了孔子門徒離析發展的情況：

> 自孔子之後，七十子之徒散游諸侯，大者為師傅卿相，小者友教士大夫，或隱而不現。故子路居衛，子張居陳，澹臺子羽居楚，子夏居西河，子貢終于齊。如田子方、段幹木、吳起、禽滑釐之屬，皆受業于子夏之倫，為王者師。是時唯魏文侯好學，後凌遲以至于始

皇，天下並爭于戰國，儒術既黜焉。然齊魯之間，學者獨不廢也。
于威、宣之際，孟子、荀卿之列，咸尊夫子之業而潤色之，以學顯
於當世。

其實孔子在世時，子張、子夏、子游、曾子之間已經存在著嚴重的觀點分
歧[21]。子張承認「尊賢」、「崇善」的必要，但卻拘泥枝節，固持「執德」之見，
甚至「禹行而舜趨」（《荀子・非十二字》），主張像先王那樣「犯而不校」，
以德報怨，違背了孔子「能愛人，能惡人」的主張，因而也就背離了儒家「愛
有差等」的精神，「其言議談說已無以異於墨子」（《荀子・儒效》）；子夏
別出機杼，主張「大德不逾閑，小德出入可也」（《論語・子張》），甚至進
而提出「善持勢者，早絕奸之盟」（《韓非子・外儲說右上》），違背了孔子
的中道而成為法家思想的啟蒙者；子游同子夏一樣，強調以禮和樂規範行為的
重要性，卻不滿意子夏之門人對灑掃應對之類謹言細行的過分關注，而主張「守
本」；曾子力行孝道，對子張炫示於外的作法不以為然[22]，而強調道德修養的重
要性。應該說，曾子最近於夫子真傳。

概言之，孔門弟子的分化遵循了相反又相成的兩個路向：內求與外務。前
者求傳道，後者重傳經；前者講心性，後者隆禮法；前者重修行，後者務經世。
前者以曾子為源頭，經子思而至孟子；後者以子夏為首始，流衍至於荀子、董
仲舒。

如果說子夏及其後學荀子通過傳經在平面上推廣了孔子的經世之道，曾子
及其傳人子思、孟子則通過向下挖掘向上提升，為儒學確立了心性論基礎和形
而上依據。

在儒學發展史上，思孟學派無疑承擔了繼往開來的弘教者腳色：在孔子奠
基後，他們遵循著先師的理路，構築起了儒學的理論框架，使儒學由一種關於
人生實踐的教言，上升為一種體系完整的哲學理論。從而牢牢確立了儒學在傳
統文化中的主流地位。

被尊為「述聖」的子思可謂孔子勤於堂構的賢孫。子思及其門人所作的《中
庸》、《大學》被後世儒者奉為經典中的經典，它們分別從「內聖」與「外王」

21　參考《論語・子張》。

22　《論語・子張》：「曾子曰：堂堂乎張也，難與並為仁矣。」

兩個向度上充實和完善了孔子的思想。《中庸》為子思所作基本已成定論，如《史記‧孔子世家》載：「子思……嘗困于宋，作《中庸》」；鄭玄《目錄》亦載：「《中庸》者，孔子之孫子思伋作之，以昭明聖祖之德。」《大學》是否為子思所作，目前尚有爭議，但認為它為子思一派的著作，應當不成問題。如果說《中庸》宣布了子思學派的哲學綱領，《大學》則表達了他們的倫理、政治觀點。兩者在「以修身為本」這一點上是完全一致的。《大學》講的是「如何修身」，《中庸》探討的是身「如何可修」。有人認為《大學》強調「格物致知」，採取的是與《中庸》的「反身自求」不同的知識論路向[23]，但我認為《大學》的「格物致知」就是《中庸》的「道學問」，目的是通過體察「物性」而領會人的「善性」。

子思從性與天道的角度深化了孔子的思想。《中庸》（以下未注明出處的皆引自《中庸》）開篇即破空立意：「天命之謂性，率性之謂道，修道之謂教」，開宗明義地點出了性、天、道、教之間的相互關係。「天命之謂性」謂人的本性即其天然稟賦。天在這裡不是高高在上的客觀實體，也不是予奪予取的人格神明，而是人和物共同具有的本然規定性：「天地之道，可壹言而盡也。其為物不貳，則其生物不測。天地之道，博也，厚也，高也，明也，悠也，久也」。因而「性」不僅指人性，也包括物性，「率性」即循其性之自然。這就意味著子思為人和物找到了一個共同的根源：規定人和物之性的「道」。故而子思接著說：「率性之謂道」。只有聖人才能夠循性而行，要使眾人的自在之性契合於天道，必須經過一個引導修行的過程，因而「修道之謂教」。

人與物在「性」上的同源同質性使人天之間的貫通成為可能，貫通的途徑就是「誠」。對宇宙萬物來說，「誠」是其自然而然的本性；對人來說，則是一種生存姿態，即「是其所是，然其所然」。故《中庸》有「誠者，天之道也；誠之者，人之道也」。事物自然而然地顯現著，所顯現者即是「性」；通過明瞭這種顯現的「性」，端正自己的人生態度，這就是聖人之教；聖人以敬畏和順應的姿態進入萬物之間，通過照亮自己照亮別人，通過盡己之性盡萬物之性，使自己的行為調適於天道，就能做到參天地之化育，與萬物共沉浮。這就是《中庸》所稱的：「能盡物之性，則可以贊天地之化育。」這樣，以「性」為媒介，

23　參見馮達文，《宋明新儒學略論》，廣州：廣東人民出版社 1997 年，第 34 頁。

通過「誠之」的行動，聖人實現了與天道的合謀，實現了對芸芸眾生的籠罩——作為專制權力之具象的「聖王」便呼之欲出了。

孔子還只是一個在路上的傳道者，以自己親身的踐行引導著弟子們前進。對他來說，思與學、知與行都是具體情境之中的行為，是完全個人的事情；對子思來說，個體的自我成就成了對天道的獻祭：

> 誠之者，擇善而固執之者也：博學之，審問之，慎思之，明辨之，篤行之。

> 故君子之道，本諸身，徵諸庶民，考諸三王而不繆，建諸天地而不悖，質諸鬼神而無疑，百世以俟聖人而不惑。

> 故君子尊德性而道問學，致廣大而盡精微，極高明而道中庸。

「君子」懷著對聖人的嚮往陷溺進巫師式的迷狂裡。[24] 儒家通過人性的非人化、通過對感性欲望的碾平（盡己之性、盡人之性），鋪就了通向絕對者（天道、聖人、聖王）的皈依之路。

如果說子思是在正面上對儒學作了提升，孟子則通過向下挖掘，為儒學理論體系確立了另一個理論端點：心。孟子將抽象的性落實於心，使之更具有可感知和可操作性。他認為，人性中生來就具有仁義禮智等的萌芽，這就是稱為「惻隱之心」、「羞惡之心」、「恭敬之心」、「是非之心」的人之常情，孟子稱之為「四端」或「才」。「才」降於天，存於心，經過一番「思」的功夫得以擴充，便發展為仁義禮智諸善德。所以「心」是「性」的凝聚和生發處，它是人之為人的根本，也是人天相貫通的旋鈕。通過發明本心，亮顯天性，就能實現物我為一、「上下與天地共流」（《孟子・盡心上》）的境界。故〈盡心上〉有：「盡其心者，知其性也；知其性，則知天矣。存其心，養其性，所以事天也」。

可見，在孟子這裡，「性」通過「心」的援引實現了與天道的貫通。而通過繫「心性」（具體說是君子聖人之心）於天道，孟子實現了知識者與絕對權力的有機關聯。由於「勞力」的大眾是「沒心」的，通過「勞心」而擁有了天

24　《中庸》孕育了漢學天人感應觀念之濫觴。如：「至誠之道，可以前知。國家將興，必有禎祥；國家將亡，必有妖孽。」也啟示了無限擴張主體意志的宋明理學。

道的君子便擁有了對民眾無可置疑的統治權──此即《孟子・滕文公上》所謂：「勞心者治人，勞力者治於人。」而「先得我心之所同然」（《孟子・告子上》），其本性即為天道的聖人[25]自然而然是人世間的絕對權威──一句話，孟子為儒家規劃的心路歷程通向的是絕對的權力。

在人格修養方面，孟子強調了「心」的主觀能動性。他認為，通過心之「思誠」[26]，人能夠實現對「天」的能動順應。為此他對「性」與「人性」作了嚴格區分。他認為，以「善」與「義」為內容的「人性」是人區別於禽獸之處，是為「大體」；以「食色」之類自然本能為內容的「性」則是與禽獸相同之處，是為「小體」。「從其大體為大人，從其小體為小人」，「先立乎其大者，則其小者不能奪也」（《孟子・告子上》）。總之一句話：人之為人，繫於一心[27]；為善為惡，要在自為[28]。因此，在天人關係上，孟子強調的不是「天」，而是人類道德的崇高性：「天」只作為人間價值的源泉而存在。既然天德落實於人心，居仁由義的君子大人就成了天德的承擔者和體現者──身膺天爵[29]的上天的選民。在這天爵面前，任何世俗的權勢（人爵）都無足輕重。

> 《孟子・盡心下》：說大人，則藐之，勿視其巍巍然……在彼者，皆我所不為也；在我者，皆古之制也，吾何畏彼哉？

> 《孟子・公孫丑下》：故將大有為之君，必有所不召之臣。欲有謀焉，則就之。其尊德樂道，不如是不足與有為也。

由此，孟子以普遍性道德的名義，為新生的儒士奠定了安身立命的基礎，並且為他們高高樹立起了個體人格的旗幟：「立天下之正位，行天下之大道；得志，與民由之；不得志，獨行其道。富貴不能淫，貧賤不能移，威武不能屈」的大丈夫形象，成了鼓舞一代代仁人志士的精神力量。

不過，需要指出的是，孟子這種自我主體的張揚在很大程度上是儒家君子

25　《孟子・盡心上》：「堯舜，性之也；湯武，身之也」；〈盡心下〉：「聖人之於天道也，命也。」

26　《孟子・離婁上》：「誠者，天之道也；思誠者，人之道也。」

27　《孟子・告子上》：「人，人心也。」

28　《孟子・告子上》：「五穀者，種之美者也。苟為不熟，不如荑稗。夫仁亦在乎熟之而已矣。」

29　《孟子・公孫丑上》：「夫仁，天之尊爵也，人之安宅也。」

走向絕對權力之前的自壯聲色。與孔子的汲汲求售不同，孟子採取了自高其價、以退為進的策略：一邊大聲叫賣一邊擺出一副有人買無人買都無所謂的姿態。其實他的求售之心比孔子要強烈得多。

　　在社會實踐領域，孟子發展了孔子的德政和仁政思想，勾畫了氣勢恢宏的王道政治藍圖，並在操作層面上提出了系統的見解和主張。他的社會治療方案不再僅僅是簡單的禮樂教化，而是落實到了「制民之產」和「薄其賦斂」之類行政措施上，這極大地豐富了儒家政治思想的內容；同時提出了「民貴君輕」的民本主義理念，為後世儒家提供了批判的武器和道義的旗幟。這一切都意味著儒家自覺承擔了即將登基的專制王權的籌劃工作。

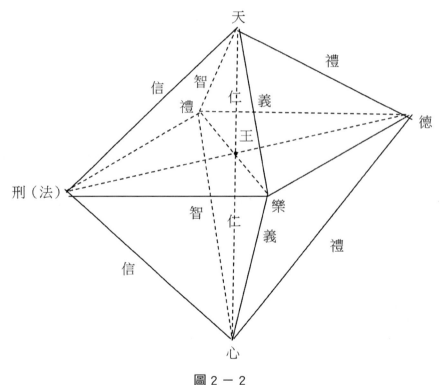

圖 2－2

（其中禮既與德－刑構成施政平面，又作為「五常」之一構成儒家價值系統）

　　綜上所述，思孟學派對儒學的貢獻有積極與消極兩個方面：積極的方面在於為孔子的常識性倫理體系提供了一種心性論基礎和形而上依據，基本完成了儒學理論框架的構築工作，如圖 2－2 所示。孔子的愛人之心或善良本性還僅僅

是血緣親情的自然流露和擴展，孟子則將這種天然情感提純為天之德性，並生發為人間道德倫理秩序的基礎，從而把儒學從一套簡單明瞭的聖者教言變成了一種系統化的政治哲學原理。這種政治哲學的精髓是合外內、一天人、同王聖——這就是為什麼後世儒學會成為直接替專制統治進行合法性論證的國教。消極方面則體現在理論探求的內在化傾向：在孔子那裡，「內省」還只是一種自我批評的修養功夫，孟子則由此發展出了一種哲學上的內在論，認為一切善德均為人生而固有，因而修身進德無需外求，只要擴充「我固有之」善端即可。這種傾向破壞了孔子倫理體系內部方面和外部方面的微妙平衡，由此導致了宋明理學道德主義、教條主義的理性迷狂。

關於《易傳》，目前學術界基本確認為商瞿、馯臂子弓（一作弘）一系的作品[30]，這個觀點當能夠成立，但我認為其中亦摻和有子思一派的思想[31]，甚至道家、陰陽家的思想，也是不容疑問的。其中有一部分當出自商瞿或馯臂子弓門下，因為裡面保存了一些孔子與其弟子討論《易》時的見解和觀點，但其主體部分的形成當在孟子之後、《荀子》之前。[32]《易傳》是漢民族大一統形成前夕不同地域的文化融合的產物，它啟示了一個天地定位、大道流行的整體性宇宙框架。如果說《中庸》還只是一篇探討「天地之本」的專論，《易傳》則是對天道人事的系統探求，全面闡述了儒家的世界觀和方法論：以「道化」為特徵的宇宙生成圖式、具有循環論色彩的變化觀、剛健有為的人生態度和「物極必反」的辯證法。同《中庸》一樣，《易傳》追求人道與天道的貫通，但《易傳》更進了一步，將人倫秩序直接落實於自然秩序，使之脫離了孔孟所賦的情感基礎而從絕對者那裡獲得了普遍的有效性。也就是從這裡開始，人向上去溝通天道的努力變成了天道對人自上而下的灌注，「道」成了唯一的主體。

> 《易‧繫辭上》：一陰一陽之謂道，繼之者善也，成之者性也。仁
> 者見之謂之仁，知者見之謂之知，百姓日用而不知，故君子之道鮮
> 矣。顯諸仁，藏諸用，鼓萬物而不與聖人同憂，盛德大業至矣哉！

30　《史記‧仲尼弟子列傳》稱孔子傳《易》於商瞿，此後經馯臂子弓、矯疵（子庸）、
　　周樹（子家）、光乘（子羽）、至於田何。

31　孔子以《六經》授徒，本不分彼此；其後學各有側重，亦屬常理。代相傳遞的易學譜
　　系只是重家法師說的漢人的理想化追溯。

32　先秦諸子中，只有荀子引過《易傳》，如《荀子‧大略》引《易‧小畜‧象》之「復
　　自道，何其咎」。此可作為例證之一。

富有之謂大業，日新之謂盛德，生生之謂易。

「夫易，聖人之所以極深而研幾也。唯深也，故能通天下之志；唯幾也，故能成天下之務」，「聖人以此洗心，退藏于密」，「君不密則失臣，臣不密則失身，幾事不密則害成，是以君子慎密而不出也」……〈繫辭〉中的這些言論帶有濃厚的法術家、陰陽家色彩，體現著以力相爭、冷酷無情的戰國時代的精神。為了適應走向一統的現實需要，為了從日益凸顯的絕對者那裡獲得安身立命的憑依，孟子高揚起的道德主體在《易傳》中不得不進一步剝卻了個體生命的感性內容，再也不能「中天而立」顧盼自雄：「如欲平治天下，當今之世，舍我其誰也？」（《孟子·公孫丑下》）而是「退藏于密」、「極深」、「研幾」，以天道的莊嚴旗號修飾、烘托了自己——從此以後，儒家原來端坐於歷史深處的聖人走進了現實的大地上，作為天道的同謀者向整個世界提出了權力要求。

〈頤·象〉：天地養萬物，聖人養賢以及萬民。

〈觀·象〉：聖人以神道設教，而天下服矣。

〈恆·象〉：聖人久於其道，而天下化成。

〈咸·象〉：聖人感人心，而天下和平。

〈豫·象〉：聖人以順動，則刑罰清而民服。

〈說卦〉：聖人南面而聽天下，向明而治。

〈繫辭上〉：聖人有以見天下之動，而觀其會通，以行其典禮。

如果把「下學上達」與「天道下注」看作區分古典儒學與後世儒學的標誌，《易傳》的出現無疑意味著古典儒學的終結（荀學則標誌著意識形態化儒學的開始）。《易傳》的意義在於，它為儒學確立了明確的世界觀和方法論，以哲學的語言闡發了民族心靈深處的天人合一觀念，使儒學得以滲透進民族文化的每一個角落、每一個層面，由百家爭鳴中的一家之言變成了一種民族性的文化體系，從而為儒學的意識形態化鋪平了道路。

需要指出的是，在子思和孟子那裡，天人之間還是有所隔閡的，主體的「誠之」與「思誠」在兩者的貫通中發揮著重要作用。在《易傳》那裡，天道施之於人世的還只是一些基本原則，而不是無所不在的仁慈（董仲舒）或彌綸萬有

的天理（理學）。真正的「天人合一」由董仲舒首先以一種粗糙的形式完成，理學時期又進行了精細化加工，儒家思想體系才最終得以完善，其主要標誌是天（道）、王、聖人不言而喻地成為三位一體的絕對者。

第三節　荀學：專制王權的入世宣言

荀子的主要用心不在於「上下求索」，而在於探求切實可用的治國理民之道。他像孔子一樣站立在大地上——只是不是作為傳教者，而是作為帝王師站立在大地上。如果說孟子為儒家思想灌注了一種道德理想主義色彩，荀子則真誠地將儒家事業轉化為一種對人類狀況的切實探究——探究的是社會的構成原理、運作機制，以及人類實踐的範圍、途徑和方式。荀子繼承了孔子思想中重人事不重鬼神的一面，強調天人之分；著重闡發了孔子的禮治學說，以禮為人之為人的最高規定性，提出「人無禮則不生」（《荀子‧修身》）的觀點。禮成了區分人類與禽獸的尺規[33]，聯繫個體與群體的紐帶，因而也就是政治的根本。荀子將其理想的政治制度稱為「王制」，認為君主的職責是通過建章立制明分止爭，使人們過上有秩序的合群生活。荀子之「禮」的外在性，使它只能歸係於現實中的權威——君主，於是荀學命中註定地成為中央集權的專制主義意識形態的輿論準備。

天人相分[34]的致思取向，使荀子傾向於從社會性角度去規定人的本質。人性失去了其超越性憑依，完全淪落為天然而具的情感和欲望，這使荀子自然而然地得出了人性惡的結論，並由此走向了對禮儀教化的技術性探求。於是荀子只能沿著知識論而不是道德論的途徑進入世界深處：他認為心的功能不僅是反省內求，更重要的是認識事物的規律和規範，即所謂「以心知道」（《荀子‧解蔽》）。順此而下，又研究了概念的形成、類別及推理的形式，提出「心有征知」和「異實者莫不異名」（《荀子‧正名》）的名實之辨，盡最大可能地拓展了儒家的知識論領域。

33　荀子認為人與動物的區別是「人能群，彼不能群」（《荀子‧王制》），「能群」即意味著能以禮規範自己的生活。

34　對荀子天人相分的觀點不能過於誇大。荀子所謂「制天命而用之」並不意味著把天看作認識和實踐的客觀對象，而只是強調對天道的主動順應和利用。

　　如果說孟子主要在樂—德軸線上發展充實了孔子的政治思想，荀子則沿著禮—刑這條軸線把孔子的經世之道推向了極致，並且他走得是如此之遠，以至於眼看就要超出儒學所能容忍的限度。實際上，他是以王者為中心，以禮—刑軸線為徑，畫了一個網路一切的大圓，把孔子奠基的、樂和德—刑兩條軸線確立的、由先王巨靈支撐的方形地平面，變成了一個由上天籠罩的、沒有縫隙的球心圓面，如圖2—3。荀子是一個徹底的王權專制主義者，在他的設計裡，權力以君主為中心，向四周層層蔓延，通過「以類行雜，以一行萬」（《荀子·王制》），把天下萬物都編入「始則終，終則始，若環之無端」（《荀子·王制》）的秩序的鎖鏈，不僅「經緯天地而材官萬物」（《荀子·解蔽》），而且把「天命」也納入了規制之下[35]。

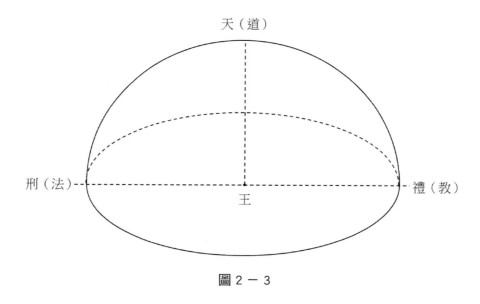

圖 2—3

　　由於對現實的過分強調，荀子對「天」基本採取了懸置的態度，因此圖中採用了虛線。但毫無疑問的是，在荀子那裡，天人之間構成的是一個有機統一體，天道仍然是制定人間規則的依據。在〈王制〉中，他說：「故天地生君子，君子理天地；君子者，天地之參也，萬物之摠也，民之父母也……君臣、父子、兄弟、夫婦，始則終，終則始，與天地同理，與萬世同久，夫是之謂大本。」同時他把「君」視為「群道」的總攬者：「君者，善群也。群道當，則萬物皆

得其宜，六畜皆得其長，群生皆得其命」。這已經露出了「大一統」思想的端倪，與天道達成了同謀的君子聖人意欲宣布對萬類蒼生的所有權。可以說，荀學是大一統專制王權的入世宣言：在政治實踐上，荀子啟發了秦政；在思想觀念上，則啟示了漢學的王權大一統。在儒學體系的構建中，荀子是不可缺少的一環。

第四節　董仲舒：儒學的意識形態化

隨著漢帝國的建立而出現的文化大融合，極大地拓展了人類想像的空間，豐富了人類思維的材料，也為被壓抑已久的遠古時代的巫術文化創造了復活的條件。於是，人類精神世界像春天新翻耕過的土地，長滿了蓬蓬勃勃的野草——熱烈、蕪雜的浪漫主義迷信成為一個時代的精神氛圍；同時，隨著相互殺伐的現實張力的舒緩，人的世界擴展成了包括萬物在內的有情有義的整個宇宙，一度遠離的神明重新眷顧並對人類事務給與無微不至的關照——經過長期戰亂的人們對社會和睦和政治穩定的情感需要有了形而上的寄託。適應整個社會這種將人間秩序定於一尊的宗教性需要，也是迫於天下一統的現實壓力，儒家背離了先師開創的理智主義和個人道德主義傳統，成為替專制權力做合法性論證的國家宗教。

漢代儒學的兩大特點是神祕（讖緯）化和繁瑣化。對儒學自身的發展來說，這兩者都是難以避免的甚至是必要的。一方面，巫術化是儒學在投向權力時一種補償性的自我護持行為：通過符咒和道具的使用、神祕氛圍的營造、神話的建構等，儒學將自己神化以便與其他學派拉開距離，以迎合社會大眾特別是統治者對崇高和神祕之物的情感需要；儒生們則通過這種自我裝扮強化統治者對自己角色的認可，以求擺脫完全被工具化的命運。另一方面，儒學在為社會消化時必須經過一個分解、腐爛和發酵的過程，無論是今文派對微言大義的耽迷，還是古文派對師法章句的固守，都可以統一到這個過程裡來。不經過這樣一個過程儒學就不能實現制度化和社會化，就不能成為社會性養分被底層民眾所吸收。這就是為什麼在今古文最終歸於一統時，儒學呈現為一種完全世俗化的形態——名教。

儒學在漢代的最主要創建體現在董仲舒對天人之際的探討上。可以說，他是弘揚漢代宗教化儒學神聖教義的最大術師。

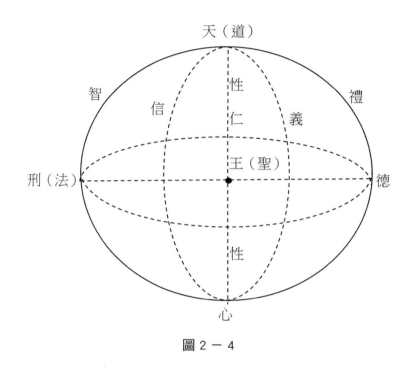

圖 2 — 4

　　董仲舒充分借用了陰陽五行家的技術和材料，以一種形象而通俗的方式，把儒家政治倫理思想的基本理念搭掛於「天」這一極上，為儒學的理論大廈實現「封頂」並以隱喻進行了裝修，如圖2—4。具體說來，他完善了儒家的宇宙圖式──以「大一統」為特徵的萬物有機相關的德性宇宙。古典儒學那種倫理的、自然主義的「道」對人類行為世界的普遍可適應性變成了神祕的宇宙論象徵主義。由此他構建了儒家總體性話語的語境與基本語法：高高在上的絕對者全方位地籠罩、支配著人類的生活，人的歷史只是德性（不論是天的德性還是古代聖王的德性）實現的場所，三綱五常之類人倫法則成為神聖的天經地義，仁義禮智信這些人類的品行則是偉大宇宙固有的屬性。

　　　《春秋繁露》卷六〈離合根〉：故位尊而施仁，藏神而見光者，天之行也。故為人主者，法天之行，是故內深藏，所以為神；外博觀，所以為明也。

　　　《春秋繁露》卷十〈深察名號〉：身之名取諸天，天兩，有陰陽之施，身亦兩，有貪仁之性；天有陰陽禁，身有情欲栣，與天道一也。

　　　《春秋繁露》卷十二〈基義〉：是故仁義制度之數，盡取之天，天

為君而覆露之，地為臣而持載之，陽為夫而生之，陰為婦而助之，春為父而生之，夏為子而養之，秋為死而棺之，冬為痛而喪之。王道之三綱，可求於天。

董仲舒在天人之間建立了一種「回應若契」的感應關係，把孟子的實踐主體所擔承的道義交還了被稱為「天」的最高主宰，主動出讓了作為天人價值轉換者的知識分子的中樞地位，甘願站在權力旁邊做一個揭示和發揮天意的操作者。儘管以最高主宰者的名義設置了對權力的限制，董仲舒實際上以一種諂媚的姿態助成了「王」與「聖」的共謀與合汙。

董仲舒以後，愈演愈烈的讖緯迷信導致了儒學的神祕化和宗教化，儒生們像迷狂的巫師，競相憑自己花樣翻新的神通獻媚、投靠於專制權力的寶座之下，於是乎孔子成了受天命垂式法的萬世教主，《五經》成了放之四海而皆準的永恆真理，儒學被解釋成通天地鬼神的聖人為漢朝預作的制度。《春秋緯·演孔圖》：

聖人不空出，必有所制，以顯天心。丘為木鐸，制天下法。

孔子仰推天命，俯察時變，卻觀未來，預解無窮，知漢當繼大亂之後，故作撥亂之法以授之。

這樣的荒謬之論像烏煙瘴氣一樣充斥了學術的每一個角落，它表明儒生們全體一致地、自覺地把自己變成了漢家政治的從屬物。這自然得到了專制帝王的首肯與認同。漢章帝時召開的白虎觀會議，實際上是儒家與專制帝王舉行的訂婚要約：帝王以國家的力量維護儒學的一尊地位和純潔性，儒學則死心塌地地為專制政治服務。儒家終於贏得了寤寐求之的妾婦名分。儒學成為國教，成為純粹的意識形態。

第五節　宋明理學：最後的獻祭

漢學的污穢終於導致了玄學的全面清算。魏晉時期的儒家通過揚棄儒學之體而保存了其精魂。在其後連綿數百年的亂世浮生裡，儒學只能隱在佛學的影子裡休養生息，直到唐朝，積眾流成湖澤，儒學終又釀成氣候。韓愈師徒遙嗣周孔，以振衰起弊之功接續了失落已久的儒家道統。理學繼之而起，直承先秦，

重新高揚了儒家精神的旗幟。

如果說先秦儒學是爬行在大地上、把頭昂向蒼穹的蟲子，漢代儒學是沉睡在大一統迷夢中的蝶蛹，宋明理學則是凌空飛舞的彩蝶：它最終突破了一切形質的限制，消除了人天之間的所有界限，進入宇宙人生的最深處。理學是對董仲舒目的論宇宙體系的淨化和提純。理學家扒掉了董仲舒那由象徵和隱喻構成的笨重屋頂，換上由「性」與「理」鑄成的合金框架，對儒家的理論大廈進行了抽筋換骨的全面修整。在董仲舒那裡，天還是人格化的自然之天，人天之間是一種相感相副的對應關係，人通過對表現為自然現象的「天意」的體察來校正自己的行為。理學的天則是純粹的道德之天——實際上，整個宇宙都被道德化了，人成了抽象性的存在：在張載那裡，是從宇宙根源處升起來的渺渺巨靈；在朱熹那裡，則是漂浮在高空中的魔影。[36]「天」與「心」相互灌注、相互滲透，合而為一，三綱五常之類的倫理法則不再是神明之天向人間展示的崇高德性，而是像筋脈一樣嵌入世界之中，成為人類存在的當然形式，這就為社會禮法秩序賦予了無限的絕對性。以追求合內外之道，一天人之學為旨歸的儒學的理論框架得以最終完善。這是一個大一統的有機宇宙，是內外合一的德性世界，聖人作為貫通人性與天道的樞紐居於這個世界的中心。

大家知道，理學有廣義與狹義之分。廣義的理學，泛指宋明時期以討論天道性命問題為中心的整個哲學思潮；狹義的理學，專指以二程、朱熹為代表的、以理為最高範疇的學說，即程朱理學。我這裡討論的是廣義的理學。

理學內部可分為周敦頤、張載的道氣生成論、程朱的理本論、陸九淵和王守仁的「志」心本論和陳獻章與王畿還有王艮的「情」心本論[37]。

周敦頤從陰陽之生處講「仁」，於大化之「成」處講義，在對宇宙本源之力的體悟與景仰中確認儒家德性的普遍有效性，這還沒有跳出《易傳》的範圍。

36　朱熹的聖人是披著神的外衣的心魔，因為他表現了對人之感性的強烈的憎恨和不妥協的戰鬥姿態。

37　周、張二人不重談「理」，有的學者不以理學論之。但二人之學亦是天人學，為程朱之學開啟了思維的空間和路向，自然是理學的重要組成部分；關於心學，依張立文先生的觀點（見張立文，《宋明新儒學略論》，廣州：廣東人民出版社1997年，96頁。），分為「志」、「心」兩派，主「志」的陸、王心學在精神氣質上更接近於程朱學；主「情」的白沙（獻章）及陽明後學實際上可以看作理學內部孕育的對立因素，是理學的辯證否定者。

但與《易傳》向萬物敞開的進取姿態不同，周敦頤致力於對秩序原點──「太極」和「無極」的追求，因而不可避免地走向勘破天意者的道德冷寂──由此而下就是程、朱以理殺人的冷酷與決絕。周敦頤由「太極」求「人極」，自然而然地得出了「立德」須「去欲」的結論：「聖人定之以中正仁義。聖人之道，仁義中正而已矣。而主靜，無欲故靜。立人極焉」[38]，「聖可學乎？曰：可。曰：有要乎？曰：有。請聞焉。曰：一為要。一者，無欲也」[39]──由此露出了理學家意欲裁制萬物的冷酷嘴臉。張載在一個氣化的世界裡發現了人「繼善成性」的潛能和形質上的局限，因而主張通過無限擴展自己而實現「體物不遺」的聖者境界───一種「盡性於天」的無我之境。[40]實際上，這是個體通過對感性的徹底放棄實現與天道的貫通。因而，張載看似崇高的心性涵養不過是一種自我膨脹的道德亢奮，它使人在一種虛假的榮耀裡忘掉現實。

在周、張那裡，德性的實現靠的是主體的涵養和認取，不可能落實為具有操作性的社會規範。程、朱理學的任務就是為儒家價值賦予一種客觀必然性意義，並為之提供一種知識論基礎，使之成為可進行標準化操作的秩序播植者：個人的修持直接落實於對秩序的維護。

程、朱[41]沿著《中庸》的路數，把人性與物性揉為一體，以天道（理）來確立人的本質。但他們卻摒棄了《中庸》的自然主義色彩，對現象作了形而上與形而下也即「理」與「氣」、「道」與「器」的分別。理作為性之本體，先在地存在於形氣之中，它可以被遮蔽但不能被污染，人只能以敬懼的態度（正心誠意）通過自我淨化（去人欲）去承順它，顯亮它。同時，由於萬物一理，理也規定了物與物之間的關係方式。這樣，理既作為實存（本性）又作為關係中的理則體現於萬物之間，滲透進百姓日用，成了眾生直接面對的絕對者。理就是物之所是，因而存在的就是合理的，當下的即永恆的──仁義禮智成了天

38　《周濂溪集》卷五〈通書・道〉。

39　《周濂溪集》卷五〈通書・聖學〉。

40　《正蒙・神化篇第四》：「無我而後大，大成性而後聖。」（《張載集》，北京：中華書局 1978 年，第 17 頁。）

41　這裡主要指程頤和朱熹。程顥是一個處在張載與朱熹之間的人物，在關於理、性的基本觀點上，他與程頤、朱熹是一致的，但在進學成德的路向上有所不同，他更注重內在體驗，輕視外在知識的積累。

理流行的物之本性[42]，「禮」等同於「理」，人除了滿懷敬畏地接受外別無選擇。程頤一句「理自然如此」[43]充分暴露了理學家作為話語壟斷者的蠻橫：他們憑空把一種先在規定性、一種同質性賦予世界上的形形色色，然後宣布了它的普遍有效和不可討論性。朱熹的「格物致知」不是對事物的知識性探求，而是對普遍之理的體察和確認：他像老師對待小孩子一樣，出了一道異常複雜但答案已給定的思考題，規定想通了的可以獲得自由，想不通的繼續想，直到想通為止，而要想通則必須有「一定要想通」的想法，這就是「持敬」。程、朱都強調「敬」，如程頤認為「人道莫如敬，未有能致知而不在敬者」[44]，「涵養須用敬，進學則在致知」[45]；朱熹更是把「居敬」作為安身立命的基本功。這說明他們自己在內心深處也認為「理」只具有操作性價值：敬則成，信則靈。

程、朱同人性於物性，係人德於天理，實際上取消了人的主體性。於是，與程、朱相對待相輔成，有陸九淵與王陽明「攝理歸心」的心學。

陸九淵「攝理歸心」，他把仁義視為人的本心[46]，又以仁義說「理」，得出「心即理」的結論，進而宣稱「宇宙便是我心，我心便是宇宙」，強調通過「發明本心」貫通天人，主張人生在世要自得自成，自作主張。在程朱之學的巨大籠罩下，他以一種唐吉訶德式的戰鬥姿態抗爭了社會性的心智支離和道德冷寂。但由於過於依靠直覺，張揚自我，他不可避免地飄離了經驗世界，也就違背了儒家經世致用的傳統。王守仁承朱、陸之後起衰補弊，力圖把統攝萬物的「心之理」通過實踐貫徹於日用之間，將個人道德修為與社會事功結合起來，以維護儒家傳統的歷史連續性。他的「知行合一」之學打通了本原與意物、靜與動、未發與已發、收斂與發散的分隔與對待，構建了一個主體與客體統一的、以「仁」為動力的創造的德性世界，在「心性」這一極上對儒學已經千瘡百孔的理論大廈進行了校準、加固和全面修補。可以說，他以一種苦修的方式回歸

42 　《朱子語類》卷一，第3頁：「氣則為金木水火，理則為仁義禮智」；卷四，第64頁：「蓋性中所有道理，只是仁義禮智，便是實理。」（中華書局1981年）

43 　《遺書》卷十八〈二程集〉，北京：中華書局1981年，第225頁。

44 　《遺書》卷三〈二程集〉，北京：中華書局，1981年，第66頁。

45 　《遺書》卷十八〈二程集〉，北京：中華書局1981年，第188頁。

46 　如：「仁義者，人之本心也」（《陸象山全集》卷一，〈與曾宅之〉，北京：中國書店1992年）；「惻隱，仁之端也；羞惡，義之端也；辭讓，禮之端也；是非，智之端也。此即本心。」（《陸象山全集》，〈與趙監〉。）

了孔子自然主義的內外之間的平衡[47]，恢復了孔學情境主義的實踐性格（只是，孔子的頭頂上是一個威嚴的、溫情的神明，王陽明的頭頂上則是正在走向末路的專制王權的陰沉沉的天空）。但王守仁施之於社會實踐的，不是孔子式的個人道德信念，而是具有普遍性的宇宙之理——良知。所謂「致良知」就是個人道德價值的普泛化、絕對化：「若鄙人所謂致知格物者，致吾心之良知于事事物物也。吾心之良知即所謂天理也。致吾心之良知之天理于事事物物，則事事物物皆得其理矣」[48]。這不可避免地會產生對他人自由的侵犯性。王學與程、朱學於是殊途同歸。把具有階級性的價值理念絕對化，然後以自由主體的名義強加給世界，這便是王學的實質。這是一個文化傳統迴光返照時的最後迷狂。王學標誌著儒家理論體系達到了它容納的極限：泰州學派的出現意味著它終於從內部生產了自己的反對者。

宋明理學是作為護法者的儒家竭盡所能為垂死的專制王權舉行的最後一次盛大道場：既有聲色俱厲的布道，又有捨身以赴的獻祭，在鬧哄哄的場面下已透露出斜陽西下的無限蒼涼。

下面可以對儒學發展的矛盾運動做一個總結了：孔子去世後，弟子們沿著向內與向外兩條路向一分為二，前者以曾子為源頭，走的是由心性本體外開治民之道即內聖外王的路子；後者以子夏為首始，取的是由禮法成就濟世之功即經世致用的進向。這兩種衝動構成了儒家學說相互包容、相互滲透的陰陽兩極，儒學的發展史就是這兩種因素在對立統一中辯證否定的過程。先是曾子一系的思孟學派為儒學的基本價值確立了形而上依據和心性論基礎，接著是《易傳》確立了儒學的世界觀和方法論，古典儒學的理論框架得以基本完成；隨後荀子通過對「略法先王而不知其統」（《荀子·非十二子》）的思孟學派的批判，沿著禮—刑這條軸線把孔子的經世之道推向了極致，啟示了秦漢的王權大一統專制思想；漢學由今文經學發軔，在規制與取向上直接承續荀學，完成了儒家總體性話語語境——大一統宇宙圖式的建構，實現了儒學的意識形態化，由此也導致了儒學的宗教化和神祕化，於是出現了古文經學的反制。兩者鬥爭的結

47　實際上，王陽明的內心依然是分裂的。他把心分成「本性心」和「發用心」。在內心深處，他嚮往的是無善無惡的本體心境界；在現實之中，他致力的是發用心的作為。像孔子一樣，王陽明是一個知其不可為而為之的獨行人。如果說孔子內心深處是無奈和寂寞，王陽明則是絕望與空虛。

48　《王陽明全集》卷二，《傳習錄》（中），上海：上海古籍出版社 1992 年，第 45 頁。

果是儒學的全面制度化和社會化——儒學滲透進百姓日用成為無處不在的「名教」；玄學是部分儒者利用佛道思想對因為讖緯化和繁瑣化而高度腐敗的儒學進行的智力清洗，儒學因此重新獲得了從環境中汲取營養而自我持存的能力；唐朝韓愈的道統論是儒家在佛道的日益進逼中「收拾舊山河」的宣言，李翱則以其心性論的探討開闢了儒學向佛道進行反攻的路向；理學從《易傳》入手，由《中庸》與《大學》立意，遙承思孟學派「內聖外王」的路數，對董仲舒的象徵主義的大一統圖式進行了哲學抽象[49]，合內外，一天人，最終完善了儒學的理論體系。理學的內在化傾向導致了儒學內部的另一種衝動——經世致用——的強烈反彈，於是有陳亮、葉適、羅欽順起而反對「盡廢天下之實」[50]的心性之論。而理學本身依據內外取向不同亦分為程朱「理本」與陸王「心本」兩極。前者以理之「本然」確認公共禮法的普遍性，主張通過心性修養實現對現存秩序的無條件投誠；後者以理之「應然」強調公共禮法的神聖性，力圖通過聖徒式的道德獻祭實現人類社會的秩序回歸。前者的道德冷寂使之淪落為嚴厲的統治工具並最終自行枯萎，後者的心性迷狂使之走向自己的反面而成為儒學的掘墓人。明末清初的經世致用思潮是儒學「致用」傳統對「王學末流」的反彈，是儒家生命力的最後一次振作；清季漢學則是復古主義的全面反動，是在飛揚的故紙堆裡為儒學舉行的招魂儀式。

　　從學術邏輯上看，如果把儒學的理論體系比作一個建築，則孔子提出了建築的樣式並進行了奠基；思孟學派及《易傳》完成了主體框架和地下部分的施工；荀子則對這個框架進行了修改（改方為圓，以確立君主的中心地位）並盡可能地擴充了它的空間；董仲舒完成了吊頂並進行了象徵化裝修；程、朱學派以「高科技」材料對董仲舒的建構進行了改造；王陽明則在「心性」這一極上進行了糾偏、加固與修補；泰州學派是自挖牆角；明末清初三先生在培固其根基的同時上了一遍近代人文主義的油彩；乾嘉之學所能做的只剩內部垃圾清理和補漏塞隙（看看能不能繼續住人）。

　　通過以上考察我們可以得出結論：儘管內部充滿了對立和衝突，儘管在不同的歷史時期表現出不同的面貌和氣質，儒學一直保持了它的內在統一性，它

49　大一統圖式在宋儒那裡成了背景性的思維預設，所以君主也退出了前臺。宋朝儒學面對的課題不是論證君主權力的合法性，而是傳統文化的普遍有效性。

50　《陳亮集》卷二十四，〈送吳允成運幹序〉。

的發展和變化是其內在矛盾鬥爭的結果，它的歷史就是其命運邏輯展開的過程——向專制王權投誠的過程。在充滿破碎、斷裂、隆起、反轉的發展歷程中，儒學的本質一直沒有改變。以理學為代表的後世儒學只是加強了古典儒學的理論前提，擴充、深化了古典儒學的核心理念——把從社會性的自我到政治領域的個體的倫理統一體擴展為從自我的內在人性與本體論的天理的道德統一體，把自然的道德化和道德的自然化擴展為天理的道德化和道德的天理化[51]，就像把具有社會治療作用的罌粟果提煉為興奮精神的鴉片膏。它們進入和改造世界的途徑、方式和姿態是一致的，這就是對「天人合一」——具體說是「自然與道德」的統一、王與天的統一——的追求。儒家的理論建構主要集中在天人的對接與繫連上，道德作為有機宇宙固有的屬性是實現繫連的仲介。仁義禮智信作為核心價值系統維繫著儒家內外合一的世界。

51　參考〔韓〕黃秉泰，《儒學與現代化——中韓日儒學的比較研究》，北京：社會科學
　　文獻出版社 1995 年，第 454 頁。

第三章　向絕對者的投誠──儒家的價值取向

　　「價值是人類生活所特有的一種普遍現象，它涉及人類一切對象性活動中客體對於主體的意義，客體的存在、屬性及其作用同主體的結構、需要和能力之間的關係。」[1] 價值是一種主觀性評價和感受，根據主體生命需求的層次和實踐的領域不同，價值也可以分為不同層類。美國學者培裡（Perry, R. B.）把它分為道德、宗教、藝術、科學、經濟、政治、法律、習俗等七大類；德國哲學家舍勒（Scheler, M.）則分為感覺價值、生命價值、精神價值、宗教價值等四個層面；馬斯洛根據其「需要層次」理論，分成相應的七個級別；國內學者則傾向於分為功利價值、知識價值、道德價值、審美價值，分別對應著人類生活的利、真、善、美四個層面。

　　在用以上各種靜態的分類法對儒家的價值系統進行分析時，我們都會遇到很大困難。因為儒家的宇宙是一個天人合一的有機體，個體不僅陷於群體而且陷於萬物之中，人類的現實總是表現為動態的生存姿式和結構，以上各個層類的價值往往纏繞、滲透在一起。所以，依據儒家的實踐指向，我把其價值系統分為持存性、工具性、功能性、目的性、根源性五個層次。持存性價值是儒家對維持生命所必需的條件的評價，包括利、欲、群等；工具性價值是儒家對實現基本社會秩序和達到一定人生目標所採取的必要手段的評價，有孝、悌、忠、廉、節、慈等；功能性價值起著連結天人之間、校正人生姿態、維護世界統一

1　李德順主編，《價值學大辭典》，北京：中國人民大學出版社 1995 年，第 281 頁。

性的作用，主要有仁（倫理層面之情感意向）、義、禮、智、信即儒家所謂「五常」還有誠、正等；目的性價值體現著儒家自我成就和社會和諧的理想，包括和、平、仁（社會政治領域和人生境界）、德、聖、王等；根源性價值是儒家其他價值的終極性依據，包括根源論的「道」（理）、結構論的「中」、功能論的「生」以及境界論的「和」。以上各類價值的「地位」並不是一成不變的，比如「五常」下降到倫理、政治的純操作層面時，就屬於工具性價值；上升到本體論領域，就是根源性價值；「誠」和「正」上升到本體論領域時，就是根源性價值。

　　儒家專制主義的精神特質首先體現在它的價值取向上。不過要對以上每一個價值概念進行分析未免過於繁瑣。因此我想採取「歸類」和「抓點」的辦法展開論證。顯然，前四個層次──持存性價值、工具性價值、功能性價值和目的性價值──的所有條目都可以歸結為群體主義和道德主義。群體主義是專制主義的倫理基礎，不需要再加論證。因此本章將重點從理論上分析儒家的道德主義傾向的實質，其中有些關鍵性條目如「誠」、「孝」、「聖」等將在以後有關章節中展開討論；作為功能性價值的「五常」在儒家價值系統中起著承上啟下的作用：它是根源性價值的轉化者，又把其內涵灌注到下的面功利性價值層面。仁義禮智信各個價值類相互包含，相互灌注，形成一種統合真善美於一體的整體性。本章將通過對這種整體性的分析凸顯其專制主義特徵，並對「仁」和「義」兩範疇作重點分析；儒家的根源性價值是其權力話語的詞根，將在下一章進行討論。

第一節　被給予的尊嚴──道德主義的實質

　　我想，用「道德主義」指稱儒家的道德觀是不會有問題的，因為他們是典型的道德決定論者，認為道德是自然和人類共同的本質，人類文明發端於古聖先王的德性之光，人們的道德水準特別是傑出人物的道德品質和願望可以決定社會歷史的發展進程，個體道德修行是解決社會問題的惟一途徑。「道，導也。所以通導萬物也」，「德，得也。得事宜也」。[2] 正如這個詞的字面所顯示的，道德是儒家進入世界的路徑，也是他們所追求的目標：導通萬物以得事物之宜。

2　《釋名》卷二，〈釋言語〉。

在階級社會裡，道德不可避免地被打上統治者權利意志的烙印，成為工具性的文化設施，德行往往就意味著對現存秩序的尊敬和順守。但僅僅以此來批判儒家道德主義的實質，它的維護者們肯定會很不服氣地振振有詞：僅從階級對立的角度理解道德現象，豈不太膚淺太片面了吧？誰說一定歷史階段的道德就沒有普遍性的價值？因此，在這裡我將撇開這一層面不談，而直接分析儒家道德觀中「永恆」和「人性」的內容。

現代新儒家追薦儒學道德主義亡魂所掛出的兩面幡旗是：一、肯定並且高揚了人的本質，挺立了人的道德自主性；二、它孕育了充沛的人格平等精神，「以及包容各種人文價值理想的寬容性格」[3]。下面隨便舉幾個例子：

牟宗三認為，「中國思想大傳統的中心落在主體性的重視」[4]上。他將儒家的道德思想歸結為「道德形而上學」，認為儒家文化的精髓即儒家心性之學，而心性之學的本質即道德形而上學。包括三層意思：肯定人內在的德性真實，認為人人都有內在的道德性，這是道德實踐的先驗根據；人性本體不僅是內在的德性真實，也是超越的宇宙本體，亦即「天命之謂性」；超越之路即道德實踐，道德良知在道德實踐中一步步呈現出來，顯示其內在的真實性和超越性。這樣，道德的形而上學便特別地關注個人的內心自覺，以在人的心性基礎上實現道德與宗教、內在與超越的統一。[5]在牟宗三看來，作為道德之實體的「良知」之心是無限自由、涵攝一切的，經過它自覺地「坎陷」就能辨證地開出智性主體和政治主體。

成中英認為，儒家的道德追求就是對自我的確認：確認自我是世界上一個特定的存在物；確認自我要實現與普遍性相關的價值；確認自我決定與自我轉化的自由和力量。在這個不斷深化的確認過程中實現了兩個超越：一是超越特定自我所受到的個體限制，二是回到易被超越的個體，改造或重建特定的自我。這一辯證過程顯示了個體如何保存自我、如何在實現普遍性中完善自我，如何面對現實的客觀制約力量，把自我實現的力量發揮到極點。[6]

3　何信全，《儒學與現代民主》，北京：中國社會科學出版社2001年，第108頁。

4　引自郭齊勇，〈簡論牟宗三的中西文化比較模式〉，載《現代新儒學研究論集（一）》，北京：中國社會科學出版社1989年，第305—306頁。

5　轉引自宋希仁等主編，《倫理學大辭典》，長春：吉林人民出版社1989年，第1100頁。

6　參考施忠連，〈新儒學與美國的儒學研究〉，載《現代新儒家研究論文集（一）》，北京：中國社會科學出版社1989年，第190頁。

　　林毓生在批判當代新儒家政治哲學的局限性之餘，亦肯定儒家哲學蘊含「人的道德自主性」觀念，認為如能加以創造性轉化，將可以作為中國自由主義重要的倫理基礎。[7]

　　余英時更強調儒家的「自由主義精神」：「中國文化把人當作目的而非手段，它的個人主義（personalism）精神凸顯了每一個個人的道德價值；它又發展了從『人皆可以為堯舜』到『滿街皆是聖人』的平等意識以及從『為仁由己』到講學講政的自由傳統。凡此種種都是中國民主精神的憑藉，可以通過現代的法制結構而轉化為客觀存在的。」[8]

　　總之，各家觀點大同小異，標榜的都是儒家道德的現實功效和崇高境界，津津樂道的都是它所內涵的自由、平等和主體進取精神。下面我將證明，這種自由是沒有根基的，平等是沒有保障的，主體進取精神則是一種沒有邊際的自我張揚。

　　既然認為人類是一個自然性的存在，就應當承認自然的基本法則仍在人類社會的深層結構中發揮著作用，千萬年積累的習慣只能遮蓋它卻不能清除它。現代分子生物學已經證明，自然在人的生命內部預設了兩種機制，一種形成於旨在維持群體的存在的利他主義動機，另一種形成於有助於種族活力的弱肉強食的本能。因此人生來是不自由的，他時刻處在相互認同與相互離異、相互黏合與相互侵犯的張力之中。正因為如此，自由成了來自生命最深層的衝動。人們追求自由的辦法主要有兩個：一是通過制度建設在自我與他人、個體與整體之間劃出一段空隙，以盡可能地免除外在的侵犯，這就是以賽亞・伯林所謂的消極自由；二是通過消彌自我與他人的衝突、個體與整體的疏異來「超越」現實之中的坎坷，實現物我之間的圓融，這就是伯林所說的積極自由。這兩種自由在方向上是完全相反的，採取的手段也完全不同，前者以法律為工具，後者以道德為媒體。在第一章已經提到，第一種自由是民主制度的基礎，從傾向上來說它是消極的，因為它以「限制」和「避免」為原則，但從效果上看，則是積極的，因為它落實到了具體的制度上；後一種通過「以我包物」來消除矛盾，看起來是積極、主動的，但歸根結底，這種主動只是一種主動的自我放棄而已：

　　7　引自何信全，《儒學與現代民主》，北京：中國社會科學出版社2001年，第109頁。
　　8　余英時，《中國思想傳統的現代詮釋》，南京：江蘇人民出版社1998年，第32頁。

通過放棄競爭來獲得心靈的解脫和寧靜（在現實領域），通過放棄個性來融合於整體的韻律與節奏（在精神領域）。

　　新儒家所極力稱道的孔子的人格自由，除了難以驗證的「從心所欲不踰矩」（《論語・為政》）外，主要體現在他那種「無可無不可」的處世態度上。在《論語・微子》中，他稱讚柳下惠、魯少連「降志辱身矣。言中倫，行中慮」，又稱讚虞仲、夷逸「隱居放言，身中清，廢中權」，而標榜自己「我則異於是，無可無不可」。這種自由僅僅意味著能夠像蘧伯玉那樣「邦有道，則仕；邦無道，則可卷而懷之」（《論語・衛靈公》）而已。倘若不想「乘桴浮於海」（《論語・公冶長》），不想與鳥獸同群，就只能接受現實的法則。孔子深懷濟世抱負，幾乎畢其一生奔走塵底，並一再宣稱「苟有用我者，期月而已可也，三年有成」（《論語・子路》），但始終沒有得到一個用世的機會：為了堅守自己的原則和信念，每一次都不得不「自由」地離開。當他對自己心愛的弟子顏淵表白「用之則行，舍之則藏，唯我與爾有是夫」時，是很有些蒼涼況味的。對道德的過於依賴和挑剔，決定了儒家對現實的超越只能是「內在」的，通過這種超越所獲得的自由只能發生在精神領域裡。在《論語・憲問》中，孔子說：「君子道者三，我無能焉：仁者不憂，知者不惑，勇者不懼」，子貢曰：「夫子自道也。」以孔子之既仁且智且勇，尚且一生落拓如走狗，最終不得不把求助的目光投向蒼穹，曰：「知我者，其天乎！」沉默的天意是孔子精神力量的源泉。而孔子後學正是通過將「天」、「天道」等這些超越的東西內化於己，來獲得人格支撐、實現精神自由的。這是一種站在大山上便以為與大山同樣偉大的虛假的勝利感：通過無限稀釋自己的生命感性來實現「與萬物合一」。無論是孟子的「萬物皆備於我」（《孟子・盡心上》），荀子的「知通乎大道，應變而不窮」（《荀子・哀公》），還是《禮記・中庸》所宣稱的通過盡己之性而盡人之性、盡物之性，便可以「贊天地之化育」、「與天地參矣」，都是道德意志的自我張揚。自由是一種抽象價值，它只有在落實到實踐領域並有所附著時才獲得其現實性——當孔子厄於陳困於蔡之際，你可以說他是自由的，因為他和弟子們依然能夠「弦歌不絕」，但為了活命也不得不東奔西逃；孟子坐在家裡可以宣稱「反身而誠，樂莫大焉」，進入社會時所能做的不過是「說大人，則藐之，勿視其巍巍然」（《孟子・盡心下》）而已，即便為了推銷一個簡單的主張也不得不蒼茫奔走，最後不得不以「得志與民由之，不得志獨行其道」（《孟子・滕文公下》）來

自我安慰。人是應該有一點精神的，心靈上的自由也不應當受到輕蔑，但如果只是坐而論道，沾沾自喜地沉溺在自由的想像裡，自由便成了毒害精神的鴉片。這就是為什麼儒學在發展到理學（包括心學）後，造就的多是空談誤國的假聖人，以及騰虛揚沫的浮誇無行之士。

　　至於硬要把「平等意識」的面膜貼到儒家臉上，實在有點匪夷所思。誰都知道，儒家講的是「禮」，禮是一種天經地義的不平等。新儒家證明儒家平等意識的論據只是「人皆可以為堯舜」、「滿街皆是聖人」之類言論。稍加分析，我們就會明白，這種平等首先是盡義務——約束自己以伺奉於社會的義務——的平等。「人皆可以為堯舜」之類只是一種修辭性表達，它們真正要傳達的信息是：自我約束是每個人與生俱來的義務——此即《禮記・大學》所謂「自天子以至於庶人，壹是皆以脩身為本」，因為所有的人在根性上都是一致的，是一種整體性存在，因而所有人都應該像聖人那樣嚴格約束自己，努力歸依於社會整體的天然秩序；其次是享有「可能性」的平等——每個人都有通過修身成為「君子」的可能性。可能性是一種無限資源，因為無限小的可能性也是可能性。而根據經濟學原理，非稀缺性資源都是沒有價值的，因而，諸如「人皆可以為堯舜」的平等就像「人皆有呼吸空氣的權力」的平等一樣，沒有任何實際意義。並且，這類說法不僅不是對平等的宣揚，而且以一種美妙的方式論證了不平等的合理性：只有極個別的經過刻苦修行的人才能成為聖人，或者成為次於聖人的仁人、君子，這是人人都能接受的常識。接受了這個常識就意味著承認，現有的「君子」是「出乎其類，拔乎其萃」的人中精英，因而由君子治小人便是天經地義的——正是宣稱「人皆可以為堯舜」（《孟子・告子下》）的孟子，強調「無君子莫治野人，無野人莫養君子」（《孟子・滕文公上》），而小人被君子所統治也怪不得別人，只能怪自己修養不到家。

　　與自由的虛假性相關，所謂儒家的主體意識也只是一個美麗的幻象。主體本來是相對於客體而言的，它強調的是自我在與他者的關係中的自我定位、自我評價。在原始社會中期以前，人們把世界分為兩大塊：族類與非族類。前者包括氏族成員、保護神、氏族圖騰物等，除此之外的一切都是非族類。其後隨著族類範圍的擴大，形成了種族自我意識；再後通過理性的啟蒙，在與自然的緊張與對立中，人類意識到自己的獨特價值並開始自立為主體，自我主體意識遂成為改造自然、創造文化的活性因素。因而，主體意識既是人類實踐進程中

主客體相互作用的產物，也是人類社會關係的歷史性的產物。

　　儒家的主體則是空洞的，超歷史的、沒有對象的——或者更準確一點說，它的對象只是一些沒有內容的形式，如「人類」、「群」、「天下」等，因為它是從抽象的人性之上自我挺立起來的。儒家在權力面前異常謙卑，可在精神領域卻當仁不讓，動不動就走到「立心」、「立命」的世界的圓心。因為自立為道的承擔者，他們首先關注的就不是具體的事物（例如，王陽明「格竹」，並不是探求有關竹子的知識，而是以小見大，體悟天地自然的大道理），而是化育一切的「天道」。在儒家看來，道德的踐行就是內在善性的發揚，而人之本性的依據根於宇宙高處，因而人生在世的目的就是「成德」，就是通過不斷的自我提升、自我擴展回歸本源，與萬物為一——此即孟子所謂「可欲之謂善，有諸己之謂信，充實之謂美，充實而有光輝之謂大，大而化之之謂聖，聖而不可知之之謂神」。（《孟子・盡心下》）由此，人類個體實現自我的價值，人類整體獲得生命的尊嚴。這樣，儒家的主體便在社會現實之上獲得了自足性，通過自己善性的無限擴充以包容對象的辦法超越了對象，通過在天人合一的巫術式迷狂裡依附於根源而獲得了支配萬物的魅力。一句話，儒家主體的崇高氣象只是一種被給與的榮耀——「道」所賦予的榮耀，實際上也就成了體現給與者之權威的陰森森的道具和布景。它最終導致了主體意識的萎縮和消解——例如，當理學家以天理的闡發者自居時，便成了展現著的真理，成了封建倫理綱常的化身，不再是認識的主體了——從而使整個民族喪失了認識和批判的武器，使知識擁有者成為專制王權的同謀和幫凶。

　　以上主要是對儒家之道德的純邏輯分析。下面讓我們落到實踐層面上，看一看如果把道德行為作為主要的實踐方式，會導致什麼樣的結果。

　　首先，「任何道德法則都具有否定自由的被給予性」[9]。

　　道德過度必然導致對自我的否定。有人把道德分為兩種：個人的和社會的，亦即積極的和消極的。我認為道德本來是社會和個人之間的一種東西，是一種「介質」，這種介質使人類社會形成一個信息場，具有了一種自我持存的整體性本能。在存在層面上，它是人類構築其現實的方式之一，是一種比律法更淵

9　方向紅，〈理性自身的啟蒙——阿多諾「祛魅」觀重構〉，《江蘇社會科學》，2000年第4期。

深的「存在之網」，維繫著人類社會的能量使之不至於無謂地耗散；在社會操作層面上，它是一種規訓和選擇機制，通過對破壞公共禮法的異端分子施加一種壓力來維持使一個群體得以維持的內在張力。道德的力量來於對必然性的自覺和順從，而這種必然性是群體生命本身的要求：我順應這種要求意味著別人在同樣的情勢下也會這麼做。所以，在康德式自我立法的道德意志背後，存在著更為嚴厲的客觀必然性意志。當你看起來在「自由地」踐行你的道德時，往往是不得不如此行事，因為「暗含的意志的決定自主和對內在本性的絕對統治是一回事」[10]。孔子稱自己三十而立，意即在三十歲時在道德、事功上已經有所建樹了。「立」的基礎和憑藉是什麼呢？是嚴格的行為規範──禮。[11]像孔子這樣不世出的天才可以憑藉自己精神的力量由「不惑」而「耳順」而「知天命」，最後超越現實的限制（實際是被作為國老供起來，脫離了現實）而「從心所欲不踰矩」（《論語・為政》），但對拘於生計的芸芸大眾來說，「道德」首先表現為沉重的禮法（包括風俗習慣等）枷鎖，在權力實現了對道德的殖民後尤其如此。試想，當「君為臣綱、父為子綱、夫為妻綱」之類準則控制了每個人的行為時，當社會所有成員的一言一行都被規範化、程序化時，有什麼道德自由可言？當道德成為政治，成為秩序的維護者時，便徹底成了扼殺自由的兇手──正如康德一針見血指出的：「道德力量同非道德力量一樣，在科學理性面前只不過是中性的衝動行為和模式，如果他們不是為了那種潛在的可能性，而是為了與權利取得和解，那麼他們就會轉化為非道德力量。」[12]儒家內部自孔孟之後便充斥了唯唯諾諾、汲汲瑣瑣的瞀儒、俗儒。兩漢儒學大盛，當局以德行選仕才，士人階層騰偽以競，諛阿而從，遂致實為名拘，人為物役，道德遂成為權力的奴婢。

其次，道德意味著理性的暴政，最終會扼殺人的情感與靈性。

道德依賴於善良意志的自我立法。依據康德的觀點，除了善良意志外，沒有任何一種不加限制就能被看作是善的東西。只有那種完全出自義務感而履行義務的意志才成為絕對的善。所以義務是一種出自尊重法則的行為的必然性。

---

10 〔德〕阿多諾，《否定的辯證法》，張峰譯，重慶：重慶出版社 1993 年，第 252 頁。

11 《論語・季氏》：「不學禮，無以立」；〈堯曰〉：「不知命，無以為君子也。不知禮，無以立也」；〈泰伯〉：「興於詩，立於禮。成於樂。」

12 引自霍克海默，〈朱利埃特或啟蒙與道德〉，見林賢治編《霍克海默集》，上海：上海遠東出版社 1997 年，第 85 頁。

但是義務法則只能是理性的法則，因為只有理性才能使一種行為具有普遍性和必然性的形式。[13]

就是說，道德必然尋求對情感的全面控制：「美德在某種意義上是建立在內在自由這一基礎上的，它同時也包含著對人一種斷言式的命令，這種命令把人的一切能力和偏好都置於（理性）的控制之下。自我控制最終戰勝了由人的情感和偏好（無動於衷的）所決定的消極命令。這是因為，除非理性把支配權攬在自己手中，否則情感和偏好將行使這一支配權。」[14]

因而，「（嚴格形式上的）冷漠，是德性的必要前提」，「這就是道德生活的健康狀態；而在另一方面，即便是由善的觀念喚發起來的感情，也不過是一種馬上繼之以呆滯沉悶的瞬間光彩」[15]。

對道德的過分追求必然導致理性——在儒家那裡表現為天理——的暴政。理性的暴政（天理的絕對支配）是專制主義在精神領域的貫徹執行。它把人變成情感冷漠的意識形態工具。儒學從《中庸》開始的對至善的追求到理學家那兒達到了極致，儒家作為一個群體也陷入了普遍性的情感枯槁與冷寂之中：儒家中最講道德的理學家最沒有人性。孟子的「寡欲養心」，《禮記》的「節欲以禮」，至此變成了面目猙獰的「存天理，滅人欲」。[16]什麼是當滅之「人欲」呢？朱子曰：「非禮而視聽言動，便是人欲。」可見，凡是不合倫理綱常的作為、想法，都是對「天理」的危害，都在「滅」的範圍之內——儒學終於以道德的名義實現了對人的全面統制。「餓死事小，失節事大」之類道德宣言無異於殺人的軟刀子。在某種意義上，可以說，統治階級的道德系統是一個溫柔的暴力機器，它把每個人都壓成合乎制度要求的標準化產品——儒家無所不入的道德理念表達的不是權力意志又是什麼？

13　蔣永福等主編，《東西方哲學大辭典》，南昌：江西人民出版社 2000 年，第 145 頁。

14　康德，《道德的形而上學基礎》，引自霍克海默，〈朱利埃特或啟蒙與道德〉，見林賢治編《霍克海默集》，上海：上海遠東出版社 1997 年，第 94 頁。

15　同上，第 95 頁。

16　《朱子語類》卷十二：「聖賢千言萬語，只是教人存天理，滅人欲。」

第二節　吞噬星光的黑洞──真善美的統一

　　既然價值只是一種主觀性評價和感受，它就應當是多元的，因為人類精神的衝動是多向度的，由此決定的人類存在的天然狀態是多稜角、多側面的。作為人類把握世界的三條途徑、三種方式，真、善、美這三大價值系統本來是各自獨立的，使用著不同的評價標準。然而，在儒家的世界裡，它們卻像構成物質的元素一樣被統合在一起。

　　把真善美統合為一體的強大力量，就是那個叫做「道」的絕對者。

　　道的原意本為道路、途徑，引申為社會領域中的取向、原則。如《尚書・洪範》中就有「無偏無黨，王道蕩蕩；無黨無偏，王道平平。」至遲在春秋時期，道已被抽象為自然規律和法則，如：「川澤納汙，山藪藏疾，瑾瑜匿瑕，國君含詬，天道也」（《左傳・宣公十五年》）；「盈必毀，天道也」（《左傳・哀公十一年》）；還有：「物生有兩，有三，有陪貳……天之道也」（《左傳・昭公三十二年》）等等。老子經過進一步抽像、提升，為道賦予了宇宙根源和本體的意義，並通過對道「理」、道「動」（運動）、道「用」的描述，構建起了整個民族哲學思辯的基本框架。以老子為源頭，道學流為三派：主流經先秦老莊之學、兩漢黃老之學，分化為玄學、道教，其中玄學與佛教接軌，並輾轉灌注於宋明理學；道教則流於庸俗的長生久視之術。末流入法家、兵家，發展為經世治民的詭道權術。處於中間的是儒家傳系，發軔於《易傳》而盛於宋明理學。因而，儒家之「道」即是道家之「道」，只是先秦儒家一般只在「一陰一陽」的化生層面而不是從宇宙根源出發「論道」（這只表明他們對形而上問題不夠熱心，並不意味著他們的「道」不具根源意義），而理學則為道另外賦予了「無極」、「太極」、「天理」等新名目。

　　然而，「道」有更深邃的淵源，它是中華先民對於世界的表象，在沒有被說出來之前，就存在於整個民族的心靈深處了。它是上蒼的注視，是大地深處的聲音（莊子的描述），是萬物的本源，是世界統一性的祕密。「道」有「說道」的意思，當老子說出「道可道，非常道」時，他是在試圖說出一種本質上不可言說的祕密──大宇宙沉默的話語。

　　先秦儒家很少在字面意義上為「道」賦予本源的意義，但我們不能認為他們心中的「道」只是一些「政治理性原則」或「變化中的理則」，因為「原則」、

「理則」之類都是些抽象的東西，而「道」是有生命的。《易傳》稱「一陰一陽之謂道」（《易傳・繫辭上》），就表明它是一種創造性力量。如果非得用「法則」一詞來表稱「道」，那可以說它是體現著某種神聖意志的法則。孔子每次在感歎「道之不行」時，總是把目光投向上天，說明道的根源不在經驗世界裡。他說「朝聞道，夕死可矣」（《論語・里仁》）、「誰能出不由戶？何莫由斯道也？」（《論語・雍也》），實際上把道看作了一種終極性價值。同樣，孟子的「天下有道」、「天下無道」以及荀子的「至道大形」之「道」，都不可簡單地理解為治國理民的「法則」。實際上，儒家對「道」的理解同其他各家沒什麼本質區別，區別只在於他們更多的是從半截處「論道」，論落實到人間的道。

因而，道是宇宙價值的最終源泉。首先，道即是德，道之「真」即德之「善」。《易傳・繫辭下》有「天地之大德曰生」，長養萬物是宇宙最大的德性。同「道」一樣，「德」字亦取象於道路，會「視道而行之義」[17]。故又引申用之於人類行為層面。路有斜直，行有偏正，得道之直，得行之正，是為「德」。故《說文解字》曰：「德者，得也」。《老子》有「道生之，德蓄之」，王弼注曰：「道者，物之所由也；德者，物之所得也」[18]。《老子》亦有「孔德之容，唯道是從」（《老子》第21章）。則道為德之體，德即道之用，得道之所宜，即為德，德、道不二。其次，道即是美。道家之「天地之大美」即儒家之「天地之大和」[19]。在儒家看來，善的必然是美的。孟子稱「美」就是道德充實而外溢的光輝（見《孟子・盡心下》），荀子則稱聖人是「備道全美者也」（《荀子・正論》），「善」完全覆蓋了「美」。因而「禮」之修飾就是「道」之美文。《禮記・禮器》稱：「禮釋回，增美質。措則正，施則行。其在人也，如竹箭之有筠也，如松柏之有心也」。

落到社會領域，道便是生活統一性的依據和意義，是所有人間價值的決定者，所謂仁義禮智信等等，不過是道的體現而已。荀子曾直截了當地說：「道者何也？曰：禮義辭讓忠信是也」（《荀子・強國》）；朱熹更是毫不含糊：

17　參見臧克和，《漢字單位觀念史考述》，上海：學林出版社1998年，第158—165頁。

18　王弼，《老子注》，文淵閣《四庫全書》，卷1055，第169頁，臺灣商務印書館。

19　《禮記・樂記》：「地氣上躋，天氣下降，陰陽相摩，天地相蕩，鼓之以雷霆，奮之以風雨，動之以四時，暖之以日月，而百物化興焉。如此，則樂者，天地之和也。」

「道者，仁義禮樂之總名，而仁義禮樂皆道之體用也。聖人之修仁義，制禮樂，凡以明道故也。」（《朱子大全集》卷七二）

這種一元論的價值觀是一種絕妙的意識形態：它向人們許諾了一個安頓身心的盡善盡美的世界，並且附帶了這樣的說明：一、你別無選擇因此可以不必費心再作選擇；二、這是一種美妙的選擇所以你只管放心地選擇——這是一個德性所生發、仁慈所充盈的世界，其中一切都井然有序，一切都生機勃勃，只要你甘於「克己復禮」、「捨身從道」，就能夠進入「從心所欲不踰矩」的自由境界。這種意識形態的可怕性不僅在於打著神聖的旗號，而在於它順應了人的劣根性。誠如陀思妥耶夫斯基所指出的：「人類最怕的就是選擇的自由，亦即怕被拋在黑暗中，孤獨地去摸索他自己的路」（《卡拉瑪佐夫兄弟》），因此，「大多數人都希望有現成答案的」，「希望別人告訴自己怎樣生活」（《思想家》）。儒家三位一體的價值論正撓到了人心中的癢處，在把每一個有思考能力的人撓得暈暈忽忽之際，不知不覺就解除了他們的武裝。而剝奪臣民的思考能力，正是專制君主的不傳之祕。

並且，價值一元論的行事原則必然是「剪除異端」。秦始皇焚書毀籍，遺罵名於千載。其實儒家的做法一點也不遜色。請看董仲舒的「賢良對策」：

> 春秋大一統者，天地之常經，古今之通宜也。今師異道，人異論，百家殊方，指意不同，是以上亡以持一統，法制數變，下不知所守。臣愚以為諸不在六藝之科、孔子之術者，皆絕其道，務使並進。邪僻之說滅息，然後統紀可一，而法度可明，民知所從矣。[20]

至於「腹誹」之議、「誅心」之說，則是儒家的獨門利器。後世儒家「以理殺人」，更是令極力鼓吹專制主義的法家難以望其項背。

真善美統一的價值一元論，是一個吞噬靈性的黑洞，是個人自由的敵人，是孕育專制暴政的淵藪。

20　《漢書·董仲舒傳》。

第三節　皈依與獻祭：仁義禮智信

被稱為「五常」的仁義禮知（智）信是儒家的綱紐性價值概念。它們既是宇宙的本質，也是人的德性，因而即是溝通天人的媒介。人的自我成就之路，就是踐行仁義禮智信之途。所以，對社會中的個體而言，五常又是被規定了的基本的人生姿態：向絕對者的自覺皈依與獻祭。

仁是一種一般性要求，它指示著世界的本質和人生的意義；義是一種具體性規定，說明在某種情境中怎樣做才能夠「依於仁」，從而得天道之「宜」；禮是包括人在內的天地萬物間的根本秩序，既是一種宇宙價值，又是一種社會價值。作為社會價值，它強調的是一種恭敬謹慎的態度，顯示的是規範的神聖性和無所不在性；智是絕對者向人提出的一種手段性要求，說明通過什麼樣的途徑、以什麼樣的方式才能進入宇宙的律動和節奏，以盡性成物，實現生命的圓滿。[21] 智是「心」在禮義踐行中對偉大、神祕和整體性事物的照亮，而不是對雞毛蒜皮的偶然性事物的認識，因而孔子說：「君子不可小知而可大受也，小人不可大受而可小知也。」（《論語・衛靈公》）因此，不同於西方文化傳統中對於客觀知識的探求，它不可能導向、創造出純科學知識的主體；信是以生命本身作出的承諾：毫不懈怠、毫無保留地去承兌作為一個人立於天地之間所擔負的義務——既包括克己復禮的整體性義務，也包括人際間的具體義務。孔子把信看作人之為人的基本條件：「人而無信，不知其可也」（《論語・為政》），認為信是「完成」人的意義和價值的途徑：「君子義以為質，禮以行之，孫以出之，信以成之。」（《論語・泰伯》）

五常之中，禮是比較特別的，因為它作為一種天經地義的秩序落實到了社會制度領域，構成了一個可見的無所不包的作業系統，其專制主義性質將在以後章節中詳細論述；智揭示的是人作為認知主體的可能性以及與其環境的關係方式，信則是人際之間達致和解的作用機制，它們建構的都是關係中的「人」，而不是權利的個體，顯而易見，其中不包含任何「民主」的因素，因而沒必要詳加討論。下面通過對「仁」和「義」這兩個儒家價值中最重要也是最具迷惑

21　《禮記・中庸》：「成己，仁也；成物，知也」；《論語・雍也》有：「知者樂水，仁者樂山。知者動，仁者靜」，即把智看作一種實現的力量；孔子還說「知者不惑」，即知者知道自己應該怎麼做。

性的概念的分析，來揭示其專制主義精神內涵。

一、仁：空洞的愛

就可靠的文字史料看，「仁」字最早出現於《詩經》，時間在春秋初期，如《鄭風‧叔于田》：「不如叔也，洵美且仁」；《齊風‧盧令》有「盧令令，其人美且仁」。這時「仁」只是一種人格稟賦，是一種純個人化的品性，指的是雄強而又溫和的「紳士」氣質[22]，引伸又有了善良、慈惠的意思，如《詩‧小雅‧四月》有「先祖匪人，胡寧忍予」（人同「仁」──作者注）之句。在《左傳》中，「仁」字開始大量出現，「仁」由一種簡單的與人為善之心、由一種施於他人的恩惠，擴展為一種涵蓋性的社會道德規範，凡是指向禮義的道德自覺，都被視為「仁」的行為，如《左傳‧莊公二十二年》：「酒以成禮，不繼以淫，義也；以君成禮，弗納於淫，仁也」；〈成公九年〉：「不背本，仁也；不忘舊，信也」；〈僖公三十三年〉：「出門如賓，承事如祭，仁之則也」；〈昭公二十二年〉：「度功而行，仁也」等等。但這時的「仁」主要還是一種宗法禮儀秩序內部的人際潤滑劑，體現在具體的等級關係之中。是孔子為它賦予了一種具有人文色彩的普遍性意義。

孔子將仁確定為普遍性價值的根據有兩個：一個是沉默無言卻兼覆萬物的天意。儘管孔子對天談的不多，但毫無疑問天是他的價值的最終源泉，當他宣稱自己因為「知天命」而「耳順」、而「從心所欲不踰矩」（《論語‧為政》）時，當他說「天何言哉？四時行焉，百物生焉，天何言哉？」（《論語‧陽貨》）時，當他說「不怨天，不尤人。下學而上達。知我者，其天乎！」（《論語‧憲問》）時，「天」實際上具有了大公無私、不偏不倚、澤被萬類的崇高德性。他認為古代的聖王所以能巍巍蕩蕩，煥乎文章與日月齊輝，就是因為能夠「則天」；二是人類具有的共同本性。他說「性相近也，習相遠也」（《論語‧陽

22　西周以前無「仁」字，而有「人」、「尸」、「夷」三字，皆為側立的人形（天津古籍書店《金石大字典》，「人」字見二卷三八所載之師西敦、克鼎、父己卣，「尸」字見十卷四十所載之夨伯盤、宗周鐘、盂鼎，「夷」字見八卷一二所載之仲偁父鼎、宗周鐘等）。甲骨文有「人方」、「尸方」、「夷方」，其實都是指「夷方」。《山海經‧海內西經》有「仁羿」，即「夷羿」。夷人屬鳥圖騰部族，好讓不爭──《說文》云：「東夷從大，大，人也；夷俗仁」，故由「夷」（人，尸）字引伸出溫和善良的意思，金文加上兩條裝飾性短橫（古文字學上稱為羨劃或飾筆，此處參考龐朴先生，〈仁字臆想〉，見《尋根》2001 年第 1 期），寫作「仁」。郭店簡書中七十餘個「仁」字從心、從身，則是孟子強調「心」為主宰以後的事情。

貨》）時，實際上已經有了人性即天性、天性即本然之善的意思。因為他把人類歷史理解為與正道不斷遠離的過程：「中庸之為德也，其至矣乎！民鮮久矣。」（《論語·雍也》）當他宣稱「克己復禮為仁」時，實際上已把「禮」等同於宇宙自然的本然秩序，把「仁」視為這種秩序體現的本然之善。當他把「則天」的聖人視為人類的道德楷模和拯救者時，他實際上已把與萬物合一的天人之境視為人生追求的最高目標。「仁」字在《論語》中共出現了 110 次，但孔子並沒有給「仁」下一個確切的定義，他只是從不同的側面描述了「仁行」的表現，從不同角度啟示了「求仁」的途徑。孔子的方法是現象學的，對他來說，「仁」既是進入世界的途徑（體仁），也是人生所要逐求的目標境界（成仁），它體現於實踐過程之中，是一種新現實的生成過程——一種新型的人際關係方式的構造。但這種構造是有所依託的，是對一種更高存在——即孔子表面上懸置不問的天道——的創造性轉化。所以，求「仁」意味著通過自我克制向失落的「天國」——它在天人一體的遙遠的過去、大道流行的黃金時代——的回歸。

仁是孔子思想的核心概念。這是孔子採自上天和人心深處[23]的光芒，他以此照亮了上古先王創立的幽深又黑暗的禮制傳統。孔子的創建體現在以下兩個方面：

第一，他將「仁」從繁瑣禮儀的純形式中解放出來，為之賦予了一個生機長新的源泉，這就是發自人類共同本性的自然親情。孔子要求弟子「入則孝，出則弟，謹而信，泛愛眾而親仁」（《論語·學而》），即意味著把「孝」、「悌」這種自然親情看作「仁」的基礎。故而，當弟子宰我主張三年之喪為期太長、守孝一年即可心安時，孔子以「子生三年然後免于父母之懷」為據批評宰我「不仁」：「予之不仁也！子生三年，然後免於父母之懷。夫三年之喪，天下之通喪也。予也，有三年之愛於其父母乎？」（《論語·陽貨》）孔子的弟子有子則直截了當地宣稱：「君子務本，本立而道生。孝弟也者，其為仁之本與！」（《論語·陽貨》）將這種自然親情外推而施及他人的那種普遍性的「愛」，就是「仁」。故當弟子樊遲問什麼是「仁」時，孔子回答：「愛人」（《論

23　孔子思想中顯然已有「天人合一」觀念的萌芽。儘管他不語「怪力亂神」，但上天無疑是他價值的源泉，他認為自己的使命就是「下學上達」；他心目中的聖人如堯就像上天一樣仁慈無邊，籠罩眾生：「大哉，堯之為君也！巍巍乎！唯天為大，唯堯則之。蕩蕩乎！民無能名焉。巍巍乎！其有成功也；煥乎，其有文章」（《論語·顏淵》）。

語・顏淵》）。這簡簡單單的兩個字在當時那狹隘、破敗的、充滿壓抑的宗法世界裡，無異於一聲嘹亮的號角，把人們的目光引向遠方的地平線和頭上的天空：它超越了宗族和邦國的界限，而喚起了一種人類共同體意識，開始了中華民族共同的文化心理結構的熔鑄過程。正如美國漢學家郝大維和安樂哲指出的：「在孔子以前，中國傳統不具有包括所有特殊德行的普遍的、整體的德行。而當孔子把『仁』發展成這樣的綜合德行時，就用團結、一致和內聚性為中國傳統倫理思想提供了基礎。」[24]

　　然而，對孔子來說，「仁」還只是一個空洞的形式，你可以輕易地充滿它，也可以再次輕易地抽空它。這首先是因為，「仁愛」只存在於仁者的內心中。《論語・顏淵》稱「為仁由己，而由人乎哉？」〈述而〉亦稱「仁遠乎哉？我欲仁，斯仁至矣。」這固然挺立了自作主宰的道德主體，但也剝奪了小民「行仁」的資格──因為「仁」是道德能力的體現。〈憲問〉稱「君子而不仁者有矣夫，未有小人而仁者也」；〈里仁〉有「君子去仁，惡乎成名？」〈泰伯〉有「士不可以不弘毅，任重而道遠：仁以為己任，不亦重乎？……」仁成了君子所承擔的天命、志士成就其自我的憑依──在〈述而〉篇中，孔子為弟子們指出的自我成就之路是「志於道，據於德，依於仁，遊於藝」。仁與不仁是由道德主體自我設准的，因而對小民來說，它是一種居高臨下的賜予。孔子對仁的弘揚最終落實到對仁政的呼喚上。當子張問何以為仁時，孔子回答：「能行五者於天下，為仁矣」。這裡的「五者」即「恭、寬、信、敏、惠」五種德行。孔子進一步解釋說「恭則不侮，寬則得眾，信則人任焉，敏則有功，惠則足以使人。」（《論語・陽貨》）仁實際上成了一種統治「術」，故〈衛靈公〉有：「知及之，仁不能守之，雖得之，必失之。知及之，仁能守之，不莊以莅之，則民不敬。知及之，仁能守之，莊以莅之，動之不以禮，未善也」。「仁政」固然有它的積極意義，但它指向的是「為民作主」的精英政治，而不是民主政治。仁慈的「仁政」如果不落實到「輕徭薄賦」之類具體措施上，就僅僅是一個美麗的承諾。

　　其次是因為它的對象只是抽象的「人」。「廄焚。子退朝，曰：『傷人乎？』不問馬。」（《論語・鄉黨》）人是一種比馬更尊貴的生物，仁就是把人當人看。人是什麼呢？孔子本人沒有回答，他的後學給出了幾乎完全一致的答案：

24　郝大維、安樂哲，《孔子哲學思微》，蔣弋為、李志林譯，南京：江蘇人民出版社1996年，第83頁。

《荀子・王制》稱「水火有氣而無生，草木有生而無知，禽獸有知而無義。人有氣而有生有知，亦且有義，故最為天下貴也」；《禮記・禮運》稱「故人者，其天地之德，陰陽之交，鬼神之會，五行之秀氣也。」總之人是一種比較高貴的「物」。有些學者以「仁」為據來論證、顯揚儒家的人道主義，卻沒有注意儒家的「人道」是與「獸道」相對而言的，與西方同「神道」相對的「人道」相去天壤。孔子的「仁」之愛針對的只是尚待充滿的形式——作為「萬物之靈」的抽象的人。當然，是一些具有創造性的形式（比如，我們可以將精子與卵子看作內容沒有顯現的有創造性的「形式」），然而無論表現為人的生命權、人格尊嚴，還是人際關係，都不是為權利所定義的感性個體。孔子的「仁政」可以歸結為四個字「富之」和「教之」。無論是富之還是教之，都意味著民眾只是一個空洞的容器，有待於聖人以其仁慈予以填滿。就是說，「仁」的存在是以「人」的空虛和殘缺為前提的，「仁」的圓滿往往意味著「人」的消滅，故而孔子有「志士仁人，無求生以害仁，有殺身以成仁」（《論語・衛靈公》）之語。這就是為什麼在理學家那兒，「仁」成了至善的天道對「人」的規制，至仁至善的聖人則成了不再是「人」的「天理」。

第二，他使仁成為一種人際黏合劑。具體方式是通過「愛」的施與，將他人納入我的生命的投射範圍之內。在孔子看來，仁者的偉大使命是「成人」，就是在立己的同時幫人自立，在自己有所成就時幫助別人有所成就，以幫助他人過上一種尊嚴的人的生活——此即《論語・雍也》所謂：「夫仁者，己欲立而立人，己欲達而達人。」這是一種著眼於整體的個體成就之路。這種理念的最樸素表達即「老吾老，以及人之老；幼吾幼，以及人之幼」（《孟子・梁惠王上》），它的現實人生理想是《論語・顏淵》之「四海之內皆兄弟也」，它的最高境界是理學家所追求的「以天地萬物為一體」（《二程集》，《遺書》卷二）——人又一次被淹沒在萬物之間。

在統治者內部，仁意味著相互間的主動接納[25]：如果每個人都能主動的去

25　漢儒曾在這一點上大做文章，他們認為「仁」字從人、從二，表示的是兩個人之間的親密關係係。《說文解字》：「仁，親也。從人，從二」；鄭玄注《中庸》之「仁者，人也」：「人也，讀如相人偶之人」。「相人偶」乃「爾我親密之詞」（段玉裁，《說文解字注》釋仁字條）。認為「仁」字本來就有「相人偶」之意，並不合乎歷史實際，是孔子以來的儒家為它賦予了這種意義。清代阮元《研經室集・論語論仁論》對此大有發揮，可參考。

容納他者，整個社會就會牢牢地黏合在一起。所以，「仁」是一種結構力，它意味著社會「整合」的過程。郝大維與安樂哲非常敏銳地指出：「仁是吸收和整合的過程，它把人類社會的條件和關心的事物納入了人的判斷的發展與應用之中。這就是孔子『為仁由己，而由乎人哉』（《論語‧顏淵》）的意思……因為仁總是意味著把個人判斷應用於情境人的具體環境，所以在社會結構中，人就完全是由周圍的那些關係構成的，仁總是即時的」。因而「中國傳統的愛的概念與人的造就過程中的『吸收』方面是一致的，都表達了一種適宜。愛就是把他人放進自己關心的範圍內，這樣就使他人成為自身的一部分。如果這種吸收的愛是雙向的，那麼，愛就成為一條紐帶，是個人自身可以由那些他所愛的人來定義」[26]。無論是「己所不欲，勿施於人」（《論語‧衛靈公》）的忠恕之道，還是「立人、達人」的君子風範，無不揭示著「仁」對「人」的外在構建性：它要求每個人都無條件地敞開自己，按照「禮」所規定的標準實現與社會的無縫隙對接。因而可以說，以仁為黏合劑的社會訴求的是人的同質化、標準化：每個人都必須自覺按照嚴格的規範去成為一個他人所期待的人。所以，當樊遲問仁時，孔子的回答是：「居處恭，執事敬，與人忠」（《論語‧子路》）；在《論語‧子張》中，子夏亦稱：「博學而篤志，切問而近思，仁在其中矣」。孔子與子夏所說的，都是「做人」的功夫，實際上都是「禮」對人的要求。作為一種抽象價值，「仁」無疑是迷人的，但抽象價值要發揮作用，必須落實到制度層面，而一落實到制度層面，就會不可避免地被打上階級意志的烙印──「克己復禮為仁」（《論語‧顏淵》），孔子向其最得意的弟子道出了「仁」最深邃的祕密。

綜上所述：孔子的仁學對當時正在形成之中的新的社會現實具有積極的構建意義，為中國傳統政治打上了一層溫情的人道主義輝光。然而，它的局限性也是非常明顯的。作為一種政治理想，它意味著統治者對被統治者的恩賜；作為一種道德準則，它要求的是個體向整體的投誠，導致共性對個性的覆蓋。因而從中是不可能匯出作為民主制度之基礎的個人自由主義的，更不可能產生現代社會的權利主體。如果對孔子仁學的後世展開形態──荀、孟的仁學，《禮記》和《易傳》的仁學，董仲舒的仁學，理學的仁學等等──進行一番考察，

26　郝大維、安樂哲，《孔子哲學思微》，蔣弋為、李志林譯，南京：江蘇人民出版社1996年，第91頁。

我們的結論就會更加令人信服。

孔子以後，仁的含義不斷得到擴充，原來帶有的那一點人情味的溫馨也逐漸消失。

孟子認為：「夫仁，天之尊爵也，人之安宅也」（《孟子‧公孫丑上》），「仁也者，人也。合而言之，道也」（《孟子‧盡心下》），「仁，人心也；義，人路也」。孟子把「仁」看作上天賦予人的崇高德性，看作「道」在人身上的體現，而人心則是「仁」的生發和涵養處。人心所以能夠生發「仁」，是因為人性與天性是一致同源的：「盡其心者，知其性也。知其性，則知天矣。存其心，養其性，所以事天也。夭壽不貳，修身以俟之，所以立命也。」（《孟子‧盡心上》）表面看起來，孟子進一步挺立了道德主體，但實際上進一步把人工具化了：君子居仁由義的目的就是通過盡心知性而顯揚天道，於是乎人成了播植天道的工具。荀子則直截了當地把仁看作一種工具性措施，如《荀子‧議兵》有「吾所謂仁義者，大便之便也。彼仁義者，所以修政者也；政修則民親其上，樂其君，而輕為之死」。因而他把義、禮視為行仁的依據：「推恩而不理，不成仁；遂理而不敢，不成義；審節而不和，不成禮；和而不發，不成樂。故曰：仁義禮樂，其致一也。君子處仁以義，然後仁也；行義以禮，然後義也；制禮反本成末，然後禮也」（《荀子‧大略》）。《易傳》將仁視為聖人順性命之理所立的「人道」，是聖人守位之「術」：「聖人之大寶曰位，何以守位曰仁」（《易‧繫辭下》）。《禮記》則把仁視作眾德之總，認為其他德目都是仁的表現形態：「是故聖人之記事也，慮之以大，愛之以敬，行之以禮，修之以孝，養紀之以義，終之以仁。」（《禮記‧文王世子》）「仁」進一步板起了莊嚴的面孔。

董仲舒把「仁」視為陰陽二氣的兩種屬性：「陽，天之德；陰，天之刑也……陽氣仁而陰氣戾，陽氣寬而陰氣急」（《春秋繁露》卷十一，〈陽尊陰卑〉）。因而「仁」是上天的意志，是上天施於萬類的恩澤：「霸王之道，皆尊於仁。仁，天心」（《春秋繁露》卷六，〈二端〉），「是以天高其位而下其施……高其位，所以為尊也；下其施，所以為仁也」（《春秋繁露》卷十七，〈天地之行〉）。因為人副天數，人也就秉有「仁」的天性：「人之形體，化天數而成；人之血氣，化天志而仁」（《春秋繁露》卷十一，〈為人者天〉），「身之名取諸天。天兩，有陰陽之施；身亦有兩，有貪仁之性」（《春秋繁露》卷十，〈深察名

號〉）。「仁」完全成了一種跟人的創造性活動無關的「自然」的東西，成了「天」加於「人」身上的規定性。因為「天子」代表上天撫育民眾，「仁」便成了專制帝王取之不盡的統治資源，無邊無際的上天之「仁」滋潤著大地，哺育、生發著尊尊親親的人間秩序：「仁之美者在於天。天，仁也。天覆育萬物，既化而生之，有養而成之……人之受命於天也，取於仁而仁也。是故人之受命天之尊、父兄子弟之親，有忠信慈惠之心，有禮義廉讓之行。」（《春秋繁露》卷十一，〈王道通〉）儘管董仲舒宣稱：「仁之法，在愛人，不在愛我；義之法，在正我，不在正人」（《春秋繁露》卷八，〈仁義法〉），誰都清楚，這是一種不得不接受的、使人只能仰承的愛。

　　魏晉玄學家除部分先鋒派外，基本上還是維護「名教」的，他們主要致力於通過「守本貴無」為儒學去汙解蔽，以恢復孔孟仁義之道的真精神。但這時的「仁」已淪落為工具性的「下德」：「凡不能無為而為之者，皆下德也，仁義禮節是也。」（《老子道德經注》第三十八章）唐朝韓愈、李翱大講「博愛之謂仁」，宣導「滅情復性」論，上承孔孟，下啟程朱陸王。

　　理學把「仁」抽象、提升為一種宇宙意志——在程朱那裡是「理」，在陸王那裡是「心」。如果說在董仲舒那裡，「仁」還是可見可感的陽光雨露，在程朱那裡則成了無聲無臭的「天理」之生機。理根植於事物人心之中為「性」，發用於外為「生生之意」。所以程朱派是在「性」與「生」這兩個層面上論「仁」的。程顥認為，「仁」就是使天地萬物為一體的「生意」，因而他說，「觀雞雛，此可觀仁」，「切脈最可體仁」（《河南程氏遺書》卷三）。這種生意是充溢宇宙無所不及的，因而「仁」也就籠罩天地灌注萬有：「仁者，渾然與物同體，義禮智信皆仁也。」（《河南程氏遺書》卷二上）程頤認為，「心譬如谷種，生之性便是仁也」（《河南程氏遺書》卷十八），因此他不同意韓愈「博愛之謂仁」的觀點，強調「愛自是情，仁自是性，豈可專以愛為仁？」（《河南程氏遺書》卷三）朱子也認為，從本體上說，「仁」即「天地生物之心，即物而在」（《朱子文集‧仁說》），落實到人，則是「心之德而愛之理」（《朱子文集‧仁說》）。「心之德」，即作為天理之體現的人的內在本性；「愛之理」，則是對天地生意這個「渾然的全體」的「燦然之條理」。朱子與其他人不同的地方，在於強調了「仁」的秩序生成功能。他認為，如果生意過溢萬物就會陷於相互衝突之中，宇宙之所以生生不已保持和諧，就是因為天理在生成萬物的同時進

行了分別與斷制。實際上,朱子是在宇宙生成論的層面上論證了仁義禮智信的統一。在董仲舒那裡相互對待的陽陰、生殺、德刑,被他統一到淵淵默默的宇宙之「仁」之中——朱子的「仁」裡,蘊含著風霜雷霆的冷冰冰的殺機。對朱子一派理學家來說,無論是生是殺,都是「仁愛」之心的表現:「聖人之于民,雖窮凶極惡而陷於刑戮,哀矜之心無有異也」(《二程集‧河南程氏文集》卷八),「雖曰殺之,而仁愛之實已行乎中」(《朱子語類》卷七十八)——這就是為什麼朱老夫子最終將「仁義」之刀揮向眾生,要滅盡天下「人欲」。「仁」成了階級意志的不折不扣的維護者。

對芸芸眾生來說,「仁」是自上而下強行施與的「無情的愛」;對「啟眾生之蒙,去眾生之昏」的統治者——體仁行義的聖人君子來說,則是一個深淵,一個吞沒自我的深淵。因為「仁」是上天生物之心,它的本性就是「大公無私」的,對仁道的踐履就是一己私欲的克服,而克己的方式就是孔子教導的「四不」。請看《朱文公全集》卷七七,〈克齋記〉:

> 然人有是身,則有耳目鼻口四肢之欲,而或不能無害夫仁。人既不仁,則其所以滅天理而窮人欲者,將益無所不至。此君子之學所以汲汲於求仁,而求仁之要亦日去其所以害仁者而已。蓋非禮而視,人欲之害人也;非禮而聽,人欲之害人也;非禮而言且動焉,人欲之害人也。知人欲之所以害人者在是,於是乎有以拔其本塞其源,克之克之而又克之,以至於一日豁然,欲盡而理純,則其胸中之所存者豈不粹然?

克之又克之,剔骨又去肉,直到最後只剩下一個靈魂,一具天理,於是乎成為「聖人」。所以朱子說「聖人形骸雖是人,其實是一塊天理」(《朱子語類》卷三一)。這樣,「仁」使人不再成其為人,而成為「天地之用」,成為實施「天理」的工具。而神聖的「天理」一旦落實下來,就是體現為三綱五常的公共禮法秩序。說穿了,聖人不過是專制王權面目陰鬱的衛道者,「仁」是他的旗號,他的無極大法。當有人問聖人的「裁成之功」何處可見時,朱熹回答:「眼前皆可見。且如君臣夫子兄弟夫婦,聖人便為制下許多禮數倫序,只此便是裁成處」(《朱子語類》卷七〇)——這便是聖人之仁也即天理之仁的功用。

陸王心派理學家把「仁」視為「心」之體用。例如陸九淵認為,「仁」就

是「人心」，是「受天地之中，根一心之靈，而不能泯滅」（《陸九淵集》卷二一，〈論語說〉）的人之本性，只要在自己的本心上不斷擴充，就能夠進入萬物一體的仁者境界。胡居仁將「仁」定義為「本心之全德」，是「天地之生理具於心者」（《胡敬齋先生居業錄》卷一，〈道體〉）。王守仁反對程朱「析心與理為二」的思辨分殊，主張本體與功夫的現成統一。他把「仁」歸結為人的良知、良心，認為通過「存心」、「去欲」，就能實現「仁」之發用，光大「仁」之理想。

如果說孟子的「心」還是「人心」的話，心學家們的「心」則成了超越肉體的「宇宙之心」、「天地之心」。看起來是主體的張揚，實際上是自我的放棄。因為人成了抽象的存在，除了一個被工具化的「心」之外一無所有。儘管取向與方式有所不同，「心派」與「理派」的現實目的是一致的，就是「同植綱常，同扶名教」（《宋元學案》卷五八）。心學與理學一左一右，一個以禮法規制，一個功名誘導；一個以「天理」恫嚇，一個以「良知」催眠，共同堅守著專制王權的最後一塊陣地：人的情感和欲望世界。

通過對人的欲望的管制實施的權力，正是徹頭徹尾的專制權力。

二、義：絕對者的裁割

對於「義」，孔子一直是作為一個現成的概念使用的，沒有像對「仁」那樣，從不同側面去描述它的內涵。說明「義」是一個遠比「仁」更淵源久遠的倫理規範。所以，要理解孔子關於「義」的思想，有必要對它進行一番尋波溯源的考察。

義的本意是「儀」，意為適宜的舉止行為的標準。《說文解字》：「義，己之威儀也」。上古時代人神雜糅，權力以宗教和巫術儀式的面目出現，統治者集行政長官與巫師、教士於一身。在那充滿敵意的、混亂無序的世界裡，他們的容飾、舉止——他們的「儀」，其功能是作為神人之間的媒介——就是意義的惟一來源，它向人們啟示著怎樣做才是應當的，如何做就是適宜的。所以，「儀」就是神聖的準則、法度，就是「合宜」，就是「意義」。

鄭玄、段玉裁都認為「古者書儀但為義，今時所謂義為誼」[27]。這種觀點

---

27 參考段玉裁，《說文解字注》：「義各本作儀，今正。古者威儀字作義，今仁義字用之。

是片面的。我的看法是，「義」之「意」的主流是由「儀」生發出來的，「宜」
只是在某個時期內——大約在戰國中後期——被通用作「義」[28]。「義」吸收了
「宜」的某些語義，強化了其原本具有的裁割、斷制色彩（主要體現在《荀子》、
兩戴《記》、《易傳》，以及帛書《五行篇》等書籍中，稍後介紹）。

　　上古時代只有一個「義（義）」字，或指「威儀」，如《詩·國風·柏舟》：
「威儀棣棣，不可選也」，《詩·周頌·執競》：「降幅簡簡，威儀反反」，
《詩·大雅·烝民》：「仲山甫之德。柔嘉維則。令儀令色。小心翼翼」；
或指神聖的準則、法度，如《尚書·洪範》：「無偏無陂，遵王之義」，《尚
書·高宗肜日》：「惟天監下民，典厥義，降年有永有不永」；或指因為合乎
神聖的準則而「適宜」的意思，如《尚書·皋陶謨》有「剛而塞，強而義」，《尚
書·泰誓》有「同力度德，同德度義」。後來威儀的「義」寫作「儀」，引申
出儀式、禮儀，如《儀禮·士冠禮》：「前三日筮賓，如求日之儀」；而準則、
適宜、意義、意思的「義」寫作「義」，引申而有了名分、善等含義，前者如《商
君書·君臣》「是以聖人列貴賤，制爵秩，立名號，以別君臣上下之義也」，
後者如《詩·大雅·文王》「宣昭義問，有虞殷自天」。

　　其實以上各種釋義都是相通的：「威儀」體現著上天的意志，是神明的語
言，因而就是標準，就是法則——《詩·魯頌·泮水》就有「敬慎威儀，維
民之則」——就是人們舉止行為效法的榜樣（禮儀），因而就是適於「人之所宜」
的，就是「有意義」，因而就是合乎道義的、正義的。概言之，「義」是事實
判斷（儀）引出的道德判斷：「儀」是天人之間的媒介，是神意的表達，是「人
之所宜」，因此個人必須自覺的效法它、歸依它，以嚴厲的自我裁制來堅守它。
「義」是絕對之善向世界提出的要求，它的言外之意是：每個人都處在適宜的
位置，以適宜的方式，發揮應當發揮的作用。

　　在孔子那裡，「義」主要指的就是「合乎道義的」、適於「人之所宜的」。
如《論語·里仁》（以下凡引《論語》只注篇名）：「君子喻於義，小人喻於利」；

　　儀者，度也。今威儀字用之。誼者，人所宜也，今情誼字用之。鄭司農注周禮司師：『古
　　者書儀但為義，今時所謂義為誼』，是謂義為古文威儀字，誼為古文仁義字。」（段
　　玉裁，《說文解字注》：上海古籍出版社 1981 年，第 633 頁）

28　可見的實物資料有出土的中山王（戰國中後期）三器，用為「仁義」之「義」的「宜」
　　字凡七見，載於《文物》1979 第 1 期（引自龐樸，《儒家辯證法研究》，北京：中華
　　書局 1984 年，第 23 頁）。

〈述而〉：「德之不脩，學之不講，聞義不能徙，不善不能改，是吾憂也」；〈雍也〉：「樊遲問知。子曰：『務民之義，敬鬼神而遠之，可謂知矣』」；〈公冶長〉：「子謂子產，『有君子之道四焉：其行己也恭，其事上也敬，其養民也惠，其使民也義』。」對孔子來說，「義」既是一種絕對性尺度，又是一種人生立場和姿態。「行義」是發自內心的要求，因為它源於「成人」即成為「君子」的自覺願望。但提出這種要求的最終依據卻是外部的，那就是頭頂上的「天」和神聖的「天道」[29]，而不是康德自我立法的善良意志。如果說「禮」是經過文飾了的華麗道具，「義」作為「禮之質」則是精神世界裡赤裸裸的刀鋒繩墨，是絕對者對人的切割與裁制。孔子教導人們把這種外在的裁制變成主動的自我修剪。他說：「君子義以為質，禮以行之，孫（遜）以出之，信以成之」（《論語·衛靈公》）；又說：「見利思義，見危受命，久要不忘平生之言，亦可謂成人矣」（《論語·憲問》）。就是說，「義」是「成人」即成為君子的根本依據，而「取義」的途徑就是自覺「行禮」。顯而易見，「義」落實凸顯到現實操作層面就是「禮」，「義」這種自我裁決最終將轉化為純粹外部制度——「禮」的規制，這一轉化是由孔子的徒子徒孫們完成的。這將在稍後加以論析。

下面繼續解析孔子「義」的內涵。作為一種道德信念，「義」是一種自我肯定，但這種自我肯定並不是像現代新儒家所認為的那樣，是自我為世界賦予意義，因為這種意義是從外部汲取的。當然，這種汲取是由人來進行的，是以人為主進行的創造性轉化：人以自己的行動把宇宙天道、把聖人開創的偉大傳統所啟示的倫理的、美學的、理性的意義帶入世界上人的生活中來。但在這個過程之中，人被工具化了，為了能把意義提供和給予世界，他必須徹底放棄自己以融入群體構成的生存情境之中，進入與天道相交流的狀態。這使人聯想到上古時代的巫師為了得到神示或獲得神恩而捨身以獻的情景。當孔子說「君子之於天下也，無適也，無莫也，義之與比」（《論語·里仁》）時，「義」就是他的教義。對孔子門徒來說，「捨生取義」就是以生命進行的獻祭。

當這種偉大的道德原則落實到生活層面時，就表現為對「禮」的踐行和護持，因為「義」只有體現於「禮」中才具備現實性。[30] 這樣，孔子崇高的道德主

29　前面已經提到，「天」是孔子價值的最終源泉。孔子把行義看作「達道」的途徑，如《論語·季氏》：「隱居以求其志，行義以達其道，吾聞其語矣，未見其人也。」

30　其實「義」的含義之一就是「禮容得其宜」。《毛詩》在解釋「威儀棣棣，不可選也」

體便被客觀化為秩序的樞紐，成為權力基礎的構成者。

作為一種普遍性規範，「義」是對人的欲望進行規制的尺規。在上古時代，「義」和「利」是沒有分別的，「義」的就是「利」的，「利」的就是「義」的。進一步說，對個體「利」的對群體肯定也是「利」的，因而就是「義」的。《易經》中有四大判詞：「元、亨、利、貞」，其中「貞」即「事之正」，也即「宜」的意思，「利」和「貞」是一回事。《易·乾》：「利者，義之和也」，孔穎達疏：「言天能利益庶物，使物各得其宜而和同也。」總之，在階級矛盾尚未發展起來、人與自然的矛盾還占據主導地位的時候，無論對個人還是對群體來說，凡是「有利」的就是能「獲益」的，因而就是「合宜」的。

孔子對「義」和「利」作了嚴格區別。他認為，統治階級若聽任利欲的氾濫即「放於利而行」，會導致社會矛盾激化——「多怨」（《論語·里仁》），因而應當「見利思義」，做到「義然後取」（《論語·憲問》），不合乎「義」的「利」，則棄之如身外浮雲：「不義而富且貴，於我如浮雲。」（《論語·述而》）他把「義」看作節制欲望的尺度，要求人們按照道義的標準去追求利益：「富與貴，是人之所欲也，不以其道得之，不處也；貧與賤，是人之所惡也，不以其道去之，不去也。」（《論語·里仁》）因而他主張：「不患貧而患不均，不患寡而患不安。蓋均無貧，和無寡，安無傾。」（《論語·季氏》）在他看來，只要利益均平了，民眾就會安於現狀，相助相親。但他的「均平」並不是抹平差別，而是在「禮」的範圍內實現的一種「有序的平等」。因此他又說：「禮以行義，義以生利，利以安民」（《左傳·成公二年》）。孔子這句話看起來是說「義」是「禮」的目的和內容，「禮」是「義」的工具和形式，「義」決定「禮」，但我們知道，現實的才是有力量的，在實實在在的「禮」面前，抽象的「義」只能處在被定義被說明的位置：一言以蔽之，「禮」就是「義」。

在階級矛盾激化的私有制社會裡，個人之「利」是社會的一種分離性、破壞性因素。「義」的意義就是它們拉回來，籠絡在一起，以絕對命令的旗號使之自願達成妥協，以實現秩序的穩定[31]。因此，毫無例外地，專制程度越強的社

時，說：「君子望之儼然可畏，禮容俯仰各有宜耳。義之本訓禮容各得其宜，禮容得其宜則善矣。」

31　這一層意思，《淮南子》早就一語道破了：「義者比于人心，而合于眾適者也。」（見〈謬稱〉篇）《鶡冠子·泰訓》亦有「同和者仁也，相容者義也」。

會對人的利欲的管制越嚴格。孔子還只是以禮義來「節利」，到理學家那裡就是以天理來「滅欲」了。

「夫名以制義，義以出禮，禮以體政，政以正名」，《左傳‧桓公二年》所載師服的這句話非常精闢地道出了「義」的實質：權力掌握著「正名」的權力，通過正名來規定「義」，然後行之於「禮」，「禮」貫徹於「政」之中進一步強化權力──「義」是權力意志的莊嚴旗號，它以絕對者的名義向每一個個體提出要求：克制自己的欲望，投誠於現存的秩序。這是對主體意志提出的道德要求──它要求每個人都自覺地成為秩序的生成者或複製者。

如果說孔子的「義」強調的還是個體自作安排的能動性和創造性，強調的是「義」通過意義的給予而整合社會秩序的功能，孔子後學則更強調了「義」自上而下、自外而內的裁製作用，使之越來越成為「禮」的另一個說法。這裡便涉及了「義」的另一個來源：「宜」[32]。

「宜」在甲骨文中多次出現，原本是殺牲、殺俘以祭的意思，如《殷墟書契前編‧六‧二‧三》有：「癸卯，宜於義京，羌三人，卯十牛又」；《殷墟書契後編‧上二二‧七》有：「庚戌貞……宜太牢，茲用」。這種儀式，儒家經典中仍有保留，如《周禮‧春官‧大祝》：「大師，宜於社，造于祖，設軍社，類上帝」；《尚書‧泰誓》：「類於上帝，宜於塚土」；《詩‧大雅‧綿》：「乃立塚土，戎丑攸行」。這裡的「塚土」指的就是「大社」。社是舉行殺祭的地方，《書‧甘誓》有「用命賞於祖，弗用命戮於社」。所以「宜」一開始就帶有令人震恐的殺氣和血腥。這種血腥是對神明的獻祭，對被選中的犧牲來說，可謂死得其所，理應義無反顧。於是，從中引伸出一種崇高的道義性──比從「儀」中引伸出的「義」更具絕對性，這適應了戰國中後期專制王權形成之際由個體性道德（孔孟之「仁」義）向社會性道德（荀子之「禮」義）轉變的歷史需要，因而「宜」被濾去了野蠻時代染上的殺氣而被通假用作「義」，作為一種嚴厲的外在性道德要求降臨到大眾頭上。

在孔子那裡，行義是主體為了自我成就而進行的當下情境中的行為選擇，在孟子那裡則具有了更嚴厲的道德裁斷意味，因為孟子強調的也是「義」的外

32　此處參考龐樸先生有關論述，有關甲骨文的引文亦屬轉引，見《儒家辯證法》，北京：中華書局 1984 年，第 21─30 頁。

在性，他把「義」看作被規定好了的「路」：「仁，人心也；義，人路也」（《孟子‧告子上》）。他也說過「羞惡之心，義之端也」（《孟子‧公孫丑上》），好像「義」是由「心」所決定的，但「羞惡」的依據卻是外在的「禮」。《易‧繫辭下》有「理財、正辭，禁民為非曰義」，強調的也是「義」的裁制功能。《禮記》率先以「禮」的精神來解釋「義」，以「禮」來包納「義」：如〈禮器〉篇有「先王之立禮也，有本有文。忠信，禮之本也。義理，禮之文也。無本不立，無文不行」；《樂記》篇有「春作夏長，仁也。秋斂冬藏，義也。仁近於樂，義近於禮」；《經解》則徑直以殺為「義」：「除去天地之害，謂之義」。荀子直截了當地把「義」等同於「禮」，提出「義以分」的觀點：「人何以能群？曰：分。分何以能行？曰：義。故義以分則和……。」（《荀子‧王制》）在他看來，「義」的功能就是「定分」，因而是「條理」人際關係的手段：「親親故故庸庸勞勞，仁之殺也；貴貴尊尊賢賢老老長長，義之倫也。仁，愛也，故親；義，理也，故行。禮，節也，故成。」（《荀子‧大略》）另外，《大戴禮記‧聖德》稱「司寇之官以成義」，馬王堆帛書《五行篇》有「有大罪而大誅之，簡；……簡，義之方也」，皆以「刑殺」為義。

今文學大師董仲舒強調的則是「義」的自正自決性質，認為「仁」的目的是「安人」，「義」的旨歸在「正我」，「義」即我之所「宜」。《春秋繁露》卷八〈仁義法〉：

> 義者，謂宜在我者。宜在我者，而後可以稱義。故言義者，合我與宜以為一言。以此操之，義之為言我也，故曰：有為而得義者，謂之自得，有為而失義者，謂之自失；人好義者，謂之自好，人不好義者，謂之不自好；以此參之，義我也明矣。是義與仁殊，仁謂往，義謂來；仁大遠，義大近；愛在人，謂之仁，義在我，謂之義；仁主人，義主我也；故曰：仁者，人也，義者，我也，此之謂也。君子求仁義之別，以紀人我之間，然後辨乎內外之分，而著於順逆之處也，是故內治反理以正身，據禮以勸福；外治推恩以廣施，寬制以容眾。

「義」是「內治」，但它的依據仍然是外在的「禮」。在《春秋繁露‧精華》篇裡，他直截了當地說：「大小不逾等，貴賤如其倫，義之正也。」所以，董仲舒的「義」是「以禮自設」，從中產生不了自由主體的尊嚴感。

　　理學家的「義」則帶有了「天道」和「天理」的冷漠與嚴正。周敦頤《通書・順化》：「天以陽生萬物，以陰成萬物。生，仁也；成，義也。故聖人在上，以仁育萬物，以義正萬民。」朱熹宣稱「義」是「天理之所宜」（《論語集注》卷二），是「心之制、事之宜也」（《孟子集注》卷一），就是說，是「天理」對人的情感、欲望的規範和裁制。在孔子那裡，「行義」有一種莊嚴奉獻的宗教意味，在朱熹這裡則只是「持敬」堅守而已，因為「義」與「不義」不再是個人判斷，而是絕對者的裁決。理學成了狂熱分子的宗教裁判所，它要求人們以一種禁欲主義的苦行方式去行天理之「宜」。所以，朱熹用「慘烈剛斷」來形容「義」的精神特徵：「大抵人之德性上，自有此四者意思：仁，便是溫和的意思；義，便是慘烈剛斷的意思；禮，便是宣著發揮的意思；智，便是個收斂無痕跡的意思。」（《朱子語類》卷四一，〈顏淵〉篇上）胡居仁也表達了同樣的意思：「只是一個天理，自其溫和惻怛盎然於內者言之，謂之仁；自其剛毅斷制截然不苟者言之，謂之義。」（《胡敬齋先生居業錄》卷一，〈道體〉）王陽明很少談「義」，因為他的「良知」是自圓自足不待分切的。良知就是天理，是「天理自然明覺發見處，只是一個真誠惻怛，便是它的本體。故致此良知之真誠惻怛以事親，便是孝；致此良知之真誠惻怛以從兄，便是弟；致此良知之真誠惻怛以事君，便是忠。」（《王文成公全書》卷二，〈答聶文蔚〉）說到底，「互萬古，塞宇宙」（《王文成公全書》，〈傳習錄〉）、神乎其神的「良知」不過是「尊禮行義」的下意識而已。如果說朱熹還要求人們瞪大眼睛分辨是非，王陽明則以其巫師一樣的催眠術剝奪了人們分辨黑白的最後一點「靈明」。理學之「義」那陰森森的宇宙鋒變成了致人死命於無形的混圖大法。於是，儒家一度燦爛的仁義理想先是在晚明王朝那一片肉欲的升騰裡淪為徹底虛偽的假道學，爾後在大清帝國萬馬齊喑的世紀末悲涼之霧中與世界同歸沉寂。

第四章　絕對者的話語：儒家的語境、語法、詞根與修辭

　　話語本來是一個純語言學概念，指由句子構成的語言段落。法國人類學家列維—斯特勞斯首先為它灌注了文化的含義，把它看作處於「語言」與「言語」之間的一個「代碼結構」。蜜雪兒・福柯以其不世出的天才使這個概念獲得了世界性的榮耀。現在，它的影響已滲透了哲學、歷史、文學、藝術等幾乎人類精神的所有領域，不僅指示著一種獨特的研究視角與方法，而且意味著對人類社會與歷史的全新理解。但福柯本人不僅沒有為「話語」給出一個較明確的定義（眾所周知，福柯最討厭下定義），而且他自己對它的使用也是變動不據的。這使得「話語」成了也許當今世界上定義最含糊、歧義最多的一個概念：幾乎每個人都有自己的「話語」。因此，在表明如何使用這個概念之前，有必要對它的「名分」和「身世」作一番調查，以期免於擾亂讀者視聽之罪。

　　根據他自己的說法，福柯是在三個層面上使用話語這個概念的：「有時用它指所有陳述的一般領域，有時用作可以個體化的一組陳述，有時則作為一種有序的包括一定數量的陳述的實踐。」[1]如果我沒有理解錯的話，第一個層面指得是一種「時代語言」，如「文藝復興時期的話語」、「古典話語」等；第二個層次是對某種對象的系統描述，如「瘋癲」、「理性」、「正義」等；第三

1　曼弗雷德・福蘭克，〈論福柯的話語概念〉，陳永國譯，見《福柯的面孔》，北京：文化藝術出版社 2001 年，第 97 頁。

個層次則涉及了歷史的構成方式——觀念形成其對象的方式，如「監獄樣式設計」、「醫療診斷審察」、「性標準制定」等。以上都是對「話語」的經驗性描述，如果非要幫福柯下一個規範式定義的話（「下定義」的衝動是芸芸眾生不可救藥的心理障礙，因為我們害怕陷於混亂之中，總想以主體的身分為事物賦予秩序），似乎可以說「話語就是陳述所陳述的東西」——不是陳述所內含的「微言大義」，而是它呈現的次序、對應關係、功能等要素本身。福柯是通過陳述來「定義」話語的，但他一直否認陳述是話語的基本單位。在他那裡，陳述「不是一種存在形態，而是一種功能形態」[2]，一個陳述帶著其指向性、按照一定規則嵌入其他陳述之中，以其存在本身訴說著、揭示著事物之間的內在法則——用福柯自己的話說，即事物藉以相互觀照的祕密網路，這種祕密的網路——一種由符號所凸顯、所象徵的深層秩序，就是話語。因此福柯認為，話語是人類已編碼的認識和反射性知識之間（感覺經驗）的一個「中間地帶」，是詞與物一起編織的本然性的「沉默的秩序」。[3]

顯而易見，儘管福柯強調話語是一種「特殊的實踐」，是一種「歷史事件」，但它揭示的不是沸騰的生活本身，不是人的真實的歷史，而只是事件之流上混亂的浮冰的形成、破碎、碰撞、斷裂和消解。儘管福柯本人極力要跟結構主義劃清界限，但靜態的歷史觀使他只能在結構之中理解「話語」。福柯的譜系學也強調在變化中把握歷史，但那只是被思想剪輯了的動畫片的動，而不是歷史的充滿活力的運動。因此，我在借用話語這個概念時，對它進行了歷史本體論和歷史現象學改造，恢復了話語的生動性和具體性，以求反映真實的歷史狀態。

我把儒家的話語看作他們進入和改造世界的姿態，是他們以「知行合一」的踐行方式對大自然之「沉默的啟示」的凸顯和照亮，是對宇宙話語的當下的創造性轉化。以大一統宇宙圖式為表現的預設性思維框架就是他們「言說」的語境，主體與客體之間相互構成的關係方式是其造句學——語法，面對萬物整體時那種主體性[4]的自我容飾與張揚是其修辭術，以「德」為依據的天命嬗遞和始於聖王的道統轉移則是其綴辭成文的大敘事。儒家人生是一種高度儀式化了

2　汪民安，《福科的界線》，北京：中國社會科學出版社 2002 年，第 133 頁。

3　同注 1，第 92 頁。

4　我想，最好把儒家的主體意識稱為「主體性意識」，因為儒家的主體只是一種「類主體」，其背後有一個巨大的整體作為支撐，這種所謂的主體意識是沒有個性邊界的，只表達了一種朦朧的精神傾向。

的生存，他們的話語既是對大自然之隱祕秩序和崇高德性的意譯，也是其社會願望和人生理想的實踐表達。

需要說明的是，這裡談到的語境、語法等，實際上並不是儒家所專有的東西。它們可能同樣適用於道家、法家等其他流派。這正好證明了我們的觀點：在一個權力話語支配一切的大一統世界裡，是不可能產生一個「民主」的思想傳統的。

第一節　沒有縫隙的世界——大一統宇宙圖式

《中庸》與《周易》建構框架、由董仲舒竣工、宋明理學抽象化了的、以天人合一為特徵的大一統宇宙圖式，是儒家話語的總體性語境。實際上，這是我們民族特定的思維空間、思維旨趣以及思維方式所構成的思維框架。關於這個問題，中外學者已多有研究。如漢學家史華慈（Benjamin I Schwart）在其 *The World of Thought in Ancient China* 中，討論了中國古代思想的「預設」[5]；李約瑟（Joseph Needham）在其《中國科學技術史》中，也對此有所涉及[6]；今人葛兆光先生亦多次提到天圓地方、陰陽變化、中心四方等經驗性觀念形成的思維框架在傳統文化中的整合作用[7]。早在董仲舒之前的漫長歲月裡，它就以隱性的方式存在於我們民族的心靈深處了。它整合了民族文化的內在統一性。歷史上不同思想團體、流派，儘管在具體理論觀點上可能勢同水火，在思想的根基處卻是一致的：正是這個共同的框架構成了他們爭論和對話的基礎。

分析儒家精神卻涉及民族性的思維框架，似乎有點離題太遠。本人由此要說明的是，與法家、道家同處一個世界之中，使用著共同的基本詞彙（如道、陰陽、中、位、名等），講著幾乎同一種「語言」——僅僅是構詞造句和語氣上的不同——的儒家思想裡，不可能像新儒家所認為的那樣，包含著現代民主的「種子」。在傳統文化那種時空共振、天人合一的沒有縫隙的世界裡，怎麼會挺立起民主政治的主體——具有明確權利意識的自由自主的權利的個體？

5　參見劉述先，〈史華慈中國《古代思想世界》評價〉，載《當代》（臺北），1986 年第 2 期，第 178 頁。

6　〔英〕李約瑟，《中國科學技術史》第 2 卷，《中國科學思想史》，北京：科學出版社 1990 年。

7　葛兆光，《中國思想史》第 1 卷，上海：復旦大學出版社 1998 年，第 26—45 頁。

　　這是中華民族心目中的「宇宙模型」，是一個萬類同構、有節有序又有情有義的神聖世界。它是先在於民族心靈中的關於宇宙自然的集體表像。《尚書・洪範》第一次以明確的語言構築了人與自然的神祕聯繫：「曰王省惟歲，卿士惟月，師尹惟日。歲月日時無易，百谷用成，乂用明，俊民用章，家用平康」；《易傳》則以莊嚴的筆調，構建了一統天人的神聖框架：「大哉乾元，萬物資始，乃統天。雲行雨施，品物流行」（《乾・象》），「天地氤氳，萬物化醇；男女構精，萬物化生」（〈繫辭下〉）；董仲舒通過在天人之間建立全面的、符合若契的交感與對應關係，實現了這個圖式的感性化和具象化。無論是《易傳》的道化無邊，董仲舒的神恩普在，還是理學的天理流行，都意味著這個世界嚴絲合縫的籠罩性。對思維的個體來說，它是一個無法超越的深淵，一個走不出的夢境。

一、絕對者的壇場

　　在這個世界裡，「道」是唯一的主體，它化生一切，支配一切，萬物都沉浮在它的呼吸裡；人只是它所創造的萬物之網路中的一個環形鏈條。物不是作為語言所表像的對象被發現，而是帶著它的「名」自行顯現出來；詞與物緊密結合在一起，閃爍在「永恆」的神祕的背景上。「名」是具有魔力的符咒，它凝聚著物的內在屬性使之不至於外溢（因為萬物是同質同構的，沒有名的規範，就會像牛皮糖一樣沾黏在一起。所以越是同質社會越強調「名」，沒有本質的個體只剩下一個被指派的「名」。名是權力能夠隨意操作的符咒），從而把時刻準備逃逸的萬千物象納入天然而在的秩序網路之中；而人也靠了「名」的援引，進入世界之內，進入弘揚天道、回歸家園（先王盛世）的歷史行程；集真理和權力於一身的「王」是這個宇宙萬物真正的統一者。因而這個世界可以描述為：道「化」、象「顯」、名「成」、王「統」。

（一）道化

　　在這個由「道」所支配的大化流衍的世界裡，一切都被推動著、震盪著，按照某種節奏變化著。試看《夏小正》[8]對物候的描寫：「正月，啟蟄……緹縞」，「二月，昆小蟲」，「三月，拂桐芭……鳴鳩」，「四月，鳴蜮」，「五月，

8　當然，《夏小正》時代尚未有「道」之名，但它描述的大化流衍的宇宙場景實際上已經「道」出了道將要道出的東西。

鷹為鳩」，「六月，鷹始摯，乃有殺心」，「七月，秀葽葦」，「九月，雀入於海為蛤」，「十月，玄雉入於淮為蜃」。不是「蟄啟」，而是「啟蟄」；不是「縞（一種莎草）緹（莎草的種籽）」，而是「緹縞」；不是「小蟲昆（糾結混亂貌）」，而是「昆小蟲」；不是「鳩鳴」，而是「鳴鳩」。《詩經・國風・七月》亦有「四月秀葽，五月鳴蜩」，以及「五月斯螽動股。六月莎雞振羽」——總之，一切都是被動的，一切漂浮、閃爍在大化之流的漲落輪迴裡。人也不例外：「六月食鬱及薁，七月亨葵及菽，八月剝棗，十月獲稻」，「二之日鑿冰衝衝，三之日納于凌陰，四之日其蚤，獻羔祭韭」——所作所為完全遵循著時序節令，像附著在土地上的野草一樣榮枯有時。人不是站在萬物對面，而是處在萬物之間，與萬物共沉浮。在這個世界裡，「道」是唯一的主動者，它以強大的統攝力把人類社會凝結為一個有機整體，把一個無比巨大的權力磁場施加於個體之上。一句話，「道」在以理性的面貌（針對神學迷信而言）出現之初，就把萬物的複雜性夷為平地，把整個世界當成了它的壇場。

首先，道體現著令人噤默的統一性。道是世界的根源，是萬物的憑藉和依據，是萬物的來由、途徑和歸宿，一切有形之物都處在它那大化流衍的律動之中，只有它是永恆的：作為先天根源，它顯現在萬物的生成過程中；作為既定的統一性，它支持著事物的多樣性，卻又反過來吞噬一切。它聚則為天地之根，散則為萬物之精，形成一個統攝一切的中央機制，從中心處向外層層推衍，在推衍的過程中，萬物顯現出來，並天然地形成合理的秩序。在這個道的世界裡，沒有獨立的個體，只有同質同構的局部，每一個部分都接受來自根源處的指令，並自然地回應著整體的節奏，形成一種大和諧態———種等級分明、盈縮有度的完美的結構、功能態。請看《禮記・樂記》對天道陰陽的描述：

> 天尊地卑，君臣定矣；高卑已陳，貴賤位已；動靜有常，小大殊矣；方以類聚，物以群分，則性命不同矣；在天成象像，在地成形。如此，則禮者，天地之別也。

> 地氣上躋，天氣下降，陰陽相摩，天地相蕩，鼓之以雷霆，奮之以風雨，動之以四時，暖之以日月，而百物化興焉。如此，則樂者，天地之和也。

道是秩序的最終、也是唯一生成者。它為一切規定了方向和節奏，不允許

任何斜出旁行；它為一切確立了定理和法則，不允許任何抵觸、修正。在這個道所支配的世界裡，人類是作為一個種屬出現的，同草木蟲魚一樣，是大自然的一個有機組成部分。因而，人類社會全息地擁有著宇宙的規律和法則：有一個中心，有一個由此中心出發的中央機制，呈現為一種萬古不易的天然和諧的等級秩序。

統一性是真正的權力，它消弭一切矛盾，只留下一個發言者：形而之上的道和人間的君主。於是君主即聖人成為世界的唯一主體，其他人則是被愚弄、被操作的對象。儒家以弘道者自居，抬出「道」的偶像以圖與權力相抗衡，但我們已經明白，道本身就是絕對的權力，為了在歷史中實現自己，它必然地要去皈依於專制王權的黃金寶座。

其次，道意味著令人窒息的普遍性。我們知道，對立是認識的前提，人們總是通過與「他者」的對立來認識自己。然而在道的世界裡，人類沒有真正的「他者」，他深陷在大自然的結構和律動裡，同其他事物保持著一種割不斷的有機聯繫。人的認識和批判能力被窒息在道的普遍性裡。「天地不仁，以萬物為芻狗」（《老子・第五章》）。人的生命在天地之間與芻狗無異，它不是為著自身而存在，而是因為被規定為某種存在了，所以不得不存在：每一個個體都是無限網路中的一個結點，決定其價值的，僅僅是它在時間與空間裡的位置。它沒有權力可以伸張，因為他被統攝在道的呼吸裡，被規定在與「他者」的同質同構的關係裡。所以，人生的意義，就是向整體性的自覺依附。這在道家那裡，表現為乘緣隨化，反樸歸真；在儒家那裡，則是徹底自棄，自覺奉獻於群體的目標，無論這個目標表現為道德、教言，還是事功。

（二）象顯

「道生一，一生二，二生三，三生萬物」（《老子・第四十二章》）。在「道」的周流散布中，萬物顯現出來：日月經天，江河行地，列星垂照，百草爭榮，鳶飛魚躍，鶯歌燕舞——宇宙就像一本打開的書，向蒙昧初開的人類昭示著它掩藏已久的祕密，每一個物象，每一種聲音，都在透露著來於宇宙深處的絕對者的消息。因而，「象」就是本質的顯現，它顯現著自然固有的規律、法則和秩序。人處在萬物之間，通過對「象」的觀察、領悟和模擬，來構建自己生存的樣式與規範。

　　事物之象這種本原性、本質性，使「得一以為天下正」（《老子‧第三十九章》）的聖人（王）得以以簡馭繁，將世間萬物一網打盡。無論是八卦模式的觀象盡意，還是五行模式的以類行雜，都是聖人網羅、裁制天下的工具。《易‧繫辭上》稱：「聖人立象以盡意，設卦以盡情偽，繫辭以盡其言，變而通之以盡利，鼓之舞之以盡神」。大到天地陰陽，小到草木蟲魚，一切一切的「象」都可以被權力所收編、所馴化，成為構築其合法性的材料。誰掌握了「象」所顯示的「道」，誰就據有了權力的絕對淵源，誰就壟斷了操作社會的技術資本。

　　被新儒家稱揚得無以復加的天人合一思想，一開始不過是對天象亦步亦趨、戰戰兢兢的模擬：「顓頊，黃帝之孫，昌意之子也，曰高陽。洪淵以有謀，疏通而知事；養材以任地，履時以象天，依鬼神以制義；治氣以教民，絜誠以祭祀」（《禮記‧郊特性》）。「象」的秩序並不是真正的人的秩序，活著的、勞動著的和講著話的人只存在於支配性話語消失的地方。在這萬象沉浮的世界裡，人不是主動的言說者，他只是「天言」的解讀者、傾聽者──在這種支配一切的宇宙話語統治下，人卑順地消失在萬物之間，靠了對「象」的領悟來確立自身。

　　「法象莫大乎天地，變通莫大乎四時，縣象著明莫大乎日月」（《易‧繫辭上》）。天圓地方、中央四維的天地設位之象反映著宇宙人生的內在關係方式，它為人類社會提供了最基本的秩序框架，也提供了關於神聖中心的權力表像，在橫向度上塑造著文明的最高莊嚴性；草木榮枯、四季往來的萬物輪迴之象啟示著社會和文化進步的韻律、節奏與方向，在縱向度上提供著社會的終極價值，成為權力控制社會的重要殖民地；日生日降、月圓月缺的「大易之象」[9]啟示著禍福不據、盈虛有時的人生道理，反映著中華文明對必然性、偶然性等神祕力量的獨特感受，直接提供了權力連接天命的埠。

　　1. 天地設位之象：空間觀

　　傳統的空間觀[10]可以分解為兩個要素：天圓地方的結構形式與呈現為氣場效

9　關於《易》名之起源，至今眾說紛紜。毫無疑問，古人是從最直觀、最簡單的「象」入手去思考宇宙人生的深奧道理的。「易」字之形，乃日升月行之象。故魏伯陽《周易參同契》稱「日月為易」。

10　這裡指的是作為民族集體表像的素樸觀念。在知識階層特別是天文學家那裡，有一些更精緻、更複雜甚至有本質不同的觀點，如《周髀算經》提出的蓋天說，這與本文的論點構不成矛盾。

應的功能與機制。

「天似穹廬，籠蓋四野」。古鮮卑族民歌中這句歌詞就是這種觀念的生動描述。這是對天地空間十分直觀的感覺經驗，其來源一定十分古老並且具有相當普遍性。但是，這個觀念在中國傳統文化中發揮的建設性作用是如此巨大，如此持久，卻是在其他文化中罕見的。「天圓地方」包括以下內容：

(1)天是半球型的，有一個中心，即北天極；

(2)大地是一個正方形的平面[11]，中國處於大地的中心，中國之外有四夷，四夷之外有四海。中國的中心在夏故都陽城，是大地的絕對中心[12]；

(3)天和地在遠方相連接。

因而漢語中有四海、四表、四方、五方（加上中央）、四隅、八方、八極、六合等詞，構成了人類活動的三維空間。

《尚書・堯典》裡即有「光被四表，格於上下」。

1987年發掘的河南濮陽西水坡仰韶文化遺址中的第45號墓，墓穴頭部作圓弧形，底部作方形。[13]有的學者據此認為當時已有「天圓地方」觀念。

「天圓地方」、「上下四方」構成的不是一個純物理空間，而是一個價值空間，這是一個天人合一的有機系統，是生命意志表達自己的旋轉舞臺：它有一個神聖中心，從中心向外輻射，距離越遠價值越低。它具有德性的意志和力量：東方為春，主生；南方為夏，主養；西方為秋，主殺；北方為冬，主藏。[14]在此基礎上，再「以類行雜」（《荀子・王制》），與五行、五氣、五德、五聲等結合起來，人類生存的整個空間便成了一個天人同體、萬類同構、有節有序、有情有義的神聖世界——就是說，空間不僅內涵了時間，而且滲透了人倫價值。

所以，傳統中國人心目中的空間，不是近代以來西方人心目中那種充滿了

11　有論者認為，認識只能來於實踐，古人不可能形成大地為正方形的觀念，因而「天圓地方」的「方」只是說大地是一個平面，不一定非要解釋成正方形。其實古人是以地中為原點外推的，因為大地有四個方向，所以是正方形。

12　陽城為地中的觀點至遲在南北朝時已被放棄，但這時傳統文化的思維框架早已形成了。

13　見〈河南濮陽西水坡遺址發掘報告〉，載《文化》1988年第3期。

14　可參考董仲舒，《春秋繁露・五行之義》。

各自獨立事物的「大盒子」[15]，而是一個陰陽二氣相互作用的氣場，其中不存在一個超然獨立自我持存的局部的可能性，因為環境滲入了每個存在的本質之中。環境表現為時空交織中生命能量的聚散運行。任何局部都是環境的有機組成部分，接受環境的特徵並把自己的特徵投射於環境。這種有機聯繫的空間觀沒有為個體的發展留下任何縫隙。

作為一個封閉的區域，圓與方都有一個中心。這個中心的惟一性使它成了能量的聚集點，信息的發散處，因而它本身即是一種價值確認。這個神聖的中心，呈現了秩序的絕對性：支配一切的「道」由這裡生發，專制帝王那俯瞰萬象的黃金寶座也在這裡建立。「中」字也成了權力話語的詞根。

天高地卑、天施地承的空間意象是儒家禮制思想的最重要依據。禮的主要功能是定尊卑貴賤，試想，有什麼比高高在上而下施其德的「天」和默默在下而上承天意的「地」構成的關係方式更符合「禮」的精神？「天地定位」是宇宙之大禮，是人間之禮萬古不易的依據。

聖人觀象以制器。「象」被整合被制度化就是「禮」，禮即對「象」的模擬。請看《禮記・鄉飲酒義》對賓主之禮的解釋：

> 賓主，象天地也；介僎，像陰陽也；三賓，象三光也；讓之三也，象月之三日而成魄也；四面之坐，象四時也。天地嚴凝之氣，始於西南，而盛於西北，此天地之尊嚴氣也，此天地之義氣也。天地溫厚之氣，始於東北，而盛於東南，此天地之盛德氣也，此天地之仁氣也。主人者尊賓，故坐賓於西北，而坐介於西南，以輔賓。賓者，接人以義者也，故坐於西北；主人者，接人以德厚者也，故坐於東南。而坐僎於東北，以輔主人也。

各種日常用具、用品也都有所擬象而具有神聖意義，《大戴禮記・保傅第四十八》謂輅車：

> 古之為路車也，蓋圓以象天，二十八橑以象列星，軫方以象地，三十輻以象月。故仰則觀天文，俯則察地理，前視則睹鸞和之聲，側聽則觀四時之運，此巾車之道也。

15　《墨子》曾有過純物理空間的觀念，但因為屬於異端，故只是曇花一現。

　　禮的強大編程功能使人也被擬象化了，容飾與儀式之類純粹形式成了生活的實際內容，於是人成為具象著秩序的文化符號（關於禮的專制主義實質，將在後面進行分析）。

　　2. 萬物輪迴之象：時間觀

　　我們民族對時間的感知主要是通過自然萬物內在的生命節律實現的。無論是春草抽綠、秋葉泛黃，還是鷹變禽化，蟬振蛰伏，種種細緻微妙的變化震顫著人的感官，顯示著時間的流逝，請看《大戴禮記·月令》：

> 東風解凍，蛰蟲始振。

> 是月也，天氣下降，地氣上騰。天地和同，草木萌動。

　　因而，時間「包含著一種情景，即一種環境複合的觀念」[16]。或者說，時間被包含在物象的轉化裡。空間是時間的表像，時間是空間的展開。

　　時首先是時節，時令的意思，是大自然的一種韻律和節奏。時間劃分的基本單位是年、季、月、節、候、日、辰，主要依據的是包括天體運動在內的自然物象的變化。春夏秋冬四季的劃分一開始依據的是花開花落等感覺經驗；時節、時候等標時名詞直接就包含了物候形象；時律則標誌著某一時間段內自然之旋律的「調值」的高低；「時令」則直接把時間宣布為大自然意志的表達者。中國傳統的節日如春節、清明、仲秋等，都是與物候有關的。

　　在振盪起伏的時間潮流裡，一切都如雪泥鴻爪，轉瞬之間就被抹去痕跡。人們根本不能支配時間。因而漢語放棄了對時態的執著，而只是在需要時用「曾」、「過」、「當」、「在」等符號臨時性地把事件之流點開——在時間面前，漢語保持了應有的謙卑。

　　這種時間與現代人那種不可逆的、可等值等量劃分的時間完全不一樣，它不是以中性的座標形式出現的。它實際上是支配萬物的大宇宙創生之力的演進過程，隨著陰陽二氣的推蕩而往復循環，即所謂「一陽開泰，萬象更新」。四季不是純粹的自然現象，而是宇宙生命力的起伏漲落，是人類生活內容和場景

16　克洛德·拉爾，〈中國人思維中的時間經驗知覺和歷史觀〉，載《文化與時間》，鄭樂平、胡建平譯，杭州：浙江人民社版社 1988 年，第 34 頁。

的交替展開；萬物如寒暑交替，浸淫在由生而死，由死而生的循環裡。因而，時間不是一去不復返的向量，而是事物生死演化的週期，呈現為首尾相接的圓環：大宇宙處在滄桑劫變的輪迴裡；任何事物都有盛有衰，有終有始，盛衰相依，終始相接。因而，諸如元、紀、世、代、甲子等都標誌著一個圓周的結束與開始。

　　四季循環，往來相接，是這種時間觀的最直觀表達。人類社會也是如此：在合而分、分而合的演變過程中，最終歸依於起始處：儒家的黃金時代和道家的純樸之世。

　　時間為人類事件賦予方向和意義。它以其最終支配性決定著人類社會的莊嚴步調：在古代中國社會，不論是農祭兵刑等軍國大事，還是婚喪嫁娶等世俗情節；不論是王者的起居巡狩，還是百姓的衣食住行，都必須徵詢時間的意志——尋找一個適宜的時間點。誰掌握和支配了時間，誰就擁有了權力。這就是為什麼古代帝王把改元、頒朔之類儀典搞得神乎其神的原因。

　　這種時間觀為汲汲於功名的儒家灌注了一種深沉的憂患意識。儒家人生是一種憂患人生：既有「中庸之為德也，其至矣乎！民鮮久矣」（《論語·雍也》）的天下之憂，又有感於「逝者如斯夫，不舍晝夜」（《論語·子罕》）而「疾沒世而名不稱焉」的運命之憂，還有「德之不修，學之不講，聞義不能徙，不善不能改，是吾憂也」（《論語·述而》）的品行之憂，更有「履霜則知堅冰將至」的時勢之憂。故《易·乾》曰：「君子終日乾乾，夕惕若厲，無咎。」孔子的學生曾子臨死前對門下弟子們說：「啟予足！啟予手！詩云『戰戰兢兢，如臨深淵，如履薄冰。』而今而後，吾知免夫！」《說苑》卷第十載：「成回學於子路三年，回恭敬不已，子路問其故何也？回對曰：『臣聞之，行者比於鳥，上畏鷹鸇，下畏網羅；夫人為善者少，為讒者多，若身不死，安知禍罪不施。行年七十，常恐行節之虧，回是以恭敬待大命。』子路稽首曰：『君子哉！』」

　　這種時間觀還導致了一種自然主義的有機歷史觀：自然與社會在一種相互糾纏的狀態中共生共存，歷史體現為宇宙自然的大框架下人類生活場景的不斷轉換。在二十五部官修正史中，除人類社會的編年內容外，還專門設有對天文、地理、災異等自然現象的描述與記載。歷史是人類生活的自然展開過程，是個體踐行天道的場所。因而，除了歷史發軔處少數幾個為萬世垂範的道德楷模外，再也找不到歷史的主體：連皇帝也只是「應天順人」，為神祕的天道所支配；

其他王候將相不過是按照絕對者強加的臺詞進行表演的傀儡而已；芸芸眾生只是跑龍套的或乾脆就是背景。在家族範圍內，個體存在的意義就是保證家族基因的承繼和傳延。

3. 日月行天之象：變易觀

先看一下《易傳》的有關描述：

〈繫辭下〉：日往則月來。月往則日來。日月相推而明生焉。寒往則暑來。暑往則寒來。寒暑相推而歲成焉。往者屈也。來者信也。屈信相感而利生焉。

變動不居，周流六虛，上下無常，剛柔相易，不可為典要，唯變所適。

〈繫辭上〉：剛柔相推而生變化……剛柔者，晝夜之象也。

日月相推，寒暑往來，乾坤一開一閉，陰陽一屈一伸，天地大道周流不居。這種大易之像是儒家人生理念的主要來源。一部《易經》，十篇《易傳》，講的就是對天道變化的因應與順守。〈豐·象〉有「日中則昃，月盈則食。天地盈虛，與時消息」，〈繫辭上〉有「變化者，進退之象也」。處身萬象紛紜的大宇宙之中，要做到「自天祐之，吉無不利」（《易·繫辭上》），必須依據天道的沉浮起落決定自己的進退取捨。〈繫辭上〉稱「聖人設卦觀象，繫辭焉而明吉凶。」聖人所繫之辭即是對自然萬物之「動」的摹擬解說：「爻也者，效天下之動者也」（《易·繫辭下》）。故〈剝·象〉有「君子尚消息盈虛，天行也」。「天行」的含義體現在兩個方面。一是應運而起，順勢而作，日新日進。〈乾·象〉有「天行健，君子以自強不息」，而〈繫辭上〉有「日新之謂盛德，生生之謂易」。二即〈繫辭上〉所稱「退藏於密」，〈繫辭下〉之「君子藏器於身，待時而動」，〈蹇·象〉之「君子以反身修德」。既然天道有往還，人事就會有利鈍。必要時能隱退自持，才是明智之舉。〈蹇·初六〉有「往蹇來譽」，其象辭曰：「往蹇來譽，宜待也」；〈序卦〉有「物不可以久居其所，故受之以遯。遯者，退也」。〈乾·文言〉稱「知進退存亡而不失其正者，其唯聖人乎？」聖人窮深研幾，得大道之正，因而能夠隨心所欲，無可無不可。因而孔子屢稱「道」不行則「浮于海」、「居九夷」，時刻準備「藏之」、「卷

而懷之」。[17] 可以說，蘇東坡所謂「用舍由時，行藏在我」[18]，從孔子開始便成了儒家人生的基本信念。孟子把它概括為「窮則獨善其身，達則兼濟天下」（《孟子・盡心上》）。需要指出的是，這種信念在很大程度上是一種有意表達的「姿態」：它強調的是與「道」——士人獨立人格與信心的來源——的親密聯繫。

日月行天的大易之象所啟示的變易法則構成了對人的命定。孔子稱「不知命，無以為君子也」（《論語・堯曰》），因為不知「命」即意味著不知「天」，不知「道」。反過來，知了「命」，即意味著擁有了絕對者所賦予的參贊化育的特權——對儒家君子來說，「命」就是上天所命，就是道的規定性。故而孟子稱「聖人之於天道也，命也」（《孟子・盡心下》）。

（三）名成

相傳當年倉頡發明文字時「天雨粟，鬼夜哭」（《淮南子・本經訓》），這是人類歷史上開天闢地的事件，從此權力掌握了製造真理的工具，也就擁有了與它背後的支持者討價還價的資本。天地神明在向其選民——人間的統治者——示以恩典（雨粟）的同時，表達了對一種永遠的失卻的哀悼（鬼夜哭）：從此以後，他不得不把自己珍藏了億萬年的祕密展現在人的面前。「名，明也。名實事使公明也。」（《釋名・釋言語第十二》）「名」是理性的光照，它使深陷在混沌中的「象」顯現出來，進入人的歷史。古代先王通過為萬物命名構建了人類文明的基礎，也構建了萬世不易的政治與道德權威——例如，黃帝的偉大功績就是「正名百物」（《禮記・祭法》）。「名」帶著其神祕的閃光來自於大自然深處，進入人們的生活和思維，成為權力意志編織的秩序之網路上的紐結：「名」使「物」獲得其現實性，是「物」的成就者，也是人的成就者。

首先，「名」凸顯了物的本質：「名生於真，非其真弗以為名。名者，聖人之所以真物也，名之為言真也。」（《春秋繁露・深察名號》）就是說，通過「定名」，物之真（實）才顯現出來，確定下來。這就是荀子所說的：「故王者之制名，名定而實辨，道行而志通。」（《荀子・正名》）因此，人生的意義，也即「成人」的依據，就是「成名」。這就是為什麼孔子再三強調「君子疾沒世而名不稱焉」。（《論語・衛靈公》）所謂君子，即「人之成名也」。

17　分別見《論語》之〈公冶長〉、〈子罕〉、〈述而〉、〈衛靈公〉等篇。

18　蘇軾，《沁園春・孤館燈青》。

（《大戴禮記‧哀公問》）古人在舉行成年禮時要另外取一個「字」，就是為了表示對作為一個人之根本的「名」的尊重，此即《儀禮‧士冠禮》所謂：「冠而字之，敬其名也。」

其次，「名」使一物與他物區別開來。董仲舒《春秋繁露》卷第十〈深察名號〉云：「名者，所以別物也，親者重，疏者輕，尊者文，卑者質，近者詳，遠者略，文辭不隱情，明情不遺文，人心從之而不逆，古今通貫而不亂，名之義也」；《荀子‧正名》篇有「故知者為之分別制名以指實，上以明貴賤，下以辨同異。貴賤明，同異別，如是則志無不喻之患，事無困廢之禍」。名所以能夠「別物」，是因為它在表徵著物之「實」的同時體現著物之「義」：「萬物載名而生，聖人因其象而命之，然而可易也，皆有義從也，故正名以名義也」（《春秋繁露‧天道施》）。因之，「名」就成了判斷是非曲直的入口和標準，用董仲舒的話說就是：「欲審曲直，莫如引繩；欲審是非，莫如引名；名之審於是非也，猶繩之審於曲直也。詰其名實，觀其離合，則是非之情不可以相讕已。」（《春秋繁露‧深察名號》）可以說，「名」是權力施加於自然之物的統治：通過「制名」而支配其本質。

對一個人來說，名就是他的一切，他的「命」。《潛夫論‧班祿第十五》有：「若使犯罪之人終身被命，得而必刑，則計奸之謀破，而慮惡之心絕矣」。這樣的例子有很多：《漢書‧刑法志》有「已論命」，晉灼注云「命者名也，成其罪也」；《漢書‧張耳傳》云「嘗亡命游外黃」，顏師古注「命者，名也。凡言『亡命』，謂脫其名籍而逃亡」；《漢書‧鮑宣傳》有「名捕隴西辛興」，顏師古注：「詔顯其名而捕之」。可見，「名」是對人之感性的剝奪，活生生的個體由此成了抽象的被隨意塗抹的符號——凡是「名」所進行統治的地方，「人」就不存在，或者說，人被物質化進而被抽象化了。把人抽象化是專制統治的看家之祕，這就是為什麼監獄中的罪犯連「名」也被剝奪了，只剩下一個更加抽象的被編號的數字。

同法家一樣，儒家認為「正名」是為政的首要之務，這方面最著名的議論出自孔子之口：「名不正，則言不順；言不順，則事不成；事不成，則禮樂不興；禮樂不興，則刑罰不中；刑罰不中，則民無所措手足。故君子名之必可言也，言之必可行也」（《論語‧子路》）。因此他說「政者，正也」（《論語‧

先進》），主要內容是「正名分」，目的是實現「君君、臣臣、父父、子子」（《論語・顏淵》）的名實一致狀態。他認為「夫婦別，父子親，君臣嚴，三者正，則庶民從之矣」（《大戴禮記・哀公問》），只要「名」正了，其他一切問題也就迎刃而解了。一部《春秋》，無盡隱諱褒貶的微言大義，實際上不外乎兩個字：「正名」。舉一個例子，就能明白聖人是如何以「名」正亂世的：

> 《日知錄・卷四・魯之春秋》：《春秋》之于吳、楚，斤斤焉，不欲以其名與之也。楚之見於經也，始于莊之十年，曰「荊」而已。二十三年，於其來聘而「人」之。二十八年，復稱「荊」而不與其「人」也。僖之元年，始稱「楚人」。四年，盟於召陵，始有「大夫」。二十一年，會於盂，始書「楚子」。然使宜申來獻捷者，楚子也，而不書「君」。圍宋者子玉，救衛者子玉，戰城濮者子玉也，而不書「帥」。聖人之意，使之不得遽同於中夏也。吳之見於經也，始于成之七年，曰「吳」而已。襄之五年，會于戚，於其來聽諸侯之好而「人」之。十年、十四年，復稱「吳」，殊會而不與其「人」也。二十五年，門於巢卒，始書「吳子」。二十九年，使劄來聘，始有「大夫」。

「道可道，非常道；名可名，非常名」（《老子・第一章》）。尋繹其根本，「名」的首要功能是把世間萬物分為兩大類：不可名者和無名者。「道」是不可名的，聖人也是不可名的，孔子在讚美舜帝時就說：「大哉，堯之為君也！巍巍乎！唯天為大，唯堯則之。蕩蕩乎！民無能名焉。」（《論語・泰伯》）可名的最終都是無名的。在不可名者所支配的社會裡，芸芸眾生擁有諸如「人」、「民」、「臣」、「士、農、工、商」以及「父、母、子、孫」之類「共名」、「類名」、「別名」，但不能擁有自己的肉體和靈魂，他們的生死存亡只意味著政府統計簿冊上數字的增減。

（四）王統

王者據於萬物的根源，秩序的樞紐，通過「制名」支配萬類，是被倫理政治化了的人和萬物共同的世界的真正中心。《春秋公羊傳》給這個世界起了個具有強烈權力色彩的名字：大一統。

《春秋》破空而來第一句即「元年春，王正月」。公羊釋曰：「元年者何？君之始年也。春者何？歲之始也。王者孰謂？謂文王也。何為先言王爾後言正

月？王正月也。何言乎王正月？大一統也。」

　　「大一統」的「大」字在這裡是個動詞，有「以……為大」、「張大」之意。因而「大一統」是對王者一統萬物的地位與權力的強調。這裡強調的是，王者的「一統」不僅是地域上的，不僅指「普天之下，莫非王土；率土之濱，莫非王臣」（《詩經‧小雅‧北山》）；甚至也不僅是文化上的「聖王為天下立極」。[19]它指的是天道自然上的萬物歸一：天子繼天理物，馭一統政。「王正月」三個字，則直截了當地宣布了權力對時間的占有。時間是什麼？時間是萬物生長與衰亡的節奏、韻律。因而這實際上宣布了王者變理陰陽、長養萬物的神聖職權。在解釋「公何以不言即位」時，何休說：「即位者，一國之始，政莫大於正始，故《春秋》以元之氣，正天之端；以天之端，正王之政；以王之政，正諸侯之即位；以諸侯之即位，正竟內之治……王者不承天以制號令，則無法。故先言春，而後言王。天不正其元，則不能成其化，故先言元，而後言春。五者同日並見，相須成體，乃天人之大本，萬物之所繫，不可不察也。」[20]文中「五者」即公羊家所謂「五始」：元為氣之始，春為四時之始，王為受命之始，正月為政教之始，「公即位」為一國之始。《公羊傳》的注者何休釋元曰：「元者，氣也。無形以起，有形以分，造起天地，天地之始也」；釋春曰：「春者，天地開闢之端，養生之首，法象所出，四時本名也。」[21]可見，「元」即「道生一，一生二，二生三，三生萬物」（《老子》第四十二章）的「一」，是功能態的道；王者「布政于邦國都鄙」（《周禮‧天官塚宰第一‧大宰》）的春之始正月，則是人類事件進入自然之永恆的埠。在這裡，通過一個時間序列（正月、春、四時、年）的回溯，將人類與他的自然根源（元）連結到了一起。於是，歷史歸於永恆，連時間本身也陷入自然物象的輪迴裡。故何休釋「大一統」云：「統者，始也，總繫之辭。夫王者始受命改制，布政施教於天下，自公侯至於庶人，自山川至於草木昆蟲，莫不一一繫於正月，故云政教之始」。[22]徐彥疏曰：「所以書正月者，王者受命制正月以統天下，令萬物無不一一皆奉之以為始，故言大一統也。」[23]可見，大一統之意，乃指王者處天人之間，據一元，執五始，總領群生，統攝

19　《荀子‧解蔽》：「聖也者，盡倫者也；王也者，盡制者也。兩者盡，足以為天下極矣。」
20　《春秋公羊傳注疏》，《十三經注疏》標點本，北京大學出版社1999年，第10頁。
21　《春秋公羊傳注疏》，《十三經注疏》標點本，北京大學出版社1999年，第6—7頁。
22　《春秋公羊傳注疏》，《十三經注疏》標點本，北京大學出版社1999年，第10頁。
23　同注22。

萬類。因而，作為一個名詞性詞組，「大一統」描述的是一個以王為中心的、盡善盡美、無所不包、天人合一的宇宙、政治圖式，它包含了時間、空間、人倫三個維度，形成一個向心式的球形系統。

這是一個沒有縫隙的世界，一個吞沒靈性的深淵，一個孕育道德自大狂的夢境，從中是不可能挺立起新儒家所標榜的作為民主政治之前提的知識與權利主體的，因為自由的靈魂只在社會的縫隙裡呼吸並成長。

二、自我中心幻覺

這裡涉及儒家思想中一個為新儒家極力標榜的內容：在人生本體追求中體現出來的強烈的主體自我意識和崇高精神境界。為保持文章結構的嚴謹性，在此只通過對其語境條件的分析簡要揭示其實質，至於它在實際中的種種表現，將留待後面的章節中進行研究。

本體一般指世界本質、最終實體。古希臘哲學家以自然界的感性事物如水、火、氣等為世界本體；巴門尼德最早以抽象的存在為本體；亞里斯多德首先明確提出本體範疇，認為本體是第一哲學的最高對象；在康德那裡，本體作為感覺的外部來源，與物自體同義。在儒家那裡，本體指的是包括人在內的宇宙萬物的本然之性，如朱熹《大學章句》在解釋「大學之道，在明明德，在親民，在止於至善」時，說：「大學者，大人之學也。明，明之也。明德者，人之所得乎天，而虛靈不昧，以具眾理而應萬事者也。但為氣稟所拘，人欲所蔽，則有時而昏；然其本體之明，則有未嘗息者」；《孟子集注》在解釋「其為氣也，至大至剛，以直養而無害，則塞於天地之間」時，則有：「惟其自反而縮，則得其所養；而又無所作為以害之，則其本體不虧而充塞無間矣」（《孟子集注·卷三·公孫丑章句上》）。現代新儒家熊十力很恰當地把儒家的本體歸結為「仁」：

「仁」（Jen, Humanity）是本心（原初心靈）（Original Mind）。它是吾人、天、地及所有事物（萬物）所共同的本體（原初實體）（Original Substance）。從孔子、孟子到宋明時期的諸位大師，全都直接直向「本心之仁」（原初心靈之仁）（Humanity which is the original mind）此「仁之實體」（Substance of Humanity）所有轉變（變化）的資源（萬化之原）（Source of All Transformations）即所有事

物的基礎（萬有之基）（Foundation of All Things）。[24]

　　因而，與西方把本體視為純粹求知的對象不同，儒家把它看作人生追求的目的：對本體的追求，就是對宇宙本然之善的踐行和體認，它落實於主體自我的高揚，表現為人生高尚境界的營造。因為本體不是外在於人的，它就在人的心中，它就是人的本性，通過「為仁由己」的自我修行，拔塞去蔽，人就能消除物我之間的界限，回復本然之善的真實狀態，進入「上下與萬物同流」、「從心所欲不踰矩」的自由之境。唐君毅將人生境界分為九種，即重在客體的「萬物散殊境」、「依類成化境」、「功能序運境」，以及以主攝客的「感覺互攝境」、「觀照凌虛境」、「道德實踐境」，還有「超主客觀」的「歸向一神教境」、「我法二空的佛教境」、「天德流行的儒教境」。[25] 在他看來，儒教境是人生的最高境界，因為它是自由創造的絕對主體境。

　　主體在世界中的自由創造在孔孟那裡是一種理想，在理學家那裡是一個迷夢，到了現代新儒家則成了一個美麗的神話。如唐君毅認為，有了道德主體對心性的「一念之自覺」，則「人生價值、宇宙價值、皆全部呈顯，圓滿具足」[26]；牟宗三強調通過道德主體的「自我坎陷」，就能向下開出「智性主體」和「政治主體」，認為「如此則政治法律意義之國家，民主政治之運作，乃能開出」[27]；程中英則認為儒家道德內涵的展開確認了自我決定與自我轉化的自由和力量，從而使個體得以在面對現實的客觀制約時把自我實現的力量發揮到極點[28]。總之，儒家的主體自我是自足自在自由的，是宇宙性人生價值的轉化者和創造者。

　　下面我將通過對儒家自我之形成條件和形成機制的分析，來揭示這種偉大主體的虛幻性，說明在大一統的專制主義世界裡，軟弱的「自我」只能以一種扭曲的、誇張的形式來表達自己。新儒家把儒學的主體迷夢解釋為神話，只意味著他們重新沉入了想入非非的迷夢之中。

24　引自羅義俊，《評新儒家》，上海人民出版社 1989 年，第 428 頁。

25　唐君毅，〈生命存在與心靈境界——生命存在之三向與心靈九境〉，載《唐君毅集》，北京：群言出版社 1993 年，第 631—635 頁。

26　引自李宗桂，〈唐君毅等文化心態及其中國文化觀〉，載方克立、李錦全主編，《現代新儒學研究論集（一）》，北京：中國社會科學出版社 1989 年，第 274 頁。

27　引自何信全，《儒學與現代民主》，北京：中國社會科學出版社 2001 年，第 77 頁。

28　參見方克立、李錦全主編，《現代新儒家研究論文集（一）》，北京：中國社會科學出版社 1989 年，第 190 頁。

　　法國精神分析學家雅各・拉康認為，人的「自我」的形成開始於孩童時代的鏡像階段。他指出，人的幼年時期有一段時間（儘管很短），雖然在工具性智慧上不如黑猩猩，卻已經能夠辨認出自己在鏡子中的映射：儘管仍處在對大人的依賴中，卻能把他的鏡中影像喜洋洋地歸屬於自己。[29] 這是一種最初的自我認同，是一種超前的自我意識。但這種自我確認也是一次誤認，因為它建立在主體與身體的實際狀況的想像性關係的基礎之上[30]——人是在一種自我中心幻覺之中進入歷史的。

　　儒家正是以天地萬象（天道）為鏡，實現了對自身的觀照，把一個放大了的影子「喜洋洋地歸屬於自己」。

　　對西方人來說，自然是人類認識的客觀對象，是一個「物」構成的集合體，世界分為「人」的世界和「物」的世界。對儒家來說，只有一個世界——人和萬物共同構成的大一統世界。天道是這個世界的構成者和生發者，這是一個大化流衍的生態場，雲行雨施，往復無窮，生機常新，其中萬物高低尊卑，各處其位，秩序井然。[31] 上天以陽光雨露養育群生，大地負載一切包容眾有，萬物在一種敞開的狀態中相互扶持：天地無私，萬類有情。在意味深長的蒼穹之下，在閃閃發光的萬象之中，戴圓履方的「人」挺立起來——於草木蟲魚之間挺立起來，於種族群體的綿延之流中挺立起來，體驗到了一種存在的整體感、莊嚴感：每個人都為「道」所灌注，每個人都為天所注視，每個人都是大地的圓心，每個人都是歷史發展中承前啟後的不可缺少的環節——於是主體自我無限膨脹起來，想入非非地沉浸在了自我賦彩的虛假榮耀裡。

29　〔斯洛維尼亞〕斯拉沃熱・齊澤克等，《圖繪意識形態》，方傑譯，南京大學出版社2002 年，第 123—124 頁。

30　具體一點，拉康的理論要點是：嬰兒的身體處在一種不和諧的狀態之中，嬰兒自己的神經系統尚未發育成熟，無法隨意支配自己的四肢，也無法控制和協調自己身體的其他部分，因此他的感覺和對外界的體驗都是不確定的，從出生之日起，嬰兒就時刻體驗著身體功能的不健全以及身體之間的不協調所引起的不安和焦慮。但是在第六個月嬰兒的視覺器官發展到一定程度時，嬰兒開始注意到自己的鏡中形象，並且對它異常感興趣。嬰兒意識到自己可以支配鏡中的形象，嬰兒把自己等同於這一形象，從而克服了對「破碎的身體」的不良感覺和體驗，獲得了一種超前的自我意識。因此嬰兒對自我的第一次確認也是一次誤認。自我的形成是建立在主體與身體的實際狀況的想像性關係的基礎之上的，是無意識最初產生的地方。（參見周小儀，〈拉康的早期思想及其鏡像理論〉，《國外文學》1990 年第 3 期）

31　請看《易傳・繫辭下》的描述：「天地氤蘊，萬物化醇；男女構精，萬物化生」；《禮記・月令》有：「是月也，天氣下降，地氣上騰，天地和同，草木萌動」。

行進在大地上的傳道者孔子，孤獨中與天相對視的孔子，首先以其莊嚴的自我期許為後世儒生確立了道義承擔者自我挺立的人格形象：「大哉，堯之為君也！巍巍乎！唯天為大，唯堯則之。」（《論語・泰伯》）堯的道德文章，像長天一樣廣袤神奇；以天為鏡的孔子，作為聖王的追隨者和承繼者，沐浴在偉大道統的光輝裡。此後孟子的君子「所過者化，所存者神，上下與天地同流」；《易傳》的大人「與天地合其德，與日月合其明，與四時合其序，與鬼神合其吉凶」（〈乾・文言〉）；《禮記・中庸》中「聰明聖知達天德」的聖人「經綸天下之大經，立天下之大本，知天下之化育」，「肫肫其仁，淵淵其淵，浩浩其天」；陸九淵宣稱「宇宙即吾心，吾心即宇宙」（《陸九淵集・卷二十・雜說》），直欲囊括眾生；張載一意「為天地立心，為生民立命，為萬世開太平」，硬要代表一切；朱熹認為聖人之心「純乎天理，一念之發，無非至善」（《朱子語類》卷六一），聖人成了天的另一個說法；胡宏強調「心也者，知天地，宰萬物，以成性者也。」（《胡宏集・附錄一・宋朱熹鬍子知言疑義》）總之，儒家的主體自我聖乎其聖，神乎其神。

但是，我要說的是，儒家主體自我的崇高性只是一種自我中心的幻覺，儒家自我的成長空間只是一個鏡像空間，一個虛擬空間。儒家所謂窮理盡性的格物致知，不過是以天道為鏡所進行的無窮反復的自我指涉。在這個過程中，兩者相互隱喻，相互構成。也可以說，這是把油彩塗在鏡子上所進行的自我化妝：通過這種化妝，「我」和「他者」成了面容模糊、表情誇張的統一體，結果是人的自然化（主體的客觀化）和自然的倫理化：「大哉聖人之道，洋洋乎發育萬物，峻極於天」（《禮記・中庸》）；「天有四時，春秋冬夏，風霜雨露，無非教也；地載神氣，神氣風霆，風霆流行，庶物露生，無非教也」（《禮記・孔子閒居》）。聖人成了籠罩一切的「天」，天成了澤被萬物的「聖人」。主體被覆蓋了，因而不再存在。儒家主體修為的最高境界是成為「聖人」，然而，聖人不僅自己「不是人」，他追求的是「使別人也不成其為人」（關於「聖人」的專制主義意識形態性質，將在後面加以分析）

說穿了，主體不是一種內在自足的實體，而是一種關係，一種與他者雙向構成的關係——或者說，主體是由從他者返回來的光線形成的影像。這個他者的性質越抽象，範圍越廣闊，主體的客觀化程度就越高。孔子所面對的他者是博愛仁慈的「天」，是以「名」涵攝其「義」的物，因而孔子還有「為仁由己」

的自由；宋明理學家面對的則是虛無縹緲的「天理」，是抽象的「心體」與「性體」，就只能戰戰兢兢地「居敬窮理」、「致良知」了。

可見儒家自我主體的形成在很大程度上是一個自戀的過程，是以想像虛構的自我的感覺。而想像源於匱乏與軟弱，是對現實不能盡意時的心理補償。當孔子感於世途坎坷、大道不行時，他慨然而歎：「不怨天，不尤人，下學而上達，知我者其天乎？」（《論語・憲問》）；當他厄於蔡、畏於匡，走投無路時，他自我安慰：「文王既沒，文不在茲乎？天之將喪斯文也，後死者不得與于斯文也；天之未喪斯文也，匡人其如予何？」（《論語・子罕》）對孔子來說，淵默而神祕的「天」是頭上注視的眼睛，映出了他悽惶而寂寞的身影，於是，因為失意而崇高，因為孤獨而偉大，他沉浸在了「前不見古人，後不見來者」的啟示者的曠古情懷裡——「天何言哉？四時行焉，百物生焉，天何言哉？」（《論語・陽貨》）：天成了他自己的表徵。「道不行，乘桴浮於海」（《論語・公冶長》）：大海不再構成對現實的限制，而是聖人不與人知的另一個世界；「鳥獸不可與同群，吾非斯人之徒與而誰與？天下有道，丘不與易也」（《論語・微子》）：人間世渾渾茫茫一派天機，期待著聖人來條理之、照亮之；「知我者，其惟春秋乎；罪我者，其惟春秋乎」（《孟子・滕文公上》），「後世之士疑丘者，或以《易》乎？」（《帛書・易傳・要》）像敷布水土的大禹，他心意蒼茫地站在新世紀的邊緣，看到世界空虛地敞開著，大地依然飄浮不定，社會到處是缺口和縫隙，心中充滿高高在上的先知者的無奈和悲憫。在這種種時而高亢時而低婉的情感變奏中，不難體會出孔子那種「莫我知也夫」、「予欲無言」的空曠和蒼涼。此後孟子力倡養氣，不過是為了積累一點「說大人則藐之」（《孟子・盡心下》）的資本，對於權勢他還是善於小心周旋的；被讚譽為以其道德修行為人類持立心性本體的理學諸公在現實生活中或者拘謹瑣碎（程、朱），或者疏放迂闊（陸、張），或者沉鬱冷漠（王陽明），與新儒家所形容的聖人氣象全然不是一回事；至於儒家的芸芸徒眾，則只是拉大旗作虎皮，取資於聖人名號以謀其利祿而已。縱觀儒家歷史，有人為利益死，有人為名分死，有人為護祖宗之法死，但卻沒有人為捍衛心性本體而死，為成就主體自我而死。

儒家自我的內在空虛性使它輕而易舉地成了權力的殖民地，因為它需要它的「他者」不斷進入以充實和確認自己，而這些他者除了權力話語本身如「道」、

「天」、「聖人」外，幾乎全是權力的同盟軍，如宗族表像、父家長角色等。於是，孔子的君子，孟子的大人，變成了岳飛式的忠臣、包公式的清官。而這兩者說到底都是粉飾權力的意識形態符號。

第二節　主動的被動：儒家的語法

　　語言不僅僅是思維的外衣或工具，語言是人類的存在形式本身。薩丕爾認為，語言一開始很可能是一種在概念水準以下使用的工具，思維只是潛伏在語言的分類法和形式之中，在把語言內容精煉地解釋了之後它才真正興起。而尼采則認為，正如詞造就了概念，語法造就了邏輯。語法結構實際是一個民族的文化心理結構，「造句學」實際上是一個民族建構其生存現實的方式。[32] 因此，在這裡，我用語法這個概念來分析儒家的「造句之學」——主體與其實踐的對象之間關係的構成方式。把主體看作專有名詞，把他們的特徵看作形容詞，把他們的行為看作動詞，則儒家話語的基本句型是：定語（形容詞）＋主語（名詞）＋謂語（不及物動詞）＋准賓語。[33] 對應於人生存在的不同層面，以此句式構成的元陳述句有四個，分別是：「參天」、「樂群」、「安位」、「順時」。其中的主語是隱在旁邊的行為主體「我」；主語「我」的謂詞「參」、「樂」、「安」、「順」都不是嚴格的及物動詞，因為它與賓語沒有構成直接的施動—受動關係，實際上可以把這裡的賓語看作省略了介詞「於」的介賓結構；作為其修飾性定語的「形容詞」主要有兩個：「敬」（畏）與「文」。被修飾了的主語「我」即是儒家的人格理想——君子。可以說，這四個陳述句表達著儒家進入和作為於世界時的姿勢與態度：一種主動的被動——順應與投誠。

　　在談到西方文化的特質時，尼采一再提到「主語和謂語概念的信仰」問題。他指出，認為一切發生的事情都以謂語的方式從屬於主語，這種在主語的信仰對西方文化之邏輯和形而上學基本假設的形成中起了關鍵作用：主語與謂語的對待形成了因果關係模式；主語與賓語的對待形成了主客體關係模式。這種情況在儒家那裡（實際上是在中國的整個文化傳統中）沒有發生。在儒家語法中，主語是可以省略的，主語的動作不是施加於客觀對象，而是施於自身，實際上

32　參考周國平，〈尼采論語言形而上學〉，載《外國哲學》，2003 年第 1 期。
33　因為主賓之間不是直接的施動與受動關係，故稱為准賓語。

是行動者面對世界的整體性時的自我調整和主動投誠。

一、參天、樂群、安位、順時

　　關於「儒」的含義，許慎《說文解字》是這樣解釋的：「儒者，柔也，術士之稱」；揚雄《法言・君子篇》曰「通天地人曰儒」；孔穎達在《禮記・儒行篇》疏中則說「儒者，濡也。以先王之道能濡其身……與天地人交接常能優柔，故以儒表名」。這些說法表明了儒家的兩個特點：一是處事柔弱，二是能交接天地人。這使人聯想到它們的前身：周朝時期處於社會底層、兼有巫師身分的相禮者。[34] 一方面，他們通過伺服權力獲取權力，另一方面又掌握著生產權力的象徵資本，這決定了他們基本的處世姿態和策略：安分順時又時刻準備著有所作為。

1. 參天

　　儒家主張「參天」，許多研究者由此得出儒家強調人的主觀能動性的結論，並不遺餘力地大加讚美。這種觀點不能說沒有道理，但若僅僅停留在這個層面，就難免流於膚淺了。

　　我認為，儒家「參天」，只是為了獲得參與權力的資本；對「參天」的強調，是對他們參與權力的資格的強調，因為儒家「參天」的人是抽象的類存在，而不是指每一個思考著、行動著的個體，「參天」的偉大事業最終只落實到聖人身上，芸芸眾生在不知情的情況下就被無比正確地代表了。在孔子那裡，「聖人之言」與「天命」都是「大人」即當權者的同盟軍，他說：「君子有三畏：畏天命，畏大人，畏聖人之言。小人不知天命而不畏也，狎大人，侮聖人之言。」（《論語・季氏》）又說「不知命，無以為君子也」。（《論語・堯曰》）知命是成為君子的前提條件，而成為君子才能獲得參與權力的資格。孔子的聖人還只是在上天的關注下通過「則天」力求「博施於民而能濟眾」（《論語・

34　關於「儒」的起源，至今尚無定論。班固認為儒者出於「司徒之官」，是「助人君順陰陽，明教化者」（見《漢書・藝文志》），此論「自古通儒皆宗之」（夏曾佑，《中國古代史》。）；章太炎則認為「太古始有儒，儒之名出於需。需者，云上於天，而儒亦知天文，識旱潦……」（見章氏著《原儒》）今人閻步克認為出自樂官。我認為這些說法都不很準確。周朝不可能有一個滲透地方的中央官制（據《左傳》，周王只任命大國之卿），儒當是西周以後身分複雜、淵源久遠的民間知識分子——兼有巫師、教師身分的相禮者——的稱呼之一。

雍也》），從孟子以後，則成了與天地共謀劃、同大道共沉浮的人中神明，如《孟子‧盡心下》有「充實而有光輝之謂大，大而化之之謂聖，聖而不可知之之謂神」；《荀子‧王制》有「上察於天，下錯於地，塞備天地之間，加施萬物之上，微而明，短而長，狹而廣，神明博大以至約。故曰：一與一是為人者，謂之聖人」；《禮記‧禮運》有「故聖人參於天地，並於鬼神，以治政也。處其所存，禮之序也。玩其所樂，民之治也」；《春秋繁露》有「故聖人之為天下興利也，其猶春氣之生草也」（《春秋繁露‧考功名》）；王通《中說‧魏相》有「天生之，地長之，聖人成之。故天地立而易行乎其中矣」；到宋明理學家那裡，則聖人成了「天理」、「天心」，與天合而為一了。

當然，儒家之「參天」不僅僅是一種想像中的朝聖之旅，它也是社會現實中的實踐，但這種實踐不是像新儒家所認為的那樣，是主體對天道的創造性轉化，而是對「天」的亦步亦趨的模仿，是權力之儀典的莊嚴彩排：「聖人慎守日月之數，以察星辰之行，以序四時之順逆，謂之曆，截十二管，以索八音之上下清濁，謂之律也。律居陰而治陽，曆居陽而治陰，律曆迭相治也，其間不容發」（《大戴禮記‧曾子天圓》）；「……而聖人承之以治，是故春修仁而求善，秋修義而求惡，冬修刑而致清，夏修德而致寬，此所以順天地，體陰陽。」（《春秋繁露‧如天之為》）所以這種「參」只是為了獲得身分的合法性確認，為了獲得權力的象徵性資本，因而是一種別有用心的投靠，曲意迎合的順依，沒有任何「自我作主」、與天抗爭的意思。即便強調「人能弘道，非道弘人」（《論語‧衛靈公》）的孔子，追求的也不過是「下學上達」——對上天賦予使命（「天生德於予」）的回應；荀子主張「制天命而用之」，也不過是「知其所為，知其所不為」的順應而已，所以他說「天有其時，地有其財，人有其治，夫是之謂能參。」（《荀子‧天論》）

2. 樂群

從在世界中的位置來說，如果說道家追求的是「個別的此處」，墨家是「普遍的彼處」，儒家則是「普遍的此處」：儒家是在群體關係中定義自我、在族群的整體性存在裡實現其個體價值的。因此，能不能「群」，在儒家看來是能不能「成人」的標誌，如《禮記‧學記》中就有：「古之教者，家有塾，黨有庠，鄉有序，國有學。比年入學，中年考校。一年視離經辨志，三年視敬業樂群，五年視博習親師，七年視論學取友，謂之小成。」孔子在督促弟子們學詩時說：

「小子何莫學夫詩？詩，可以興，可以觀，可以群，可以怨。」（《論語‧陽貨》）在他看來，「群」是個體人格成長的條件和場所。自我實現就意味著諧和無間地融入群體之中，這種融入是一種主動歸依而不是被動地嵌入：通過推己及人的愛的關懷（仁），通過對自己內在信念的堅守（忠），通過對自己欲望的主動剪裁（義），通過對與命俱來的人生承諾的積極兌現（信），使自己與群體的存在連接、黏合在一起。

　　「群」對荀子來說甚至具有本體意義：「水火有氣而無生，草木有生而無知，禽獸有知而無義，人有氣、有生、有知，亦且有義，故最為天下貴也。力不若牛，走不若馬，而牛馬為用，何也？曰：人能群，彼不能群也。人何以能群？曰：分。分何以能行？曰：義。」（《荀子‧王制》）就是說，「群」是人之為人的前提，一個社會的昌盛與否，賴於「群」之秩序的建設與維護。

　　因為「群」是人性的表達，它就不僅是奉獻的對象，而且也是享用的對象。因而個體對「群」的基本態度是「樂」：首先，在「群」中可以獲得一種幸福的歸屬感。《禮記‧樂記》曰：「樂（yue）者，樂（le）也。君子樂得其道，小人樂得其欲」，而樂的功能就是「親和」、「統同」[35]，就是在人際之間營造一種喜洋洋的歡樂氛圍——一種發揮意識形態作用的天下一家的虛幻感覺，因而歷代統治階級都標榜「與民同樂」[36]。其次，「群」作為放大了的賓格「我」，意味著一種「我」可以僭取、可以操作的巨大力量——蒙昧無知的群眾所蘊含的力量——這就是為什麼儒家力倡推己及人、「以民為本」，因為他們要「為生民立命」、做芸芸眾生的發言人。

　　遺憾的是，「群」一開始就被權力所代表了，成為其合法性的一個重要來源。請看《荀子‧君道》：「君者，何也？曰：能群也。能群也者，何也？曰：善生養人者也，善班治人者也，善顯設人者也，善藩飾人者也。善生養人者人親之，善班治人者人安之，善顯設人者人樂之，善藩飾人者人榮之。四統者俱，而天下歸之，夫是之謂能群」；《韓詩外傳‧卷五》：「君者，何也？曰：群也。為天下萬物而除其害者謂之君」；《春秋繁露‧卷第十‧深察名號》：「深察君號之大意，其中亦有五科：元科，原科，權科，溫科，群科。合此五

35　《史記‧樂書》：「樂統同，禮別異」，「樂者，天地之和也」。

36　《孟子‧梁惠王下》：「樂民之樂者，民亦樂其樂；憂民之憂者，民亦憂其憂。樂以天下，憂以天下，然而不王者，未之有也。」

科以一言，謂之君。君者，元也；君者，原也；君者，權也；君者，溫也；君者，群也。」而當孔子感歎「鳥獸不可與同群，吾非斯人之徒與而誰與」（《論語‧微子》）時，他的言外之意是：不依附於權力，我能有什麼作為呢？

　　3. 安位、順時

　　儒家認為，任何事物都內含著陰陽兩種因素，構成事物的兩極，兩者互為前提，互為條件，相互纏繞，相互包融，處在動態的轉化過程之中，推動著事物的發展變化。陰與陽的對立統一有輕重主次之分：陽為主，陰為次；統一為主，對立為次。陽起著主導和支配作用，陰則自覺地順從和歸依於陽。在陰陽二氣合和化育的過程之中，動靜以分，卑高以陳，萬物各歸其位，因而其中天然地含有一種秩序生成機制：尊卑之別──陰陽具象地體現著其分類功能；在功能實現的過程中，天然地生成了秩序。因而任何事物都處在一定的場所、位置（位）以及一定的過程之中（時），按照各自特有的軌道發生、發展、演化著。《易‧繫辭上》開宗明義：

> 天尊地卑，乾坤定矣。卑高以陳，貴賤位矣。動靜有常，剛柔斷矣。
> 方以類聚，物以群分，吉凶生矣。在天成象，在地成形，變化見矣……

　　事物在不同的「位」、不同的「時」會呈現出不同的功能狀態，因而對「位」和「時」的把握就成了認識和改造事物的關鍵。儒家由此發展起了一種居安思危的憂患意識和一套異常精緻的處世智慧：不論治國理民，還是人際間的權術操作，無不刻求得其時而處其位，以便進退有據，往來從容───一部《易經》，闡述的就是如何「得位」、「承位」與「應位」的深奧道理。

　　因此，「安於位」就是對天然秩序的堅守。儒家認為政治的主要內容就是「正位」。《易‧繫辭下》稱「天地之大德曰生，聖人之大寶曰位，何以守位曰仁」。早在《詩‧小雅‧小明》中，即有「靖共爾位，好是正直」；《禮記‧燕義》亦有「古者周天子之官有庶子官。庶子官職諸侯卿大夫士之庶子之卒，掌其戒令與其教治，別其等，正其位」；季康子問政於孔子，孔子對曰：「政者，正也。子帥以正，孰敢不正？」（《論語‧顏淵》）在另一個地方，又說「苟正其身矣，於從政乎何有？不能正其身，如正人何？」（《論語‧子路》）這裡的「正」，即指「正身於位」，所以孔子又說：「不在其位，不謀其政。」

（《論語・憲問》）

　　顯然，對儒家來說，「位」就是人的外在定義者。由於「位」在本質上是秩序的最小構成素，儒家的「人」就成了秩序的感性符號：以其存在本身昭示秩序的莊嚴性（威儀棣棣、文質彬彬），以其實踐參與到天然秩序的構成之中。

　　「順於時」則是對天然秩序的順應，因為「時」就是動態的「位」，是個體無法把握的運勢。故《易・繫辭下》有「君子藏器於身，待時而動」；《孟子・公孫丑上》引當時齊國格言說：「雖有智慧，不如乘勢；雖有鎡基，不如待時。」儒家表現了對「時」的敬畏，主張「與時消息」[37]，力求「時中」[38]，孔子就被孟子稱讚為「聖之時者」（《孟子・萬章下》）。待時而動，順時而為是孔、孟為儒家奠定的人生基調。孔子曾這樣稱讚蘧伯玉：「君子哉蘧伯玉！邦有道，則仕；邦無道，則可卷而懷之」（《論語・衛靈公》）。也曾這樣對顏淵說：「用之則行，舍之則藏，唯我與爾有是夫！」；孟子則宣稱「得志與民由之，不得志獨行其道」（《孟子・滕文公下》），「窮則獨善其身，達則兼善天下」（《孟子・盡心上》）。孔、孟把自己看作天道的工具，用到的時候，就把自己交出去，不用的時侯，就把自己收起來。當天道被權力所殖民、所獨占時，他們的門徒便成了權力的工具。

二、敬（畏）與文（飾）

　　恭謹畏懼，繁容盛飾，這便是儒家在世界中的形象，用兩個字來概括，即「敬」與「文」。

1. 敬

　　《釋名・卷二》「敬，警也。恆自肅警也」。「敬」字涵括了儒家對世界本質和人生意義的全部理解，表達了儒家本體性的人生態度。據前所述，儒家認為，任何人都有自己的「位」，都處於「時命」的制約之下。「位」是天經地義不可更改的，「時」則際會無常神鬼莫測。人生於世，時刻處於內迷外惑之中，只有小心謹慎地裁制、修整自己的思想與行為，才能把自己「放正」，使自己的存在合乎天命秩序的要求，不至因為旁出斜逸導致意義的喪失。因而，

37　《易・革》：「天地革而四時成，湯武革命，順乎天而應乎人，革之時義大亦哉。」
38　朱熹《中庸章句》：「君子之所以為中庸者，以其有君子之德，而又能隨時以處中也。」

「敬」成了儒家修身立命的根本姿態。孔子說：「君子有九思：視思明，聽思聰，色思溫，貌思恭，言思忠，事思敬，疑思問，忿思難，見得思義」（《論語‧季氏》），實際上，「九思」全在一個「敬」字——一種一絲不苟的莊嚴態度。當子路問怎樣才能成為一個君子時，他回答：「修己以敬」（《論語‧憲問》）；當仲弓問怎樣做才是「仁」時，他回答：「出門如見大賓，使民如承大祭」。朱熹曾概括說：「『敬』之一字，真聖門之綱領。存養之要法，一主乎此，更無內外精粗之間」（《朱子語類》卷十二）。他認為持敬即「先立乎其大者」——堅守本心：「只收斂身心，整齊純一，不恁地放縱，便是敬」，「敬，只是此心自做主宰處」，「何者為心？只是個敬。人才敬時，這心便在身上了」，「敬則萬理具在」，「只敬，則心便一」。[39] 也許范浚的《心箴》最能表達儒家的居敬人生：「茫茫堪輿，俯仰無垠。人於其間，眇然有身。是身之微，大倉稊米，參為三才，曰惟心耳。往古來今，孰無此心？心為形役，乃獸乃禽。惟口耳目，手足動靜，投閑抵隙，為厥心病。一心之微，眾欲攻之，其與存者，嗚呼幾希！君子存誠，克念克敬，天君泰然，百體從令。」[40]

「敬」意味著對自己所承擔的使命和職責的自覺：人的生命屬於他所安身立命的群體，依附於他所來自的傳統，離開了群體和傳統，個人的存在將變得毫無意義。因此，一個人應當時刻準備著把自己當作祭品奉獻出去，孔子所謂「殺身成仁」（《論語‧衛靈公》），孟子所謂「捨生取義」（《孟子‧告子上》），《中庸》所謂「盡性成物」，都是這個意思——「是故君子敬以成其名」（《說苑》卷十），成名即「成人」，意味著個人在經過努力後兌現了自己的義務，最終為群體所接納，成為整體性秩序之網上的一個閃光點。由於儒家所理解的義務不僅僅指親身「弘道」，還包括在成就自我的過程中去成就他人，即孔子所謂「立人」、「達人」、《中庸》所謂「成物」，因而「敬」除敬天地鬼神、父母尊長等「他者」之外，還有「敬己」、「敬身」的意思，即「以身作則」，把自己作為眾生的楷模，作為世界的親和力，作為照亮他人的光源——總之是作為弘揚天道的工具。所以，當魯哀公問孔子何謂敬身時，孔子回答：「君子過言，則民作辭；過動，則民作則。君子言不過辭，動不過則，百姓不命而敬恭。如是，則能敬其身；能敬其身，則能成其親矣。」（《大戴禮記‧

39　俱見《朱子語類》卷十二。

40　引自朱熹，《孟子集注》卷十一。

哀公問於孔子》）

　　「敬」意味著有所「畏」，朱子曰：「誠只是一個實，敬只是一個畏」（《朱子語類》卷六）。在儒家看來，一切神祕和偉大之物都是可畏的：「不語怪力亂神」（《論語・述而》）是對絕對者的「畏」，「慎終追遠」是對生命所來自之處的「畏」，「君在，踧踖如也」（《論語・鄉黨》）是對權力的「畏」——《論語・季氏》即有：「君子有三畏：畏天命，畏大人，畏聖人之言。小人不知天命而不畏也，狎大人，侮聖人之言。」「敬」與「畏」的人生姿態使儒家人生成了向絕對者的獻祭。

　　2. 文[41]

　　《易・繫辭下》：「物相雜，故曰文」；《釋名》卷二：「文者，會集眾彩以成錦繡，會集眾字以成辭義，如文繡然也。」對儒家來說，文即世界中的色彩和花紋——列星旋轉，草木枯榮，鶯歌燕舞，還有河圖洛書等有意味的形式，以及人類所創造的文明之物，既包括先王創立的典章制度，也包括器具、文字、圖畫，以及個人的儀態舉止、服裝飾品等，都是「文」。「文」即「道」的顯現，是具象的意義。清劉熙載《藝概》卷一有：「後人則更當知物無『一』則無文。蓋『一』乃文之真宰；必有『一』在其中，斯能用夫不『一』者也」，即謂燦爛多彩的「文」的背後是那個冷漠無情的絕對者——道。因而，取象乎天文，錯綜乎人文，就能經緯天地，化成天下，故《左傳・昭公二十八年》有「經緯天地曰文」。對個體的人來說，「文」就是其「質」的表現。《韓詩外傳》卷八載冉有對哀公問：「臣聞之，雖有良玉，不刻鏤則不成器。雖有美質，不學，則不成君子。」通過自我刻鏤成「文」，使內在美質呈現出來，一個自然人才能成為一個「文」人，成為「君子」。故當棘子成稱「君子質而已矣，何以文為？」時，子貢反駁說：「惜乎！夫子之說君子也。駟不及舌。文猶質也，質猶文也。虎豹之鞟，猶犬羊之鞟。」（《論語・顏淵》）成為一個「君子」，就是要做到內實外美，文質彬彬[42]——即是說，「學文」是成為「君子」必要條件。因此孔子要求弟子們「入則孝，出則弟，謹而信，泛愛眾，而親仁。行有餘力，則以學文」。（《論語・學而》）通過學文，個體進入先王開創的

41　「文」與「飾」密切相關，參見第六章第一節關於「禮」的分析。

42　《論語・雍也》：「質勝文則野，文勝質則史。文質彬彬，然後君子。」

傳統之中，進入秩序的規範之內[43]；通過自身的文飾，「君子」成為展示天道的工具，成為闡發權力的「注釋」——如果社會是一塊素絹，儒家就是上面的花紋，它使人類社會擺脫野蠻狀態而凸顯人的意義。可見，儒家沒有將自己看作言說的主體，而是通過「學文」、「文飾」使自己成為展示著絕對者之話語的「文本」。孔子稱「道不行」則「卷而懷之」，孟子謂君子「不成章不達」，說的就是這個意思。

「敬」與「文」體現了儒家將苦行與感恩結合起來的宗教情懷：前者是為進入天道而進行的自勵，後者則昭示著作為選民——弘道者——的榮耀。上古時代巫師通過神聖的道具、奇異的裝束、莊嚴的舉止，乃至酷烈的自虐，來營造一種神祕氛圍，來塑造符號沉默的權威。儒家則通過「敬」與「文」的自我警示、自我期許與自我渲染，超離當下的生活現實，進入「永恆」的光照之下，使自己成為「以身作則」的直觀的真理——成為言說著的、自我複製的權力符號。

第三節　權力的詞根：「中」、「和」觀念的實質

「中」與「和」是儒家話語的根詞。由它們構成的基本詞彙如中道、中正、中庸、中和、太和等，無不體現著專制主義的規制性和統攝性，因而成為王權政治的核心概念。在這個意義上，我把「中」、「和」稱為「權力的詞根」。下面，通過對這兩個概念尋波溯源的考察，分析其內涵的專制主義實質。

一、中

幾乎人類歷史上所有產生過宇宙意識的民族都曾自認為居於「世界的中心」。中是人類最古老的觀念之一，它當發生於人類蒙昧初開、開始為萬物命名、確立空間秩序的遠古時代。它意味著某個群體對自己在宇宙間的地位、對自己的獨特性的欣賞和肯定。因而，「中」一開始就是一種價值確認，是一個權力符碼。

內聚形的地理環境、講究共生與協作的生產、生活方式、不偏不倚的處事態度，使得中華民族對「中」情有獨鍾。在上古時期，「地中」被統治者視作其權力合法性的重要依據，中旗、中竿、中策等則是集政權和神權於一身的巫

43　《論語‧顏淵》：「君子博學於文，約之以禮，亦可以弗畔矣夫！」

師們媒介天人的法器。儒家之「中」的神聖含義即淵源於此。春秋以後，「中」向上被抽象為宇宙本體，向外則泛化為一種體現著民族智慧的統馭之術和生存策略。

1. 大地之「中」：權力合法性的依據

在先民的心靈裡，天與地的分離經歷了一個漫長的過程。鴻蒙初辟後的無數歲月裡，天與地依然由世界中央的大山或大樹連結在一起。神人之間經由此山或樹上下往來。因而，誰占據或靠近了世界山、世界樹，誰就擁有了溝通神人、與天地精神相往來的特權和法力。

在中國，顓頊帝「絕天地通」[44]以後，神、人遠離，原為登天之階的世界山逐漸消失在傳說的迷霧裡。然而，對「天中」與「地中」的追求卻因為加入了更強烈的權力意圖而愈加執著。

《尚書・堯典》載堯帝命羲仲宅東方暘谷，羲叔宅南方明都，和仲宅西方昧谷，和叔宅北方幽都，以觀測天象，校訂曆法，已經有了「居中央而馭四方」的意思；甲骨卜辭有商王祭四方風的記載，說明「大邑商」是自居於世界之中的。

關於尋求天地之「中」的最早歷史記載可上溯到周朝。《周禮》開篇破空而來第一句就是「惟王建國，辨方正位」，賈疏云：「辨，別也。先須視日景（影）以別東西南北四方，使有分別也。正位者，謂四方既有分別，又於『中』正宮室朝廷之位，使得正也。」這裡的「國」即王者所居的都城，「辨方正位」即在空間坐標係中確定都城的原點價值。因而，這被視為開基立業的首要之務。其中最核心的工作，是以測影的方法來確定「地中」。《周禮・地官・大司徒》詳細記載了測地中以建國的情形：

> 以土圭之法測土深，正日景以求地中。日南則景短，多暑；日北則景長，多寒；日東則景夕，多風；日西則景朝，多陰。日至之景，尺有五寸，謂之地中，天地之所合也，四時之所交也，風雨之所會也，陰陽之所和也。然則百物阜安，乃建王國焉。

作為權力合法性的象徵，地中的確立像創世一樣是人間秩序的重建，歷史新紀元的開始。史載周武王克商後，「日夜不寐」，周公旦詢問其中原因，武

44　見《國語・楚語下》及《尚書・呂刑》。

王回答說：「我未定天保，何暇寐？」然後他強調「定天保，依天室」[45]，並策劃營建新都。所謂天保，本來是指作為神人仲介的國家大巫師[46]，亦稱為神保、格保、旅保、靈保等，但這裡指天保們用於觀測天象妖祥的建築，即周文王所建的靈台類[47]，相當於後世的測影台。天室，即被時人目為世界中心的中岳嵩山。以遠處西鄙的小邦滅掉原來天下共奉的「大邑商」，周人心中肯定充滿了憂懼不安，因而急需得到統治天下的合法性依據。不占據土中，就無法成為華夏正統；不建成天保，就難以得到上帝眷顧，則「天德在我」的政治宣傳就失去了依著。難怪武王會因此寢食不安，難怪天保建成後，臣下會熱情洋溢地向國王祝賀：

> 天保定爾，亦孔之固。俾爾單厚，何福不除？
>
> 天保定爾，俾爾戩谷。罄無不宜，受天百祿。[48]

武王滅殷後不久即去世，接著三叔起事，殷民作亂。代行天子政的周公不得不率兵東征。經三年奮戰，才穩定住大局。被推遲已久的東都營建工作立即提上日程。《尚書‧召誥》是這樣記載的：

> 今休，王不敢後，用顧畏於民碞。王來紹上帝，自服於土中。旦曰：「其作大邑，其自時配皇天。毖祀於上下，其自時中乂。王厥有成命，治民今休。」

用現代漢語翻譯過來就是：現在國家形勢好了，成王不敢延遲建造洛邑的大事。因為顧慮小民難治，他便去卜問上帝，在天下中部營建洛邑。周公說：「建成洛邑後，以先祖配享敬祭上天，恭謹地祭祀天地神祇，便可以居於天下之中而治理國家了。」

45　《史記‧周本紀》，北京：中華書局 1959 年，第 129 頁。

46　參見蕭兵，《中庸的文化省察——一個字的思想史》，武漢，湖北人民出版社 1997 年，第 594—599 頁；以及方孝岳，〈關於屈原〈天問〉〉，載《中山大學學報》，1955 第 1 期。也有人認為天保即都城，見陳江風，《古俗遺風》，上海文藝出版社 1998 年，第 54 頁。

47　《詩經‧大雅》有〈靈台〉篇。關於靈台的性質，筆者有另文〈天保靈台考〉專論，見《史學月刊》2003 第 4 期。

48　《詩經‧小雅‧天保》。關於此篇主旨，毛萇、鄭玄、孔穎達等都認為是「下報上也。君能下下以成其政，臣能歸美以報其上焉。」（見《毛詩正義》，《十三經注疏》標點本，583 頁，北京大學出版社，1999 年。）古人不諳上古巫術之實際，只能牽強附會。

　　總之，在天下之中的夏、殷故地建立新的統治中心，這是周初政治的頭等大事。新邑的落成，意味著新的宇宙秩序的最終確立：周人作為上帝的選民，成為天下共主。

　　周朝以後，隨著文明的進步，統治者不再機械地尋求地理上的中心、把都城建於「土中」。但「中」作為一種政治價值，卻融進了統治者的意識深處：天下只有一個中心，上天的恩寵不會分配給他人，所以王（皇帝）是神聖不可侵犯的；皇帝是神聖不可侵犯的，因為他是生民萬類唯一的靈魂，媒介天人參贊化育，沒有王（皇帝），就會陰陽不時五穀不登，就會華夷不分天下大亂。所以歷代皇帝在下意識裡都是「立中而垂法」，為天下萬民之極。這種觀念確立下來，成為封建主義國家意識形態的組成部分。清朝時，「中」便進入了皇帝尊號的固定格式：×天×運×中×正×文×武×孝皇帝。

　　實際上，從漢朝開始，為新政權提供合法性的「地中」是通過歷史的修撰確定的：在勝則王侯敗則寇的權力爭奪中，勝利者通過對歷史的儀式化編排宣布占據了世界之「中」，原來的競爭者則被排擠到邊緣的黑暗裡。福柯曾說可以把史學家的話語理解為口述或書寫的儀式，其功能是講述權力的權利並為它塗上絢麗的光彩。[49] 同他們「以土圭之法」測地中的祖先一樣，後世儒家通過修史來幫助權力確定其合法性，他們就像舞臺上的燈光師，把所有光線集中到勝利的當權者身上：以這種聚光來確定人間的中心。

　　2. 中杆、中旗、中策：權力的符號

　　中字在甲骨文裡寫作 ♦ 或 🏴 。前者，曾有眾多學者認定為「象矢貫的之形」，示「射箭中的」[50] 之意。如朱駿聲《說文解字通訓定聲》說「中」的原意是「矢著正」；林義光《文源》亦認為「中」之本義為「射中的」。關於後者，主要有四種觀點：一種認為象旗幟之形，即指古代用以「集眾」的「中旗」，其中以唐蘭先生的觀點最有代表性。他認為：「中者最初為氏族社會中之徽幟」，「顯為盤古圖騰制度之孑遺」[51]；胡厚宣先生指出甲骨文中多有「立中」之語，他認為「立中」就是立旗。[52] 第二種觀點認為，「中」是古代測日影的木表，如

49　〔法〕福柯，《必須保衛社會》，錢翰譯，上海人民出版社 1999 年，第 60 頁。

50　高亨，《文字形義學概論》，濟南：山東人民出版社 1964 年，第 141 頁。

51　唐蘭，《殷墟文字記》，北京：中華書局 1981 年，第 53 頁。

52　轉引自蕭兵，《中庸的文化省察——一個字的思想史》，武漢：湖北人民出版社 1997 年，

溫少峰先生就認為卜辭之「立中」就是「立表以測日影」[53]。第三種觀點認為「中」指的是「建鼓」，田樹生先生持此說。他認為「古人傳遞時間信號的手段是鼓而非旗幟」[54]，建鼓設於集眾中心，於是引申為中正之義。第四種觀點以蕭兵先生為代表，其實是對以上各種說法的綜合。他認為，「中」指示的是原始社會普遍存在的「神聖中杆」，是古代巫師通天之「宇宙樹」或「天柱」的符號化擬象物，軍旗、建鼓等都是從「中杆」獲得其神聖性的。[55]

認為「中」意指「矢著正」，這只是訓詁學家們的望文生義，由於缺乏文化人類學和考古學上的依據正在逐漸被人拋棄。其他各種看法，無論認為「中」指的是旗幟、圭表，還是中杆，其實都指向這樣一個簡單的事實：「中」是權力話語體系中一個最基本的詞根。

在談到中旗時，唐蘭先生指出：

> 古時用以集眾。《周禮》大司馬教大閱，建旗以致民，民至，僕之，誅後至者，亦古之遺制也。蓋古者有大事，聚眾於曠地，先建中焉。群眾望見中而趨附。群眾來自四方，則建中之地為中央矣。[56]

這在甲骨文中多有例證：

> 王立中，無風。[57]

> 癸酉貞，方大出，立中於北土。[58]

「建中」，意味著確立了一個凌駕於眾人之上的權力符號。中是被指定的，一旦被指定，就具有了神聖不可侵犯的權威性：它是指令信息的唯一出發點，所有的能量都必須向這裡集中。這不禁使人聯想到專制王權的第一個綱領性文

第 23 頁。

53　轉引自蕭兵，《中庸的文化省察——一個字的思想史》，武漢：湖北人民出版社 1997 年，第 29 頁。

54　田樹生，〈釋中〉，載《殷都學刊》，1991 年第 2 期。

55　蕭兵，《中庸的文化省察——一個字的思想史》，武漢：湖北人民出版社 1997 年，第 32—38 頁。

56　唐蘭，《殷都文字記》，北京：中華書局 1981 年，第 53 頁。

57　轉引自于省吾，〈釋中國〉，載於《釋中國》，上海文藝出版社 1998 年，第 1524 頁。

58　《甲骨續存》第 8033 片。

件——《洪範》：

> 皇建其有極。斂時五福，用敷錫厥庶民，惟時厥庶民于汝極，錫汝
> 保極。凡厥庶民，無有淫朋，人無有比德，惟皇作極……會其有極，
> 歸其有極。

「極，中也」[59]。中就是惟一的圓心，輻射八方，統攝一切；中就是最高
標準，不容懷疑，沒有競爭。

　　由「建中」衍生出執中、持中、理中、治中、用中等義。《說文解字》釋
「史」字：「史，記事者也，從又持中。中，正也」。據蕭兵先生研究，「史」
字所從之「中」亦即上古巫師所持、用以媒介天人的法器——微型中杆，是一
種神聖權威符號。[60]《孟子‧萬章》有「湯執中，立賢無方」；《尚書‧堯典》
有「允執厥中」。由此引申，用以記載祭文、與鬼神對話的簡冊乃至一般的簿
書圖籍亦稱「中」：《禮記‧禮器》篇有「因名山升中於天」，注云：「中乃
簡冊，燒而告事於天，謂升中」；《周禮‧春官》中天府一職的職守之一即「凡
官府鄉州及都鄙之治中，受而藏之」；《周禮‧秋官‧大司寇》有「以三刺
斷民獄訟之中」。因而「中」又有了標準和依據的意思，如《尚書‧盤庚中》：
「汝分猷念以相從，各設中於乃心！乃有不吉不迪，顛越不恭，暫遇奸宄，我
乃劓殄滅之，無有遺育，無俾易種於茲新邑。」

　　執中與持中意味著掌握了裁決和評判的標準，治國理民，用中——守中、
折中、節中、時中——而已：守中，即守之勿失，不假權柄於人；折中，即叩
其兩端取其不偏不倚；節中，乃度而節之使之不逾規範；時中，則是在事物發
展變化的過程中制其所宜——「用中」之道，陰陽相生，動靜結合，不偏不頗，
中規中矩，由此可以實現對臣民的全方位、全程序控制。

　　3. 中正、中道、中和：權力的旗幟

　　儒家從「中間」、「中央」的神聖性中，提煉出了「中正」、「中道」、「中
德」、「中和」等價值觀念，使「中」不僅具有了道德屬性，而且帶有了形而

59　引自周秉鈞，〈尚書易解〉，《洪範》注，長沙：嶽麓書社 1984 年，第 136 頁。
60　蕭兵，《中庸的文化省察——一個字的思想史》，武漢：湖北人民出版社 1997 年，第
　　103 頁。

上含義，從而成為權力的旗幟。

(1)中正

因為「中」是價值座標體系的唯一原點，它就是判斷一切是非曲直的依據：中心只有一個，標準也就只有一個。因而，中則正，偏則邪。

> 《尚書‧呂刑》：惟良折獄，罔非在中。察辭於差，非從惟從。哀敬折獄，明啟刑書胥占，咸庶中正。其刑其罰，其審克之。獄成而孚，輸而孚，其刑上備，有並兩刑。

> 《禮記‧樂記》：欣喜歡愛，樂之官也；中正無邪，禮之質也。

順理成章的邏輯就是：執中—為正（政）—正人：

> 《易‧臨‧六五象》：大君之宜，行中之謂也。

> 《易‧觀‧彖》：大觀在上，巽而順，中正以觀天下。

> 《尚書‧酒誥》：爾克永觀省，作稽中德。

即是說，權力就是「中」，權力就是「正」。《周易》把「剛得位」稱為「中正」，中正則「利見大人」、「君子正」：

> 《易‧訟‧彖》：利見大人，尚中正也。

> 《易‧同人‧彖》：文明以健，中正而應，君子正也。唯君子為能通天下之志。

> 《易‧節‧彖》：說以行險，當位以節，中正以通。天地節而四時成。

《說文解字》：「政者，正也。」人正則不偏，不偏則得理——由此推出：權力即真理。因而，「中」須「忠」，若要不偏不倚據天理行事，一定要對權力忠心耿耿；反過來也成立：「忠」必「中」，即對權力忠心耿耿，就意味著合乎天理自然的正道。因而，中、忠、貞、誠都是一回事[61]。

若要再加分辨，可以說「心正為忠」：

---

61 忠、正、貞、誠四字雙聲，正、貞、誠三字疊韻，故詞義相通。

> 《論語・衛靈公》：言忠信，行篤敬，雖蠻貊之邦行矣；言不忠信，行不篤敬，雖州裡行乎哉？
>
> 《論語・學而》：為人謀而不忠乎？
>
> 《論語集注・八佾》：或曰：「中心為忠，如心為恕」於義亦通。
>
> 《日知錄・卷七》：延平先生《答問》曰：「夫子之道，不離乎日用之間。自其盡己而言，則謂之忠；自其及物而言，則謂之恕」

在孔子那裡，「忠」是自我設准的意思，指「忠於自己的良心」。漢朝以後，則完全成了一種外在的要求：天下只有一個「至中至正」的中心——皇帝，所有的人都必須趨向、皈依於這個中心，時刻準備著奉獻出自己。於是「忠臣」成為儒家人格修養的基本標準。

情之正為「貞」：

> 《釋名・卷二》：貞，定也，精定不動惑也。
>
> 《大戴禮記・主言》：上惡貪則下恥爭，上強果則下廉恥。民皆有別，則貞、則正。
>
> 《易・乾・文言》：利貞者，性情也。乾始能以美利利天下……大哉乾乎！剛健中正，純粹精也。

能堅定不移以廉節自奉的臣子就是「貞臣」，能毫不猶豫以禮教自制的女人就叫「貞女」。無論是「貞臣」還是「貞女」，都是儒家為專制王權的大廈生產的標準化產品。

意之正為「誠」。誠意味著通過對自己心靈的調諧，主動歸依於事物之「中」：

> 《孟子・離婁上》：是故誠者，天之道也；思誠者，人之道也。至誠而不動者，未之有也；不誠，未有能動者也。
>
> 《禮記・大學》：欲正其心者，先誠其意，欲誠其意者，先致其知。致知在格物，物格而後知至，知至而後意誠，意誠而後心正，心正而後身修。

「正心誠意」既是一種學問功夫，也是一種道德修養，一種政治實踐——學問即道德，道德即政治。於是，在儒家的政治學裡，權力以道德的名義標榜自己，以道德的名義統馭民眾。而民眾天生就是被糾正、被管理的對象，政治的內容就是通過教化和處罰使廣大民眾保持「中道」。

理學家張載一語道破了「中正」對於權力的妙用：「不偏之謂中，得其理而守之，不為物遷之謂正。中正，則奉天下之大本以臨物，大經審而物不能外，天下之道貫於一矣。」[62]

(2)中道、中和

老子的「道」實際上是「中」的直接抽象化：「谷神不死，是謂玄牝，玄牝之門，是謂天地之根。」（《老子》第六章）王弼釋谷神曰：「谷神，谷中央無谷也。無形、無影，無逆、無違；處卑不動，守靜不衰。」[63] 其實，「谷」就是由人之「中」——子宮——擬象類推出來的天地之子宮，谷神即玄牝即宇宙自然的化生之力，亦即「道」。在另一個地方，老子亦云：「上德若谷」（《老子》第四十一章）。可以作谷即道之證。

不僅天地有一個中心，不僅物群之間構成的複雜關係有一個中心，任何事物都有一個中心，這就是「窈兮冥兮，其中有精」（《老子》第二十一章）的「精」——作為事物之本體的「道」。老子所謂「無」，正是莊子所謂「環中」，「中」即「道」。《老子》第15章亦有：「虛而不屈，動而愈出。多言數窮，不如守中」。守中即守道。故《中庸》云：「中也者，天下之大本也。」[64] 「中」具有了本體論性質，而成為「道」的另一個稱呼。「中」和「道」於是殊途而同歸：「中」通過層次上的不斷提升而進入道；人所行之「道」由外向內逐漸深入，抵達宇宙和事物之「中」。「中」具象地提供著權力的合法性，道抽象地體現著權力的神聖性。但在根本上，「中」即是「道」，「道」即是「中」——進入現實領域，那就是：皇帝即聖人。

由道所支配的世界——萬物各得其「中」的世界——必然是和諧的：

中道者大中之矩，陰陽合一，周流于屈伸之萬象，而無偏倚者。合

62　王夫之，《張子正蒙注》第 4 卷〈中正〉篇，北京：中華書局 1975 年，第 133 頁。

63　文淵閣《四庫全書》卷 1055，臺北：臺灣商務印書館，第 141 頁。

64　《禮記正義》，《十三經注疏》標點本，北京大學出版社 1999 年，第 1422 頁。

陰陽、健順、動靜於一而皆和。故周子曰：「中也者，和也。」[65]

可以說，中是大自然的結構態：萬物不偏不倚各得其宜，指向的是由中心所統攝的有序性；和則是大自然的功能態：陰陽消長，萬古不移，體現著由中心機制決定的統一性。所以，《中庸》在說了「中也者，天下之大本也」之後，緊接著一句就是「和也者，天下之達道也」——和是中與道的體現。

因而，和既是大自然的因果律，也是大自然的道德律、美學律：自然的必然是和諧的，和諧的就是美的和善的，不和諧的情況都是暫時的不正常狀態，因而是醜的和惡的。在這裡，真、善、美三位一體，指向那個價值體系的原點——中，即道，一派「和諧」地皈依於專制王權的寶座之前（關於「和」觀念的專制主義性質，在下一節進行分析）。

由於人類社會與大自然同質同構，自然之理即人倫之理，天地之道即人生之道。因而執人類社會之「中」的天子，亦即得天地自然之道的「聖人」。天子執一馭萬，不勉而中，不思而得，擁有一切又支配一切。恰如張載所言：「盡天地萬物之化理，而後得大本以隨時而處中。得中道而不遷，則萬化皆由之以弘，而用無不備矣。」[66]天子就是天地之「用」，他的威權像風霜雷電一樣不可抗拒，他的恩澤像陽光雨露一樣無不化及。於是，「帝、天、道、極、中、宗極、元氣等是中國古代哲學中一批最高範疇或核心範疇，這些字眼皆可稱謂或指代君主、君位」[67]。「替天行道」成為專制王權殿堂上一面高高飄揚的旗幟；「奉天承運皇帝詔曰」像破空而來的咒語居高臨下地宣告了對臣民及萬物的占有。

二、和

我認為，如果用一個字來表達儒家文明的精神特徵的話，那麼這個字不是別的，正是「和」。對儒家來說，「和」既是個體的處事策略，也是社會的構建原則；既是自我實現的境界，也是群體昌盛的理想。在人生層面上，它是對一種理想的審美狀態的追求（和諧）；在本體層次上，它是「道之用」（中和），是宇宙自然的功能態——陰陽二氣相摩相蕩、交融化合的受孕態。《易・乾・彖》：

65　王夫之，《張子正蒙注》第 4 卷，北京：中華書局 1975 年，第 134 頁。

66　王夫之，《張子正蒙注》第 4 卷〈中正〉篇，北京：中華書局 1975 年，第 140 頁。

67　劉澤華，《中國的王權主義》，上海人民出版社 2000 年，第 239 頁。

> 大哉乾元！萬物資始，乃統天。雲行雨施，品物流形，大明終始，
> 六位時成，時乘六龍以御天。乾道變化，各正性命，保合大和，乃
> 利貞。首出庶物，萬國咸寧。

在這個「天地絪縕，萬物化醇；男女構精，萬物化生」（《易‧繫辭下》）的世界裡，不存在獨立的個體，只有同質同構的局部，每一個部分都接受來自根源處的指令，並自然地回應著整體的節奏，形成一種大和諧態：所謂風雨雷霆、冷暖寒暑都是天道韻律的起伏。因此，《禮記‧中庸》有「和者，天下之達道也。致中和，天地位焉，萬物育焉」，宇宙在本質上是音樂的：「大樂與天地同和」，「樂者，天地之和也」（《禮記‧樂記》）。

陰陽二氣的合和化育是這個世界的結構、功能原理。陰與陽的對立統一有輕重主次之分：陽為主，陰為次；統一為主，對立為次。陽起著主導和支配作用，陰則自覺地順從和歸依於陽。因此，在大化流衍、萬物生成的過程之中，動靜以分，卑高以陳，萬物各得其位——即是說，在功能實現的過程中，天然地生成了秩序。

因此，宇宙自然之本然，是一種等級分明，盈縮有度的完美的結構、功能態。宇宙在本質上是和諧的，因為它擁有一種不容觸動的天經地義的完美秩序。由於人類是宇宙自然的有機組成部分，和諧也應當是人類社會的理想狀態。作為一種價值，「和」、「和諧」便是一切價值的最終依據，所有對「和」的違反和破壞都是有背正道與常規的。

既然「和」是道的功能態，所貫徹的是「道」之獨制的陰沉律令，維護的是天然秩序的不可侵犯性，僅僅從邏輯上，我們也會得出這樣的結論：無論表面上多麼溫煦迷人，儒家在社會政治中所孜孜以求的和諧理想一定有它難以示人的隱祕。下面讓我們循著它的歷史演變展開分析。

「和」的本義是「應和」，《易‧中孚》有「鳴鶴在陰，其子和之」。由「應和」又引申出「和調」義，故《說文》釋為：「和，相應也，又和調也」。和字在《尚書》中已大量出現，有「調和」、「協和」、「燮和」、「和睦」之義，說明「和」已成為處理宗族與邦國事務的重要原則：

〈堯典〉：平章百姓，百姓昭明；協和萬邦，黎民於變時雍。

〈舜典〉：八音克諧，無相奪倫，神人以和。

〈皋陶謨〉：天秩有禮，自我五禮有庸哉！同寅協恭和衷哉！天命有德，五服五章哉。

〈顧命〉：命汝嗣訓，臨君周邦。率循大卞，燮和天下，用答揚文武之光訓。

西周末年的思想家史伯第一次揭示了「和」的哲學內涵。據《國語·鄭語》，在批評周王的弊政時，他說：

今王棄高明昭顯，而好讒慝暗昧；惡角犀豐盈（顯貴之相，指賢明之人），而近頑童窮固。去和而取同。夫和實生物，同則不繼。以他平他謂之和，故能豐長而物歸之；若以同裨同，盡乃棄矣。故先王以土與金木水火雜，以成百物。是以和五味以調口，剛四支以衛體，和六律以聰耳，正七體以役心，平八索以成人，建九紀以立純德，合十數以訓百體……周訓而能用之，和樂如一。夫如是，和之至也。

昭公二十年，當晏子回答昭公「唯據（人名）與我和夫？」的提問時，也強調了「和」與「同」的區別：「據亦同也，焉得為和？」他解釋說：

和如羹焉：水火醯醢鹽梅，以烹魚肉。燀之以薪，宰夫和之。齊之以味，濟其不及，以洩其過。君子食之，以平其心。君臣亦然：君所謂可，而有否焉，臣獻其否，以成其可；君所謂否，而有可焉，臣獻其可，以去其否……先王之濟五味、和五聲也，以平其心，成其政也。聲亦如味：一氣，二體，三類，四物，五聲，六律，七音，八風，九歌，以相成也；清濁大小，長短疾徐，哀樂剛柔，遲速高下，出入周疏，以相濟也。君子聽之，以平其心，心平德和（《左傳·昭公二十年》）。

顯然，「和」不是相同或同等事物的重合，而是差異性的統一。正是在這個意義上，孔子才說：「君子和而不同，小人同而不和」。看起來，似乎可以說，「和」強調的是保持事物的個性，然而，稍加分析，我們就會明白，這裡的差異性只是被規訓的、同質化了的差異性，而非「異質的差異性」。無論是史伯

的「相平」還是晏子的「相濟」，都需要一個外在的操作者：一個廚師，把不同的滋味調和成爽口的菜肴；一個樂師，把不同的聲音調和成悅耳的歌曲。所以，「和」的實質在於，它在強調各個元素的差異的自然基礎的同時，將這種差異性包容於一個統一體之中，使它們在效用上相互抵消，從而形成一種新的「質」或「態」。我們說，差異性是秩序的前提，秩序就是被馴化、被編程了的差異性，所以「和」不是對秩序的消解，而是對秩序的主動投靠、順應與修飾。味和於廚師，音和於樂師，天下和於君主，萬物和於天道——和是對秩序的讚歌，具體說，是對中心（道）的讚歌，對最高權力的讚歌。

《禮記・樂記》謂「樂和同，禮別異」。這是儒家治國理民的陰陽兩手：禮通過強化差異維護等級秩序，樂通過規訓差異達成表面的和諧，兩者方向不同，但相輔相成，殊途同歸：都是階級統治之暴力的表達形式。禮是暴力的莊嚴化儀式，樂是暴力的風格化色彩。

和諧的背後是暴力。毫無疑問，儒家對和諧的追求天然地帶有訴諸專制暴力的傾向——它背後那個陰森的絕對者的不可質疑的意志決定了：每個人都只能被動地接受「和諧」的安排。

因為和諧不是培育差異性使之在允許的空間內健康成長，而是統合差異性使之成為相互牽制的因素，儒家對和諧的刻意追求恰恰成為傳統政治文明之粗疏、腐敗的根由。這些相互牽制的因素最終必須仲裁於一個絕對者——皇帝，由於缺乏客觀標準也由於皇帝個人能力和條件所限，無原則的黨同伐異很自然會成為朝廷政治的主要內容——這就是為什麼表面一團和氣的儒家君子個個都是窩裡鬥好手——此其一。

其二，倘若「試圖通過稱頌和諧、始終要求恰當和正確的行為來控制相互侵擾，其結果就是否認衝突的合法性，提倡對敵意的壓制」[68]。我們知道，現代文明社會的標誌之一，就是能夠建立一套控制侵擾和應付衝突的彈性機制，以保障基本的社會正義。在西方，這套機制主要是由一個對事不對人的獨立的法律系統實現的。而儒家的社會是由血緣、地緣等私人性關係構連而成的，人們習慣於按照我（自己人、同類）—他（非同類、對手、敵人）的二分法認識和

68　〔美〕白魯恂著，陳引馳譯，〈儒學與民主〉，載於《儒家與自由主義》，北京：生活・讀書・新知三聯書店 2001 年，第 177 頁。

處理社會事務，因而任何衝突都帶有不可避免的人際黏性，不論在什麼情況下，一旦「和諧」被打破，小團體、小圈子之間潛在的敵意就會立刻發酵為不共戴天的仇恨。考察一下秦漢以來各個朝代愈演愈烈的黨爭派鬥，我們就會明白，儒家夢想中上下同心、全民諧和的芳草地，很容易就會沉淪為無原則糾纏的爛泥塘。

其三，對作為最高價值的和諧的過度敏感，還造成了政治生活中的另一個困擾：對無序和亂的恐懼。正如美國學者白魯恂指出的：「由於將穩定、秩序、和諧看作很高的價值，儒家文化很難視民主政治的紛紜情態為當然。對穩定的肯定，對亂的恐懼，又加強了反民主的專制。」[69] 這就是為什麼中國歷代政府都視「安定團結」為第一要務——僅憑這四個字，就會使牢騷滿腹、吵吵嚷嚷的「天下書生」們悄然噤聲，即使接受了西方思想的近現代知識分子——如嚴復、梁啟超等，在追求民主權利的實際鬥爭中也是心意徬徨，一旦發現局面有點失控就期望一個強有力的道德領袖出場來「一統天下」。為了維持表面上的穩定，統治者們往往想盡一切辦法遮掩、迴避、彌和矛盾，直到最後再也維持不下去了，不得不訴諸激烈手段。

「喜怒哀樂之未發謂之中，發而皆中節謂之和。」（《禮記‧中庸》）對專制君主來說，「中」是深藏的玄機，「和」是發散的恩澤（刑罰亦是恩澤的表現）。對於一直打算仰仗權力而生存的儒家來說，作為一種基本的哲學觀念，「中」、「和」是其權力話語的根詞；作為一種政治學說，則是專制主義意識形態的華麗面紗，是自告奮勇代表芸芸大眾的儒生們懷著美好願望向芸芸眾生的最高代表所唱出的美妙頌歌。

第四節　對象化的技術：儒家的修辭

修辭是一種有意而為的生存姿態，指的是行為與言說的風格、技術，它通過一種有意識的修飾、凸顯，使意義按主體意願的樣式呈現出來。儒家人生是一種摛文賦藻的修辭人生。其修辭手段主要有三個：以一種優雅的風格化陳述論證自己對於世界的意義；通過偉大的隱語自我賦彩，確立自己天道體現者的

69　同注 68。

中心地位；以亦雅亦頌的大敘事策略使自己成為合法性的確立者。修辭性使儒家的所作所為甚至其存在本身帶有了意識形態色彩。[70] 修辭是一種對象化技術——按對方的要求和喜好裝修自己，也是一種用於說服的技術——修飾和凸顯「真理」使人信服。

一、風格化陳述：正心誠意格物致知修身齊家治國平天下

風格是以個性面目出現的標準化，是被精心修飾了的同一性。通過對欲望和情感的嚴厲裁制，通過對體貌舉止的用心裝點，儒家實現了對天道的調諧，對秩序的協和，使自己的感性存在變成了「有意味的符號」，使自己的人生實踐變成了一種鄭重其事的風格化陳述，使包括萬物在內的整個世界變成自己表演的偉大舞臺，使「學而優則仕」的現世事功變成對永恆大道的莊嚴獻祭——經過言辭與舉止行為的一番全面自我修飾與打磨，儒家的士成為鏡子中的「君子」，想像中的聖人，成為專制權力需要的臣民中的典範。

《禮記・大學》一開篇就宣講儒家經世致用的大學之道：

> 大學之道，在明明德，在親民，在止於至善。知止而後有定，定而後能靜，靜而後能安，安而後能慮，慮而後能得。物有本末，事有終始，知所先後，則近道矣。古之欲明明德於天下者，先治其國，欲治其國者，先齊其家，欲齊其家者，先修其身，欲修其身者，先正其心，欲正其心者，先誠其意，欲誠其意者，先致其知。致知在格物，物格而後知至，知至而後意誠，意誠而後心正，心正而後身修，身修而後家齊，家齊而後國治，國治而後天下平。

「物有本末，事有終始」，一切都純正、明淨而簡潔，整個世界都被真理的光輝照耀著。作為身負使命的選民，儒家通過道德上的修行進入天道的韻律，成為群體命運的決定者：經由正心誠意而正人、正物、平天下。這裡，沒有誇誇其談，也沒有滔滔雄辯，每一步論證都嚴絲合縫（至少在表面上），每一個舉措都優雅而得體：像一位技藝高超的演員，從容不迫地扮演著自己的角色，恰到好處地操縱著眼前的觀眾，不知不覺中實現自己隱祕的目標：在民眾充滿

70　許多現代西方著名的思想家如雅克・德里達、羅蘭・巴特、蜜雪兒・福柯等，都認為修辭是一種意識形態。

期待的仰視裡順其自然地進入世界高處，側身權力的杏黃傘下。這種意識形態效果是怎樣形成的呢？

　　修辭是一種智者的策略，它的精髓是通過精心扮裝把片面性的「道理」置換成普遍性的真理，通過暗中鋪墊將有限的可能性貫通於無限的必然性——這是一種省略的藝術：省掉對預設前提的考察，省掉所有技術性環節，一舉蕩平所有的個別性，而宣布掌握了萬物的祕密，宣布世界上再也沒有坎坷沒有溝壑，有的只是朗朗天理之下的「王道蕩蕩」[71]，而他們獨家擁有對「王家大道」的所有權和使用權——讓我們具體分析一下：

　　「格物」與「致知」之間、「致知」與「意誠」之間、「意誠」與「身修」之間……等等，在邏輯上只是一種可能性關係，這種可能性要成為必然性有賴於一個預設前提：人之性和天之性是一致的，包括人在內的萬物不僅同質而且同構，都是「天道」的零電阻的導體。儒家的整個理論大廈都是奠基在這個假設之上的，因此他們不僅從來沒有懷疑過它的正確性，而且還通過循環論證（如，以天道證人道，以人道證天道）不斷擴展它的範圍，增加它的厚度。利用這種策略，儒家把人為的解說成自然的；把階級特權解說為個人的努力；把權力的榮耀解說為道德的苦行——「治國平天下」的權力擁有者同時是「正心誠意」以修身的苦行者，並且通過宣示修行的卓絕性在群眾中灌注道德優先意識，通過宣布人人可以為堯舜而自立為道德楷模和政治代表[72]；把自我成就繫連於群體的夢想——將一己心性推廣於天下萬物，又將天下萬物繫於一己之心，向芸芸眾生揭示了一個以自己的品行為保證的美好世界的遠景。於是他們成了天人之間、權力與真理之間溫文爾雅、不偏不倚的仲介者。因而，所謂「正心誠意修身齊家治國平天下」，只是「君子」為自我確立而進行的一廂情願的循環論證，是一種催眠性的獨白，它像自備履帶的鋪路機一樣一往無前，把人類社會的坎坎坷坷軋平為聖王之道的蕩蕩坦途。在這種優雅而從容的論說中，具

71　《尚書・洪範》：「無偏無黨，王道蕩蕩。無黨無偏，王道平平。無反無側，王道正直。會其有極，歸其有極。」

72　新儒家認為「人人可以為堯舜」之類言論表明了儒家的平等觀念，這是拘泥於字面的理解。「人人可以為堯舜」其實不過是儒家自立為代表的三段論論證中的一個中間環節而已：堯舜（有德者）是經過刻苦修行從大眾中拔萃而出的精英，人人都可以選擇修行求道之路，所以人人都可以成為堯舜；堯舜可以代表大眾，我們（儒家自指）是堯舜（有德者），所以我們可以代表大眾。

有高度裝飾性的所謂君子風範——風格湧現了。

　　風格不僅僅是一種刻意追求的效果。一個人在言談舉止上體現出來的「風格」，是以他的人格特徵和基本素養為後盾的。儒家的這種風格具有幽深的淵源：它是上古時代雩台之上的神聖儀式，來自於一個陰暗的整體性背景：獨制萬物的「天道」的無邊法力。可以說，儒家文質彬彬的君子風範，不過是天道的陰沉咒語的華麗裝飾音，是為理性所照亮了的烏雲的彩邊映出的朦朧輝光。

二、戲劇化自我賦彩：聖人意象

　　儒家風格化的生活世界是一個由隱喻[73]構築起來的舞臺。前面提到的天地設位之象、四季輪迴之象、日月行天之象都是隱喻；「天行健，君子以自強不息」（《易‧乾‧象》），以及「地勢坤，君子以厚德載物」（《易‧坤‧象》）也是隱喻。在這種種隱喻的層層折射中，儒家照亮了自己，成為朦朧天道世界裡的人性光源（「道」的反光）——儒家自身也隱喻化了：峨冠博帶、進退俯仰、左宮右徵的玉佩諧鳴也都是隱喻。儒家自我實現的最高理想——聖人——就是在這隱喻的交相輝映裡被無限放大的道德影像。

　　「聖人者何？聖者，通也、道也、聲也；道無所不通，明無所不照，聞聲知情，與天地合德，日月合明，四時合序，鬼神合吉凶。」（《白虎通‧聖人》）作為天道的弘揚者，聖人承擔著代表人類參贊化育的偉大使命，成了哺育眾生的雨露陽光。主體被覆蓋了，因而不再存在，茫茫天地大舞臺上存在的只是帶著面具的、自導自演的戲中角色——君子聖人。至此，儒家的人生修辭術奏出了其華麗旋律的最高音。

> 天生萬物，以地養之，聖人成之。[74]
>
> 天地生君子，君子理天地。君子者，天地之參也，萬物之總也，民之父母也。（《荀子‧王制》）

　　作為文明的創建者，聖人是眾人通向人生高處的大道，是世界的光源。道

73　這裡採用艾德蒙‧利奇的觀點，把基於關聯的代號關係看作轉喻，把基於相似的符號關係看作隱喻。參見郭凡、鄒和譯，《文化與交流》，上海人民出版社 2000 年，第 7—15 頁。隱喻在符號與現實之間建立了一種折射關係。

74　陸賈，〈新語‧道基〉，文淵閣《四庫全書》卷 695，臺北：臺灣商務印書館，第 371 頁。

者，導也。認識的路有千萬條，但只有一條是正確的。道作為進入世界的途徑，沒有先知先覺者的引導，芸芸眾生將無由及之。正是聖人以自己的踐行照亮了芸芸眾生的天路歷程。故《易·文言》曰：「聖人作而萬物睹」；《禮記·中庸》云：「百世以俟聖人而不惑。」聖人發明了居室衣服，發明了舟船車馬，發明了文字禮樂。倘若沒有聖人，人類將永遠同禽獸一樣處於蒙昧之中。

聖人所以能如此，是因為他們的心即天地之心，純一無偽。[75] 聖人能無私地敞開自己，盡心性之天然。而天然之性即天道：「天之付與之謂命，稟之在我之謂性」（《二程集·河南程氏遺書》卷二）；「道即是性，性即是道，固只是一物。」（《朱子語類》卷五）因而聖人能與萬物共鳴，與天道共起伏。聖人不再是感性的存在，而是「天地之用也。」（《二程集·河南程氏遺書》卷二）。朱熹直截了當地宣稱：「聖人形骸雖是人，其實是一塊天理。」（《朱子語類》卷三一）

因而，「聖人便是天，天便是聖人」（《朱子語類》卷六八），「聖人為天地主，為山川主，為鬼神主，為宇宙主」（《大戴禮記·曾子天圓》）——自然更不用說是小民之主了。聖人像蒼穹一樣籠罩了萬物，民眾仰賴了聖人的恩澤才得以繁衍生息：「如古之無聖人，人之類滅久矣。」[76]

可見天地雖大，卻沒有小民作為個體而自由發展的空間。小民蒙受了聖人的照顧，為此不得不交出決定自己生活的全部權力。

尼采曾引用西塞羅的話說：「隱喻是種借用之物，其中你取來了你從別的什麼地方得不到的東西。」[77] 作為天道的轉義表達，「聖」無疑是儒家最具放大效率的隱喻之鏡，通過它，儒家自我賦彩自我修飾，從而得以在專制王權（天道的實際獨占者）的舞臺上承擔一個合乎需要的角色。

中國有句古話：「女為悅己者容」。修辭是一種對象化的技術：修辭者總是按照對方的要求決定自己的取捨，裝扮自己的風格。儒家的修辭術表現了他們對權力的極度迎合——這就是為什麼時刻修身以俟聖恩之垂顧的儒家形成了一個以怨女思婦自況的傳統；修辭也是一種操作者的手段：利用群眾的蒙昧實

75　《朱子語類》第六十卷：「聖人之心，天地之心，如赤子之心。蓋赤子之心，純一無偽，而大人之心，亦純一無偽。」

76　韓愈，〈原道〉，載《全唐文》，北京：中華書局 1983 年，第 5649 頁。

現自己隱祕的意圖。尼采在談及修辭的起源時說：「某些人依舊生活於神話想像中，尚未觸及歷史精確性的絕對需要，修辭學便在這些人當中產生了。」[78] 儒家的修辭術之所以能大行其道，是因為他們面對的是「可使由之，不可使知之」（《論語・泰伯》）的慣於被操作的、專制制度下的群氓。

77　〔德〕尼采，《古修辭學描述》，屠友祥譯，上海人民出版社 2001 年，第 45 頁。
78　〔德〕尼采，《古修辭學描述》，屠友祥譯，上海人民出版社 2001 年，第 3 頁。

第五章　真理的生產與權力的生產

　　儒學既不像有些人相信的那樣，僅僅是一個上層建築的故事；也不像另外一些人強調的那樣，是一個志在求道的獨立不倚的理論體系：它一開始就是實踐性的，全面參與到了權力機制的建構之中。這種參與體現在兩個層面：一是通過真理的生產生產權力的合法性，二是通過自身的生產生產權力的微觀基礎——禮法秩序。在以大一統為特徵的專制社會裡，權力是社會財富分配的最主要方式。[1] 這種分配並不是獨裁者個人意志的隨心所欲（也許表面上看起來如此），而是有一個深遂的合約框架作為制度支持。專制政治實際上是一套遵循著某種經濟規律的商業運作，其中起流通作用的一般等價物就是經過分割了的絕對權力。儒家與專制君主之間既是一種交易關係又是一種合夥關係。下面就通過對專制政治的經濟學分析，探討儒學在王權的生產和運營中所承擔的角色、發揮的作用。本章共分三節，第一節從理論上討論儒生與君主之間的相互關係，其中涉及權力商品化（交易市場形成）的條件和歷史過程；第二節主要探討權力資本形成的途徑及其運作方式；第三節在政治實踐的層面上論述儒生如何分享、如何參與維護被君主所冠名了的權力資本。

1　參考劉澤華，《中國的王權主義》第 1 章，上海人民出版社 2000 年。

第一節　事君以道：交易者與合夥人

當子貢問孔子：「有美玉於斯，韞匵而藏諸？求善賈而沽諸？」時，孔子回答：「沽之哉！沽之哉！我待賈者也。」(《論語・子罕》) 孔子一生都在「待價而沽」，他的後世門徒則以「學得文武藝，售與帝王家」相號召，但在專制權力面前儒家並不是唯利是圖的交易者——通過「事君以道」，他們自身參與到了權力商品的生產過程之中：對專制君主來說，儒家既是交易者又是合夥人。

在對以權力為媒介的、君主與儒生之相互關係展開分析之前，我們首先應弄明白：什麼是權力？什麼是專制王權？權力商品是如何形成的？作為一般等價物的權力是如何生產的？

一、權力的商品化與權力貨幣的生產

關於權力，目前還沒有一個統一的定義。湯瑪斯・霍布斯把權力定義為：「獲得未來任何明顯利益的當前手段」[2]；伯特蘭・羅素認為權力是「預期效果的產生」[3]；馬克斯・韋伯則認為權力是「一種社會關係中的某一行動者能處在某個儘管有反抗也要貫徹他自己的意志的地位上的概率」[4]；交換學派社會學家彼得・布勞強調的是權力的制裁功能，把權力定義為「通過消極制裁進行控制」的能力[5]；蜜雪兒・福柯將權力理解為一種「壓迫機制」，是強者對弱者進行的「無聲的戰爭」[6]；而《權力論》一書的作者鄧尼斯・朗則認為權力是「某些人對他人產生預期效果的能力」。[7] 這些只可以看作廣義的權力概念，它們大都著眼於權力的勢位條件或行為本身，往往強調了權力的意向性就不能兼顧權力的潛在性（或者相反），並且沒有強調權力的制度合法性，因而容易導致將權力混同於一般的影響力、暴力。我認為，權力是一種由公共資源——包括勞動力、財富、社會象徵體系（真理、習俗、制度……）等——佔有狀況

2　Thomas Hobbes, *Leviathan*, Parts I and II (Indianapolis: Bobbs-Merrill, 1958), p.78.

3　Bertrand Russell, *Power: A New Social Analysis*, (London: George Allen and Unwin, 1938), p.25.

4　轉引〔美〕自彼得・布勞，《社會生活中的交換與權力》，孫非譯，北京：華夏出版社 1988 年，第 135 頁。

5　同上，第 136 頁。

6　〔法〕蜜雪兒・福柯，《必須保衛社會》，錢翰譯，上海人民出版社 1999 年，第 14 頁。

7　〔美〕鄧尼斯・朗（Dennis H Wrong），《權力論》，陸震綸、鄭明哲譯，北京：中國社會科學出版社 2001 年，第 3 頁。

所決定的不平等關係，這種不平等所產生的勢能使一方對另一方具有了影響和支配力，這種影響和支配力就是權力——可以直截了當地定義為：權力是一種具有合法性依據的強制力。這個定義既涉及了權力的基礎（公共資源），也強調了權力不同於一般暴力的特殊性。權力是一種合法性宣稱，它的正常行使有賴於對方的認同和接受，但暴力（強制）無疑是權力的實質：權力之所以是權力正在於它可以隨時隨地地訴諸強制。權力資源要素有兩個[8]——實際上是生產權力的「資本」：合法性象徵以及體現為社會支配力（特別是對財富的支配力）的國家機器、制度、習俗等。前者是權力的精神性淵源，它使權力由一種純粹強力（使用價值）變成了一種社會性公共產品，進而成為具有一般等價物性質的特殊商品——使權力具有了交換價值；後者是權力的物質基礎和載體形式，由此形成了權力商品的使用價值。

在儒家大一統政治—宇宙系統內，皇帝的身分是唯一的，他是上天之子，是道的化身，處在人類社會體系的端點處，是人間秩序的樞紐，代表著世界的統一性，因而大一統專制王權未經污染，未經分割，是權力最純粹、最完整的形態，意味著對世間萬物的所有權和支配權。

專制王權是在歷史過程中獲得其商品屬性的。上古時代，部落上層人物通過壟斷巫術禮儀（交通鬼神）和其他生產、生活知識而獲得對民眾的統治權，這種權力是零散的、偶發性的，因為它寄託在某個人的道德和技能，甚至寄託在某些符號與法器上。《史記・五帝本紀》稱神農氏末世「諸侯相侵伐，暴虐百姓，而神農氏弗能征」，「于是軒轅乃慣用干戈，以征不享，諸侯咸來賓從」。軒轅氏平定天下後：

> 官名皆以云命，為云師。置左右大監，監于萬國。萬國和，而鬼神山川封禪與為多焉。獲寶鼎，迎日推策……舉風後、力牧、常先、大鴻以治民。順天地之紀，幽明之占……旁羅日月星辰水波土石金玉。

說明至遲到黃帝時期，專制王權開始獲得了系統化的物質載體——軍隊、監獄、官僚體系等，並被注入了整體性的精神內涵，於是擺脫原來分散的樸素形態，有了形體和靈魂。權力信息得以從其具體附著物上分離出來，具備了自

8　有學者認為個人魅力（包括行政能力、道德感召力等）也是權力要素。在將權力廣義地看作一種人際影響力的時候，可以這麼說。

在性——也就是說，經制度支援的符號化，權力這種具體的影響力成為可被確認的人類產品。但當時它還只是一種公共產品，代表著整個酋邦共同體的安全和福利。大禹傳位於啟，王權成為一種私有產品，國王具有了交易主體的性格。但這時作為買方的交易主體還沒有形成，因為權力的受讓者還被嚴格束縛在以國王為原點的血緣網絡內，只能根據天然的身分與地位獲得相應的利益，而沒有討價還價的餘地。孔子創立儒學，催生了一個以「干祿」[9]為謀生手段的士人階層，為即將到來的權力商品化準備了市場交易的潛在主體，但在鐵血爭獰的戰國時代，倡行仁政的儒家並沒有得到統治者青睞。秦始皇力行耕戰，按軍功授予官職，開始了權力由壟斷者分配向市場交易的過渡，然而當時的權力接受者仍不具備主張自己願望的資格，因為他們被捆綁在高速運轉著的國家暴力機器上，所以仍然不是市場交易的主體——市場交易的主體雙方必須是面對面的，而戰國時期的耕戰之士接受權力時站在皇帝身後。直到漢代，秦朝敗亡的教訓使統治者認識到「馬上得天下」卻不能「馬上治天下」的道理，儒家苦心經營的「王道」之術最終找到了買家；而士人作為一個具有共同理念和使命感、具有明確政治追求的獨立階層登上歷史舞臺，作為一個整體與權力所有者討價還價，王權與儒生之間的交易關係才最終得以確立，王權也才最終獲得了商品的屬性。

王權作為一種商品是經過歷代統治者共同努力而不斷增值的。為了奪取王權而進行的戰爭、戰爭導致的自然災害以及宮廷政變等所造成的人類財富（勞動價值）和生命的消耗，還有為維護王權進行的軍隊、員警、官僚體系建設費用，以及意識形態建設必需的教育和宣傳耗費等，構成了王權的內在價值。[10]它的交換價值即它所支配的所有資源的使用價值：全社會生產、生活資料存量在維持民眾的簡單再生產後可供榨取的部分及其潛在收益，還有臣民屬下的服從與忠誠等精神性效益。因而，作為一個整體，王權是以君主為中心的整個專制統治體系賴以運轉的「黃金儲備」：它不是一般的商品，而是一種「一般等價

9　《論語・為政》有「子張學干祿」，孔子答曰：「……言寡尤，行寡悔，祿在其中矣」；《論語・衛靈公》亦有「學也，祿在其中矣」。

10　這是對勞動價值論的擴展使用。馬克思曾把人類生命力的消耗納入商品價值的構成之中，認為勞動產品「是社會生活的產物，是人的生命力消耗的結果，是物化勞動」。（馬克思，《政治經濟學批判大綱》，13頁，北京：人民出版社，1962）。由王權的價值來源我們可以看出，它本是天下公器，國王以絕對者的名義把它據為己有，使之成為可供交易的私人物品。

物」，一定單位的權力意味著對一定數量的資源的支配和占有。任何人有了這種「貨幣」，就可以用它去交換所需要的一切。

權力貨幣的生產（使它由自然狀態的「黃金」轉變為「國家信用」的過程）分為兩部分：「合法性」的生產和符號體系的生產。前者即蜜雪兒・福柯所謂的「真理的生產」。在談到真理與權力的關係時，他說：「如果沒有真理話語的某種經濟學在權力中，從權力出發，並通過權力運行，也就不能行使權力。我們屈服於權力來進行真理的生產，而且也只能通過真理的生產來使用權力。在所有的社會中都是如此。」[11]中國的專制王權是在儒家幫助下通過對「道」（在早期則是天意、神意）的占有來生產自身合法性的，這一點將在後面展開論述；後者即符號的生產是通過各種制度和儀式進行的，是對「真理」的再加工。它們既是權力具體實施時的技術資源、運行手段，也是權力的重要顯現和確認方式。[12]這使權力本質具有了一種指示性的物質載體，從而保障了權力信用體系的可操作性。

進入流通領域的不是王權的實體，而是它具象化了的感性形態，並且經過切割和重新包裝——就像根據黃金存量印刷的紙幣。流通中的權力符號本身不具備使用價值，就像紙幣的紙不具備使用價值一樣。它是表示著一定面值的「實物兌換券」，或者說是一種隨時可以兌現為黃金的「金票」。專制主義政治在本質上是一種以「黃金儲備」（權力實體）為後盾的信用制度。整個官僚體系所進行的努力就是保證這種制度的安全和可靠——保證「兌換券」的可兌換性。

二、真理與權力的交易與合謀

孔子的得意門徒之一子夏稱「學而優則仕」（《論語・子張》）。通過「學」掌握知識、壟斷真理，然後去換取君主手中的權力，這便是儒生們的人生規劃。漢武帝罷黜百家後，這種規劃具有了社會現實性：儒生緣飾儒術以取仕，皇帝則以舉察、考試等選擇手段，為合適的儒生授予官職；儒生奉獻他們的技能和忠誠，皇帝則給與效忠的儒生養家的俸祿。不過，這並不是一種簡單的「物物交換」，在表面上的交易行為背後，卻是一種深邃的合約安排：這是兩個交易主體博弈的結果。

11　福柯，《必須保衛社會》，錢翰譯，上海人民出版社 1999 年，第 23 頁。

12　此處參考崔文華，《權力的祭壇》，北京：工人出版社 1988 年，第 10 頁。

　　皇帝的交易對象是儒生群體。這是一個賣方市場，君主處在交易的主導地位：什麼時候考試、按什麼標準錄用，最後「成交」多少，都是皇帝說了算，但這並不意味著君主可以隨心所欲操天下於股掌，儒生也並非沒有討價還價的餘地。一方面，君主不可能退出交易。從長遠看，任何政權的穩固都有賴於臣民的擁護與合作，這就需要建立行之有效的國家意識形態，以一種溫和的方式實現對思想和輿論的控制——即通過「真理」話語的生產、規劃為權力提供合法性證明。而這正是儒生的學問功夫。並且，小農經濟下的農民只是一堆「散亂的土豆」，豪強大族則是天然的分裂勢力，君主要維護政權的長治久安，除了武力震懾外，必須利用強大的文化紐帶把全社會整合在一起。因而，「禮制」是專制王朝的立國之本，而儒生不僅是禮制的建設者，而且還是身體力行的禮制維護者。還有，君主通過對儒生提供的商品的消費創造了對自身的需求，也創造出了再生產的內在動機，使儒生成了除讀書入仕外別無一技之長的依附者，不得不動用一切資源拼命「求售」。這樣，儒生及其家庭在教育上的全部投資實際上成了為維護專制統治而替君主支付的成本，這對君主來說絕對是划算的買賣。另一方面，儒生也有選擇不參與交易的自由。「道」是儒學的開創者們為其後學建立的、可以退守的最後一個據點。孔子再三強調「邦有道則仕；邦無道，則可卷而懷之」（《論語・衛靈公》），認為一個真正的「大臣」應當「以道事君，不可則止」（《論語・先進》）。孟子主張「非其道，則一簞食不可受於人」（《孟子・離婁上》），大丈夫「得志與民由之，不得志獨行其道」（《孟子・滕文公下》）。他認為「大有為之君，必有所不召之臣」（《孟子・公孫丑下》）。「不召之臣」拒絕交易，君主要有所作為只能屈尊下顧。荀子則徑直把「從道不從君」視為君子之「大行」（《荀子・子道》）。這種退出的自由對王權保持了一種必要的壓力——有道者入仕與否被看作君主是否英明的重要標誌，使之不得不遵守最基本的交易規約。孔子所謂「君使臣以禮，臣事君以忠」（《論語・八佾》），便是儒家整體入世之初的要約宣稱。為了強化這種要約的效力，儒家塑造了一系列「隱居以求其志」的典型，如伊尹、太公、伯夷、叔齊等，表明倘若不遇明主禮遇，則堅決獨善其身。如朱熹所言：

　　　士之待禮，猶玉之待賈也。若伊尹之耕於野，伯夷、太公之居於海濱，世無成湯文王，則終焉而已，必不枉道以從人，炫玉而求售也（《論語集注》卷五）。

　　因而，儒家與王權的交易是一個博弈過程。雙方博弈的結果是，一方面，君主承認了儒生在真理生產中的一定發言權，使權力的真理得以殖民於天下公理——道；並在一定程度上給予儒生合夥人的身分和地位：儒生得以通過真理的生產參與權力的生產。孟子稱「君子之事君也，務引其君以當道，志於仁而已」（《孟子・盡心上》）。「引君當道」即通過君子的參與來實現君主統治的正當性。《荀子・儒效》篇稱「聖人也者，道之管也」，〈致士〉篇則有：「君子也者，道法之摠要也」——「道」與「法」結合到了一起，而繫於君子之身；〈解蔽〉篇稱「天下無二道，聖人無兩心」，聖人之道「體常而盡變」，因而「可道然後守道以禁非道……以其可道之心與道人論非道，治之要也」——「道」直接參與了權力安排人間秩序的工作，為儒生開闢了參與權力的空間。另一方面，儒生把對權力的忠誠以尊道的名義供獻於皇帝的御座之前，並把聖人的桂冠套在了皇冠之上。自覺接受招安的漢儒便是其始作俑者，如董仲舒擬君於天：「為君者，務堅其政，剛堅然後陽道制命」（《春秋繁露・天地之行》），「聖人副天之所行以為政」（《春秋繁露・四時之副》）；陸賈歸道於君：「若湯武之君，伊呂之臣，因天時而行罰……豈非古時所謂得道者哉？」（《新語・慎微》）於是，權力擁有了一種生生不息的自催化機制——權力生產真理，真理強化權力。儒生群體就構成了支持著這種機制的環境。這樣，雙方形成一種生態式的合作關係，雙方間的交易有了一個穩固而堅韌的合約框架，這就是對以「道」為核心、以三綱五常為表現形式的天理人倫神聖價值的共同維護。於是，君主在讓渡權力時放棄了對其內涵的使用價值的計較，而採取了一種更經濟的方式：訴諸官員的道德自律和輿論監督——帝王的交易對象正是他的合夥人（這是專制政治的內在悖謬之一），因而除了訴諸自覺外也實在沒有別的辦法；而儒生們則把物質利益的追求和人生自我價值的實現結合在了一起，這樣就把自己牢牢綁在了專制王權的祭壇上。

第二節　志道與弘道：權力資本（真理）的生產與維護

　　真理是權力商品生產之時作為無形資產投入的「註冊資本」。孔子謂「人能弘道，非道弘人」，一開始就為儒生賦予了一種闡釋和傳播真理的崇高使命。在《論語・泰伯》篇中，他要求弟子們「志於道，據於德」，把「道」看作自

我成就的最終依據，認為人生的意義就在於「行義以達道」[13]。「達道」的過程
就是積累和獲取權力資本的過程，也即是生產真理的過程。「誰能出不由戶？
何莫由斯道也？」（《論語・子張》）正是經由此「道」，儒家從根源處參與
了權力機制的構建。

　　道是一種抽象的存在。不同於道家的「致虛極、守靜篤」（《老子・第
十六章》），儒家是通過對天地自然和人類社會的雙向構擬——自然的倫理化
和倫理的自然化、歷史大敘事的敘說、人及其行為的符號化等，去確立它、照
亮它、展示它的。儒家在現有秩序之中去凸顯道，道的存在本身便是現存秩序
之天然合理性的證明，這就使「弘道」的過程，變成了真理話語的生產和經營
過程。從漢朝開始，幾乎政治領域內的所有知識生產能力都被用於論證王權經
天「體道」的神聖性。

一、自然的倫理化和倫理的自然化

　　前面已經提到，儒家是從半截處論道的，他們關心的道是「人道」。《易・
說卦》稱「昔者聖人之作易也，將以順性命之理。是以立天之道曰陰與陽，立
地之道曰柔與剛，立人之道曰仁與義」。對天地自然之道的探討是為了凸顯、
提升人倫之道，是為了把人倫之道論證為自然之道。儒家是通過自然與倫理的
相互涵攝、相互發明來確立「人道」的神聖性、來構建自己的真理話語體系的。
一方面，儒家為作為自然存在的天地賦予人的情感和意志，使之成了人類仁慈
的養育者和庇護者，然後通過係君於天，為君對民的統治權賦予一種倫理秩序
的絕對性（即將君論證為民之父母）；另一方面，又把人倫之「分別」比附為
天地自然固有的秩序，從而使之獲得了超人間的神聖性。**於是，王作為天人之
間的中介，成了「道」的化身，成了自產自銷的真理生產中心；禮作為人秩與
天理之間的仲介，成了「道」的體現，成了真理展示和流通的網絡。**

　　孔子首先將他心目中「博施於民」的聖王比附為「巍巍乎」、「蕩蕩乎」
的無私之天[14]，他本人也以雖然淵默無言卻「四時行焉，百物生焉」的「天」自
況。在將人的道德形象無限放大的同時，為天賦予了一種生養萬物的德性，把
它塑造成了一個威嚴而又仁慈的父親。通過兩者的相互映照相互灌注，儒家樹

13　《論語・季氏》：「隱居以求其志，行義以達其道。吾聞其語矣，未見其人也。」
14　分別見《論語》之〈雍也〉、〈泰伯〉。

立起了「肫肫其仁，淵淵其淵，浩浩其天」（《禮記‧中庸》）、媒介天人的聖人形象。這個形象後來被儒家作為貢禮獻給了君主，使「天」成了皇帝的代名詞，王權加冕了聖人的桂冠。

以《庸》、《易》、孟、荀為代表的孔子後學完成了人倫秩序與自然秩序的雙向建構，完成了人道即天道的本原性證明。這個工作是在形而上和形而下兩個層面同時進行的。在形而上領域，通過人與物的同質性證明，實現了人性與天性的有機對接；在形而下領域，則是通過象與數的比附類推，實現了人倫與天理的本質同構。

1. 人性與天性的對接

《中庸》開篇即謂：「天命之謂性，率性之謂道，修道之謂教。」這可以說是儒家性命學的總綱領。朱熹釋之曰：

> 命，猶令也。性，即理也。天以陰陽五行化生萬物，氣以成形，而理亦賦焉，猶命令也。於是人物之生，因各得其所賦之理，以為健順五常之德，所謂性也。率，循也。道，猶路也。人物各循其性之自然，則其日用事物之間，莫不各有當行之路，是則所謂道也。修，品節之也。性道雖同，而氣稟或異，故不能無過不及之差，聖人因人物之所當行者而品節之，以為法於天下，則謂之教，若禮、樂、刑、政之屬是也。蓋人之所以為人，道之所以為道，聖人之所以為教，原其所自，無一不本於天而備於我。學者知之，則其於學知所用力而自不能已矣。

朱熹以理釋性並不符合《中庸》原意，但他卻非常精當地把握住了這段話的邏輯內涵：「性」是人與生俱來的本然稟賦，它「本於天而備於我」；「性」之呈現的自然理路就是「道」。由於性的實現受制於各種外在偶然性，「道」容易被遮蔽、被堵塞，需要加以節制、疏通、修整，這個修道的過程就是「教」；聖人所教，即人之為人、道之為道的根本，是為了復歸、光大天命之性；復歸了本然之性，就會「不能自已」地進入萬象洞明、物我合一的自由之境。

在這裡，人性與物性是通達無礙的，故接下來《中庸》有：

> 誠者，天之道也；誠之者，人之道也。

自誠明，謂之性；自明誠，謂之教。誠則明矣，明則誠矣。唯天下
至誠為能盡其性，能盡其性，則能盡人之性，能盡人之性，則能盡
物之性，能盡物之性，則可以贊天地之化育，可以贊天地之化育，
則可以與天地參矣。

「誠者，天之道也；誠之者，人之道也」：「誠」是天道的本然狀態，是
天之本「性」，因而「誠之」就是人性皈依於天性的途徑和方式，是聖者應具
的敬而且畏的人生姿態。「自誠明，謂之性；自明誠，謂之教」：天道之本然
洞明無滓，此乃性之所有；明瞭了道之至善而主動「投誠」，此乃教之所致。
「誠則明矣，明則誠矣」：誠則盡心知性，明徹萬有；明則反身而誠，萬象在我。
「能盡物之性，則可以參贊天地之化育」：聖人與道為一，從根源處掌握了萬
物的命脈，從容中道而隨心所欲——「道」經過聖人的「誠之」而顯現出來，
成為無所不在的絕對權力，芸芸眾生連同草木蟲魚都被籠絡無遺。董仲舒謂「聖
人之道，同諸天地，蕩諸四海，變易習俗」（《春秋繁露‧基義》）。聖人掌
握了天地自然的祕密，因而能「通天下之志」（《易‧說卦》），「測萬物之
性情」（《大戴禮記‧哀公問五義》），當仁不讓地擔承起參贊化育的上天之
「命」。於是乎草民大眾徹底喪失了決定自己生存的資格，只剩下了被替天行
道者所撫育、所關心的份兒。孔子一生以「下學上達」的孤獨先知自居，堅信「天
生德於予」（《論語‧述而》），認為「道」之行與否都是「命」，表達了「道」
之擁有者的自負；孟子反復強調「修身以俟之，所以立命也」，「盡其道而死
者，正命也」（《孟子‧盡心上》）；理學家張載則徑直宣稱為天下生民「立
命」。這都說明儒家通過專擅「道」而獲取了迥臨眾生之上的權力資本。當「道」
被專制君主所壟斷後，儒家便無比光榮地做了絕對意志的傳達者。

繫人性於天性（道性）的結果之一是為人性賦予了一種本然之善的光輝，
但這種光輝不是每個人都可享有的。在普通民眾那兒，它只是一種潛在可能性。
只有通過慎思明辨的「思」、正心誠意的「修」才能得到它，得到它的人就是
有「德」者，因而只有謀道不謀食的君子才能得到它——《論語‧里仁》有「君
子懷德，小人懷土；君子懷刑，小人懷惠」。德是聖人內化的天道，是聖人參
天馭物的憑依。《禮記‧中庸》稱「故大德必得其位，必得其祿，必得其名」。
君子通過「尊德性而道問學，致廣大而盡精微」，修道成德，即可兼天下而王
萬民，此即《荀子‧議兵》所謂「以德兼人者王」。

　　繫人性於天性的另一個必然結果——針對於「小人」的結果——是把人看作物。荀子謂聖人「平正和民之善，億萬之眾而摶若一人」。人性成了聖人手中的麵團，可以無限累積，隨意賦形，直到把天下揉為一團。而四海同心、天下一家，不正是專制統治者最深情的夢想嗎？朱熹說得明白：「聖人心同天地，視天下猶一家，中國猶一人。」（《論語集注》卷五〈子路〉）

　　2. 人倫與天理的同構

　　《易・序卦》謂：

> 有天地，然後有萬物；有萬物，然後有男女；有男女，然後有夫婦；
> 有夫婦，然後有父子；有父子，然後有君臣；有君臣，然後有上下；
> 有上下，然後禮義有所錯。

　　儒家以道為核心的宇宙真理體系是經由四個綱紐性範疇的相互生發勾連而成的，它們是：天地、夫婦、父子、君臣。四者相互注釋，相互強化，構成一個回饋環，既從結構（天地上下）、也從功能（夫婦陰陽）上論證著融自然、道德、政治於一體的宇宙價值的絕對性——當然，最終證明的是權力秩序的絕對性。

　　「夫婦之義」是儒家價值建構的基點（當然，這並不是儒家的發明，而是他們從傳統承繼而來）。《禮記・中庸》稱「君子之道，造端乎夫婦。及其至也，察乎天地」。由夫婦的和合生育，擬構出日月之配、天地之交。《易・繫辭上》有「夫乾，其靜也專，其動也直，是以大生焉。夫坤，其靜也翕，其動也闢，是以廣生焉」，便是以性動作來隱喻天地之間的互動。《易・乾・彖》有「雲行雨施，品物流形」；《易・繫辭下》有「天地絪縕，萬物化醇；男女構精，萬物化生」，則是對天地（男女）之間交媾行為的詩意描述。夫婦交合而生子女，天地交合則生萬物，故《尚書・泰誓》有「惟天地萬物父母」。因為君主像父母一樣養育民眾，所以君主就是民眾的父母。《韓詩外傳・卷六》在回答「君子為民父母何如」時，說（君子之于民眾）：「築城而居之，別田而養之，立學以教之，使人知親尊」；朱熹在解釋《詩・小雅・南山有台》之「樂只君子，民之父母」時說：「民之所好好之，民之所惡惡之，此之謂民之父母。」（《四書章句集注・大學章句》）通過這種擬象類推，在夫（男）婦（女）、

父子、天地、君臣之間便建立了一種義理上的對應關係，人間的倫理價值被整合於宇宙的本體價值，夫、父、君因而獲得了高高在上的天道所具有的絕對性。故而《禮記》強調「仁人之事親也如事天，事天如事親」（《禮記・哀公問於孔子》）。董仲舒則稱「郊祀致敬，共事祖禰，舉顯孝悌，表異孝行，所以奉天本也」（《春秋繁露・立元神》）。這種關係被《易傳》概括為兩個字：「陰」與「陽」。陽為天，為乾，為夫、為父、為君，崇高、光明、健動；陰為地、為坤、為婦、為子、為臣，卑微、晦暗、順承。陽尊陰卑，陽貴陰賤。

夫婦、父子、天地、君臣四者之間的義理對應關係是從結構和功能兩個層面來論證的。前者闡發的是尊卑貴賤的秩序絕對性，後者解說的是仁愛孝慈的價值合理性。

「天尊地卑，乾坤定矣；卑高以陳，貴賤位矣」（《易・繫辭上》）。天在上而地在下，天為陽而地為陰，這是萬古不易的宇宙秩序。宇宙之間的任何事物都像天地一樣兩兩成對，陰陽相須，因而尊卑之分、貴賤之別是天地自然內在的規定性，這便是天道之「禮」：「天高地下，萬物散殊，而禮制行矣」（《禮記・樂記》），「故聖人作樂以應天，制禮以配地」（《禮記・樂記》）。人間的「禮」便獲得了同「天之經、地之義」即天「禮」（在理學家那裡，是「理」）同樣的神聖性：「禮者，天地之序也」（《禮記・樂記》）。

天裁制萬類，化育眾有，處上而施下，殺伐亦無私：「天高其位而下其施，藏其形而見其光；高其位，所以為尊也，下其施，所以為仁也，藏其形，所以為神，見其光，所以為明；故位尊而施仁，藏神而見光者，天之行也」（《春秋繁露・離合根》）。因而仁義禮智信，是上天所固有的德性，而天則是人間所有價值的源泉和依據：

> 故仁義制度之數，盡取之天。天為君而覆露之，地為臣而持載之，陽為夫而生之，陰為婦而助之，春為父而生之，夏為子而養之，秋為死而棺之，冬為痛而喪之，王道之三綱，可求於天（《春秋繁露・基義》）。

作為人間的「天」，作為萬民之「父」，君主應該法天之行，恩威並施：「天覆無外，地載兼愛，風行令而一其威，雨布施而均其德，王術之謂也。」（《春秋繁露・深察名號》）為了支持自己的觀點，董仲舒發展出了一套「天人相副」

的操作技術，在天人之間建立起了嚴絲合縫的交感對應關係：「人之形體，化天數而成；人之血氣，化天志而仁；人之德行，化天理而義；人之好惡，化天之暖清；人之喜怒，化天之寒暑。」（《春秋繁露·為人者天》）人之為人的一切都是取之於外的，因而除了作為「天」的對應者的「君」以外，所有人都成了一個偉大有機整體的「細胞」。

同時，因為天的這種養育之功是只有作為家族庇佑者的仁慈而威嚴的先祖、父親才具有的偉大的德行，所以天也是全人類的父親、祖父。故董仲舒稱「人之為人本於天，天亦人之曾祖父也」（《春秋繁露·為人者天》）。這位仁慈的「曾祖父」對小民的照顧可謂無微不至，不僅育之養之，而且還「作之君，作之師」（《尚書·泰誓上》），管理之、教化之。天的這種安排是一種仁慈的關愛，沒有理由不接受不感激。

在夫、父、君、天四者之中，對生活中的民眾來說，前三者的權威性都是自然性的存在或事實，真正需要論證的只有「君」，而對「君」之權威的論證正是儒家全部用心所在。將「君」比附於「夫」於「父」於「天」，是為了強化它的可接受性和不得不接受性。儒家經過無限比類最後證明的是，「君」是貫通天人、既仁且義，亦聖亦神的唯一者。董仲舒從詞源學的角度強化了這個的結論：「古之造文者，三畫而連其中，謂之王；三畫者，天地與人也，而連其中者，通其道也，取天地與人之中以為貫，而參通之，非王者庸能當是？」（《春秋繁露·王道通》）因而，正如劉澤華先生所指出的，被那麼多人所津津樂道的儒家天人合一觀最終論證的是天（道）與王的統一[15]。讓我們再回到《中庸》：

> 故至誠無息。不息則久，久則徵，徵則悠遠，悠遠則博厚，博厚則高明。博厚所以載物也，高明所以覆物也，悠久所以成物也。博厚配地，高明配天，悠久無疆。

說的是「天道」呢還是「王」？似乎既是天道又是王。所謂「博厚配天、高明配地」，用董仲舒的話說，「非王者庸能當是？」——實際上，這裡宣稱的是以天道的永恆昭示的權力的永恆。

15　劉澤華，〈天人合一與王權主義〉，載《天津社會科學》，1994 第 4 期。

二、歷史大敘事：絕對者的敘說

敘事（narrative）本來是一個語言學概念，法國哲學家讓－弗朗索瓦・利奧塔首先對它進行了哲學政治學改造。他認為，任何一個時代都存在某些占主導地位的敘事，他把它們稱為「大敘事」（grandnarrative）或「元敘事」（metanarrative）。一個時代的基本特徵是由大敘事構成的。敘事建立和維繫社會體制的合法性，它講述社會的統治者、社會的法制和宗教組織等的合法地位的來源，把這些與神聖的東西、歷史的源頭或將來的希望相關聯，通過一再重複，建立合法性[16]。

正是通過大敘事策略，儒家重新解釋了歷史，並在解釋歷史的過程中構建了自己的合法性。與法家、道家等其他流派不同之處在於，儒家的歷史敘事既不強橫也不陰沉，而是充分體現了其一貫風格：莊嚴公正，優裕典雅。我想可以用四個字來概括：亦雅亦頌。這是以一種風格化、儀典化方式對人類心理事件和現實事件的規訓與修整。由此，儒家清除了籠罩在人類生存之上的迷霧和陰霾，使世界沐浴在了先王德性的朗朗天日之下，使歷史的綿延本身成了大道——絕對者——念念有辭的自我敘說。

1. 亦雅亦頌：歷史的馴化與美化

雅、頌都是《詩經》中不同內容的詩類名：「形四方之風謂之雅。雅者，正也，言王政之所由廢興也……頌者，美盛德之形容，以其成功告於神明者也。」（《毛詩・周南・關雎序》）雅是「言今之正，以為後世法」，頌謂「誦今之德，廣以美之」[17]。下面分別予以論述。

利用「雅」的手法，儒家對充滿「怪力亂神」的歷史進行了理性化過濾，使之呈現在了先王盛德的光照之下。與法家、道家對歷史的棄絕不同[18]，儒家一開始就表現了對傳統的強烈興趣。他們隨著權力凱歌行進的儀仗隊進入歷史[19]，

16　此處參考張慶熊、孔雪梅、黃偉，〈評利奧塔的後現代主義〉，載《浙江社會科學》，2001 年第 3 期。

17　《毛詩正義》，《十三經注疏》標點本，北京大學出版社 1999 年，第 11 頁。

18　對法家來說，訴諸歷史（訴諸先例）是對權力的束縛，是對統治者行動自由的損害；對道家而言，歷史只意味著文化對人的自然狀況的遮蔽。

19　為了理解這一點，讓我們首先回顧一番人類的歷史：在理性的太陽升起以前，世界經歷了女權的漫長統治，男人的發言權是隨著人類進入歷史的行程逐漸確立的。這是一個極為艱難的過程：代表光明的新一代天神從舊神的身體中孕育而出，為奪取對宇宙

把屬於整個民族的傳說和典籍據為已有，並按照自己的需要加以取捨、闡釋，使之成為表達其獨家理想和願望的工具。例如，民間關於契、稷無父而生的古老傳說，被儒家改造成「天命在德」的新式神話，傳說中半人半神的先王被確立為睿智仁慈的道德英雄[20]；對蠻族的暴力征服被解說為「誕敷文德」（《尚書‧大禹謨》）的化陋來遠；部落酋長間的利益妥協被解說為任人唯賢的聖德禪讓；武王克殷「血流漂杵」[21]的慘烈之戰被描寫為天命轉移的莊嚴典禮。

為此，儒家以異常堅決的態度對處於低層和邊緣的種種「小敘事」進行了過濾與清洗。據《大戴禮記‧五帝德》記載，當宰予問孔子「昔者予聞諸榮伊，言黃帝三百年。請問黃帝者人邪？亦非人邪？何以至於三百年乎？」時，孔子回答：「生而民得其利百年，死而民畏其神百年，亡而民用其教百年，故曰三百年。」另據《呂氏春秋‧察傳》講，當魯哀公問「樂正夔一足，信乎？」[22]時，孔子的回答是：「若夔者，一而足矣。故曰夔一足，非一足行。」《尸子》上也有一個類似的例子：「子貢問孔子曰：『古者黃帝四面，信乎？』孔子曰：『黃帝取合己者四人，四方不計而耦，不約而成，此之謂四面也』。」總之，儒家按照自己的理解，對看似荒誕不經的上古史實傳說進行了理性去魅，使由迷信的煙霧所籠罩的蠻荒歷史展現在先王德行的光照裡。請看《論語》中有關先王的評論：

〈泰伯〉：子曰：「巍巍乎！舜禹之有天下也，而不與焉。」

子曰：「大哉，堯之為君也！巍巍乎！唯天為大，唯堯則之。蕩蕩乎！民無能名焉。巍巍乎！其有成功也；煥乎，其有文章！」

的統治權與舊神及舊神的從屬實力——陰性的龍蛇怪物、巨人等——展開了殊死搏鬥，最終都取得了勝利。在埃及，太陽神的光輝驅散了互古的黑暗；在希臘，宙斯王那男性的驕傲的閃電擊碎了提坦巨人們的詛咒；在印度，男性神以化身的形式包容了女性神——三大主神都具有自生和變性的能力。中國的情況則很特別：男性祖先神篡奪了女性的生育權，通過進入並控制歷史建立起了血緣性的權力譜系。從黃帝開始，偉大先王們代代相生，以他們強權與道德的雙刃劍不斷拓展統治的疆域，在中華大地上構築起了男權統治的千古祭壇。儒家正是這一傳統的繼承和弘揚者——讀一讀《大戴禮記》的〈五帝德〉、〈帝系〉，《史記》的〈世表〉以及《漢書》之〈古今人表〉等，即可明白其中道理。

20 參見本書第五章第二節。

21 見《逸周書‧克殷解》。

22 關於「夔一足」，另見《山海經‧大荒東經》、《韓非子‧外儲說左下》、《論衡‧書虛》、《孔叢子‧論書》等篇。

子曰：「禹，吾無間然矣。菲飲食，而致孝乎鬼神；惡衣服，而致美乎黻冕；卑宮室，而盡力乎溝洫。禹，吾無間然矣。」

〈雍也〉：子貢曰：「如有博施於民而能濟眾，何如？可謂仁乎？」子曰：「何事於仁，必也聖乎！堯舜其猶病諸！」

〈憲問〉：子路問君子。子曰：「修己以敬。」曰：「如斯而已乎？」曰：「修己以安人。」曰：「如斯而已乎？」曰：「修己以安百姓。修己以安百姓，堯舜其猶病諸！」

先王沒有任何神異之處（與後來神學化了的《大戴禮記・五帝德》相比較，這一點尤為明顯），完全是鞠躬盡瘁、捨生忘死為大眾謀利益的道德英雄。司馬遷在談及取裁上古史料的原則時說：

學者多稱五帝，尚矣！然《尚書》獨載堯以來。而百家言黃帝，其文不雅馴，薦紳先生難言之。孔子所傳宰予問〈五帝德〉及〈帝系姓〉，儒者或不傳。余嘗西至空峒，北過涿鹿，東漸于海，南浮江淮矣，至長老皆各往往稱黃帝、堯、舜之處，風教固殊焉，總之不離古文者近是。予觀《春秋》、《國語》，其發明〈五帝德〉、〈帝系姓〉章矣，顧弟弗深考，其所表見皆不虛。《書》缺有間矣，其軼乃時時見於他說。非好學深思，心知其意，固難為淺見寡聞道也。余並論次，擇其言尤雅者，故著為本紀書首。

這正是儒家處理歷史的基本原則。除了特殊時期有目的的神化外，儒家對歷史基本採取的是人性化和道德化。看一看《漢書》中的〈古今人表〉，我們就會明白這一點。班固將古今人物分為聖、仁、智、愚四類九等，區分的標準完全是在歷史上的名聲之好壞：有道德修養的，是聖、仁、智人，品行惡劣的就是愚人。

與馴化（雅）相伴隨的是美化——頌。通過「頌」的方式，儒家為人類歷史賦予了一種偉大而深沉的結構力——道統，將歷史渲染、烘托為大道自我昭示的盛裝遊行——歷史成了先王聖德流衍、生發的場所與過程，成了向失落的黃金時代的回歸。孔子感歎生不逢時：「大道之行也，與三代之英，丘未之逮也，而有志焉」，對先王治世無限神往；孟子宣稱：「詩云：『不愆不忘，率由舊章』，

遵先王之法而過者，未之有也」（《孟子・離婁上》）；荀子強調：「法先王，統禮義，一制度；以淺持博，以古持今，以一持萬……是大儒者也。」（《荀子・儒效》）總之，所有人文價值都歸繫於過去，先王的德性之光照耀著人類前進的旅程。茫茫歷史中只剩下「道」的若隱若現、高論低吟：「其或繼周者，雖百世可知也」（《論語・為政》），「以道觀盡，古今一也。類不悖，雖久同理」（《荀子・非相》），「道之大源出於天，天不變，道亦不變」（《漢書・董仲舒傳》）──在天道流衍的人類歷史大舞臺上，先王所編導的偉大活劇按照既定的風格和節奏自然展開，沒有歧出，沒有斷裂，沒有反轉，有的只是真理與權力的從容對話：幾個權力英雄、幾個道德楷模作為典範、作為代表在那裡籌劃萬物蒼生的命運。

2. 道統：絕對者的敘說

正是通過對歷史的馴化和美化，儒家在雜亂無章的歷史事件中構建了「道」的統序，確立了「道」作為敘述者的主體地位，從而**不僅確立了自己的合法性，而且使自己成為合法性的確立者，並進而成為專制統治的工具**──「任何統治都企圖喚起並維持對它的『合法性』信仰」[23]。

「敘事被宣布為是轉述的（儘管敘述性能非常有創造性），而且『歷來』都是轉述的。」[24] 只有保持敘述的客觀性，讓「敘述」本身去敘說，敘述的權威性才不至於在輾轉傳遞的過程中遭到磨損和侵蝕。因此，儘管儒家一直在對歷史進行創造性的建構，他們卻非常聰明地不以敘述者自居，而是把敘述的主體地位交給了他們所創造的那個叫做「道統」的神物。這樣，道統本身便獲得了自在自足的權威性──因為，敘事界定了「有權在文化中自我言說、自我成形的東西，而且因為敘事也是這種文化的一部分，所以就通過這種方式使自己合法化了」[25]，儒家則成了使道統的敘述得以實現的工具，他們轉述敘事，傾聽敘事，也為敘事所講述──他們也因此得以占據並牢牢把持住歷史敘事的主體。孔子宣稱「述而不作」，與其說是一種謙虛，還不如說是一種需要：通過他的迴避，他所立命其中的那個由堯舜到文武周公的偉大道統便從瑣碎的現實性之

23　〔德〕韋伯，《經濟與社會》，林榮遠譯，北京：商務印書館 1997 年，第 239 頁。

24　〔法〕利奧塔，《後現代狀態──關於知識的報告》，車槿山譯，北京：生活・讀書・新知三聯書店 1997 年，第 44 頁。

25　同上，第 48 頁。

上呼嘯而過，將它的意志播植在人類的永恆裡。

作為自在的絕對者，「道統」擁有自己的莊嚴韻律和步調。孔子之「文王既沒，文不在茲乎？」以及「鳳鳥不至，河不出圖，吾已矣夫！」（《論語·子罕》）、孟子之「五百年必有王者興，其間必有名世者」（《孟子·公孫丑下》）、漢儒之五德終始說、以及韓愈「堯以是傳之舜，舜以是傳之禹，禹以是傳之湯，湯以是傳之文、武、周公，文、武、周公傳之孔子，孔子傳之孟軻，軻之死，不得其傳焉」[26] 的精確譜系，揭示的都是「道統」本身行進的節奏。這種節奏抹平了現實的時間（年、代、世等），把社會歷史夷為一條通向先王之世的康莊大道；時間不再是編制記憶的程序，而成為來於遠古的鼓點。

這樣，一個種族便不再需要精確地考察自己的過去，因為過去就通過「道統」的講說呈現在眼前。在提到儒家的歷史觀時，杜維明曾指出：「儒家的歷史觀同樣為我們當下生活的世界帶來了新的意義。它經常生動形象地告訴我們，遙遠的過去是如何與我們的切身體驗直接相關的。集體記憶不會將對現實完全不同的理解強加給我們，而是就領悟我們將什麼變成了自己的獨特之處提供了更為全面的方法。」[27] 儒家的歷史觀在本質上是非時間性的，因為它為人類設置的目標不在未來，而在頭頂上。對個人而言，歷史是體驗、踐行「道」的機緣和場所，如同一棵花草之於其托身的土地。因而可以說，它是一個象徵的祭壇，在這裡，人們通過定期的慎終追遠的儀式，通過對「道統」之敘說的領會，不斷確認和強化自己存在的意義：向道德世界的歸依。

因此，**生活在歷史中，就是生活在敞開的永恆秩序裡，生活在被聖人之德照亮的事物之流裡**。人的行為每時每刻都接受到最高律則的審判——「道」的即時審判。這就決定了儒家不像基督徒那樣，在現世中惴惴不安地等待著時間盡頭那嚴厲的裁決，而是相信通過修行契合於天道能夠實現從心所欲不踰矩的崇高理想——道德上的追求必將達致審美的境界。我們又一次明白，所謂真善美的統一，不過是絕對者隱居於其中的黑洞。

26　韓愈，〈原道〉，引自清·董浩等編，《全唐文》卷 558，北京：中華書局 1983 年，第 5650 頁。

27　〔美〕杜維明，《道學政——論儒家知識分子》，錢文忠、盛勤譯，上海人民出版社 2000 年，第 7 頁。

第三節　學以致道：戰鬥的陣地與秩序的生產

福柯有一句名言：「真理僅僅只能從戰鬥的陣地出發。」[28] 儘管儒家汲汲然熱衷於進仕求售，「弘道者」的自我角色期許決定了「學」與「教」才是他們戰鬥的主陣地。通過學，儒家個體成了秩序的體現者和生產者；通過教，儒家群體成了專制權力向社會基層灌注的微觀機制；通過師道與學統的建立，儒家在道統被君主僭取後維持了向專制權力的盛筵分一點殘羹冷炙的資本。

儒家之「學」是「致知」與「篤行」的統一，是「為人」之學。孔子稱「三人行，則必有我師焉。擇其善者而從之，其不善者而改之」，「君子食無求飽，居無求安，敏於事而慎於言，就有道而正焉，可謂好學也已」（《論語‧學而》）。講的都是內外合一的身心之學。故《論語‧學而》篇有「學而時習之，不亦說乎？」「習」是個會意字，為小鳥習飛之形，在這裡是練習的意思，指的是對作為「成人」之前提的技能、禮儀的反復演練和體會。這是個體自我向一個偉大的群體不斷融入、向一個幽深的傳統不斷沉潛的過程[29]，因而孔子用了一個「說」字，強調的是那種有所發明、有所依歸的喜悅之情。對儒家來說，發現真理的過程是向世界深處的不斷沉入，是「以身體之」的不斷領悟，而不是理性之光對物質奧祕的層層照亮。因而知即是行：知的目的在於行，行的自知自覺即為知。[30]

為了分析方便，還是有必要將儒家之學分為「致知明德之學」和「篤行立身」之學。

一、致知明德之學

致知是《大學》八條目之一，是儒家安身立命的最基本功夫。就內容而言，講的是「知何」；就方法而論，講的是「何以知」。「知何」囊括「知道」、「知天」、「知命」、「知人」（性）、「知本」、「知變」、「知所止」、「知恥」等天人之際與幾微之間。其中最重要的是「知道」，把握了「道」，就可以「以

28　〔法〕蜜雪兒‧福柯，《必須保衛社會》，錢翰譯，上海人民出版社 1999 年，第 46 頁。

29　在談到自己的人生經驗和自我成就時，孔子自稱「述而不作，信而好古」，「我非生而知之者，好古，敏以求之者也」。（《論語‧述而》）

30　對此，王陽明概括得最為精當：「知之真切篤實處即是行，行之自覺精細處即是知。知是行之始，行是知之成。」（王陽明，《傳習錄》第五條）

道觀盡」（《荀子・非相》），觸類旁通：知天地之情，知性命之理，知本末之分，知古今之變等等；「何以知」主要包括「觀象盡意」、「比物丑類」、「執兩用中」、「反身自求」等認知途徑與手段。

1. 學以致道

「百工居肆以成其事，君子學以致其道。」（《論語・子張》）「道」是君子人生經營的主打產品，是他們安身立命以及謀取權力的憑藉。為了自神其聖，儒家為「道」賦予了人類生活之統一性依據的地位。孔子將道看作人出入其居所的門戶（《論語・雍也》），意為不得其「道」則成為心靈上的無家可歸者。孟子視「道」為人之為人的「大路」：「夫道，若大路然，豈難知哉？」，認為不由此「道」則寸步難行：「身不行道，不行於妻子；使人不以道，不能行於妻子」（《孟子・盡心下》）。荀子則強調「故治之要在於知道」，因為「道」，「兼陳萬物而中縣衡焉」，「是故眾異不得相蔽以亂其倫也」。（《荀子・解蔽》）但儒家理論大師們一致認為，道不遠人，它由人而顯，可學而致，此即孔子所謂「人能弘道」。在孟子看來，「道」非常平易，就在尋常日用之間，只要依禮而行，就能不離正道，國可由此而治，天下可由此而平：「道在爾而求諸遠，事在易而求之難。人人親其親、長其長而天下平。」（《孟子・離婁上》）荀子則直截了當地宣稱：「道者，非天之道，非地之道，人之所以道也，君子之所道也。」（《荀子・儒效》）「道」是人之「道」，而人又是為傳統文化與群體關係所規定的存在，則「學」就是「知道」的唯一門經。故《禮記・學記》開篇即稱：「玉不琢，不成器，人不學，不知道。」孔子稱「下學而上達」（《論語・憲問》），「學」被視作溝通天人的途徑。正是由於十五歲即「志於學」，畢生好學深思不倦，孔子最後才成就了「從心所欲不踰矩」的聖者境界（《論語・為政》）。《禮記・中庸》謂：「故君子尊德性而道問學，致廣大而盡精微，極高明而道中庸」，同樣把「學」視為通向世界深處的不二法門。

學的途徑有兩個。一是「正於有道」：《論語・里仁》有「見賢思齊焉，見不賢而內自省也」；《論語・學而》有「就有道而正焉，可謂好學也已」。因為先王是人間正道的源泉，所以「正於有道」首先是效法先王。在回答「夫子焉學」的疑問時，子貢說：「文武之道，未墜於地，在人。賢者識其大者，不賢者識其小者，莫不有文武之道焉。夫子焉不學？」（《論語・子張》）二是「格物致知」。儒家之「學」從來不是為了積累雞毛蒜皮的尋常之見，而是

為了體知宇宙人生的一貫之道。《論語・衛靈公》記載了孔子與子貢的一次對話：「子曰：『賜也，女以予為多學而識之者與？』對曰：『然，非與？』曰：『非也，予一以貫之』」，即強調了「學」的根本所在。同樣，「格物」也不是探求物質世界的客觀知識，而是即物窮理，即物體「道」：

> 所謂致知在格物者，言欲致吾之知，在即物而窮其理也……是以大學始教，必使學者即凡天下之物，莫不因其已知之理而益窮之，以求至乎其極。至於用力之久，而一旦豁然貫通焉，則眾物之表裡精粗無不到，而吾心之全體大用無不明矣。（朱熹，《四書章句集注・大學章句》）

所以「格物」實際上是一種修養功夫，它有賴於主體與客體之間的雙向的融會貫通，是通過「我執」的破除而迎合於「道」。

「道」本身畢竟是抽象的，它體現在天理倫常與先王創制的制度禮儀之間。《孟子・告子下》有「堯舜之道，孝弟而已矣」；《荀子・強國》有「道也者，何也？禮義、辭讓、忠信是也」。所以知「道」落實下來就是知法度、知綱常。用《禮記・大學》的話說就是「知止」：「為人君止於仁，為人臣止於敬，為人子止於孝，為人父止於慈，與國人交止於信。」這與孔子的「父父、子子、君君、臣臣」沒什麼不同。知所止即理解了事物的本末前後，理解了外界對於自己的規定性，理解了自己的本分。如此，「則近道矣」。故《大學》又稱「知止而後有定，定而後能靜，靜而後能安，安而後能慮，慮而後能得」。能「得」即能「德」即知「道」。《左傳》稱「立德」、「立功」、「立言」為三不朽，立德、立言便是儒家的學問功夫。

通過「學」，儒家承包了「修道」的職責，獨攬了道的經營權。孔子將「聖人之言」與「天命」、「大人」稱為「三畏」之一（《論語・季氏》），聖人之教與天命、權力被並列為三。孟子稱聖人是「人倫之至」，是為君為臣者的絕對尺度：「欲為君盡君道，欲為臣盡臣道，二者皆法堯舜而已矣。」（《孟子・離婁上》）因而聖人是王者之師：「人倫明於上，小民親於下。有王者起，必來取法，是為王者師也。」（《孟子・滕文公上》）荀子稱「聖人也者，道之管也」（《荀子・儒效》），「聖人備道全美者也，是縣天下之權稱也」（《荀子・正論》）。他認為聖人之「師法」是人之為人的保障，師法可以「成積」

而化性：「注錯習俗，所以化性也；並一而不二，所以成積也」（《荀子・儒效》），即使一般的儒者也「在本朝則美政，在下位則美俗」（《荀子・儒效》）。他宣稱「君子之學也，入乎耳，著乎心，布乎四體，形乎動靜。端而言，蠕而動，一可以為法則」（《荀子・勸學》），可以「不出家而成教於國」（《荀子・勸學》）。朱熹〈大學章句序〉稱儒家的聖人是「繼天立極」的天命之師：「一有聰明睿智能盡其性者出於其間，則天必命之以為億兆之君師，使之治而教之，以復其性」。總之，聖人君子是文教政制綱維所繫，是人倫的尺度，賴於他們對「道」的體知，「萬物莫形而不見，莫見而不論，莫論而失位」（《荀子・解蔽》），一切都變得井然有序並放射出內在的光輝。

2. 思則得之

儘管信持「奉天法古」，但儒家並不像有些人認為的那樣只是被動地因應社會，而是強調了自我在「弘道」中的創造性轉化作用。儒家將人視為情境之中的存在，「學」是他的「自我」不斷擴展、建構的過程，因而不是被動的模仿，而是主動的自我設準、自我規劃、自我剪裁、自我調適。這就決定了「思」是「學」的重要內容和機制，是「學」有機組成部分。故《論語・為政》有「學而不思則罔，思而不學則殆」，《孟子・告子上》有「心之官則思，思則得之，不思則不得也」。「思」即「思誠」[31]，由「思誠」而「誠之」，便是在不斷自我調適中歸依於「道」的、知行合一的朝聖之旅。所以，當《中庸》在說了「誠之者，擇善而固執之者也」後，接著強調了「誠之」的功夫：「博學之，審問之，慎思之，明辨之，篤行之」。

儒家「思之」的手段主要有四個：觀象盡意、比物丑類、執兩用中、反身自誠。這是儒家認識世界、確立自身的方法論。方法論總是一定價值觀的體現，因為它揭示著主體自我確立的立場和姿態，激發著主體欲望滿足的內在驅動力。作為生產真理的核心技術，它們體現著儒家的思維旨趣、價值偏好和效用預期，激發著儒家整體性感覺經驗的生動性和自我實現的活力。而正是這種自我實現揭示了個體目標與總體性目標的歷史統一性。因而，透過對儒家認知方式與途徑的分析，我們可以發現這樣一個預料之中的事實：真理對權力的侍奉與獻誠。

觀象盡意。即通過多角度、多層次的反復觀察與感受，從有限的事物中直

31　《孟子・離婁上》：「是故誠者，天之道也；思誠者，人之道也。」

覺出某種統一性，概括、提煉為意象。這是一個通過「體悟」進行抽象的過程。它不像西方思想那樣，通過「分解」與「排除」抽象出本質或「純粹形式」，而是把對象作為處在聯繫中的、活動著的整體，在直觀類比與辯證綜合中直接猜測或領悟事物的本質。因而，「取象」取的不是實體，而是某種屬性、某種關係；這種屬性和關係是「道」的表現形式，「觀象」是人對「道」的驗證和認同。就是說，「**象**」是展示著的直觀真理，是「**天道**」的顯露；「**意**」則是**對這種真理的破解和翻譯，是聖人的「會意」。**

儒家的古聖先王正是作為天意的翻譯者，通過對「象」的闡釋壟斷權力的，如《易傳・繫辭下》稱：「古者包犧氏之王天下也，仰則觀象於天，俯則觀法於地，觀鳥獸之文，與地之宜，近取諸身，遠取諸物，於是始作八卦，以通神明之德，以類萬物之情」；《尚書・堯典》有：「乃命羲和，欽若昊天，曆象日月星辰，敬授人時」。上天通過「顯象」來為統治者賦予權力合法性，統治者則通過「圖像」、「懸象」來表達、強化其權威：

> 《左傳・宣公三年》：昔夏之方有德也，遠方圖物，貢金九牧。鑄鼎象物，百物而為之備，使民知神奸；
>
> 《周禮・地官司徒》：正月之吉始和，布教于邦國都鄙。乃縣教象之法于象魏，使萬民觀教象，挾日而斂之。乃施教法于邦國都鄙，使之各以教其所治民。

所謂「象」，就是「象物之宜」：「聖人有以見天下之賾，而擬諸其形容，象其物宜，是故謂之象」（《易・繫辭上》）。什麼是「物之宜」呢？就是「聖人之意」：「聖人立象以盡意，設卦以盡情偽，繫辭以盡其言。」（《易・繫辭上》）通過設卦觀象，繫辭達意，即可以探賾索隱，鉤深致遠，定天下之吉凶，操萬民於股掌：「極天下之賾者存乎卦，鼓天下之動者存乎辭，化而裁之存乎變，推而行之存乎通，神而明之，存乎其人。」（《易・繫辭上》）這樣，聖人便作為轉達者壟斷了天道的祕密，獨占了真理的源泉。我們說，誰掌握了真理，誰就掌握了支配他人的權力。《易・繫辭上》稱「天生神物，聖人則之。天地變化，聖人效之。天垂象，見吉凶，聖人象之」。通過觀象而「則天」的聖人自然可以操天下於股掌：「化而裁之謂之變，推而行之謂之通，舉而錯之天下之民，謂之事業」。聖人的事業包天地，通鬼神，將人間蕩平為王道的坦途。

於是，本來是經驗知識的客觀對象的「像」，在「統治者」與天地鬼神的共謀裡，卻成了加諸眾生頭上的符籙，統治者「居則觀其象而玩其辭，動則觀其變而玩其占，是以自天祐之，吉無不利」（《易‧繫辭上》），芸芸眾生則只能糊裡糊塗又無比光榮地被規劃、被安排、被誘導。

還有，通過「觀象盡意」，立足於「當下」的儒家直接面對了永恆。《易‧繫辭下》謂：「象事知器，占事知來。天地設位，聖人成能」；《易‧觀‧彖》稱：「中正以觀天下……聖人以神道設教。」由傳統所繼承下來的各種制度名物——禮——即是聖人所立之「象」，所制之器，是現實中的「永恆」，具有同天道一樣的神聖性。而正是憑藉這種現實中的永恆，儒家擁有了與專制權力「合資經營」的資本。

比物丑類。語出《禮記‧學記》：「古之學者，比物丑類。」「丑」即「疇」、「儔」，為「分別眾物使成類」之意，指在比附的基礎上進行的類分與類推。在儒家大一統的世界裡，一切都是同質同構的，事物的本質體現於與他物的關係之中：「草木疇生，禽獸群焉，物各從其類也。」（《荀子‧勸學》）這就存在著利用某種功能屬性對事物進行分類整理的可能。儒家認為，只要依類外推，就能旁通博貫，窮盡天下奧祕。此即荀子所謂「以類行雜，以一行萬」（《荀子‧禮論》）。

孔子教學，「舉一隅不以三隅反，則不復也」（《論語‧述而》）。在《論語‧公冶長》篇中，他稱讚顏回「聞一知十」。說明他把類推視為重要的學習方法。孟子認為「故凡同類者，舉相似也」（《孟子‧告子上》），強調認識事物要「知類」、「充類」[32]。《荀子‧勸學》篇稱「倫類不通，仁義不一，不足謂善學」。他把「推類」、「統類」、「類舉」、「類使」看作君子、聖人之「知」的標誌。如〈大略〉：「有法者以法行，無法者以類舉……多言而類，聖人也」；〈解蔽〉：「故學者以聖王為師，案以聖王之制為法，法其法以求其統類……類是而幾，君子也；知之，聖人也」；〈儒效〉：「志安公，行安脩，知通統類，如是則可謂大儒矣」。

顯然，類分是一種專制主義的認識論，因為它建立在對同質性的強調上：分類的依據是陰陽之類抽象屬性，只根據事物所處的情境（在網絡關係和時間

32　分別見《孟子‧告子上》、《孟子‧萬章下》。

過程中的位置）進行功能歸併，不能對具體事物進行深入的結構與性質分析——事物僅僅作為類存在而被認識。對專制君主來說，民眾只是一種抽象的類存在，是能載舟亦能覆舟的「水」，是戶口冊上的統計資料。這就是為什麼專制君主最重要的統治手段「禮」實際上即是一種「類分」技術：「方以類聚，物以群分，則性命不同矣……則禮者天地之別也」（《禮記・樂記》），「禮者，法之大分，類之綱紀也」（《荀子・勸學》）。

通過對萬物的類分、類推，儒家建構起了一個綱舉目張的真理話語的法網，從而「全之」、「盡之」、「一之」（《荀子・勸學》），包舉萬象，囊括眾有。儒家的聖人君子借此自立為民眾的代表，從而擁有了與權力討價還價的資本：孟子稱「聖人之於民，亦類也」，強調的即是聖人的代表權資格，因為聖人是芸芸眾生之中「充實而有光輝」的「拔乎其萃」者[33]；荀子稱：「君師者，治之本也」（《荀子・禮論》），「推類接譽，以待無方，曲成制象，是聖臣者也」（《荀子・臣道》），即是強調了「以法行」、「以類舉」的聖人君子對專制王權的不可替代性。

執兩用中。儒家將他們的「執兩用中」之道概括為「中庸」。中庸一詞始見於《論語・雍也》：「中庸之為德也，其至矣乎！民鮮久矣」。在孔子那裡，中庸主要是「叩其兩端取其中」、以求無過無不及的處事原則。當子貢問「師與商也孰賢」時，他回答：「師也過，商也不及」。子貢繼續問「然則師愈與？」孔子的回答是「過猶不及」。無論在治國理民之道，還是在個體人格修養方面，孔子追求的都是不偏不倚的中庸境界。《論語》中到處可見此類言論，如〈雍也〉：「質勝文則野，文勝質則史。文質彬彬，然後君子」；〈八佾〉：「樂而不淫，哀而不傷」；〈堯曰〉：「君子惠而不費，勞而不怨，欲而不貪，泰而不驕，威而不猛」。子思發揮了孔子的思想，將「中庸」提升為儒家具有世界觀含義的方法論。

關於「中庸」的含義，也許程頤和朱熹師徒的歸結最有代表性。程頤說：「不偏之謂中，不易之謂庸。中者，天下之正道，庸者，天下之定理」；朱熹謂：「中者，不偏不倚，無過不及之名。庸者，平常也」。其實「庸」的「平常」意是從「尋常日用」中引申出來的。「庸」的本意為「用」，《說文》：「庸，用也」；

33　見《孟子・公孫丑上》、《孟子・盡心下》。

鄭玄注《禮記》，於《中庸》篇解題說：「名曰中庸者，以其記中和之為用也。庸，用也」[34]。由「日用」引申出「平常」、「尋常」之義。何晏注《論語》「中庸之為德也」謂：「庸，常也，中和可常行之德也」；《易・乾・文言》有「庸言之信，庸行之謹」，此「庸」即作「平常」解。日常適用的就是具有普遍性的，因而就是「恆常」的，於是「庸」又有了「永久不變」之義。把孔子平常日用的、具體情境之中的「用中」原則發揮為普遍性的恆常之道，這正是《中庸》所做的工作。

二十年前，龐朴先生曾撰〈中庸評議〉一文，此篇今日讀來仍精光閃爍。他把「中庸」歸結為三層含義、四種邏輯形式。三層含義，指的是關於其表現方式的「執兩用中」以及關於其適用範圍的「用中為常道」、「中和可常行」；四種形式即① A 而 B，如《尚書・皋陶謨》之「九德」：「寬而栗，柔而立，願而恭，亂而敬，擾而毅，直而溫，簡而廉，剛而塞，強而義」；② A 而非 A'，如《中庸》：「故君子和而不流，強哉矯！中立而不倚，強哉矯！」；③ 不 A 不 B，如《荀子・解蔽》：「無（毋）欲無（毋）惡，無始無終，無近無遠，無博無淺，無占無今」；④ 亦 A 亦 B，如《禮記・雜記下》：「張而弗弛，文武弗能也；弛而不張，文武弗為也。一張一弛，文武之道也」[35]。

龐先生的歸結可謂前無古人，但現在看來也有其不足之處。這種不足之處就是受當時所謂唯物主義辯證法的影響，完全以線性方式去理解古人思維。

在儒家大一統的世界裡，幾乎不存在原子式的實體，而只存在相互作用的關係，任何事物都有自己的生、相、克、制者，也同時作為生、相、克、制者在其他事物的運動裡發揮著作用；每一個個體都作為局部系統中的一個分子參與到更大系統的運作中。因而傳統文化表現了對「圓」的熱衷與偏好：在描述事物動力機制的陰陽結構中，陰陽兩種因素構成一個相互纏繞的太極圖；兩種主要的認識模式──周易模式和五行模式──都是在圓與圓的相交、相切、相統攝中確認和規定事物性質的。其中對立因素之間的矛盾鬥爭採取的不是直線式的機械反彈，而是走曲線，即「克其所生者」，如「水」克「火」，「火」對「水」的反制是克生「水」之「金」。「扣其兩端取其中」的中庸之道亦即

34　轉引自龐朴，〈中庸評議〉，載《中國社會科學》，1980 第 1 期。

35　轉引自龐朴，〈中庸評議〉，載《中國社會科學》，1980 第 1 期。

求圓中之術。

　　就龐先生的邏輯公式看，A 與 B 及 A' 是可以統合起來的，它們是一個圓上的三個點。在中國圓形思維裡，是 A 旁邊的 B 而不是 A' 與 A 一起構成一個對立統一的矛盾──這就是太極圖式中相互包容相互纏繞的「陽」與「陰」，A' 只是 A 的溢出與過度，是一種非正常狀態。在某些具體的情境下，人們可能會採取簡單的直線方式──折中、調和──去處理問題，但在他們思維深處，始終有一個圓心存在著，而這個圓心是可意會不可言說的。這就是為什麼孔子會感歎：「天下國家可均也，爵祿可辭也，白刃可蹈也，中庸不可能也」（《禮記 · 中庸》）。因為「中庸」不是簡單地折中矛盾的雙方，而是在無數個圓的重重交疊中求其共同圓心的高明技藝：所謂「叩其兩端」是一個反復權衡、試探，並且不斷檢驗的求解過程。

　　現在我們可以看透「中庸」的奧祕了：它以一種溫溫吞吞的方式把矛盾統一於一個中心──現象背後大中至正的圓心，統一於在根本上無論如何也不能推翻的絕對性。固然，這是一種極高明的人生智慧，但它更容易成為統治者操作臣民的技術，因為「過和不及、剛和柔，偏和頗等等的兩端，並非先於中而自在，卻是因為中而存在的。中是兩端對立的座標。兩端的結合，原是取正於這個中的」[36]──在現實生活中，標準總是掌握在「居中者」手中。可以說，儒家的「用中」與道家的「用弱」、法家的「用強」互有千秋，各擅勝場。

　　「中庸之道」的背後是儒家獨具特色的辯證法：在矛盾的對立統一中訴諸統一的力量。辯證法是一種求同的思維方式，在它綜合性的機制裡，否定性的因素只是一種暫時性的「溢出」或「過度」，而不是身分平等的對立面，它通過碾平一切差異性開闢自己前進的道路。這種辯證法啟示的是永恆的真理，而不是歷史性的客觀認識。**當儒家將這種辯證法引進社會時，它講述的是禮法建制的神聖性：每個人都有自己的「中」，因而每個人都有確定不移的位置，一切的一切最後都統一於一個絕對的「原點」──仁慈的君主；當儒家把這種辯證法引進歷史時，它講述的是道統傳遞的序列和天命轉移的傳說：一切都可以被重新解釋，但沒有什麼曾經發生過變化。**

　　反身而誠。《說文》云：「誠者，信也。」誠字從言從成。言字元在甲骨

36　龐朴，〈中庸評議〉，載《中國社會科學》，1980 第 1 期。

文中一般用於指示告祭，因而「誠」描述的是祭祀儀式中那種發自內心的虔敬不二心態，引申為誠信不欺之義。子思與孟子首先為「誠」賦予了「宇宙本性」的含義，使之成了道之本然，物之情實——天道自然，有常無妄，此即宇宙之「誠」：「誠者，天之道也」，因為天地之道「為物不貳」、「生物不測」（《禮記·中庸》、《孟子·離婁上》）。《易·乾·彖》有「大哉乾元，萬物資始……乾道變化，各正性命。保合大和，乃利貞」。此「利貞」即天地所立之「誠」。對人而言，如果說德是「得道之所宜」，誠就是「行道之所然」。與德相比較，誠更具有主觀指向性。德強調的是與道的統一，誠則強調向道的歸依。因而誠是「性之德也，合外內之道也」（《禮記·中庸》）。「反身而誠」既是一種致知方法，又是一種基本的人生姿態：通過對宇宙事象的冥觀玄覽，體悟天道本然，反求己身本性之善，從而融通物我，敬畏自持。

　　反身而誠的功夫在邏輯上可分為兩截：外「觀」與內「省」。「觀」又包括觀「象」、觀「感」、觀「所聚」、觀「所恆」、觀「會通」等，天人之際，千變萬殊，都在「觀」的範圍之內。因為宇宙萬物都是「道」的體現，觀物即是對宇宙大道的體悟和認證。《易·繫辭下》有「天地之道，貞觀者也」。聖人「窮深研幾」的《易》即是「觀」的結果：「古者包犧氏之王天下也，仰則觀象於天，俯則觀法於地。觀鳥獸之文與地之宜，近取諸身，遠取諸物，於是始作八卦，以通神明之德，以類萬物之情。」（《易·繫辭下》）通過「觀」，聖人得以領略天地萬物的祕密，從而也就掌握了操作天下的手段，故而：

　　　　《易·觀·彖》：「大觀在上，順而巽，中正以觀天下……觀天
　　　　之神道，而四時不忒；聖人以神道設教，而天下服矣。」

　　　　《易·賁·彖》：「觀乎天文，以察時變。觀乎人文，以化成天下。」

　　「內省」即合外於內，在與物的雙向交流中通過對天道的體悟融通物我，用敬持誠。《孟子·離婁下》有「博學而詳說之，將以反說約也」。儒家強調人能弘道而非道弘人，把人（君子）看作天道上下其流的仲介者和轉化者[37]，追求的是既能「深造以道」（《孟子·離婁下》），又能獨得我心的內外圓融。這種「反身自誠」的內省功夫是具體情境之中人與道的相互認證，而不是兀兀

37　此即孔子之「上學下達」（《論語·憲問》），孟子之「反身而誠」。

枯坐的冥思長想。「正心誠意」是這種認知方式的基本要求，此即孔子所謂「修
己以敬」：「正」就是「敬」，就是恭恭敬敬地把自己「放正」，通過對自己
心靈的調諧，進入天道的韻律之中，進入宇宙之本然的敞開之中，從而顯明天
人同具的宇宙之善。這就是《中庸》所謂「自誠明」，是在對「天性」的虔誠
投向中對人之為人的本性的照亮。

　　觀於外而反諸身，忠於己而推於物，是這種內省思維的基本特點。孔子以
「文、行、忠、信」教人（《論語 · 述而》），曾子稱夫子之道，「忠、恕」而已。
自其盡己而言，則謂之忠；自其及物而言，則謂之恕。元載侗作《六書故》，
其訓「忠」曰：「盡己致至之謂忠」。[38] 在第四章第三節，我們曾提到「中」、
「忠」、「誠」、「正」、「貞」一音之轉，含義近同，則「盡忠」即「盡誠」，
亦即《中庸》之「盡性」、孟子之「盡心」。通過盡忠盡心盡性，即可合一內
外，洞徹表裡，使自己的善性按本來面目呈現出來，進入萬物一體的自由化境，
此即《論語 · 為政》所謂「從心所欲不踰矩」；《中庸》所謂由「盡己之性」
而「盡物之性」，進而參贊天地化育；亦即《孟子 · 盡心上》所稱「萬物皆備
於我矣。反身而誠，樂莫大焉」。

　　在第四章第一節，我已經指出，儒家「萬物皆備於我」的崇高人格不過是
鏡像中的自我虛構。因而，如其說「反身而誠」是一種認知方式，還不如說是
一種念念有詞的巫術儀式。上古時代的大巫師在天人之間上下往來，格於上帝
「面稽天若」（《尚書 · 召誥》）。儒家實際上是以一種人文化了的形式繼承
了他們遠祖的神通和特權。無論是孔子的「下學上達」、孟子的「萬物在我」，
還是荀子的「制天命而用之」，都是只有聖人才能具備的聖德大業。傳說少皞
之時「民神雜糅」，「夫人作享，家為巫史」，顓頊乃絕天地通：「命南正重
司天以屬神，命火正黎司地以屬民，使復舊常，無相侵瀆」（《國語 · 楚語
下》）。**可以說，「反身而誠」是儒家「絕天地通」的降神儀式，通過這一儀式，
儒家壟斷了天道的解釋權，獨占了真理和符號的生產。**

二、篤行立身之學

　　在儒家看來，學習是一個實踐的過程，是一個踐「仁」行「義」的過程：
學即是行。「弟子入則孝，出則弟，謹而信，泛愛眾，而親仁。行有餘力，則

38　引自王夫之，《日知錄》卷七〈忠恕〉。

以學文」（《論語·學而》），這是孔子所立的「校訓」。出入交接進退揖讓
是「學」的基本內容。孔子的弟子曾子說：能竭心盡意地侍奉父母，毫無保留
地忠於君主，與朋友交往講究信用，即使沒有從師學習，也是在學習啊！[39]孔子
以「六藝」教弟子，「六藝」全是尋常日用的技藝。朱熹釋《論語·述而》之
「志於道，據於德，依於仁，遊於藝」曰：

> 遊者，玩物適情之謂。藝，則禮樂之文，射、御、書、數之法，皆
> 至理所寓，而日用之不可闕者也。朝夕遊焉，以博其義理之趣，則
> 應務有餘，而心亦無所放矣……遊藝，則小物不遺而動息有養……
> 日用之間，無少間隙，而涵泳從容，忽不自知其入於聖賢之域矣。
> （《論語集注》卷四〈述而〉）

仁義大道，寓於平凡踐履；聖人之教，見於日常言行。故而孔子反復強調
言行一致，如《論語·憲問》有「君子恥其言而過其行」，〈子路〉有「故君
子名之必可言也，言之必可行也」。《論語》中孔子答弟子問，強調的都是如
何「做」、何以「行」。如〈顏淵〉篇顏淵問「仁」，孔子答曰：「克己復禮
為仁」，並特意申明其「目」：「非禮勿視，非禮勿聽，非禮勿言，非禮勿動」；
仲弓問仁，孔子回答：「出門如見大賓，使民如承大祭。己所不欲，勿施於人。
在邦無怨，在家無怨」；子貢問「友」，孔子回答：「忠告而善道之，不可則止，
無自辱焉」；〈為政〉篇子張學「干祿」，孔子回答：「多聞闕疑，慎言其餘，
則寡尤；多見闕殆，慎行其餘，則寡悔。言寡尤，行寡悔，祿在其中矣。」總
之全是長者的諄諄教誨，智者的循循誘導：一個「在路上」的傳道者以身作則
地引領弟子們不斷向著更高的人生境界前進。

所以，孔門之學，學的是如何做人。荀子認為，正是靠了「學」，人類才
得以為「人」：「故學數有終，若其義則不可須臾舍也。為之人也，舍之禽獸
也。」在《論語·憲問》中，孔子稱：「古之學者為己，今之學者為人」。為
己之學，即自我成就之學：成為一個「人」，一個君子、仁者，乃至一個聖人。
當魯哀公問「弟子孰為好學？」時，孔子回答：「有顏回者好學，不遷怒，不
貳過。不幸短命死矣！今也則亡，未聞好學者也。」顏回之學，既不止於文辭

39　《論語·學而》：「事父母能竭其力，事君能致其身，與朋友交，言而有信。雖曰未
　　學，吾必謂之學矣。」

記誦，也不限於義理鑽研，而是「正其心，養其性」的君子之學，是「學以至乎聖人之道也」（《論語集注》卷三〈公冶長〉）。

做人是一個不斷上進的過程。它始於格物致知、正心誠意，基於修身養性，終於參天地、同物我；它的基本目標是「成人」，中級目標是「成賢成君子」，最終目標是「成仁成聖」。

修身是做人最重要的功夫和環節，也是「學」的最重要內容。不同於佛家的參悟超升和基督教的懺悔自淨，儒家把心思放在了對「身」的把持、修飾和打磨上。**儒家的「身」不單是生物學上的肉體，也不單是社會性的存在，而是一個文化實體，是「道」的「肉身」。「修身」是通過「合內外」來塑造一個完美的人。**所以，儒家不僅把修身看作「成人」的基本功，而且看作治國平天下的前提條件，認為只有通過對「身」的裁制、搓磨、修飾、充養，才能成為一個真正的人，一個君子，也才有了治國理民的資格。故《禮記・大學》謂「自天子以至於庶人，壹是皆以脩身為本。其本亂而末治者否矣」。孟、荀二子則直接以「修身」覆蓋了治國平天下的政治事功，如《孟子・盡心下》：「修其身而天下平」；《荀子・君道》：「請問為國？曰聞修身，未嘗聞為國也」。

「修」字在金文中由人、水、攴三部分構成，會手持木枝用水刷洗人的後背之意。所以「修」的本意為洗沐[40]。實際上，「修」與「滌」在上古音同相通。《說文・水部》：「滌，灑（音洗）也」。古代有一種巫術儀式稱「修祓」，即為通過洗沐清除不祥。《說文・示部》：「祓，除惡祭也」。《周禮・春官・女巫》：「女巫掌歲時祓除釁浴」。這種儀式後來流變為三月上巳日浴於河以去不祥的民俗。《後漢書・禮義志》：「是月（三月）上巳，官民皆潔於東流之水，曰洗滌祓除，去宿垢疢，為大潔」。

上古巫師在舉行儀式之前一般都要沐浴齋戒的，這當是「修」字淵源所自[41]。「修」的完整意義是在舉行重要儀式之前對身體進行的「整改」，以表現誠敬且有助於進入通靈狀態。其內容有三部分：一是容飾，包括特殊服裝、飾品、

40　參考臧克和，《漢字單位觀念史考述》，上海：學林出版社 1998 年，第 6—9 頁。

41　沐浴更服是致誠敬的重要方式，往往是各種儀典必須的程式，如《禮記・內則》：「是日也，妻以子見於父，貴人則為衣服。由命士以下皆漱浣，男女夙興，沐浴衣服」；「世子生，則君沐浴朝服。夫人亦如之」；《禮記・祭儀》：「古者天子諸侯，必有養獸之官。及歲時，齊戒沐浴而躬朝之」。

香料、道具的使用；二是飲食，包括絕食、只食飲特定的清潔之物、服用麻醉致幻品等；三就是沐浴洗滌。屈原〈離騷〉有「進不入以離尤兮，退將復修吾初服。制芰荷以為衣兮，集芙蓉以為裳」；「扈江離與辟芷兮，紉秋蘭以為佩」；「朝飲木蘭之墜露兮，夕餐秋菊之落英」；《九歌・雲中君》有「浴蘭湯兮沐芳，華采衣兮若英」；《九歌・少司命》有「與女沐兮咸池，晞女發兮陽之阿」：皆上古靈巫修身之遺意。

儒家是上古巫師的苗裔。同他們的遠祖一樣，儒家以一種無比莊嚴而神聖的態度來看待修身。只是巫師們的奇裝異服，變成了儒生的峨冠博帶，佩玉鳴鸞[42]；巫師們的飲露餐英，變成了儒生的制欲養氣；巫師們的「修滌」，變成了儒生的「心齋」。實際上，**在把「身」作為媒介天人的「工具」這一點上，兩者完全一致：巫師們的舞之蹈之誦之咒之，與儒生們敬之畏之思之誠之，實在是一脈相通的。**

細加分析，儒家的「修身」包括以下步驟：敬體、飾容、勵志、裁情、養心、化性。

敬體是對身體本身的拜物教。儒家的「體」不是私人性的生命載體。從倫理的角度看，它受之於父母，而父母又受之於他們的父母，「我」的當下之「身」是構築家族之延續的不可缺少的環節。因而，對「身」的敬即是對寓於個體之中的整體性和總體性——即家族之榮耀和不朽——的敬。《孝經・開宗明義章》曰：「身體髮膚，受之父母，不敢毀傷，孝之始也；立身行道，揚名於後世，以顯父母，孝之終也。」在儒家看來，輕「身」就是輕父母，輕人倫；辱「身」就是辱父母，辱祖先——故曾子曰：「孝有三：大孝尊親，其次不辱，其下能養」（《大戴禮記・曾子大孝》）。從天人之際看，「身」是「道」和「性命」之間的仲介，故敬「身」即是敬天尊道。《孟子・盡心上》稱「堯舜，性之也；湯武，身之也；五霸，假之也」；《中庸》稱「修身則道立，尊賢則不惑」；董仲舒稱三王處其身「常自漸於天地之道」（《春秋繁露・循天之道》）；朱熹稱「蓋道外無身，身外無道」。都把「身」看作「體道」、「行道」、「示道」的工具和場所。

42　《禮記・玉藻》：「古之君子必佩玉。右徵角，左宮羽，趨以采齊，行以肆夏，周還中規，折還中矩，進則揖之，退則揚之，然後玉鏘鳴也。故君子在車則聞鸞和之聲，行則鳴佩玉。」

　　飾容是指對儀錶、姿態的修整。「容」既是身之文，也是「心」之文。[43]
對儒家來說，真善美是統一的，因而「文」不是美的純粹形式，而是「道」的
感性形式。「飾容」即是修道：孟子稱「君子之志於道也，不成章不達」（《孟
子・盡心上》）。此「章」即「道」之形於儀容者。《荀子・子道》篇稱「從
命則禽獸，不從命則脩飾，孝子不從命乃敬」。儒家的「飾」是人所內含的本
然之善的直接展示。對「容」的追求既是「學以美身」[44]，又意味著內在的充實，
此即孟子所謂「充實而有光輝之謂美」。儒家首先是通過對自己容飾的打磨為
民表率的。《詩・衛風・淇奧》有「有斐君子，如切如磋。如琢如磨，瑟兮
僩兮，赫兮喧兮。有斐君子，終不可諼兮」。荀子釋曰：「如切如磋者，道學也。
如琢如磨者，自脩也。瑟兮僩兮者，恂栗也。赫兮喧兮者，威儀也」（《荀子・
勸學》）。《詩・大雅・文王之什・棫樸》便是以修整得無比美好的金玉來
比擬文王聖德：「追琢其章，金玉其相。勉勉我王，綱紀四方」。這種容飾打
磨的依據毫無疑問是作為「道」的感性體現（文）的「禮」，故《中庸》謂「齊
明盛服，非禮不動，所以脩身也」；而《荀子・榮辱》篇有「君子之學也，入
乎耳，著乎心，布乎四體，形乎動靜。端而言，蠕而動，一可以為法則」；〈儒
效〉篇有「君子言有壇宇，行有防表也」。

　　可見，**通過對容飾的雕琢，儒家使自己的身體直接成了禮義的構成部分，
成了感性的真理——以美的形式灌注了權力意志的天道之「具」，成了秩序的
直接展示者和生產者，從而使自己成了完全中規中矩的、適應專制權力需要的
標準化產品。**

　　勵志是在精神上的自我激勵。修身是一種嚴格的自我裁制，是非常痛苦的
事情，需要時時自我鞭策、自我激揚。孔子強調「三軍可奪帥也，匹夫不可奪
志也」（《論語・子罕》），號召他的門徒挺起意志的脊樑。他說，「志士仁
人，無求生以害仁，有殺身以成仁」（《論語・衛靈公》），把仁確立為儒家
人生的終極價值，為個體儒生的自我實現確立了崇高的奮鬥目標。他的弟子曾
參的名言「士不可以不弘毅，任重而道遠。仁以為己任，不亦重乎？死而後已，
不亦遠乎」，成為了儒家君子共同附庸的信條。滔滔雄辯的孟子更是通過旁徵
博引論證了「人恆過，然後能改；困於心，衡於慮，而後作；徵於色，發於聲，

43　參考本書第四章第二節關於「文」的部分。

44　《荀子・勸學》：「君子之學也，以美其身」。

而後喻」，以及「生於憂患而死於安樂」（《孟子・告子下》）的道理，奏出「故天將降大任於是人也，必先苦其心志，勞其筋骨，餓其體膚，空乏其身，行拂亂其所為，所以動心忍性，曾益其所不能」（《孟子・告子下》）、「得志與民由之，不得志獨行其道。富貴不能淫，貧賤不能移，威武不能屈」（《孟子・滕文公下》）的勵志最強音。

如此豪言壯語會使有志之士心神俱旺、熱血沸騰。然而，歸根結底，這不過是道德家們的自我挺立、自我張揚。因為這種挺立、這種張揚並沒有現實的基礎，它所憑藉的只是匹夫一己之「心」而已。不能說它不會產生引人向上的積極作用，但它的另一個隱藏在後面的作用更值得我們重視：**它為儒家符號化的生存打上了一層意識形態性的光輝，使儒家由專制王權的交易者、合夥人變成了為生民立命的道德英雄。**

所謂**裁情、養心、化性**是指通過對情感的剪裁、欲望的裁制，來涵養心性，變化氣質。這是儒家修身的看家功夫，主要包括正心誠意、由博返約、安貧樂道、適情怡志等條目，「前人之述備矣」，在此不須細論。需要強調的是，它所指向的人格理想是不偏不倚、不流不怒，溫、良、恭、謙、讓的中庸君子，進而是理學家無情無欲、純一無瑕的寂寞聖人。這種修養的過程實際上是依據禮的要求進行的自我修剪、規訓，根據道的精神進行的自我淨化、昇華：

> 《荀子・修身》：凡治氣養心之術，莫徑由禮，莫要得師，莫神一好。

> 《孟子・盡心上》：存其心，養其性，所以事天也。夭壽不貳，修身以俟之，所以立命也。

這種人格心性上的涵泳存養說穿了即孟子所稱的「以身殉道」：使「道」成為自己生命的根基，使「禮」成為自己生命的形式。因而是在精神層面進行的「秩序的生產」。它使得儒家的個體——有血有肉的、行動著的、言說著的、夢想著的個體——成了權力意志所建構的存在，融入權力的運營機制之中：權力通過它所建構的人而通行於世間。

修身成功的標誌是成人。怎樣才算成人呢？《論語・憲問》：

> 子路問成人。子曰：「若臧武仲之知，公綽之不欲，卞莊子之勇，冉求之藝，文之以禮樂，亦可以為成人矣」。曰：「今之成人者何

必然？見利思義，見危授命，久要不忘平生之言，亦可以為成人矣」。

孔子提出了理想的與現實的兩種「成人」標準。前者是一個集仁義禮智信於一身的完美的君子人格，後者是一個明取捨、知進退、能擔承的士大夫形象，其共同點是立於禮、據於義；其不同之處是前者能形於仁（「不欲」則仁）、成於樂，後者於此則有所未逮。另外《禮記・學記》有「中年考校。一年視離經辨志，三年視敬業樂群，五年視博習親師，七年視論學取友，謂之小成。九年知類通達，強立而不反，謂之大成」。「小成」之學的內容即如何融入規範性的社會關係之中，是個「立於禮」的問題；「大成」之學講的是如何盡心盡性、強恕而行聖人之道，是個「依於仁」的問題。

成人之後，進一步就要立功立德，成賢成聖。《論語・憲問》：

> 子路問君子。子曰：「修己以敬。」曰：「如斯而已乎？」曰：「修己以安人。」曰：「如斯而已乎？」曰：「修己以安百姓。修己以安百姓，堯舜其猶病諸。」

由「齊家」而「治國、理民」，是儒家之學的直接指向，此即子夏所謂「學而優則仕」（《論語・子張》）。為帝王師，致君堯舜，則是儒生們共同的人生政治理想。這種能夠「為君盡君道」、「為臣盡臣道」的王者股肱《大戴禮記・保傅》稱為「道（導）」、「充」、「弼」、「承」，荀子稱為大儒、聖臣[45]，實際上已經接近或成為聖人了。而「內聖外王」是儒家人格成就的最高理想。聖人是人的最完美代表。孟子稱「惟聖人，然後可以踐形」，朱子引程子釋曰：「此言聖人盡得人道而能充其形也」（《孟子集注・盡心上》）。荀子曰：「故學者，固學為聖人也」（《荀子・禮論》）。如果聖人能夠掌握權力，成為聖王，那就是天道的朗照，神明的祝福，生民的福音：「聖也者，盡倫者也；王也者，盡制者也；兩盡者，足以為天下極矣」（《荀子・解蔽》）。

通過以上分析，我們可以得出如下結論：**修身立命之學不僅是儒家的生活方式，也是他們的宗教信仰。他們最終追求的，不是成就一個完美的個體人格，而是「盡倫盡制」的崇高使命——前者只是後者的手段。在通過「學」而自我敞開的過程中，他們不僅把自己當作了工具，而且作為了獻祭的犧牲——《孟**

45　分別見《荀子》之〈儒效〉、〈臣道〉篇。

子·盡心上》有「存其心，養其性，所以事天也。夭壽不貳，修身以俟之，所以立命也」；〈盡心下〉有「君子行法，以俟命而已矣」；《荀子·宥坐》有「故君子博學深謀，修身端行，以俟其時」。上古天子諸侯養祭祀之牲，歲時必「齋戒沐浴而躬朝之」（《禮記·祭義》），臨期則潔淨修飾以待用。儒家正是把自己當作了獻祭於「道」的犧牲。當「王」兼併了「聖」，當權力殖民了真理，這種獻祭情懷就變成了對皇座的愚忠（漢末與明末黨人可為例證）。

　　福柯認為，每一種政體都創造、塑造與支援作為一種積極現象的特定的生活方式。[46]因為生活方式是秩序的天然播植者。儒家知行合一、內外雙修的生活方式正是專制制度所需要的，因為它以莊嚴的旗號塑造的，是尊君崇聖的卑順臣民。儒家群體的踐行所照亮的不僅是幽深的天道，還有專制王權盛裝表演的舞臺。

三、新民之教

　　《論語·八佾》載儀封人（儀邑掌封疆之官）評價孔子：「天下之無道也久矣，天將以夫子為木鐸。」朱熹《論語集注》釋之曰：「言天使夫子失位，周流四方以行其教，如木鐸之徇于道路也。」儒家是以自己為工具踐行他們治國平天下的理想的，這就是通過自己的道德示範和文化傳播，由立己而立人，由盡己性而盡人之性，來化風俗、作新民。**臣民的製造是專制統治的精魂所在，作「新民」就是製造合乎標準的「臣民」**。《尚書·康誥》即有「應保殷民，亦惟助王宅天命，作新民」。儒家旨在「修齊治平」的「大學」講的就是如何「作新民」，故《禮記·大學》一上來即開宗明義：「大學之道，在明明德，在親（新）民，在止於至善」。

　　在儒家看來，聖人君子對民眾的教化是社會安定、國家富強的前提和保證，是天下太平的充分必要條件。孟子認為，天生聖人就是為了引導、教育民眾的。在《孟子·萬章上》篇中，他借用伊尹的話說：「天之生此民也，使先知覺後知，使先覺覺後覺也。予，天民之先覺者也；予將以斯道覺斯民也」。在他眼裡，君子教化民眾的豐功聖德像陽光雨露博施遍浹：「君子所過者化，所存者神，上下與天地同流，豈曰小補之哉？」（《孟子·盡心上》）。

46　參見汪民安等編，《福柯的面孔》，北京：文化藝術出版社 2001 年，第 140 頁。

　　教化的內容是「禮」。在儒家看來，「禮」是一個真正的「人」所自我挺立的基礎和憑藉。孔子多次稱「不學禮」、「不知禮」則「無以立」[47]。他心目中的「仁人」則既能「立人」又能「達人」（《論語・雍也》），意即幫助別人「立於禮」，成就君子人生。《孝經・三才章》稱「先之以博愛，而民莫遺其親。陳之於德義，而民興行。先之以敬讓，而民不爭。導之以禮樂，而民和睦。示之以好惡，而民知禁」。《荀子・樂論》篇載孔子稱「吾觀於鄉，而知王道之易易也」，因為倘若一鄉之人「貴賤明，隆殺辨，和樂而不流，弟長而無遺，安燕而不亂」，則「足以正身安國矣。彼國安而天下安」。《荀子・正論》篇則徑直將「天下之大隆，是非之封界，分職名象之所起」的王制定為「教」的內容，認為天下眾生都應當「以聖王為師」。

　　教化的途徑有三個：一是通過學道受業於聖人君子，在誦經修禮的過程中浸淫習染。這是聖人之教的「大路」，在此無須細論。

　　二是通過聖人君子的身體力行作則示範。孔子認為，「政」首先意味著「自正」，即通過「正己」而「正人」：「政者，正也。子帥以正，孰敢不正。」（《論語・顏淵》）當季康子問「使民敬、忠以勸，如之何？」時，他回答：「臨之以莊則敬，孝慈則忠，舉善而教不能，則勸。」（《論語・為政》）孟子稱聖人是「百世之師也」（《孟子・盡心下》），而君子則是一世師表：「君子所性，仁義禮智根於心。其生色也，睟然見於面，盎於背，施於四體，四體不言而喻」（《孟子・盡心上》）；《大戴禮記・五帝德》稱聖人：「聰以知遠，明以察微；順天之義，知民之急；仁而威，惠而信，修身而天下服。」

　　三是通過制禮懸象示民敬戒。《周禮・夏官司馬》即有「正月之吉始和，布政于邦國都鄙。乃縣政象之法于象魏，使萬民觀政象」。《大戴禮記・四代》有「是以天子盛服朝日於東堂，以教敬示威於天下也」。《易・觀・象》有「聖人以神道設教」。儒家繁瑣無比的禮儀系統都是「示教」之設。如《禮記・郊特牲》有「是以尊天而親地也，故教民美報焉。家主中霤，而國主社，示本也」；《禮記・祭義》有「立愛自親始，教民睦也。立教自長始，教民順也。教以慈睦，而民貴有親。教以敬長，而民貴用命」；《禮記・坊記》有「祭祀之有尸也，宗廟之主也，示民有事也。修宗廟，敬祀事，教民追孝也……因其酒肉，

47　見《論語》之〈季氏〉、〈堯曰〉等篇。

聚其宗族以教民睦也」。

　　教化的哲學和倫理前提是「性相近也，習相遠也」。儘管沒有明確說出來，孔子實際上是把「返性」（天命之性因為日常習染而遠離本然）看作「教」的目的。他說，「一日克己復禮，天下歸仁焉」。而「仁」就是人之為人的根本。因而，在孔子看來，作為人性之體現者的聖人對民眾的教化是絕對的又是自然而然的。在《論語・顏淵》篇中，他說：「君子之德風，小人之德草。草上之風，必偃」。孔子以後的儒家思想家們則直截了當地把人性當作了「教化」的操作對象。在他們看來，聖人是「盡性之全」的「踐形」者，聖人之性即普遍的人性，是宇宙本然之善，而民眾之性要麼是一種善的可能性，是有待於聖人照亮的一團混沌；要麼只意味著蒙昧的情欲，有賴於聖人的化性起偽。孟子道性善，「言必稱堯舜」（《孟子・滕文公上》），認為仁義禮智「非由外鑠我也，我固有之也」，「思則得之」（《孟子・告子上》）。聖人「得之」，即可反過來推及百姓。他所嚮往的聖人就是能夠將內在的真善美「大而化之」[48]的人間教師。而荀子將禮義教化稱為「偽」，其作用於人心的效果則是「積」，積偽化性就像作土成陶一樣使人性得以成器。《荀子・性惡》篇有：「聖人之於禮義，積偽也，亦猶陶埏而為之也」。他認為，「性」不能為而可化，「積」非所有而可求，通過聖人「並一不二」的「注錯習俗」，化性移志，就能歸於大道，參於天地神明（《荀子・儒效》）。

　　化民的原因是民眾的無知，化民的目標是無知的民眾。孔子稱：「民可使由之，不可使知之」（《論語・泰伯》），一語道破了儒家之「教」的祕密：教民眾學會如何「由之」，即如何「順從」——如何循著被規化好了的路、以被設計好了的方式，規規矩矩地朝著被規定好了的目標往前走——亦即如何做一個標準化的合格的臣民。孟子稱「王者之民，皞皞如也。殺之而不怨，利之而不庸，民日遷善而不知為之者」（《孟子・盡心上》）。試想，這與老子的聖人之治：「虛其心，實其腹，弱其志，強其骨。常使民無知無欲，使知者不敢為」（《老子・第三章》）有什麼區別呢？同韓非子所設想的「賞厚而信，刑重而必，是以其民用力勞而不休，逐敵危而不卻」（《韓非子・定法》）又有多大不同？

48　《孟子・盡心下》：「可欲之謂善，有諸己之謂信。充實之謂美，充實而有光輝之謂
　　大，大而化之之謂聖。」

　　可見，儒家之「教」是專制權力整體結構中的延伸部分，是成了「毛細血管狀」的權力。它承擔著在社會基層灌注秩序觀念的職能。儒家的人生實踐本身，成了專制權力的播植機制。

　　憑藉對「教」的推崇，儒家建立起了師道尊嚴的聖壇。《禮記・學記》稱：「師嚴然後道尊。道尊然後民知敬學。是故君之所不臣於其臣者二：當其為尸，則弗臣也；當其為師，則弗臣也。大學之禮，雖詔於天子，無北面，所以尊師也」。《荀子・修身》稱「禮者、所以正身也，師者、所以正禮也……夫師、以身為正儀，而貴自安者也」。「師」成了與「天地君親」並列的五倫之一，孔子本人成了帝王所冊封的「大成至聖先師」，得以世代歆享王家供奉的冷豬頭；亞聖孟子、以及孔門十哲等亦得以配祀孔廟，沾沐皇恩。而已成為儒家衣食之源的「五經」被宣布為絕對真理——知識（真理）與權力、學統與道（君）統的合營最終取得了互利雙贏的成效。

第六章　禮樂教化與以民為本：專制秩序的建構與修飾

　　我想，可以用四個字來概括儒家的治國理民之道：就制度而言，為「禮制」；就理念來說，是「德政」。「禮樂相成，德刑互補」是儒家為專制王權的整個作業系統規劃的工作機制和程序，指向的是王權專制秩序的天然完美性。需要說明的是，儒家的制度設計只是一種理想，在實際政治中從來沒有真正實現過。所以，本文主要就理論本身分析其理念內涵和實踐方式，而較少涉及這種理論在歷朝政治中的具體應用情況。本章分四節，第一、第二兩節分別揭示「禮」、「樂」政治的專制主義實質，第三節分析這種政治設想的運作機制，第四節則著重對「德政」的核心概念「民本」進行剖析。

第一節　禮：專制王權的解碼器

　　儒家之禮包羅天地萬象，巨細無遺：《禮記》之〈禮器〉篇有「經禮三百，曲禮三千」之說；〈王制〉篇將禮分為「冠、昏、喪、祭、鄉、相見」六種；《大戴禮記‧本命》分為「冠、昏、朝、聘、喪、祭、賓主、鄉飲酒、軍旅」九類；今人鄒昌林則分為人生禮儀、生產禮儀、交接之禮、祭禮、凶禮、軍禮以及其他如房屋落成禮等七大項。[1]因此，要對儒家的禮形成較深刻的理解，不

1　鄒昌林，《中國禮文化》，北京：社會科學文獻出版社 2000 年，第 163—164 頁。

能就事論事地糾纏在雞毛蒜皮的現象裡，而必須弄明白它的本質是什麼，它在社會和人的精神中發揮著怎樣的作用並且實現這種作用的具體方式又是什麼。

　　禮的最經典定義大概是魯昭公二十五年子大叔做出的。在回答趙簡子「敢問何謂禮」的提問時，他說：「夫禮，天之經也，地之義也，民之行也。」（《左傳・昭公二十五年》）此後儒家思想家們對禮的認識都沒有超出它的範圍。顯然，禮昭示著一種秩序，但這種秩序與近代西方社會建立在契約之上的民法秩序絕然不同：它是天然而在的，是生生不息的有機宇宙之內在的等級、紋理與節奏，是萬物之統一者──道──的表現形式，因而對世間萬物，它具有無可置疑的裁制性和規範性。當王權與天道合而為一之後，「禮」自然而然就成了王權秩序的展示者和播植者：它將天道那深奧的元話語轉換成感性的、可以操作的人間程序。故《禮記・禮運》云：「是故夫禮，必本於天，殽於地，列於鬼神，達於喪祭射禦冠昏朝聘。故聖人以禮示之，故天下國家可得而正也」。

　　關於禮的作用及其方式，綜觀儒家歷代各派，都沒有超出以下五點：節、序（別）、飾、喻、利。「節」是對人的思想與行為的節制、規範；「序」是按照等級原則對事物進行的分別和排序；「飾」指的是禮的修飾和襯托作用，同後面的「喻」一樣，它也是一種隱喻，是展示「道」和「義」的「有意味的形式」；「利」指的是「禮」對社會資源的儀式化分配功能。下面集中為兩個問題展開論析。

一、道的格式化：節與序

　　所謂格式化，在這裡指的是形式秩序的規範化生成過程。在儒家看來，抽象的天道以感性的形象顯現出來，其內在韻律表現為完美的節奏與度數，這就是宇宙之禮──「天理之節文」。《禮記・樂記》稱「大樂與天地同和，大禮與天地同節」；朱熹《論語集注卷一・學而》有「禮者，天理之節文，人事之儀則也」。人是宇宙的有機組成部分，這種天理之節文就是人類社會與自然萬物共同擁有的秩序。完美的禮制，會使人類社會像大自然一樣，井然有序，一派和諧。按照天理的要求，依據人情的特點，制定相應的行為規範，以節制人的欲望和行為，使之不超越正常限度，這就是「禮制」。故《韓詩外傳》卷五稱「禮者，則天地之體，因人情而為之節文者也」；《李覯集》卷二〈禮論第二〉亦稱「夫所謂禮者，為而節之之謂也」；薛瑄《薛文清公讀書錄》卷二有「禮者，

因天理之自然而品節之以為制也」。不過，要說論證的全面性，還要看《禮記・樂記》：

> 是故先王之制禮樂也，非以極口腹耳目之欲也，將以教民平好惡，而反人道之正也。人生而靜，天之性也；感於物而動，性之欲也。物至知知，然後好惡形焉。好惡無節於內，知誘於外，不能反躬，天理滅矣。夫物之感人無窮，而人之好惡無節，則是物至而人化物也。人化物也者，滅天理而窮人欲者也。於是有悖逆詐偽之心，有淫佚作亂之事。是故強者脅弱，眾者暴寡，知者詐愚，勇者苦怯，疾病不養，老幼孤獨不得其所，此大亂之道也。是故先王之制禮樂，人為之節。衰麻哭泣，所以節喪紀也；鐘鼓干戚，所以和安樂也；昏姻冠笄，所以別男女也；射鄉食饗，所以正交接也。禮節民心，樂和民聲，政以行之，刑以防之。禮樂刑政，四達而不悖，則王道備矣。

中心意思是，正是靠了禮的裁制，人才得以成為人，才免於被物化的命運，人類社會也才得以維持最基本的人道狀態。稍加分析，我們可以發現這段文字的內在邏輯：人的本性是靜的，因而是純正無邪的。性感於物生情欲。由於人處在與外物相感召的複雜聯繫中，面臨著形形色色的誘惑，其情欲本能地傾向於漫流、過度，從而使人時刻存在喪失本性淪為非人的危險。因而，通過禮對人之情欲進行的嚴格規制，是人之為人的根本保證——禮成就了人之生命的現實性，它使生命的意義得以顯現並得以貫徹。因而它必然體現在日常生活的每一個細節中。這樣，掌握著禮樂之柄的絕對權力——王、君主——便從根本上實現了對臣民的全面控制。我們知道，專制權力對人的控制體現在三個層次：對生產和生活資料的控制、對身體的控制，對思想、情感和欲望的控制。綜觀古今中外，只有儒家設計的禮制才能同時貫穿三個層次，實現對大眾的全方位籠罩。因此，「禮」是王權裁制天下的最得力工具。對此儒家從不諱言：「禮者、治辯之極也，強國之本也，威行之道也，功名之總也，王公由之，所以一天下也」（《荀子・議兵》）；「是故聖人之制行也，不制以已，使民有所勸勉愧恥以行其言。禮以節之，信以結之，容貌以文之，衣服以移之，朋友以極之，欲民之有壹也」。（《禮記・表記》）因此，孔子才堅稱：「天下有道，則禮樂征伐自天子出；天下無道，則禮樂征伐自諸侯出」（《論語・季氏》）；《禮記・

中庸》才強調：「非天子不議禮，不制度，不考文。」

　　禮之節制確保了事物各得其「宜」。前面已經提到，在古代「儀」、「宜」、「義」是相通的。（禮）「儀」確保著事物之「宜」，從而實現著事物之「義」。如《禮記・冠義》有「凡人之所以為人者，禮義也。禮義之始，在於正容體，齊顏色，順辭令。容體正，顏色齊，辭令順，而後禮義備。以正君臣，親父子，和長幼。君臣正，父子親，長幼和，而後禮義立」；《大戴禮記・曾子制言上》有：「夫行也者，行禮之謂也。夫禮，貴者敬焉，老者孝焉，幼者慈焉，少者友焉，賤者惠焉。此禮也，行之則行也，立之則義也」；《禮記・中庸》有「禮乎禮，所以制中也」。「制中」就是制事之「宜」，使之持「正」。故《左傳》認為，禮是人們安身立命的根本：「民受天地之中以生，所謂命也。是以有動作禮義威儀之則，以定命也。能者養之以福，不能者敗以取禍。是故君子勤禮，小人盡力」（《左傳・成公十三年》）。因此禮也是偉大政治的根本：「天高地下，萬物散殊，而禮制行矣……故聖人作樂以應天，制禮以配地。禮樂明備，天地官矣。」（《禮記・樂記》）《左傳・成公二年》載孔子的議論：「名以出信，信以守器，器以藏禮，禮以行義，義以生利，利以平民，政之大節也」。禮是形象的真理，是被編程了的天理之「宜」──「義」，它的每一個細節都具有崇高的內涵，行禮者的每一個舉動都係連於道義的永恆。**可以說，「禮」使人們在一舉一動之際意識到權威的絕對性，從而自覺接受被規定好了的現實狀況，並且把現實的想像為完美的：「禮」作為反射著天理之光的莊嚴之「象」，在社會現實之上虛構了永恆。**《論語・鄉黨》這樣記載孔子入公門時的禮儀：「鞠躬如也，如不容。立不中門，行不履閾。過位，色勃如也，足躩如也，其言似不足者。攝齊升堂，鞠躬如也，屏氣似不息者。出，降一等，逞顏色，怡怡如也。沒階趨，翼如也。復其位，踧踖如也。」現代人看起來簡直猥瑣不堪，但孔子踐行起來卻莊嚴無比。可以肯定，當他「沒階趨，翼如也」時，他飛翔在自己想像的永恆的光照裡。

　　因而，禮制的貫徹和推行，就成了天道在人間、在人的精神中播植秩序的過程：「故聖王脩義之柄，禮之序，以治人情。故人情者，聖王之田也。修禮以耕之，陳義以種之，講學以耨之，本仁以聚之，播樂以安之。故禮也者，義之實也」。（《禮記・禮運》）這樣，以王權為原點的現實中的等級秩序便具有了超人間的神聖性，「禮」成了王權拜物教的宗教儀軌。

通過區別尊卑上下來確立和強化事物間的等級秩序，這是禮的另一個功能。儒家認為，大自然所以能保持完美的和諧狀態，是因為萬千事物各有其名、各有其位、各有其時。作為自然秩序之一種，禮規定了每個人的社會地位和名分——即名號、權力和義務，以及相應的行為方式，使人和人之間得以相互區別、相互對待，使人們時刻意識到自己的局限性，時刻意識到自己處於複雜的相互制約關係之中，從而各安其位，各守其分，並且時刻保持敬慎恭謹，以實現整個社會的和諧安寧。

歷代儒家都強調禮的「區別」作用。荀子在談到禮和樂的不同時指出：「且樂也者，和之不可變者也；禮也者，理之不可易者也。樂合同，禮別異」（《荀子・樂論》），倘若「禮義不修，內外無別」，則「男女淫亂，則父子相疑，上下乖離，寇難並至」（《荀子・天論》）。《禮記》的作者認為，「夫禮者，所以定親疏，決嫌疑，別同異，明是非也」（《禮記・曲禮上》）。因而，倘若沒有禮，人類社會的一切活動都會因為失去依據而無法進行，如〈哀公問〉：「民之所由生，禮為大。非禮無以節事天地之神也，非禮無以辨君臣上下長幼之位也，非禮無以別男女、父子、兄弟之親，昏姻、疏數之交也」；〈曲禮上〉：「道德仁義，非禮不成。教訓正俗，非禮不備。分爭辨訟，非禮不決。君臣、上下、父子、兄弟，非禮不定。宦學事師，非禮不親。班朝治軍，蒞官行法，非禮威嚴不行。禱祠、祭祀、供給鬼神，非禮不誠不莊。是以君子恭敬撙節，退讓以明禮」；〈坊記〉引用孔子的話，指出禮的作用在「坊民」：「夫禮者，所以章疑別微，以為民坊者也。故貴賤有等，衣服有別，朝廷有位，則民有所讓」。

禮之「別」體現於生活中的每一個層面，每一個細節。首先體現在「名」上。前面已經提到，儒家認為「名」是「質」和「義」的承擔者、體現者，通過正名就可以正人、正物、正天下。因此孔子把正名看作為政的首要之務，認為名不正則民無所措手足；荀子指出，「故王者之制名，名定而實辨，道行而志通」，倘若「異形離心交喻，異物名實玄紐」，勢必「貴賤不明，同異不別」，從而導致「志必有不喻之患，而事必有困廢之禍」，因而「知者為之分別，制名以指實，上以明貴賤，下以辨同異」，貴賤明，同異別，則「志無不喻之患，事無困廢之禍」（《荀子・正名》）。司馬光認為「名」與「器」是禮的憑依，名、器喪則禮不存：「夫禮，辨貴賤，序親疏，裁群物，制庶事。非名不著，非器不形。名以命之，器以別之，然後上下粲然有倫，此禮之大經也。名器既亡，

則禮安得獨在哉？」因此他說：「天子之職莫大於禮，禮莫大於分，分莫大於名」
（《資治通鑑》卷一）。在儒家禮典中，對「名」的規定可謂瑣碎至極，隨便
舉兩個例子：

> 《禮記・曲禮下》：「天子死曰崩，諸侯曰薨，大夫曰卒，士曰不祿，
> 庶人曰死」。

> 《大戴禮記・曾子天圓》：「諸侯之祭，牲牛，曰太牢；大夫之祭，
> 牲羊，曰少牢；士之祭，牲特豕，曰饋食」。

　　需要說明的是，「別」總是與「和」相輔相成的：如果用一種方式進行了
分別，肯定還得用另一種方式加以彌和，否則社會將分崩離析。這一點充分體
現在儒家理想的社會結構方式──宗法制裡：通過嫡長子繼承和分宗別氏的詳
細規定，使宗族在縱向上裂變為層次分明的等級結構；又通過族廟祭祀、祠堂
昭穆制度，族學等，加以橫向彌和，以強化人們的宗族共同體意識，使個體在
群體的永恆裡體會到自己存在的意義。

　　總之，「名」分別著尊卑，強調著秩序，也凸顯著意義。**通過「名之別」，
事物被納入天然而在的程序之中，成為那個規制一切的絕對者──「道」、「一」
──的秩序之網上閃光的節點。**老子曾言「名可名，非常名」（《老子》第一
章），儒家則通過對「可名」之「名」的修飾、編程，構建、烘托出了那個「不
可名」者的無比莊嚴性。

　　「禮之別」還體現在對「分」的規定上。「分」即人之「應當」，指一個
人的舉止行為所適當的內容、範圍和方式。當齊景公向孔子請教何以為政時，
孔子回答：「君君，臣臣，父父，子子」（《論語・顏淵》），這句話可謂道
出了儒家禮制的精髓：讓每個人都按照既定的角色、依據相應的規範行事。儒
家經典嚴格規定了人們所做所為的內容和程式，從軍國大事、尋常日用，到個
體的進退俯仰，靡不網羅在內。請看《大戴禮記・朝事》對「命禮」和「上公
之禮」的記載：

> 命：上公九命為伯，其國家、宮室、車旌、衣服、禮儀，皆以九為節；
> 諸侯諸伯七命，其國家、宮室、車旌、衣服、禮儀，皆以七為節；
> 子男五命，其國家、宮室、車旌、衣服、禮儀，皆以五為節。

上公之禮：執桓圭九寸，繅藉九寸，冕服九章，建常九旒，樊纓九就，
貳車九乘，介九人，禮九牢，其朝位賓主之間九十步，饗禮九獻，
食禮九舉。

再看《禮記》關於祭祀、衣食、以及走路方式、甚至視線角度的種種繁瑣
規定：

〈曲禮下〉：天子祭天地，祭四方，祭山川，祭五祀，歲遍。諸侯方祀，
祭山川，祭五祀，歲遍。大夫祭五祀，歲遍。士祭其先。

〈玉藻〉：士不衣織，無君者不貳采。衣正色，裳間色。非列采不
入公門，振絺綌不入公門。表裘不入公門，襲裘不入公門。

〈喪大記〉：君之喪，子、大夫、公子、眾士，皆三日不食。子大夫、
公子食粥，納財，朝一溢米，莫一溢米，食之無算。士疏食水飲，
食之無算。夫人、世婦、諸妻，皆疏食水飲，食之無算。

〈玉藻〉：凡君召以三節，二節以走，一節以趨。在官不俟屨，在
外不俟車。

〈玉藻〉：天子視不上於袷，不下於帶。國君綏視，大夫衡視，士
視五步。

「禮儀立，則貴賤等矣」，因為定分的目的是編序——「所以官序貴賤各
得其宜也，所以示後世有尊卑長幼之序也」（《禮記・樂記》）。這種編序的
功能有兩個，一是在縱向上強化對中心的無條件歸依：別貴賤即尊尊長長，由
是社會能量由低層向高層、由四周向中心呈累級放大效應集中，最後統聚於王
——就是說，因為王是天下之尊，尊尊的結果必然是尊「天下之一尊」——王。
二是橫向人際關係中的消隙止爭。《禮記・曲禮》中講：「夫禮者，自卑而尊
人」。「自卑而尊人」就是「讓」，《左傳・襄公二十三年》有「讓，德之主
也」。在等級名分一定的情況下，通過「讓」相互俯就相互妥協，就能消彌矛盾，
避免紛爭，故《禮記・鄉飲酒》有：「鄉飲酒之義，主人拜迎賓於庠門之外，
入三揖而後至階，三讓而後升，所以致尊讓也；盥洗揚觶，所以致絜也；拜至，
拜洗，拜受，拜送，拜既，所以致敬也。尊讓絜敬也者，君子之所以相接也。
君子尊讓則不爭，絜敬則不慢，不慢不爭，則遠於鬥辨矣。不鬥辨則無暴亂之

禍矣，斯君子所以免於人禍也。故聖人制之以道」；〈聘義〉有：「諸侯相屬以禮，則外不相侵，內不相陵。此天子之所以養諸侯。兵不用而諸侯自為正之具也」。作為一種統治工具，「禮」不僅直接「正人」，而且使人「自正」，使人「相互正」，它使每個人都成為中心意志即最高權力的直接貫徹者。

可見，儒家的禮制是涉及各個領域、各個層次的縱橫構連的無數個等級系列，王是每一個系列的頂點，這樣整個社會便構成了一個向心式的網路結構，每個人都被束縛在這個網路之中，按照被規定好了的方式與他人關聯在一起。如果一個人的行為不合「禮」，他就得不到自己分內的利益，同時也危及了別人的權利和尊嚴，因而就毀壞了自己立身的基礎，他就不能融入社會之中，就會成為被排斥的遊魂野鬼。所以孔子說：「不學禮，無以立。」這就決定了體制中的每個個體不得不毫無選擇地按照公共規則——實際上是由最高權力制定的規則——行事。這樣，人的生活本身——他的勞動力的再生產以及生產、生活資料的再生產，就同時成了秩序的再生產。

二、人的符碼化：飾、喻、利

人的符碼化體現在三個方面：君子容飾、社會象徵資本生產（喻）[2]，以及財富的儀式化分配。

前面已經提到，「飾」是儒家的修辭術，可以說，儒家的禮儀系統就是一篇充滿修辭的、繁文縟采的洋洋大賦，表達了對群體的生命、對自古而來的傳統、對替天行道的神聖權威的崇敬和讚美，以及對體仁行義的君子人格的自我欣賞與耽迷。「物不可以苟合而已，故受之以賁。賁者，飾也。至飾然後亨，則盡矣」。（《易‧序卦》）「飾」即大哉美哉之君子德行的宣示。所謂「君子容飾」，既是禮的內容，也是禮的精神具象化——禮就是經過修飾了的形象的「意義」。因此，《大戴禮記》的作者說：「君子不可以不學，見人不可以不飾」，因為「不飾無貌，無貌不敬，不敬無禮，無禮不立。」（《大戴禮記‧勸學》）故《禮記‧樂記》一言概之曰：「合情飾貌者，禮樂之事也」。

禮的本質即「示其所是」，它把現實的昭示為天經地義的，它把生活變成了對天道「辨讀」和「體認」的過程。所謂君子容飾就是「禮之象」，是真理

---

2 社會象徵資本在這裡指的是為權力提供合法性證明的符號系統。隱喻是其生產機制之一，比如各種祭祀、儀典、宮殿建築樣式、天文體系構想等。

的無言訴說：

> 《禮記‧仲尼燕居》：「是故君子無物而不在禮矣。入門而金作，示情也。升歌清廟，示德也。下而管象，示事也。是故古之君子，不必親相與言也，以禮樂相示而已」；

> 《禮記‧玉藻》：古之君子必佩玉，右徵角，左宮羽，趨以采齊，行以肆夏，周還中規，折還中矩，進則揖之，退則揚之，然後玉鏘鳴也。故君子在車則聞鸞和之聲，行則鳴佩玉，是以非辟之心無自入也。

> 《春秋繁露》卷第六〈服制象〉：天地之生萬物也以養人，故其可適者，以養身體；其可威者，以為容服；禮之所為興也。劍之在左，青龍之象也；刀之在右，白虎之象也；韍之在前，赤鳥之象也；冠之在首，玄武之象也；四者，人之盛飾也。夫能通古今，別然不然，乃能服此也。

　　人完全被符碼化了，成了真理的可知可觀可操作的感性符號，成為天道陳述自己意志的卑微載體。符碼化是一種徹底的同質化，它使每個人只有在程序中才具有意義，程序的編制者——道、國君——因此實現了對社會個體的全面控制。可以說，**禮是一種使人遺忘的技術：在苛求細節的自我裝潢裡，人們遺忘了生活的本質，甚至遺忘了自己的欲望，而沉浸在籠罩族類群體的永恆秩序的光照中——在繁容盛飾的虛假榮耀裡，儒家的「君子」不僅喪失了抗禮權力的資格，而且使自己的存在本身成為了權力資本的生產者、權力程序的複製者。**

　　「德衰然後飾仁義，和失然後調聲，禮淫然後飾容」（《通玄真經》卷第九〈下德〉）。人的符號化意味著禮的形式化。孔子即有「禮云禮云，玉帛云乎哉？樂云樂云，鐘鼓云乎哉？」（《論語‧陽貨》）的感歎；荀子則深懷對「逢衣淺帶，解果其冠，略法先王而足亂世術」的俗儒的鄙視。漢朝以後，隨著與真實生活的日漸遠離，儒家之禮變得日益冷酷和虛幻，禮教成了殺人的軟刀子，高冠博帶的「彬彬君子」則淪為助紂為虐的假道學。

　　人的符碼化也體現在禮的隱喻功能上。在提到禮的功用時，《禮記‧祭義》說：「天下之禮，致反始也，致鬼神也，致和用也，致義也，致讓也。致反始，以厚其本也。致鬼神，以尊上也。致物用，以立民紀也。致義，則上下不悖逆

矣。致讓，以去爭也」。「致反始」與「致鬼神」就是通過隱喻進行的意義建構。作為一個完整的表義系統，禮通過節奏化、程式化的、高強度的情感與意念凝聚，向人們昭示著生命的根本、文明的源泉、群體的福祉和族類的遠景：

> 《大戴禮記‧禮三本》：禮有三本：天地者，性之本也；先祖者，類之本也；君師者，治之本也。無天地焉生？無先祖焉出？無君師焉治？

> 《禮記‧祭義》：郊之祭，大報天而主日，配以月。

> 《禮記‧郊特牲》：社所以神地之道也。地載萬物，天垂象，取財於地，取法於天，是以尊天而親地也。故教民美報焉。家主中霤，而國主社，示本也。唯為社事，單出里[3]；唯為社田，國人畢作。唯社，丘乘共粢盛。所以報本反始也。

> 《大戴禮記‧禮三本》：大饗尚玄尊而用酒……貴本而親用。貴本之謂文，親用之謂理，兩者合而成文，以歸太一，夫是謂大隆。

通過禮，個人歸屬於群體，群體系連於永恆。可以想像，當孔子宣稱「殷因於夏禮，所損益可知也；周因於殷禮，所損益可知也，其或繼周者，雖百世可知也」（《論語‧為政》），並感歎「鬱鬱乎文哉，吾從周」（《論語‧八佾》）時，他正沐浴在先王傳統的神聖光照裡。

我們知道，發生在顓頊時代的「絕天地通」意味著統治者對最重要的權力資本——合法性象徵即巫術的壟斷。進入文明社會以後，「禮」逐漸取代巫術而成為權力的生產要素（儀式是權力的象喻，秩序的源泉），王者通過「制禮」來生產自己的合法性。因而，**儒家所傾心維護的禮制不過是最高權力貫徹自己意志的隱喻系統。在由禮所建構的意義世界裡，個體只是族類的一個碎片。他被天地鬼神所籠罩，被傳統所規制，被群體所整合：像一個音符，被統攝進天地神明與偉大君主共同排演的大和樂裡。**

人的符碼化還體現在禮的財富分配功能上。《禮記‧禮運》講：「夫禮之初，始諸飲食。其燔黍捭豚，汙尊而抔飲，蕢桴而土鼓，猶若可以致其敬於鬼神」。衣食日用是禮的一個重要淵源。在上古漁獵時代，人們獵得野獸往往

3　「單」通「殫」，「單出里」，即指里人盡出。

由長者操刀分配，為避免紛爭，這種分配是遵循著一定的儀式和規則的。進入階級社會後，統治者把天下民人土地視為俎上牛羊宰割授受，禮繼續承擔著整個社會範圍內財富分配的職能。財富的分配在天子與諸侯間主要是通過賞賜與貢賦制度進行的。《尚書‧禹貢》記載大禹時即「隨山浚川，任土作貢」；而據《周禮》，地官司徒的職責之一是「制天下之地征，以作民職，以令地貢，以斂財賦，以均齊天下之政」；《禮記‧月令》亦有：「乃命太史，次諸侯之列，賦之犧牲，以共皇天上帝社稷之饗。乃命同姓之邦，共寢廟之芻豢；命宰歷卿大夫至於庶民土田之數，而賦犧牲，以共山林名川之祀。凡在天下九州之民者，無不咸獻其力，以共皇天上帝、社稷寢廟、山林名川之祀。」天子對臣下的賞賜主要是名位爵號及相關的土地、民眾、器用。《周禮‧春官宗伯》記載了不同等級的賞賜禮的規格：「壹命受職，再命受服，三命受位，四命受器，五命賜則，六命賜官，七命賜國，八命作牧，九命作伯」。這種賜貢關係是國家的重禮，實際上也是一種權利分配（既是財富的分配也是權力的分配）機制。《禮記‧射義》還記載了一種更加形式化的分配方式：

> 是故古者天子之制，諸侯歲獻，貢士於天子，天子試之於射宮。其容體比於禮，其節比於樂，而中多者，得與於祭。其容體不比於禮，其節不比於樂，而中少者，不得與於祭。數與於祭而君有慶，數不與於祭而君有讓。數有慶而益地，數有讓而削地。故曰：射者，射為諸侯也。是以諸侯君臣盡志於射，以習禮樂。夫君臣習禮樂而以流亡者，未之有也。
>
> 故天子之大射，謂之射侯。射侯者，射為諸侯也。射中則得為諸侯，射不中則不得為諸侯。
>
> 是故古者天子，以射選諸侯卿大夫士。射者，男子之事也，因而飾之以禮樂也。故事之盡禮樂而可數為以立德行者，莫若射。故聖王務焉。

《禮記》記載的不一定完全是歷史上實有的制度，唯其如此，我們說，它反映了儒家的願望和理想。這裡顯然把權利的分配儀式化了。無論是選諸侯還是卿大夫士，都是很重大的事情，卻「飾之以禮樂」，把射箭的體容節奏和射中的次數作為簡拔的標準，現代人看來會感到不可思議，在當時卻自有其合理

性：當時地廣人少，中央對地方的控制只能通過「名分」來進行；「射禮」只是一種「遊戲」，但遊戲的規則是由王制定的，對規則的承認就是對王權的承認，而只要體現出對王權的敬意（恭敬於射），就能得到相應的物質利益，因為「普天之下，莫非王土，率土之濱，莫非王臣」（《詩經・小雅・北山》），臣下的一切在名義上都是王所賜予的。並且，**整個射禮塑造了一種天人諧和的意識形態氛圍：在通過射儀的恭謹莊肅體現王權的無比威嚴性的同時，射禮之「樂」以其節奏鏘鏘笙歌煌煌營造出一種遮罩塵俗的恆典氣氛。於是，本來赤裸裸的物質分配關係之上，被打上了一層為神明及偉大先祖所祝福的一家人喜氣洋洋的溫情輝光。**在這種情境下，任何關於權力物欲的非分之想都是刺耳的不諧和音，都是人神共憤的大逆不道——人又一次被符碼化了，在臣民面前耀武揚威的卿大夫士們成了王權主旋律中順乖乖搖頭擺尾的音符。

第二節　樂：專制王權的催眠術

也許沒有哪個民族，像中華民族一樣，對音樂賦予了如此之多的倫理和政治內容。在作為傳統主流政治思想的儒家學說中，音樂被列為「禮、樂、政、刑」四者之一，成了「同民心而出治道」的統治工具。儒家向來將「禮」、「樂」並稱，強調樂在維護封建等級秩序中無以取代的作用。然而，今人在研究儒家思想和傳統文化時，一般是以禮為主，對樂往往一筆帶過或語焉不詳。例如，楊向奎先生在其著述《宗周社會與禮樂文明》中，只是在「周公制禮作樂」、「詩與樂舞」等層面上談及樂的作用。楊華先生在其《先秦禮樂文化》一書中，對樂作為一種文化現象進行了較深入的分析，但基本上還是從「禮」的角度研究「樂」；宋瑞凱、唐繼凱兩先生分別從傳統思維體系和思維方式角度，探討過樂的形而上基礎，對樂的政治涵義只是略有涉及 [4]；其他一些研究樂與政治之關係的文章，基本都停留在對樂在政治實踐中所發揮的作用進行分析的層面上。可以說，對樂與禮在根源上的一致性，對樂的政治內涵和權力本質，還沒有人給予充分研究。

4　宋瑞凱，〈陰陽五行觀與西周時期的天道音律思維〉，載《國際關係學院學報》，1999 第 2 期；唐繼凱，〈中國古代天文曆法與律呂之學〉，載《交響——西安音樂學院學報》，2000 第 3 期。

需要說明的是，本章引用了《呂氏春秋》、《淮南子》中的一些材料，這是因為，在對樂的本源性理解方面，儒家與他們是一致的。

一、秩序的創生者

人類社會是一個「混亂」與「有序」交替演進的過程，也即是一個「噪音」不斷地被規訓為「樂音」的過程。[5] 所謂音樂，就是噪音的規範化、系統化。可以說，它是人類社會秩序最早的表達者之一。

從起源上看，音樂絕不是一種簡單的娛樂形式。音樂是人類與其周圍環境的溝通方式，是人類群體對宇宙秩序和機制的體驗、模擬與回應。所以古人認為「樂效八方之風」。樂來於大自然深處，作用於天人之際。《呂氏春秋・古樂篇》說：

> 惟天之合，正風乃行，其音熙熙淒淒鏘鏘。帝顓頊好其音，乃令飛龍作樂，效八風之音，命之曰〈承云〉，以祭上帝。

那麼，「風」又是什麼呢？在古人眼裡，風不是今人所理解的「流動的空氣」，而是自然萬物所發出的有生命的呼吸，這種呼吸依據季節的轉換會發生有規律的升降起伏，這就是「律」。《呂氏春秋・音律篇》：

> 大聖至理之世，天地之氣，合而生風，日至則月鐘其風，以生十二律……天地之氣正，則十二律定矣。

陰陽消息，是樂之律呂的自然基礎，而風則是音樂最樸素最本原的形態。可見，音樂是大自然的內在屬性，是大自然的本然狀態。

1. 樂是大自然的韻律

在古人眼裡，宇宙自然之所以呈現為一種大和諧狀態，是因為它有一個絕對的中心[6]，以及由此中心發出、統攝一切的中央機制，呈現為一種天然不易的等級秩序——陽尊陰卑，以及由此秩序決定的關係方式——陽動陰順。天地尊卑，乃自然之序，動靜有常，萬古不易；風雨雷霆，即天地之和，盈縮有度，

5　法國學者賈克・阿達利最早系統地研究了音樂與社會秩序的互動關係。本文無疑受了他的啟發。讀者可參閱其著作《噪音：音樂的政治經濟學》。上海人民出版社2000年。

6　參見本書第四章對「中」觀念的分析。

澤被無極。因而，宇宙大和樂的演奏過程，也就是秩序的生成過程。因而，《呂氏春秋》說：「音樂之所由來者遠矣。生於度量，本於太一」（《呂氏春秋‧仲夏紀‧大樂》）。

音樂一開始即反映著人類對自然萬物之本質的想像和感受。中華音樂是華夏先民對於宇宙萬物象數合一的認知形式。「本於太一」，則日升月降、鶴唳鳳鳴，皆其取象之資；「生於度量」，則陰消陽長，奇分偶合，即其變化之端。

在長期的生產、生活實踐中，古人逐漸意識到隨著太陽軌道的推移，星辰的流轉，天地之氣的強弱、萬物發出的聲音的高低，會發生有規律的變化。這種變化進退有據，往來循環，呈現出一種美麗的節奏感——這就是大自然的韻律。這種自然之樂是人間之樂的範本，也是人類感應天地萬物的契入處。人間之樂，只有融於大自然的主旋律，才能致天地之和，得風調雨順。

《淮南子‧主術訓》通過對古代音樂的總結，指出：「樂生於音，音生於律，律生於風，此聲之宗也」。點出了音律的起源。

古人定律用的是把天地之脈、察四時之情的「候氣法」。據典籍記載，其法是：先置不同尺寸之律管十二支，在三重密室內依十二辰方位豎直埋於地下，管之上端與地持平，管腔內充以葭莩灰，用薄膜封口。至冬至日交節時分，其中長九寸之律管必有葭灰逸出，屆時即為冬至時刻，該管即為黃鐘律管。[7] 餘皆類推：「季冬生大呂，孟春生太簇，仲春生夾鐘，季春生姑洗，孟夏生仲呂，仲夏日長至，則生蕤賓，季夏生林鐘，孟秋生夷則，仲秋生南呂，季秋生無射，孟冬生應鐘。天地之風正，則十二律定矣」[8]。

陽六為律，即黃鐘、太簇、姑洗、蕤賓、夷則、無射；陰六為呂，即大呂、夾鐘、中呂、林鐘，南呂、應鐘。十二律之間從黃鐘開始按照一定的比率（約增減 2/3）陰陽相生，高下相成，體現著自然之「數」（秩序）的美麗與莊嚴。因而，「樂」是大宇宙最根本、最隱祕的秩序。

這種秩序表現為「和」，因為音律之間的差別只是同一個東西——道——

---

7 參見《後漢書‧律曆志》及《隋書‧律曆志》，臺北：臺灣商務印書館《文淵閣四庫全書》卷 252，第 213 頁；卷 264，第 206 頁。

8 見《呂氏春秋‧音律》。十二律的完善肯定經過了一個漫長的過程：數理推演、物候觀測以及音樂實踐，三個方面的情況相互參證，反覆試錯，逐漸形成定制。但不管怎樣，物候表徵是定律的最終依據。

的不同量態。前面我們已經講到，所謂「和」，就是對「同質的差異性」的統合。天道是一切的本源，它的本然狀態就是和諧的。人間的樂（具體說，是聖王創制的雅樂）既然與宇宙之樂擁有共同的基礎，就應當體現天地之「和」，故《禮記‧樂記》云：「樂者，天地之和也」，「大樂與天地同和，大禮與天地同節」。

於是，我們可以明白，**處處強調「和」的儒家雅樂實際上強調的是秩序：它的詭祕在於通過包容差異性的辦法來維持差異性**[9]**，它為差異性賦予一種自然基礎（音律），按照自然秩序的原則，對差異性進行編程，形成節奏，形成一個無所不在的功能場，把差異性統合起來，遮蔽開去。而在音樂的反復演示中，其內在秩序在人的觀念中自我複製。**

2. 天子省風作樂：權力的獨占

「風氣者禮樂之使，萬物之首」[10]。古人比現代人深刻的地方，在於他們不僅用眼睛，而且還能用耳朵去認識和體悟自然。古人造字，從耳為「聖」、為「聰」，便透露了個中消息。在上古，作為祭祀階層的重要成員，樂師[11]承擔著溝通天人、調理陰陽的神聖職責。他們通過聽風捕捉物候機變，預測歲時凶吉。周宣王時（827 年 BC — 781 年 BC），虢文公曾建議宣王循用古法，修籍田禮：

> 先時五日，瞽告協風至，（韋注：瞽，樂太師，知風聲者也。協，和也。風氣和，時候至也），王即齋宮，百官御事各即其齋三日……是日也，瞽師音官以風土。（韋注：音官，樂官。以音律省風土，音律和則大氣養也。）（《國語‧周語上》）

可見省風土具有悠久的淵源。《國語‧鄭語》提到了一個類似的例子。在回答鄭隱公虞幕為何人時，史伯說：「虞幕，能聽協風，以成萬物者也」。（韋注：虞幕，舜後虞思也。協，和也。言能聽知和風，因時順氣，以成育萬物，使之樂生）

昔武王伐紂，吹律聽聲；《周禮‧春官宗伯下》有「太師執同律以聽軍聲

9　實際上，只有噪音才是同質的、無序的，音樂是對差異性的肯定，或者說，差異性是音樂的前提。

10　《樂緯‧動聲儀》，見〔日〕安居香山、中村璋八編，《緯書集成》，石家莊：河北人民出版社 1994 年，第 538 頁。

11　一般由盲人擔任。盲人的生理殘缺本身給人一種神祕感。

而占其吉凶」，典同「掌六律六同之和，以辯天地四方陰陽之聲」；春秋時楚師伐鄭，師曠知南風之不競，而預言楚師必敗——「聽風」的重要性可見一斑。

《後漢書・律曆志》也記載了「聽風」與「候氣」的情況：

> ……陰陽合則景至，律氣應則灰除。是故天子常以日冬夏至御前殿，合八能之士，陳八音，聽樂均，度晷景，候鐘律，權土炭，效陰陽。

上古人類最普遍的信仰是相信能以自己的虔誠感應萬物，而音樂就是促成這種感應的最神祕媒介。因為它是人的生命與大自然生命的共振與呼應。通過省風可定律，通過吹律能聽風。陰陽消長，吉凶變化，都可以細究於音聲之際。故《大戴禮記・小辨》云：「天子學樂辨風，制禮以行政。」

既然音樂具有如此神力，它就不是一般人所能擁有的。只有能代表天意的聖人——天子，才有資格掌握它：

> 夫樂，天子之職也。夫樂，音之輿也；而鐘，音之器也。天子省風以作樂，器以鐘之，輿以行之（《左傳・昭公二十一年》）。

天子通過「樂」媒介天人。《禮記・樂記》：

> 是故大人舉禮樂，則天地將為昭焉。天地相合，陰陽相得，煦嫗覆育萬物，然後草木茂，區萌達……則樂之道歸焉。
> 禮樂偵天地之情，達神明之德，降興上下之神，而凝是精粗之體，領父子君臣之節。

天子利用樂教化民眾：

> 《禮記・樂記》：樂也者，聖人之所樂也，而可以善民心：其感人深，其移風易俗，故先王著其教焉。
> 《禮記・經解》：天子者，與天地參。故德配天地，兼利萬物，與日月並明，明照四海而不遺微小。其在朝廷，則道仁聖禮義之序；燕處，則聽雅頌之音；行步，則有環佩之聲；升車，則有鸞和之音。居處有禮，進退有度，百官得其宜，萬事得其序。

　　芸芸眾生混同草木蟲魚，只是大自然的有機組成部分，只有天子一人，超然於系統之外，在萬物的樞機處，在上蒼的關注下，運作風雨，安排庶類：以周朝為例，只有天子可以祭祀天地四方，「樂」則是祭典的重要組成部分——《禮記‧祭統》有「升歌清廟，下而管象，朱乾玉戚以舞大武，八佾以舞夏，此天子之樂也」。實際上，正是在音樂所營造的莊嚴氛圍裡，天子的威權才得以超越人間而上達於天庭。可以說，「樂」就是他與神明的對話和密謀——樂從權力的起點處參與了秩序的創造。

二、對主體性的剝奪

　　《荀子‧樂論》：樂和同，禮別異。

　　《禮記‧樂記》：樂者為同，禮者為異。同則相親，異則相敬。

　　《禮記‧樂記》：禮者，殊事合敬者也；樂者，異文合愛者也

　　在儒家那裡，人不是「樂」的主體，而是被「樂」（天樂）所演奏的器具，為「樂」（統治者之樂）所規馴的對象。所謂以樂化民，就是以某種共同的標準，引導、規範人們的情感、欲念，把人徹底同質化，使之合乎專制權力的要求——在平和、中正而又莊嚴的旋律裡，人的主體性被剝奪得一乾二淨。

1. 人：會發音的蘆管

　　音樂不是某個人的藝術作品，甚至也不是神明的恩賜，而是大化流行的韻律，陰陽起伏的消息。而人的音樂，不過是一支蘆管對天籟發出的回音：

　　《毛詩》卷一：情動於中而形於言，言之不足，故嗟歎之；嗟歎之不足，故詠歌之；詠歌之不足，不知手之舞之，足之蹈之。

　　《禮記‧樂記》：凡音之起，由人心生也。人心之動，物使之然。感於物而動，故形於聲。

　　《呂氏春秋‧季夏紀‧音初》：凡音者，產乎人心者也。感乎心則蕩乎音，音成於外而化乎內，是故聞其聲而知其風，察其風而知其志，觀其志而知其德。

　　「樂者，樂也」（《禮記‧樂記》）。感於外而動於中，發為音聲動作，

這便是民眾之「樂」。在這裡，**民眾的自發性完全是被動的，民眾之「詠之」與「蹈之」與鹿鳴猿嘯、鶯歌燕舞一起，構成了宇宙大樂的豐富性，形成了一個地方的自然—文化景觀。音樂的演奏者被淹沒在萬象深處。**

因此，「采風」成為最高統治者瞭解地方民俗風情的重要統治手段。《漢書・食貨志》記載了上古時代采風的情形：

> 孟春之日，群居者將散，行人振木鐸徇於路，以采詩，獻之大師，比其音律，以聞於天子 [12]。

由此，《詩經》中率性而為、有血有肉的歌詩被目為「土風」，作者的主體地位被強橫地予以剝奪。於是，諸如「關關雎鳩，在河之洲，窈窕淑女，君子好逑」，以及「野有死鹿，白茅包之；有女懷春，吉士誘之」之類芳草鮮美的文字，表達的不再是個體的情感欲念，而是陰陽消長、世道盛衰的吉凶消息。在此，我們又一次見證了權力與匿名性之間深邃的統一性。

正如草有良莠，人有正邪，音樂亦有雅、淫之分，合乎中道的是雅樂，率性而為的是淫樂。淫樂是一種病態，是民眾接受不良影響而放縱情志的結果。因此，治國理民的要務之一，就是以雅樂節愛欲、導民心：

> 《呂氏春秋・仲夏紀・適音》：故先王之治禮樂也，非特以歡耳目、極口腹之欲也，將教民平好惡，行禮義也。

> 《呂氏春秋・季夏紀・音初》：故君子反道以修德，正德以出樂，和樂以成順。樂和而民向方矣。

> 《禮記・樂記》：凡奸聲感人，而逆氣應之，逆氣成象，而淫樂興焉；正聲感人，而順氣應之，順氣成象，而和樂興焉。倡和有應，回邪曲直各歸其分，而萬物之理，各以類相動也。是故君子反情以和其志，比類以成其行。奸聲亂色，不留聰明；淫樂慝禮，不接心術。惰慢邪辟之氣，不設於身體，使耳目、鼻口、心知、百體，皆由順正，以行其義。

樂被權力所收編，成為溫柔而陰險的統治工具，以天道的陰森對人的感性

12　《漢書・食貨志》，臺北：臺灣商務印書館《文淵閣四庫全書》卷249，第534頁。

欲求進行規訓和休整，而人成了搖曳在大自然之律動中的蘆管，只能對絕對者的權力意志發出天籟般的回聲。

2. 使人沉淪的同質性

《荀子‧樂論》：樂和同，禮別異。

《禮記‧樂記》：樂者為同，禮者為異。同則相親，異則相敬。

《禮記‧樂記》：禮者，殊事合敬者也；樂者，異文合愛者也。

與古希臘、羅馬社會以法律約束社會成員間的衝突不同，儒家在一個更廣大的範圍內以一種超越的方式實現了不同利益階層的整合：人類作為一個種屬出現在萬物之間，靠了聖人的制禮作樂，才從重新淪為禽獸的危險中超脫出來（不懂禮的夷狄即被歸入禽獸類）。正是「樂」的「和同」與「合愛」，把社會緊密結合在一起。請看《禮記‧樂記》：

> 是故，樂在宗廟之中，君臣上下同聽之，則莫不和敬；在族長鄉里之中，長幼同聽之，則莫不和順；在閨門之內，父子兄弟同聽之，則莫不和親。故樂者，審一以定和，比物以飾節，節奏合以成文，所以合和父子君臣，附親萬民也。是先王立樂之方也。故聽其雅頌之聲，志意得廣焉；執其干戚，習其俯仰詘伸，容貌得莊焉；行其綴兆，要其節奏，行列得正焉，進退得齊焉。故樂者，天地之命，中和之紀，人情之所不能免也。

「和」就是將所有矛盾消弭於表面，使每個人都變成外包裝（文）與內容（心）都一致的標準化產品：「聽其雅頌之聲，志意得廣焉；執其干戚，習其俯仰詘伸，容貌得莊焉。」在那諧和鏗鏘的節奏裡，人身上所有個性化的東西都被揉搓淨盡。所以，《樂記》在說了「禮義立則貴賤等矣」之後，接著說「樂文同則上下和矣」。**通過對「和」的境界與氛圍的追求，樂在人的意識深處重建差異性的同時，卻又通過「比物飾節」、「合奏成文」把人從肉體到精神都符碼化、同質化了。**

其實它本來就訴諸人的同質性：樂是情感的表達，但這種情感作為對外物刺激的反應，像大自然的風雨陰晴一樣，可以整體性地進行預測和調節。《禮

記‧樂記》：

> 是故治世之音安以樂，其政和。亂世之音怨以怒，其政乖。亡國之
> 音哀以思，其民困。聲音之道，與政通矣。
>
> 志微焦衰之音作，而民憂思；嘽諧慢易繁文簡節之音作，而民康樂；
> 粗厲猛起奮末廣賁之音作，而民剛毅；廉直經正莊誠之音作，而民
> 素敬；寬裕肉好順成和動之音作，而民慈愛；流辟邪散狄成滌濫之
> 音作，而民淫亂。

有什麼樣的音樂，就會有什麼樣的社會生態，就會有什麼樣的「民」，民
眾完全是一種被動的同質性存在。孔子在論君子之德的教化作用時曾說：「君
子之德風，小民之德草，草尚之風，必偃」（《孟子‧滕文公上》）。這句話
用在這裡也非常合適：統治者的音樂是體現著自然秩序的「風」，民眾不過是
毫無個性的野草，只能隨風俯仰——樂抹平人的差異性，把每一個個體變成抽
象的音符；同時刻意塑造一種共同體氛圍，把個體的訴求淹沒在群體的願景和
想像裡。

3. 五音：權力的符碼

樂音意味著秩序，而噪音則意味著暴力。「當權力在它所激發的恐懼上，
在它建立社會秩序的能力上，在它對暴力單一獨占上找到合法基礎時，它便專
擅了噪音」[13]。這個論斷反過來也成立：當權力專擅了噪音時，它便獨占了暴力。
五音十二律構成一個嚴密體系，作為一種宇宙秩序籠罩一切，吸納了任何可能
的不和諧音：每一個符號，都成了權力的表徵。

「天有六氣，降生五味，發為五色，征為五聲，淫生六疾。」（《左傳‧
昭西元年》）作為宇宙自然根本屬性之一，五聲與五方、四季（春夏秋冬加上
長夏即五季）、五味、五色、五臟等相互映射，相互生發，共同構成了事物之
間相生相剋的關係方式。其中以宮聲為中心，居中央而御四方，決定著大自然
運行中某一段旋律的強弱和色彩。因而「五音」本身即是一個權力體系：

> 《禮記‧樂紀》：宮為君，商為臣，角為民，徵為事，羽為物。

13　〔法〕賈克‧阿達利，《噪音：音樂的政治經濟學》，上海人民出版社2000年，第35頁。

> 《晉書·樂志》：五聲宮為君。宮之為言中也，中和之道，無往而不理焉；商為臣，商之為言強也，謂金性之堅強也；角為民，角之為言觸也，謂象諸陽氣觸物而生也；徵為事，徵之為言止也，言物盛則止也；羽為物，羽之為言舒也，言陽氣將復，萬物孳育而舒生也。

五聲尚宮，萬民尊王。秉中和之道的「君」不僅可以御民眾，而且「無往而不理」，花草樹木，魚蟲鳥獸，亦盡在其籠絡之內。

五聲亦具有生、殺、長、養、藏，仁、義、禮、智、信等神力與德性，鼓動萬物，變化性情：

> 《史記·樂書》：故宮動脾而和正聖，商動肺而和正義，角動肝而和正仁，徵動心而和正禮，羽動腎而和動智……故聞宮音，使人溫舒而廣大；聞商音，使人方正而好義；聞角音，使人惻隱而愛人；聞徵音，使人樂善而好施；聞羽音，使人整齊而好禮。

> 《樂緯·動聲儀》：宮為君，君者，當寬大容眾，故其聲宏以抒，其和清以柔，動脾也；商為臣，臣者，當發明君之號令，其聲散以明，其和溫以斷，動肺也；角為民，民者，當約儉不奢僭差，故其聲防以約，其和清以淨，動肝也；徵為事，事者，君子之功，既當急就之，其事常，不流亡，故其聲貶以疾，其和平以切，動心也；羽為物，物者不齊委聚，故其聲散以虛，其和斷以散，動腎也[14]。

宮、商、角、徵、羽如帶著面具的戲中角色，其所處的位置、其發言的方式，都不可移易：每個符號都被角色化，賦予了相應的社會倫理內容。其關係方式的根本特徵，是從屬者對中心主導者的自覺歸順和依附——一句話，音樂符號成為權力的代碼。

有意思的是，刻意求「和」的中國古典音樂卻沒有發明和聲。這是因為，對講究名分與地位的古人來說，讓三個以上不同身分的聲音同時發言，是難以想像的。那樣簡直等同於「君不君，臣不臣，父不父，子不子」——在他們眼裡，音樂天然地是一種秩序的表達。

因而，音樂的形制和內容也被符號化了，不同的人享有不同的音樂，不同

14　轉引自桂馥，《說文解字義證》，上海古籍出版社 1987 年，第 223 頁。

的場所、不同的情境，要有不同的音樂與之相適配：

> 《周禮·春官宗伯下》：凡射，王以〈騶虞〉為節，諸侯以〈狸首〉
> 為節，大夫以〈采蘋〉為節，士以〈采蘩〉為節。
>
> 《左傳·隱公五年》：天子用八，諸侯用六，大夫四，士二。[15]

音樂完全成了身分和地位的象徵，成為君子之「容」的重要組成部分。由此進一步，音樂的主體也成了一種符號化的存在。請看《大戴禮記·保傅》：

> 古者年八歲而出就外舍，學小藝焉，履小節焉。束髮而就大學，學大藝焉，履大節焉。居則習禮文，行則鳴佩玉，升車則聞和鸞之聲，是以非僻之心無自入也。在衡為鸞，在軾為和，馬動而鸞鳴，鸞鳴而和應。聲曰和，和則敬，此禦之節也。上車以和鸞為節，下車以佩玉為度；上有雙衡，下有雙璜、沖牙、玭珠以納其間，琚瑀以雜之。行以采茨，趨以肆夏，步環中規，折還中矩，進則揖之，退則揚之，然後玉鏘鳴也。

貴族子弟從小就受到系統而規範的音樂教育，生活在莊嚴的氣氛裡，舒緩的節奏中，其舉手投足，俯仰進退，無不受到嚴格的規範和限制。整個社會成了一個高度儀式化的表演的舞臺。其中，音樂作為一種重要的結構性要素，規定著人們演出的韻律、節奏和格調。於是，在佩玉鏘鏘、笙歌皇皇的形式化榮耀裡，人們忘卻了個體的私欲紛爭，沉浸在對容貌文飾的細節追求中，每一個噪音，都被規訓為音符；每一個個體，都被納入王權政治的音階體系——音樂，這本來是發自人心的革命性力量，卻被施魅被操作，參與了專制王權的巨大圖謀。

三、靜音機制——樂作為統治手段

音樂一開始是作為一種噪音出現的，是人類對大自然的萬古沉寂所施加的暴力：無論是狂吼亂叫，還是「擊石拊石」[16]，都是人類用於克服虛寂、戰勝孤獨的武器。王權通過一種高度儀式化將這種生於民間的叛亂因素招安收服，使之成為其權力祭壇上的護法者：這就是被閹割、被馴化了的噪音——雅樂。它

15　指樂舞的行數。八即八個舞行，由六十四人組成，以此類推。

16　《尚書·皋陶謨》：「予擊石拊石，百獸率舞。」

重新編排了聲音之間的差異（以一種有序的差異取代了雜亂無章的差異），以一種神祕而溫柔的敘事語調安撫了噪音的暴力衝動，以天道為範本對人類社會的秩序進行了系統性的編輯、整合，並為這種秩序賦予一種自然基礎和華麗文飾，於是形成一種強大的編程機制，引導、化解著任何潛在的不和諧音。

在它符咒一樣的籠罩下，人們再也無話可說，甚至忘記了還有資格說些什麼。

1. 樂作為暴力的擬象使人噤聲

音樂並沒有消解暴力，而只是對暴力的催眠。讓我們先領略一下音樂的偉力：

> 《莊子・天運》：北門成問於黃帝曰：「帝張〈咸池〉之樂於洞庭之野，吾始聞之懼，復聞之怠，卒聞之而惑，蕩蕩默默，乃不自得」。

> 《史記・樂書》：師曠不得已，援琴而鼓之。一奏之，有白雲從西北起；再奏之，大風至而雨隨之，飛廊瓦，左右皆奔走。平公恐懼，伏於廊屋之間。晉國大旱，赤地三年。

可見和諧的背後是暴力。**音樂的妙處，就是通過為暴力整容，使暴力變得可以忍受：它以一種擬象形式使暴力在表達其意志的同時掩去了其血淋淋的真面目。**傳說舜命大禹率兵征苗，苗民逆帝命不肯服罪，舜接受了益的建議，「班師振旅，帝乃誕敷文德，舞干羽於兩階。七旬，有苗格」（《尚書・皋陶謨》）。可謂不戰而屈人之兵。樂之威懾力大亦哉！

似乎可以說，人類的文明時代開始於第一件青銅樂器的出現。試想，在土煩水暗的大自然的萬古混沌裡，那破空而來的嘹亮的金屬聲，在人們心底引起的震撼會是多麼巨大！那是血與火凝成的權力的聲音！黃帝張〈咸池〉之樂於洞庭之野，意味著專制王權的建立。[17]此後，無論是舜之〈九韶〉，夏之〈大夏〉，商之〈大濩〉，還是周之〈大武〉，都是王權的象徵，傳國的寶器。《山海經》中有一段夏啟盜樂的傳說，隱晦地反映了夏後氏竊國在民間引致的不滿和無奈：「開（啟）上三嬪於天，得〈九辯〉、〈九歌〉以下……開焉始得〈九招〉。」[18]

17　《白虎通德論》：「黃帝曰〈咸池〉者，言大施天下之道而行之，天之所在，地之所載，咸蒙德施也。」

18　見《山海經・大荒西經》，轉引自楊蔭瀏，《中國古代音樂史稿》，北京：人民音樂出版社 1981 年，第 8 頁注。

　　〈九辯〉、〈九歌〉、〈九招〉都是舜時樂舞〈九韶〉的別名。通過不正當手段，將天下公器據為一姓私有，這種行為不是盜竊又是什麼？一千多年後，楚國人屈原還念念不忘：「啟〈九辯〉與〈九歌〉，夏康娛以自縱」（《楚辭第一・離騷》），「啟棘賓商，〈九辯〉、〈九歌〉」（《楚辭第三・天問》）。前者意為夏康淪喪聖樂，後者譏諷夏啟沐猴而冠。「棘」即急，「商」乃「帝」之誤。「賓商」即「賓於帝所」，意即啟多次到上帝那裡，不擇手段求取聖樂以確立自己的名分。可見這個事件在當時各民族心中留下的創痛是多麼深遠。

　　下面，我們就以周朝樂舞〈大武〉為例，看一看樂是如何通過宣示權力的赫赫威勢、作為一種暴力擬象而伸張其權力意志的。

　　全曲共分六成，形象地反映了周武王伐殷紂、平淮夷的文治武功。《樂記・賓牟賈篇》曾以孔子之口，對此作了生動描述：

> 總幹而山立，武王之事也。發揚蹈厲，太公之志也。武亂皆坐，周召之治也。且夫武，始而北出；再成而滅商；三成而南；四成而南國是疆；五成而分，周公左，召公右；六成復綴，以崇天子。夾振之而駟伐，盛威於中國也。分夾而進，事早濟也；久立於綴，以待諸侯之至也。

　　鐘鼓鏘鏘，神人共諧；乾張戚揚，戰無不勝。試想，在這秉承上天的赫赫威勢面前，有誰能不悄然噤聲！

　　2. 樂通過引導想像使人自棄

　　上古時代人類生活在認同的恐懼裡，因為他們所處的是一個充滿天災人禍的陌生、異己的世界。這種恐懼引發著模仿的欲望、攻擊性防衛的衝動，使得群體和人際之間的關係充滿了危險的張力。正是音樂——血氣凝成的人性聲響，或者莊嚴肅穆的上天的旋律，解除了人們頭頂的符咒，使人忘卻了眼前的緊張和對立。同時，它把人們的目光引向遠方，通過對共同命運和象徵性景觀的描述，強化著族類的認同感（自然，音樂支配者的權威同時得到強化）。在這個過程中，個體會不知不覺地放棄掉自己。

　　從傳說中最古老的音樂裡，我們已經可以看到音樂是如何通過引導想像確立共同信念、通過整合欲望整合社會秩序的。《呂氏春秋・仲夏紀・古樂》：

昔葛天氏之樂，三人操牛尾，投足以歌八闋：一曰「載民」，二曰「玄鳥」，三曰「逐草木」，四曰「奮五谷」，五曰「敬天常」，六曰「建帝功」，七曰「依地德」，八曰「總禽獸之極」。

天合人願，地依人情，五谷豐登，禽獸豐盛。這一切都生成在載歌載舞的節奏裡，生成在群體的想像裡。

音樂也是溝通神明的媒介，統治者通過音樂把民眾引到上帝身邊。《呂氏春秋・仲夏紀・古樂》：

……帝顓頊好其音，乃令飛龍作樂，效八風之音，命之曰〈承云〉，以祭上帝。

帝堯立，乃命質為樂，質乃效山林溪谷之音以歌……乃拊石擊石，以效上帝玉磬之音，以致舞百獸。

《周禮》的作者認為，樂的作用是「以致鬼神，以和邦國，以諧萬民，以安賓客，以說遠人，以作動物」。其實，早在《尚書・皋陶謨》中，我們已見到類似觀點：在「擊石拊石，百獸率舞」的迷狂裡，「祖考來格，虞賓在位，群後德讓……笙鏞以間，鳥獸蹌蹌；蕭韶九成，鳳凰來儀」。

「王者功成作樂，治定制禮」（《史記・樂書》）。通過作樂，統治者以其輝煌功業向民眾承諾一個美好遠景，從而強化其權威的合法性。《呂氏春秋・仲夏紀・古樂》：

帝舜乃令質修〈九招〉、〈六列〉、〈六英〉，以明帝德。

禹立，勤勞天下，日夜不懈，決壅塞，鑿龍門，降通漻水以導河，疏三江五湖，注之東海，以利黔首。於是命皋陶作〈夏籥〉九成，以昭其功。

殷湯即位，夏為無道……湯於是率六州以討桀罪，功名大成，黔首安寧，湯乃命伊尹作為〈大護〉，歌〈晨露〉，修〈九招〉、〈六列〉，以見其善。

據《左傳》記載，魯襄公二十九年，吳公子季箚聘於魯，在欣賞舜時樂舞

〈韶箾〉時，曾讚歎：「德至矣哉！大矣！如天之無不幬也，如地之無不載也，雖甚盛德，其蔑以加於此矣！」——君王盛德播於音樂，像陽光雨露籠罩庶類，激發著芸芸眾生的想像力：萬物的生機與和諧、神明眷顧的偉大整體、造福於全民族的聖王先知……等等，無不向人們承諾著一個風調雨順、國泰民安的美好未來。在這種壓倒一切的宇宙性話語面前，在這種天下一體的意識形態氛圍裡，誰還會想到自己是一個獨立於他人的存在？誰還會對現實中的差異性提出質疑？

3. 樂通過節情使人委順

越是專制社會，越是注重對音樂的引導和控制。在古希臘，斯巴達在思想領域幾乎無所建樹，惟獨在音樂領域，甚至比雅典更為發達。因為統治者清楚，這種發於人心的聲音是最具顛覆性的因素，不能不冒風險加以誘導、節制和利用。

> 《周禮・地官司徒》：以六樂防民之情，而教之和。

> 《禮記・樂紀》：夫物之感人無窮，而人之好惡無節，則是物至而人化物也……是故先王制禮樂，人為之節。

> 《禮記・樂紀》：禮樂不可斯須去身：致樂以治心，則易直子諒之心油然生矣。易直子諒之心生則樂，樂則安，安則久，久則天，天則神。天則不言而信，神則不怒而威。致樂以治心者也……心中斯須不和不樂，而鄙詐之心入之矣。

談到樂的作用，儒家歷代思想家幾乎異口同聲：節制性情，使之合乎中庸之道，合乎禮儀規範，即通過對情欲的馴化來製造合格臣民。正如宋劉敞所言：「所謂君子知樂者，知其通倫理也，知其扶情飾性而反之正也，知其創業像功移風易俗也」[19]。

值得注意的是，節樂的標準，不是硬性規定的外在尺度，而是自然本身具有的節奏、秩序。《禮記・中庸》云：「喜怒哀樂之未發謂之中，發而皆中節謂之和」，這裡的「節」，不正是儒家所推崇的「天之經也，地之義也」（《左傳・昭公二十五年》）嗎？《樂記》謂：「大樂與天地同和，大禮與天地同節」。在這裡，我們又一次看到了樂與禮的內在統一性：樂，本應是發自內心的血氣

19　《公是七經小傳・卷中》，臺北：臺灣商務印書館《文淵閣四庫全書》卷183，第28頁。

性情，卻被權力以絕對者（天道自然）的名義橫加剪裁，其節其度，其輕重主次，都受到嚴格規定。「樂」成了「天道」威嚴的凝視之下溫柔的催眠。在不容置疑的權威面前，人除了自覺順從還能有什麼選擇？

總之，「樂」是只有作為神人媒介的天子才有資格掌握並利用的一種超越的力量，是「道」所體現的宇宙性魔力。民眾只能接受樂的規訓和教化；樂在本質上是對暴力的整容，是一種策略性遮掩，是以對現有秩序的接受為前提的；樂通過暴力擬象，通過情感約束，通過對群體想像力的引導，使人遺忘，使人相信，使人自棄，使人噤聲。所以說，樂是專制王權催眠術。

我想，現在是對「樂」、「禮」之間的關係進行一個總結的時候了。《通志・樂略》指出：「禮樂相須為用，禮非樂不行，樂非禮不舉」。通過以上分析，我們已經看到，樂與禮相輔相成，密不可分：它們時而一分為二，時而合二為一，在文化上構成一種手性鏡像[20]：就像人的兩隻手，結構相同（對差異性的規定），功能一樣（對社會和諧的追求），只是參與世界的角度、方式不同。具體說來，體現在以下方面：

⑴樂與禮同源共趨

說禮樂同源，是因為它們都是道的體現。對此，朱熹作了精闢概括：「道者，仁、義、禮、樂之總名，而仁、義、禮、樂皆道之體用也。聖人之修仁義制禮樂，凡以明道故也。」[21]而《禮記・樂記》稱：「天尊地卑，君臣定矣。高卑已陳，貴賤位矣……如此，則禮者，天地之別也；地氣上躋，天氣下降，陰陽相摩，天地相蕩……如此，則樂者，天地之和也。」（《禮記・樂記》）

天尊地卑即禮，風雨雷霆即樂。禮樂之先即自然之道，自然之道亦倫理之道。在根源上，禮即樂，樂即禮。

說禮樂共趨，是因為它們都追求社會和諧，以維護弱者與強者之間固定差異的等級秩序為宗旨。

⑵禮樂互為表裡

20　兩個分子的結構從平面上看一模一樣，但在空間上會完全不同，它們構成了實物和鏡像的關係，和人照鏡子一樣，也可以比作左右手的關係，這種關係就叫手性鏡像。

21　《朱子全書》卷46，臺北：臺灣商務印書館《文淵閣四庫全書》卷721，第319頁。

　　禮為樂提供著核心價值，樂的意義在於貫徹禮的精神，但禮又以樂的境界為追求目標，這就是有子所說的「禮之用，和為貴」（《論語・學而》）；樂指示著禮的高度，它本身又是禮的形式之一。傳說古人佩玉，左宮右徵，以節其步，倒是形象地反映了樂與禮互為表裡的關係。可以說，禮具象地呈現為樂，樂在流動中生成為禮。

　　⑶樂統同禮別異

> 《禮記・樂記》：樂也者，情之不變者也；禮者，理之不可易者也。樂統同，禮辨異。禮樂之說，管乎人情矣！

> 《禮記・樂記》：樂者，天地之和也；禮者，天地之序也。和，故百物皆化；序，故群物有分。

　　「樂由天作，禮以地制」（《禮記・樂紀》）。天之道圓通變化，澤被群生；地之道方正靜默，分理萬類。禮立意在「分」，強調的是等級秩序的神聖性；樂立意在「和」，追求的是等級秩序的可接受性。

　　⑷樂和內禮順外

　　「致樂以治心者也，致禮以治躬者也。」（《史記・樂書》）樂訴諸人的情感欲求，禮針對人的言行踐履。因而，「樂和內禮順外」，從不同角度調節人與人之間的關係：

> 《禮記・樂紀》：故樂也者，動於內者也；禮也者，動於外者也。樂極和，禮極順，內和而外順，則民瞻其顏色而弗與爭也，望其容貌而民不生易慢焉。

　　⑸樂章德禮報情

> 《禮記・樂紀》：故禮主其減，樂主其盈；樂盈而反，以反為文。禮減而不進則銷，樂盈而不反則放。故禮有報而樂有反。禮得其報則樂，樂得其反則安：禮之報樂之反，其義一也。

　　「夫禮者，自卑而尊人」（《禮記・曲禮上》）。禮的功用就是強化社會成員的身分意識，因而不能一味「自卑」，「自卑」必須有所回報，這就是

以「容飾」顯揚地位的尊貴；樂是歡樂之情的表達，由於人的情感往往傾向於放縱，因而須以節奏加以規範使之趨向平和。故《樂記》強調「樂章德，禮反情」。所謂章德，即「樂吾分而已」[22]，意指音樂行為合乎倫理規範；反情，是指以自我欣賞的態度接受先天的貴賤分別——謙則進之，盈則退之。禮與樂一陰一陽，相輔相成，一起成為專制權力馴順的工具。

第三節　專制王權的程序設計機制

通過以上對「禮」、「樂」的功能及其相互關係的分析，我們可以歸結出儒家政治理論作為社會秩序的播植者的工作機制了。我想，**這個機制可以概括為：建中─分類─設對─彌和。「建中」是在天地萬物間確立一個中心；分類、設對是對大眾的層級化和擴充化；彌和則是對社會的同質化抹平。**

一、建中立極

前面我們已經提到，「中」是儒家思想中一個詞根性、綱紐性概念。同法家一樣，他們的政治理想就是確立王（天子、皇帝）的絕對中心地位，使天下臣民像群星供奉北極星一樣，自覺依附、歸趨於這個中心。孔子一生奔走呼號，強調的就是這個「中心」的絕對性。他說：「天下有道，則禮樂征伐自天子出；天下無道，則禮樂征伐自諸侯出。自諸侯出，蓋十世希不失矣；自大夫出，五世希不失矣；陪臣執國命，三世希不失矣。天下有道，則政不在大夫。天下有道，則庶人不議」（《論語・季氏》）。在他看來，一個社會趨依於同一個中心，服伺於同一個根本，才是一個有道社會，才能夠長治久安。所謂德政，就是君主通過「自正」正萬民：君主威儀動作於上，民眾順從依附於下——「譬如北辰，居其所而眾星共之」（《論語・為政》）。這就是為什麼當季氏僭用天子之禮，八佾舞於庭時，他會憤慨得如同親見元惡巨慝，大呼「是可忍，孰不可忍也！」一部春秋，無數微言大義，一言以蔽之曰：「尊王。」隨便舉幾個例子：隱公四年春，衛國大夫州籲殺死衛君完，同年冬十二月，州籲被殺，衛人立公子晉為君，孔子書曰：「冬十有二月，衛人立晉。」宋孫復解釋說：「諸侯受

22　張載，《張載集・經學理窟》，北京：中華書局1978年，第261頁。

國於天子，非國人可得立也，故曰衛人立君以誅其惡」[23]；桓公五年秋，周威王因為鄭伯抗禮王室而率蔡、衛、陳國伐鄭，孔子記為「秋，蔡人、衛人、陳人從王伐鄭」，「其言蔡人、衛人、陳人伐鄭者，不使天子首兵也。威王親伐下國，惡之大者，何為不使首兵？天子無敵，非鄭伯可得伉也」[24]；襄公二十八年四月，晉軍在城濮之戰中擊潰楚軍，一舉解除了楚人對中原姬姓諸國的威脅。五月，晉文公作王宮於踐土，召周天子參與諸侯之會；周天子親臨踐土，冊封晉文為侯伯，王子虎主持盟誓。孔子認為以臣召君以及王子虎與盟諸侯都是「非禮」的，故《春秋》但書「五月癸丑，公會晉侯、齊侯、宋公、蔡侯、鄭伯、衛子、莒子，盟於踐土」而已。《穀梁傳》曰：「諱會天王也。」是年冬，晉文公再次會諸侯於溫，請天子至溫接受諸侯朝見。孔子書曰：「冬，公會晉侯、宋公、蔡侯、鄭伯、陳子、莒子、邾子、秦人於溫。天王守於河陽。」《穀梁傳》曰：「為若將守而遇諸侯之朝也。為天王諱也」；《左氏傳》曰：「是會也，晉侯召王以諸侯見，且使王狩。仲尼曰：『以臣召君，不可以訓』，故書曰：天王狩於河陽。」可見，為了「尊王」，孔子煞費苦心。

　　君主是唯一的中心，就是絕對的依據和標準，是萬民之「極」。在儒家經典《尚書》中，有〈洪範〉一篇，就提出了王者「惟皇作極」的思想：

> 皇建其有極。斂時五福，用敷錫厥庶民。惟時厥庶民，于汝極，錫汝保極。凡厥庶民，無有淫朋，人無有比德，惟皇作極……無偏無陂，遵王之義；無有作好，遵王之道；無有作惡，遵王之路。無偏無黨，王道蕩蕩；無黨無偏，王道平平；無反無側，王道正直。會其有極，歸其有極。曰：皇極之敷言，是彝是訓，於帝其訓。凡厥庶民，極之敷言，是訓是行，以近天子之光。曰：天子作民父母，以為天下王。

　　早在西周初年，周公在對召公奭的一次談話中就有「前人敷乃心，乃悉命汝，作汝民極」（《尚書・君奭》）之論；《周禮》開篇第一句即「惟王建國，辨方正位，體國經野，設官分職，以為民極」。王所命之官為「民極」，則王即人間的「太極」，是至中至正之「唯一」。以君主為天地之「中」、萬民之「極」，這是「祖述堯舜，憲章文武」的儒家堅定不移的信念。因而，《荀子・

23　孫復，〈春秋尊王發微〉，《文淵閣四庫全書》第147卷，臺北：臺灣商務印書館，第9頁。
24　同注23，第147頁。

致士》有「君者、國之隆也，父者、家之隆也。隆一而治，二而亂。自古及今，未有二隆爭重，而能長久者」。他認為君是「禮義之始」，是人間綱維所繫：「無君子，則天地不理，禮義無統，上無君師，下無父子，夫是之謂至亂」；孟子宣稱：「民之歸仁也，猶水之就下、獸之走壙也」；《禮記·喪服四制》提出：「天無二日，土無二主，國無二君，家無二尊，以一治之也。」《新語·懷慮》則強調：「故聖人執一政以繩百姓，持一概以等萬民，所以同一治而明一統也」。明萬曆三十年三月，禮部尚書馮琦上書，要求皇帝頒旨禁止佛道之言、獨尊孔氏之旨時，說：「非聖主執中建極，群工一德同風，世運之流未知所屆。」[25] 溯其源而追其流，儒家無時無刻不奉人君為聖明，係天下於一人。

「建中立極」的主要途徑有兩個，一是操作層面的「隆禮」，即要求君主牢牢抓住「制禮作樂」的特權，通過「正名定分」確立自己權威的絕對性。據《左傳》記載，成公二年，衛、齊交戰，新築人仲叔於奚救了衛國的孫桓子，「衛人賞之以邑，辭，請曲縣繁纓以朝，許之」。孔子聽說後，深感遺憾地說：「惜也，不如多與之邑。唯器與名，不可以假人，君之所司也。名以出信，信以守器，器以藏禮，禮以行義，義以生利，利以平民，政之大節也。若以假人，與人政也。政亡，則國家從之，弗可止也已。」

其二是「係君於天」，「同君於道」。董仲舒指出：「春秋之法：以人隨君，以君隨天」，新君在先君死後第二年才舉行即位典禮，此乃「與天數俱終始也，此非以君隨天邪！」（《春秋繁露·玉杯》）春秋開篇第一句「元年春，王正月」，即將王之權威係於天道之永恆（參見第四章有關論述，此不贅言）。宋孫復發揮孔子之意曰：「元年書王所以端本也，正月所以正始也。其本既端，其始既正，然後以大中之法，從而誅賞之，故曰，元年春，王正月也。」[26] 孔子稱頌古聖王，是因為他們能夠則天而行，像天一樣淵默廣大，澤被無極[27]；《大戴禮記》借孔子之口，讚美五帝「以順天地之紀，幽明之故」、「履時以象天，依鬼神以制義」（《大戴禮記·五帝德》），都是以天之聖德來比類、論證君主的神聖性。這比周朝君臣斤斤乎以天命自壯聲色高明了許多。此外，《易傳》論大人曰「與天地合其德，與日月合其明，與四時合其序，與鬼神合其吉凶」

25　引自《日知錄》卷十八〈科場禁約〉。

26　孫復，〈春秋尊王發微〉，《文淵閣四庫全書》第147卷，臺北：臺灣商務印書館，第3頁。

27　見《論語·泰伯》。

（《易‧文言》），《禮記》以天子為天地之參[28]，董仲舒以王者為「人之始」[29]，並認為王者「取天地與人之中以為貫而三通之」（《春秋繁露‧王道通》），則為「王」與「天」的合一建構了宇宙論依據。這一思想在儒學經學化後的欽定教典《白虎通義》中達到了極致：

> 〈辟雍〉：天子所以有靈台者何？所以考天人之心，察陰陽之會，揆星辰之驗證，為萬物獲福無方之元。

> 〈明堂〉：天子立明堂，所以通神靈，感天地，正四時，出教化，宗有德，顯有能，褒有行者也。

> 〈爵〉：爵所以稱天子何？王者父天母地，為天之子也。

自秦漢以後，實際上君主被直接等同於天了。於是，廿四部堂皇正史，千萬篇無聊文章，充斥了諸如天意、天聰、天聽、天怒；天祚、天位、天祿、天秩；天恩、天顧、天威、天罰；以及天族、天潢、天緒、天孫之類阿諛頌詞。

「道」原來是儒家抗禮王侯的憑藉。孔子主張邦有道則仕，無道則隱，保持自己人格的獨立性。在《論語‧先進》篇中，他主張「以道事君，不可則止」。孟子強調「天下有道，以道殉身；天下無道，以身殉道」（《孟子‧盡心上》）。荀子更是無比豪邁的宣稱：「從道不從君」（《荀子‧子道》）。這些慷慨激昂的言論千載之下仍然生氣沛然，確實也曾鼓舞著代代仁人志士為了捍衛大道而健行不已。但是，我們前面已經分析過，作為絕對統一性的「道」本身就意味著絕對的權力，並且這種抽象權力最終是要落實到具象的載體的——這種具象的載體就是「聖人」。所以儒家的聖人一開始就不單純是為真理而真理的「智者」，而是人間秩序的創生者和規劃者，是芸芸眾生的撫育者和保護者：孔子的聖人是「博施於民而能濟眾」的民眾救星；孟子強調「聖人，人倫之至也」（《孟子‧離婁上》）；荀子的聖人「修百王之法，若辨白黑；應當時之變，若數一二」（《荀子‧儒效》）；《易傳》則認為聖人「通天下之志」、「定天下之業」、「斷天下之疑」（《易‧繫辭上》）。總而言之，聖人就是理想化了的專制君主。因而，當漢武帝獨尊儒術，誘以利祿，而儒家欣然接受招安

28　見《禮記‧經解》。

29　《春秋繁露‧王道》：「王者，人之始也。王正則元氣和順，風雨時，景星現，黃龍下，王不正則上變天，賊氣並見」。

時，便自然而然地把聖人的名號作為進身之禮獻到了專制帝王的腳下。從此皇帝成了當然的聖人，成了「聖上」、「聖主」，成了「則天」、「體道」、一統人倫的唯一者。這一點尤其體現在歷代儒生為帝王所上的尊號上。漢哀帝首先將「聖」字元號貼上了自己的額頭，稱「陳聖劉太平皇帝」，此後各朝帝王紛紛效尤。唐朝形成了標準化的諡號格式，為「××大聖大×孝」皇帝，明清則分別以「×天×道××××文×武×××孝×」皇帝、「×天×運×中×正×文×武×孝」皇帝為定式[30]，簡直想用一個「名」把天下所有高貴和尊嚴一網打盡並全部據為己有。

不能怪儒家喪失了立場。依附於王權是他們必然的選擇。他們理想中的社會秩序需要一個強有力的中心，這個中心只能是現實中的君主。

二、分類、設對、彌和

「分類」不僅是認識的基礎，也是價值得以凸現的前提和契機，因為人們往往通過對事物的劃分表達自己的感受、願望和理想。這就是為什麼儒家從孔子開始就以一種持之不懈的熱情執著於對社會的分門別類。

儒家的做法是先將社會一分為二：一邊是君子，一邊是小人。然後在君子裡面分設士人、賢人、仁人、聖人等不同層次；農、工、商以及其他各色人等則統統屬於小人。君子與小人之間是為人之大防，賢人、仁人、聖人則是君子自我實現的梯次進階和目標。

「君子」與「小人」兩個概念在孔子以前表示的主要是社會階層的含義，君子指的是統治階級，小人指的是被統治階級。如《詩·小雅·大東》有「周道如底，其直如矢；君子所履，小人所視」；《左傳·宣公十二年》有「君子小人，物有服章，貴有常尊」；《左傳·襄公十三年》有「君子稱其功以加小人，小人伐其技以馮君子。是以上下無禮，亂虐並生，由爭善也」。孔子為這兩個概念賦予了嚴屬的道德意義，使君子與小人之辨成為其修身化世之學的樞機。

孔子從人之為人的不同側面界定了君子與小人的區別。如論交友之道，〈為政〉有「君子周而不比，小人比而不周」；〈子路〉有「君子和而不同，小人同而不和」；〈顏淵〉有「君子成人之美，不成人之惡，小人反是」。關於品

30　此處參考劉澤華，《中國的王權主義》，上海人民出版社 2000 年，第 280—287 頁。

性氣質,〈述而〉有「君子坦蕩蕩,小人長戚戚」;〈子路〉有「君子泰而不驕,小人驕而不泰」;〈衛靈公〉有「君子求諸己,小人求諸人」。關於利欲考驗面前的不同表現,〈里仁〉有「君子懷德,小人懷土。君子懷刑,小人懷惠」,以及「君子喻於義,小人喻於利」;〈衛靈公〉有「君子固窮,小人窮斯濫矣」。關於言行一致與否,〈子路〉有「君子易事而難說也。說之不以道,不說也。小人難事而易說也」。關於人生價值取向,〈憲問〉有「君子上達,小人下達」。另外,關於在不同情況下怎樣做才成為君子,孔子也都提出了自己的看法和告誡,如〈衛靈公〉:「君子矜而不爭,群而不黨」,「君子貞而不諒」,「君子病無能焉,不病人之不己知也」;〈憲問〉:「君子恥其言而過其行」;〈里仁〉:「君子欲訥於言而敏於行」。對自己的學生子夏,孔子也告誡說:「女為君子儒,無為小人儒」(《論語・雍也》)。

　　總之,孔子總是利用每一個機會、針對每一個細節,凸顯、強化君子與小人之間的區別。此後無論是孟、荀、《中庸》、《易傳》,還是漢以後歷代儒家傳人,都繼承了這一聖門家法。在此無需一一例舉。我要說的是,君子小人間的這種嚴格區分,不僅僅是儒家在道德上的自我砥礪——以「小人」為他者之鏡而自正其身,它還是一種文化動力機制:社會被分為具有一定勢位差的陰陽兩極,從而具備了新陳代謝的內循環能力——就像物理學中的虹吸現象——從而形成一種合乎權力要求的、目標既定的有序運動。**更重要的是,它也是一種意識形態手段,或者說,在無意識中發揮了意識形態作用:一方面,它用一種抽象的道德上的優劣之別掩蓋了經濟與政治中的實質性不平等,使被統治的小人除了自慚形穢外不敢有其他想法;另一方面,它以一種曲折的方式論證了統治的合理性。**

　　孔子有一句名言:「唯女子與小人為難養也,近之則不孫,遠之則怨。」在他眼裡,作為被統治者的「小人」和作為無德行者的「小人」如一個橢圓的兩個焦點,是被統合在一起的,被統治的「小人」之所以被統治是因為他們必然缺乏道德上的自治能力,君子所以擁有統治小人的權力是因為他們品德高尚。這樣便形成一種難以置疑的循環論證:只有君子才有資格管理小人,或者說小人必須接受君子管理,因為君子有德小人無行;因為君子有德小人無行,所以小人必須接受君子的禮義教化才能免於淪為禽獸而過上真正屬於人的生活。這很容易得出黑格爾那個無比正確卻又極富意識形態色彩的結論:存在的就是合

理的。無論是孔子的「民可使由之，不可使知之」（《論語・泰伯》），還是孟子的「勞心者治人，勞力者治於人」（《孟子・滕文公上》），都預設了「小人」被統治的不可商量性——現存統治秩序的合理性。而當小人被打進君子所不齒的另一個世界時，額頭上貼著道德低下的標籤。於是，我們又一次認識到：道德不過是權力的奴僕。

　　除了一分為二，儒家還進一步將社會劃分為不同的層次。一般來說，先秦時期分為卿大夫、士、農、工、商，秦漢以後分為仕宦、士紳、農、工、商。[31]孔子不談稼穡，並聲稱君子三畏，「畏天命，畏大人，畏聖人之言」（《論語・季氏》）；孟子稱「說大人則藐之」，又稱「無恆產而有恆心者，惟士為能」，說明不同於「大人」君子的「士君子」乃是儒家的自我定位。出於角色自我強化的需要，也是在下者渴望求得認同的勢利之心使然，有時候儒家的「士」就直接等同於「君子」、「大人」。前一種情況的例子在《論語》中比比皆是，後者如《孟子・離婁下》：「大人者，言不必信，行不必果，惟義所在」，「大人者，不失其赤子之心者也」；〈盡心上〉：「有大人者，正己而物正者也」。「士」身在「君子」（統治集團）而心係小人，承擔著為統治者化民向善的偉大使命。當齊王之子問「士何事？」時，孟子回答：「尚志」。朱熹解釋說：「尚，高尚也。志者，心之所之也。士既未得行公、卿、大夫之道，又不當為農、工、商、賈之業，則高尚其志而已。」

　　任何社會都會階層化，任何社會政治思想都有關於社會層分的理念與設想。儒家的特殊之處在於，他們把一種歷史性現象解釋為一種永恆的秩序安排，所謂「天有十日，人有十等」就是這種觀念的集中體現。儒家所理想的社會，就像大自然有機系統一樣，由喬木林、灌木叢、草地、地衣以及各種動物構成一個相互依存的生態環境，這就是荀子所謂「農分田而耕，賈分貨而販，百工分事而勸，士大夫分職而聽，建國諸侯之君分土而守」（《荀子・王霸》）。朱熹甚至認為，不同的社會階層像人的五官一樣各司其職，其地位與職能萬古

31　這是一個非常複雜的問題，在此只能大致言之。先秦時期有「天有十日，人有十等」（見《左傳・昭公七年》）之說，是將各種不入社會主流的奴隸也包括在內了；從東漢魏晉南北朝直到唐中期，又有嚴格的士庶之分，這是儒學社會化所導致的必然結果。另外，在有一些歷史時期軍戶和農戶涇渭分明；某些地區還有被視為非類的「賤民」存在。因為本文研究的不是歷史現實的豐富性本身，而是儒家的理念和設想，因此也不需要面面俱到。

不易：「耳目口鼻之在人，尚各有攸司，況人在天地間？自農商工賈等而上之，不知其幾，皆其所當盡者。小大雖異，界限截然。本分當為者，一事有闕，便廢天職」（《朱子語類》卷第十〈力行〉）。

　　我們知道，**意識形態的特點就是把人為的說成自然的，把自然的說成永恆的。通過對社會的類分，儒家將社會解釋為一種天然等級結構體，無意之中便論證了「禮」的絕對性，專制權力的絕對性。**

　　「設對」是依據陽尊陰卑原則對事物進行的編序。儒家認為，「天地萬物之理，無獨必有對，皆自然而然，非有安排也」（《河南程氏遺書》卷十一），但對立的雙方不是平等的，而是有主有次，有輕有重：陽尊而陰卑。因而，君臣、父子、夫婦、兄弟、貴賤、上下、大小、老幼等等就像天地、日月一樣兩兩對待，而一陰一陽，有主有從，世界賴以實現「大小不踰等，貴賤如其倫」（《春秋繁露》卷三〈玉英〉）、既和又順的完美秩序。在儒家看來，處於低位、弱勢的一方安於應順，捨身從主，是宇宙自然的根本原則，因而這也是「禮」的基本原則：貴賤有等。《荀子・仲尼》稱「少事長，賤事貴，不肖事賢，是天下之通義也」，《荀子・大略》謂：「貴貴、尊尊、賢賢、老老、長長、義之倫也。行之得其節，禮之序也」，「夫行也者，行禮之謂也。禮也者，貴者敬焉，老者孝焉，長者弟焉，幼者慈焉，賤者惠焉」。根據荀子的觀點，其實也是儒家各期各派共同的觀點，理想的政治就是「本末相順，終始相應」（《荀子・大略》），貴賤各得其所的天然秩序狀態。早在春秋時期，《左傳》的作者借晏嬰之口就表達了同樣的看法：「君令臣共，父慈子孝，兄愛弟敬，夫和妻柔，姑慈婦聽，禮也。君令而不違，臣共而不貳，父慈而教，子孝而箴，兄愛而友，弟敬而順，夫和而義，妻柔而正，姑慈而從，婦聽而婉，禮之善物也」；《韓詩外傳》卷七也有「善為政者、循情性之宜，順陰陽之序，通本末之理，合天人之際，如是、則天地奉養，而生物豐美矣」。另外，《周禮・夏官司馬》即有「正朝儀之位，辨其貴賤之等」；《易・繫辭下》有「三多凶，五多功，貴賤之等也」。顯然，「貴賤之等」被解釋為「陰陽之序」，屬天經地義，小民被誘導、被規訓安於現狀，自覺向在上者投誠。

　　因為對除君主之外的所有人來說，貴賤都是相對的，在不同的場所、與不同的對象會結成不同的關係方式，**依據陽尊陰卑原則對社會成員所進行的「設對」編排，就把每一個人都擴充件化了：通過層層相遞的「尊尊」，把社會個**

體構連在一起，並使之朝向那個最尊的中心——專制君主。

「**彌和**」是在表面上對社會的抹平。有「分」就必須有「和」，否則社會將四分五裂。一項有生命力的制度設計在「分」的同時必須能夠從自身生產出「和」的因素，儒家在這方面表現出來的智慧可謂冠絕百家。例如前面提到的君子小人之辨：「辨」的標準是抽象的「德」，「德」是一種人人可求可為的東西，因而在理論上，「人人可以為堯舜」，只要「小人」積極向善，完全可以成為「君子」。這就在人的意識中抹平了現實中存在的權利鴻溝，使「小人們」在對「君子」的無限仰慕裡失掉自己。這是一種同質化技術：用「德」這種作為一個人必須具備的共同的東西抹平生活中的差別，就像用石灰膏對建築牆面進行的處理，既是一種加固（彌和），也是一種裝飾（由此我們可進一步理解「君子容飾」的妙用）。順便說一句，新儒家從「人人可以為堯舜」得出了儒家崇尚個人平等的結論，實在是望文生義。「人人可以為堯舜」不過是作為一種編程機制的「君子小人之辨」之內一個應有的協同性命題。

所以，當「禮」、「樂」相對而言時，儒家強調「樂統同，禮別異」，但就「禮」本身說，「別」同時也有「和」的功能。因為**「禮」在「自卑而尊人」**（《禮記·曲禮上》）、「示人以敬」的同時，還有一種自我指涉、自我聚光的作用。**「禮減而進，以進為文」**（《禮記·樂記》），禮之「文」顯揚著地位的尊貴，**強化著社會成員的身分感和認同感：在那種笙歌煌煌、飾佩鏘鏘的意識形態氛圍裡，每一個個體都會不自覺地歸依於先王所開創的偉大文明的永恆。**

就具體的「對」而言，儒家的「彌和」體現在陰陽雙方的上搭下掛上：陰自覺承順於陽，陽主動惠顧於陰。儒家有個堅定不移的信念：只有天施地承、陰上陽下，才能實現萬物和順，大化既濟。故《易·咸·象》有「咸，感也。柔上而剛下，二氣感應以相與，止而說」；《易·泰·象》有「泰，小往大來，吉亨。則是天地交而萬物通也，上下交而其志同也。內陽而外陰，內健而外順，內君子而外小人，君子道長，小人道消也」。陽外發而陰內斂，內陽外陰，則陰就陽，陽就陰，上下相交，吉無不利；倘若反過來，則「天地不交而萬物不通也，上下不交而天下無邦也。內陰而外陽，內柔而外剛，內小人而外君子，小人道長，君子道消也」（《易·否·象》）。所以，儒家在強調子民「上承」的同時，主張君父「下顧」。所謂「德政」、「仁政」，就是要人君主動為臣民考慮，通過施惠於下得民之心。因而孔子在要求「臣事君以忠」的同時，

主張「君使臣以禮」（《論語・八佾》）；孟子則聲稱：「君之視臣如手足，則臣視君如腹心；君之視臣如犬馬，則臣視君如國人；君之視臣如土芥，則臣視君如寇仇」（《孟子・離婁下》）；荀子認為，為人之臣應當「以禮侍君，忠順而不懈」，而為人之君則應當「以禮分施，均遍而不偏」。同樣道理：「請問為人父？曰：寬惠而有禮。請問為人子？曰：敬愛而致文。請問為人兄？曰：慈愛而見友。請問為人弟？曰：敬詘而不苟。請問為人夫？曰：致功而不流，致臨而有辨。請問為人妻？曰：夫有禮則柔從聽侍，夫無禮則恐懼而自竦也」。總之荀子的觀點是，君臣、父子、兄弟、夫妻之道「偏立而亂，俱立而治」[32]，下承上顧，方能和美。

　　總之，「建中—分類—設對—彌和」這一套編程機制在確定絕對中心的同時，把人外掛程序化，把社會層級化，規程化，成為專制秩序的播植者。它既是一套社會規訓技術，也是一種經過偽裝的意識形態生產機制。

第四節　民本與君本

　　「民本」一詞來自於偽《古文尚書》中的〈五子之歌〉：「民惟邦本，本固邦寧」。用這個詞來概括儒家的政治思想可以說再恰當不過了。據劉澤華先生研究，「民本」理論包括「君以民為本說」、「民貴君輕說」、「立君為民說」、「君養民、民養君說」、「君不可與民爭利說」、「富民足君說」、「民棄君說」、「得民為君說」、「君為民主說」等九個分命題。[33] 在此基礎上加以概括，可以分為保民、養民、富民、教民四個層次，總之一句話，即「重民」，把「民」視為政治的根本。

　　「民本觀」是儒家政治理論中最光彩奪目的內容，它強調溫情政治，關注民眾疾苦，在歷史上發揮了制約絕對君權的作用。因此現代新儒家對此給與了很高的評價。他們認為民本思想中的「正德、利用、厚生」、孟子的民貴君輕和「人皆可以為堯舜」包含著大平等的精神，這就是中國式的民主，或者認為它包含了民主精神的種子，由此可以直接實現向現代民主制度的轉化。

32　以上俱見《荀子・君道》。

33　劉澤華主編，《中國傳統政治哲學與社會整合》，北京：中國社會科學出版社 2000 年，第 208—218 頁。

　　受新儒家影響，也是出於弘揚傳統文化的美好願望，許多大陸學者自八十年代以來致力於論證「民本」與「民主」的關係，如在 2000 年 8 月於青島召開的「儒家傳統與人權・民主思想國際學術討論會」上，多數代表認為現代民主既有制度層面的內涵，又有思想理念層面的內涵。作為制度層面上的民主，其主要出現於近代社會以後；作為思想理念層面上的民主，則早已存在於儒家的民本主義學說之中，即便「民本」不等於「民主」，它們也是相通的，在一定歷史條件下，民本可以實現向民主的轉換。[34] 顯然，這種觀點認為儒學的精神是民主的，在現代社會完全可能借屍還魂——這裡，制度與理論被截然打為兩橛。也有一些人強調了民本與民主的不同，卻認為民本思想雖然有為專制統治服務的一面，但也有與專制權力對立的另一面，因而具有反專制的積極意義。[35] 這種觀點的問題在於，它把專制看作是一種邪惡的制度，並且把思想觀念看作獨立於社會之外的頭腦發明物。

　　說「民本」等於或者孕育著「民主」固然是不論之言，認為「民本」服務或對立於專制權力卻也似是而非：兩者都割裂了思想與現實、理論與制度之間的有機聯繫，都沒有對一個制度的內在邏輯和君主個人的本能衝動作出區分。我的看法是，「民本」是專制權力的題內應有之義，是「農本」的另一個說法；作為一種政治主張，它不過是一種修辭術。

一、民本是專制權力的題內應有之義

　　時下有一種流行的說法，認為商周之際是中國歷史上一個思想巨變的時期，其主要標誌是由「神本」向「民本」的轉變。這種觀點不無道理，周朝初期在思想領域確實發生了一場影響深遠的革命，表現為巫術氛圍的減弱和人文精神的生發 [36]，但「民本」思想就是這個時代最偉大的發明。

34　公羽，〈儒家傳統與人權・民主思想國際學術討論會綜述〉，載《東岳論叢》，2000年第 11 期。

35　參看范正宇，〈民本主義：在孟子和他身後〉，載《湖北大學學報》，1994 第 4 期；陳寒鳴，〈儒學與現代民主〉，載《天津社會科學》，1998 年第 1 期；李俊琳，〈儒家民本思想的積極意義〉，載《寧夏大學學報》，1997 第 3 期等。

36　我認為，「人文精神」與「民本觀念」不可同日而語，前者指的是針對自然鬼神等「非人」力量而對人的生命和道德價值的強調，後者則是權力對其對象的評價。我們說儒家思想具有人文色彩，是就其對個體人格和意志自由的追求而言，民本思想顯然與此無關。

「明德慎罰」、「以民為鑒」等儒家德政思想這時已略具雛形。作為偏處西陲的撮爾小邦，周朝只是利用了商紂王內外離心的危局才一舉顛覆了盤據中原數百年之久的宗主國「天邑商」。面對天下洶洶的危難局勢，周初統治者心中充滿了「天命靡常」、「人心惟危」的憂患意識。商朝覆亡的教訓使他們深刻領會了民眾的力量，認識到民心向背才是一個政權興廢的關鍵，因而提出了一套邏輯嚴密的統治理論，這就是以明德慎罰為內容的保民思想。周人把天命轉移的原因歸結為統治者德行的修持與否，因為「皇天無親，惟德是輔」[37]，因此所有的災難禍患都是人「自速其辜」。在〈酒誥〉中，周公是這樣向康叔解說殷紂敗亡的原因的：「庶群自酒，腥聞在上，故天降喪于殷，罔愛于殷惟逸。天非虐，惟民自速辜。」而統治者是否有德要看他是淫欲自縱還是懷保小民[38]，淫欲自縱如商紂則「上帝不保，降若茲大喪」（《尚書‧多士》）；懷保小民如文王、武王則「皇天弘膺厥德，配我有周，膺受天命」[39]。上天是公正無私的，他是天下人共同的保護者[40]，他的意志必然體現絕大多數人的心願，王者不過是上天所選定的「民主」[41]，因而通過「民心」可以判斷「天意」。故〈康誥〉有「天畏棐忱，民情大可見」；在〈酒誥〉中，周公借「古人之言」勸告康叔封要「以民為監」：「古人有言曰：人無於水監，當於民監」；在〈無逸〉中，周公更是不厭其煩地一一列舉前朝史事，講述只有「懷保小民」才能享有天命的道理。在他看來，商朝列帝像成湯、大戊、武丁以及祖甲等因為「治民祗懼，不敢荒寧」，得到上天眷顧，各各在位數十年；商朝末代諸君如紂、武庚等「不知稼穡之艱難，不聞小人之勞，惟耽樂之從」，結果為天命所拋棄，在位不過「或十年，或七八年，或五六年，或四三年」而已。[42]

周初統治者戰戰兢兢地以「保民」為務，絕對不像有些學者認為的那樣是思想解放的結果，而是完全出於維護政權穩定的現實需要，因為「今惟民不靜，

---

37 《尚書‧蔡仲之命》。此篇屬於《古文尚書》，其可靠性有待考證，但這句話所體現的觀念在當時具有普遍性。

38 《尚書‧無逸》：「懷保小民，惠鮮鰥寡」。

39 《毛公鼎》，引自劉澤華，《中國政治思想史》先秦卷，杭州：浙江人民出版社 1996 年，第 21 頁。

40 如《詩‧大雅‧皇矣》：「皇矣上帝，臨下有赫。監觀四方，求民之莫」。

41 《尚書‧呂刑》有：「今天相民，作配在下」；《尚書‧多方》有：「天惟時求民主，乃大降顯休命于成湯」。

42 以上所引俱見《尚書‧無逸》。

未戻厥心，迪屢未同」（《尚書・康誥》），儘管經過苦口婆心的勸誡、威脅，民眾依然心懷異志，躁動不安[43]。這使周公等有遠見的政治家深感「小人難保」，只有「往盡乃心，無康好逸豫」才能「乃其乂民」（《尚書・康誥》）。顯然，這是一種嚴厲而「仁慈」的專制大家長的心態和作為：如果民眾乖乖順從，則悉心關照，用〈康誥〉中的話說就是「若保赤子」；倘若不思向化，則毫不猶豫堅決清除。請看〈多方〉中周公對心懷不服的四方之人的恫嚇：「爾乃惟逸惟頗，大遠王命。則惟爾多方探天之威，我則致天之罰，離逖爾土」；〈康誥〉亦有「不率大戛，矧惟外庶子、訓人、惟厥正人，越小臣諸節。乃別播敷，造民大譽，弗念弗庸，瘝厥君。時乃引惡，惟朕憝己，汝乃其速由茲義率殺」[44]。因此，周朝的「重民」、「保民」思想只是「軟化」而不是「弱化」了專制統治。與殷商相比，周人的統治是溫和了一些，但其覆蓋性和滲透性卻空前加強了：通過天命在德、王權神授的意識形態灌輸，周朝君臣在民眾心靈中逐步建構了專制王權的神聖性。《尚書》和《詩經》中到處都是周王受命於天的政治宣傳，如：

〈康誥〉：乃大命文王，殪戎殷，誕受厥命，越厥邦厥民；

〈梓材〉：皇天既付中國民，越厥疆土于先王；

《大雅・大明》：有命自天，命此文王，于京于周；

《周頌・執競》：不顯成康，上帝是皇，自彼成康，奄有四方。

據劉澤華先生研究，從成王開始，周王亦自號「天子」[45]，這意味著最高統治者通過自我授權獲得了雙重代表資格：既代表上天撫育下民，又代表眾生協和鬼神。在此後的兩千多年裡，「天子」一直是中華民眾福祉所繫、生死所依的人間神明，而其合法性論證就是由周初諸賢完成的。因此，**我們可以肯定地說，周朝所有「重民」、「保民」的主張，都是專制王權之絕對必要性的直接論據**。

我們知道，任何政權的長治久安都有賴於臣民的合作與服從。周朝統治者

43　周公對多方發布的誥令裡也提到：「爾乃屢迪不靜，爾心未愛，爾乃不大宅天命。」（見《尚書・多方》）

44　此段文字較為深奧，大意是：不遵循國家的大法，更不把各級官員放在心上，造謠生事，迷惑民眾，不思悔改，這是在助長邪惡，是我所痛恨的，這樣的人你就應當堅決殺掉。

45　劉澤華，《中國政治思想史》先秦卷，杭州：浙江人民出版社 1996 年，第 31 頁。

通過商紂敗亡的歷史教訓對這一樸素真理有了深切感受，因而不得不以嚴肅態度對待民眾所蘊含的力量，「保民而王」的德政於是成為形勢所然。這種新型政治理念的深意在於，它通過「德」的引進，在統治者和「天」、「民」之間建立了一種穩定的三角關係，使原來統治階級與被統治階級、統治集團與被統治集團之間的直接對立，變成了四周向中心、子民向家長的自覺歸依。而「德」就是那個把天、民和統治者統攝在一起的圓心：天德無私普照，民敬天從上為德，王承天保民為德；民意上達於天，天將民意託付於王，王用心去貫徹執行上天之命，才是德民之主──「德」是「天」、「君」、「民」所共同關注共同拜趨的神物。由於「德」的內容和標準主要是由權力決定的，因而它便成了據天地之中等待著最高權威就位的黃金寶座。周朝統治者只是圍著它打轉轉，努力靠近它，對這件上天贈與的法器敬而且畏（後來，秦始皇仗著手中的寶劍毫不客氣地一屁股坐了上去，漢朝皇帝則被儒家的阿諛之辭抬了上去，於是皇帝成了當然的聖人）。這裡，**「天」顯然承擔了權力共謀者的角色：通過對「德」的確認宣布統治的合法性，它使王者得以一種無比高尚的名義（施德於民）、無比神聖的旗號（天意）把民眾所內含的那種蒙昧、深沉而又野性的力量加以馴化並據為己有。**

　　周人的「天」[46]與商人的「帝」不同的地方在於，「帝」只是一家一姓的主宰，而「天」則是天下民眾包括被征服的商民族共同的監護者。在大張旗鼓地宣布「普天之下，莫非王土；率土之濱，莫非王臣」、通過嚴密的宗法制度同時在廣度和深度上加強專制王權的同時，周人把一種文化共同體意識帶進了中華民族的歷史之中。「天」作為半人格的神明，實際上是民眾（當然是不分階級的）作為一個整體具有的決定自己命運的偉大力量所折射形成的影像，它意味著族類自我意識的覺醒。從此以後，中華先民擺脫了祖先神的全面籠罩（對祖先的祭祀不再是動輒得咎的義務奉獻，而成了慎終追遠的神道設教），而作為與天地為三的獨立存在開始了創造屬於自己的歷史的進程。源於上古聖王的重民傳統經過周朝人文主義的淨化而成為一個民族永恆的精神財富。正因為如此，宣稱「述而不作」、以王道繼承和弘揚者自居的孔子在考察了三代的質文損益後，一往情深地宣布：「鬱鬱乎文哉，吾從周！」

46　周人「天」、「帝」並稱，如《尚書‧召誥》有「皇天上帝，改厥元子」，但周人的「帝」比商人的「帝」要抽象一些，實際上是「天」的另一個說法。

　　民本思想在春秋時期已為社會所廣泛接受。據《左傳》記載，「重民」、「利民」已成為當時開明君臣的共識。襄公三十一年，穆叔引用〈泰誓〉中的「民之所欲，天必從之」之語，反對襄公修築楚宮；桓公六年，隨國人季梁曾有「民，神之主也。是以聖王先成民，而後致力於神」之論；莊公三十二年，史嚚鑒於虢公「虐而聽於神」，發表議論曰：「虢其亡乎！吾聞之：國將興，聽於民；將亡，聽於神。神，聰明正直而壹者也，依人而行。虢多涼德，其何土之能得？」文公十三年，邾文公卜遷於繹。當史官將占卜結果「利於民而不利於君」告訴邾文公時，他說：「苟利於民，孤之利也。天生民而樹之君，以利之也。民既利矣，孤必與焉。」當左右近臣提醒邾文公服從占言可以延長生命時，邾文公回答說：「命在養民。死之短長，時也。民苟利矣，遷也，吉莫如之。」當時諸侯之間的兼併愈演愈烈，對他們來說，人口是最重要的戰略資源，誰能「保民」、「滋民」，誰就擁有更多爭奪戰伐的本錢，因此，凡是較開明的君主都意識到並強調「民」的重要性。這直接滋育了孔子的民本思想。

　　孔子繼承了文武周公及春秋諸賢的遺產。他的民本思想體現於其「為政以德」的「仁政」理想，核心內容是「其養民也惠，其使民也義」（《論語・公冶長》）。這裡，「養民也惠」即所謂「因民之所利而利之」（《論語・堯曰》），「節用而愛人」（《論語・學而》）；「使民也義」是指「擇可勞而勞之」（《論語・堯曰》），「使民以時」（《論語・學而》），「出門如見大賓，使民如承大祭」（《論語・顏淵》）。這些主張閃爍著人道主義光輝，在當時的歷史條件下是大有教育意義的，但歸根結底，它們仍然只是一種有關專制統治的理念和技術主張而已。孔子認為，「民」是沒有責任能力的，離不開仁慈君主的關懷和教化。在《論語・里仁》中，他說：「君子懷刑，小人懷惠」，「君子喻於義，小人喻於利」。就是說，老百姓心地蒙昧欲望簡單，讓他們吃飽用足並加以積極引導，就能使他們甘心接受在上者驅使，自覺維護君主的權威。所以，不論是「惠養」還是「義使」，目的都是控制民眾使之為我所用——用他自己的話說就是：「惠則足以使人」（《論語・陽貨》）。在《論語・為政》中，孔子直接道出了其民本政治訴求的目標——專制君主的權威：「為政以德，譬如北辰：居其所，而眾星共之。」

　　孟子是民本思想的金聲玉振者。他不僅以旁徵博引的滔滔雄辯論證了失民心者失天下的道理，而且就「保民」、「養民」提出了系統的制度設計，並且

以「民為貴，社稷次之，君為輕」（《孟子・盡心下》）的響亮口號把民本思想推向了一個前所未有的高度。通過大量引證歷史上治亂成敗的先例，孟子不厭其煩地告誡當時的統治者「天時不如地利，地利不如人和」（《孟子・公孫丑下》），民心向背才是國家興亡的關鍵。在〈盡心下〉中，他說：「諸侯之寶三：土地，人民，政事。寶珠玉者，殃必及身」；在〈離婁上〉篇中，他說：「桀紂之失天下也，失其民也；失其民者，失其心也。得天下有道：得其民，斯得天下矣；得其民有道：得其心，斯得民矣」。怎樣才能獲得民眾擁戴呢？他的觀點是：「得其心有道：所欲與之聚之，所惡勿施爾也」（《孟子・離婁上》）。就是滿足民眾最基本的生活欲求，用孟子自己的話說，主要措施為「制民恆產」和「取之有制」。他認為，要使老百姓尊上守禮，前提是讓他們安居樂業：

> 〈梁惠王上〉：無恆產而有恆心者，惟士為能。若民，則無恆產，因無恆心。苟無恆心，放辟邪侈，無不為已。及陷於罪，然後從而刑之，是罔民也。焉有仁人在位，罔民而可為也？是故明君制民之產，必使仰足以事父母，俯足以畜妻子，樂歲終身飽，凶年免於死亡。然後驅而之善，故民之從之也輕。

> 〈盡心上〉：易其田疇，薄其稅斂，民可使富也。食之以時，用之以禮，財不可勝用也。

> 〈滕文公上〉：是故賢君必恭儉禮下，取於民有制。

在孟子眼裡，民眾是君主「得天下」所必須憑藉的資源，「得民」只是一種必要且必須的手段。可以說，孟子的民本觀並沒有任何實質性新內容。作為孔子教言的弘揚者，他只是以一種理想主義的熱情把孔子提出的各個命題從不同的方向推向極致：他為「民」賦予了更重要的地位，對現實中的君主也提出了更高的要求和期待。行乎仁政收人心，得乎丘民為天子，這便是孟子奔走一生所推銷的主張──一統天下的王道之術。

荀子從人的社會性定義來認識君、民之間的關係。在〈王制〉中，他說：「君者，善群也。群道當，則萬物皆得其宜，六畜皆得其長，群生皆得其命。」在〈君道〉中，則說「君者何也？曰：能群也。能群也者，何也？曰：善生養人者也，善班治人者也，善顯設人者也，善藩飾人者也。」在他看來，人類社會天然呈現為一種混沌無序狀態，靠了人君的製作禮儀，定分止爭，才得以相安無事，

和平發展。故而他又說：「天之生民，非為君也；天之立君，以為民也」（《荀子·大略》），因為「民」只有經過君主的用心修理——顯設之、班治之、藩飾之——才得以過上人的生活。在荀子眼裡，民眾天生就是趨利避害的兩條腿動物，像鳥兒選擇樹木一樣選擇能夠善待他們的君主，因而他強調君主對民眾應該「利而後利之」、「愛而後用之」，認為「不利而利之，不愛而用之者，危國家者也」（《荀子·富國》）。在〈君道〉中，他還說：「有社稷者而不能愛民，不能利民，而求民之愛己，不可得也」。至於「利民」、「愛民」的具體措施，荀子所能提出的不過是「輕田野之賦，平關市之徵，省商賈之數，罕興力役，無奪農時」（《荀子·富國》）而已。

可見，隨著民族走向王權大一統，儒家淵源久遠的民本思想變得越來越冷寂蒼茫了，在荀子這裡已完全沒有了孔孟式的人道溫情。荀子之「重民」，只是因為「民」是一種不得不小心對待並加以利用的力量。請看〈王制〉：

> 馬駭輿，則君子不安輿；庶人駭政，則君子不安位。馬駭輿，則莫若靜之；庶人駭政，則莫若惠之。選賢良，舉篤敬，興孝弟，收孤寡，補貧窮，如是，則庶人安政矣。庶人安政，然後君子安位。傳曰：「君者、舟也，庶人者、水也；水則載舟，水則覆舟」。此之謂也。故君人者欲安，則莫若平政愛民矣。

「君舟民水」成了儒家民本思想的經典隱喻。它的含義是：君擁有整個世界，民眾完全是為君而存在的，是君權存在的前提和保證；民眾以其無窮數量累積而形成一種原始的、盲目的巨大力量，這種力量承載著君權的運行，卻又內含著傾覆一切的致命危險。縱觀歷史，儒家所津津樂道的貞觀之治、乾嘉盛世之類，不過是這一隱喻的千載難逢的注腳而已。

通過以上對「民本觀」尋波溯源的考察，我們可以得出結論：**「民本」是專制權力的題內自有之義，是專制權力與生俱來的自我制約機制：它使作為一種資源組織方式的專制制度得以克服君主個人本能衝動導致的溢出和過度，從而維持其基本的現實管理能力。**因而，作為一種統治理論，它是統治階級對自己統治基礎的自覺，它沒有站在權力對面，而是站在其旁邊，時而恫嚇時而利誘，苦口婆心地勸說，希望那因為沒有制度性約束而隨時可能走向極端的專制權力靠了自我警示適可而止。

二、民本是農本的另一個說法，是一種修辭術

如果不再就事論事，而在儒家整個統治理論的框架內審視「民本」思想，我們會發現，它不過是「農本」的另一個說法而已。因為，無論說得多麼慷慨激昂，民本主張落實下去，不過是「使民以時」、「取民以制」、「教民以禮」、「明德慎罰」幾條而已。其中真正有實際意義的只是前兩條，用四個字就可以概括：輕徭薄賦。就是說，儒家所重的「民」不是所有的「民」，而是安分守己、能夠為國家提供賦稅的「農」民。這就是為什麼自漢朝以後，儒家不遺餘力地鼓吹抑制工商的「崇本」政策。比較一下孟子的「反本」之論和賈誼的「崇本」主張，我們就會明白「民本」與「農本」是曲徑相通的：

> 《孟子‧梁惠王上》：今也制民之產，仰不足以事父母，俯不足以畜妻子，樂歲終身苦，凶年不免於死亡。此惟救死而恐不贍，奚暇治禮義哉？吾王欲行之，則盍反其本矣。五畝之宅，樹之以桑，五十者可以衣帛矣；雞豚狗彘之畜，無失其時，七十者可以食肉矣；百畝之田，勿奪其時，八口之家可以無饑矣；謹庠序之教，申之以孝悌之義，頒白者不負戴於道路矣。老者衣帛食肉，黎民不饑不寒，然而不王者，未之有也。

> 《新書‧瑰瑋》：今驅民而歸之農，皆著於本，則天下各食於力，末技遊食之民，轉而緣南畝，則民安性勸業，而無縣愆之心，無苟得之志，行恭儉蓄積，而人樂其所矣，故曰苦民而民益樂也。

「農者，民也」（《春秋繁露‧五行相勝》）。其實董仲舒早道出了「民本」與「農本」的關係。「**民本**」**不是一種權力宣言，而是一種深邃的秩序安排：最終的「本」是土地，「民本」主張落實下去就是要把民眾變成附著於土地上的植物，成為大一統的專制主義世界裡天然秩序的構成者。**

我們知道，附著於土地上、匍匐於大自然意志之下的小農是封建社會秩序最穩固的部分，也是以專制君主為中心的統治階級的經濟和心理基礎，因而對小農經濟的維護便同時具有了一種政治和倫理意義：安分與勤懇既是致富的唯一途徑，也是立命安身的人生美德——因為這意味著對天然秩序的維護和順從。在專制主義社會裡，整個統治階級的利益和尊嚴就建立在小農的安分和順從上。**可以說，「以民為本」是一種戰略性投資，投資人所追求的利潤回報是被投資**

者本身成為秩序的表達者。請看孟子為滕文公所做的民本主義行政策劃：

> 《孟子・滕文公上》：無君子莫治野人，無野人莫養君子。請野九一而助，國中什一使自賦。卿以下必有圭田，圭田五十畝。餘夫二十五畝。死徙無出鄉，鄉田同井。出入相友，守望相助，疾病相扶持，則百姓親睦。方里而井，井九百畝，其中為公田。八家皆私百畝，同養公田。公事畢，然後敢治私事，所以別野人也。此其大略也。若夫潤澤之，則在君與子矣。

這與老子民眾「老死不相往來」的小國寡民理想簡直異曲同工——就把人動物化、植物化方面看，兩者沒有什麼區別，不同的只是孟子多了一點溫情。《古文尚書・湯誥》亦有「上天孚佑下民，罪人黜伏，天命弗僭。賁若草木，兆民允殖。俾予一人，輯寧爾邦家」，同樣把民眾視為草木——把人不當作「人」的專制主義總是殊途同歸於此的。

因而，作為一種政治主張，「民本」在很大程度上是一種修辭術：它是一種凸喻[47]，強調的是事物的某個方面，它是用一種外在的光對某個完整意義的部分進行的照亮——**「民本」強調的並不是「民」自在自足的價值，而只是它對於國家社稷歸根結底是對於君主的工具性價值。因而，說穿了，「民本」就是「君本」，是「君本」的修飾性轉義表達**。

還有，我們不應忘記，無論是孔子還是孟子，都不是蘇格拉底式的獨立思想家，而是奔走於列國之間推銷其政治學說的遊說者，他們言說的對象是各國君主，這就決定了他們所有「重民」、「保民」的治國主張，首先是設身處地為君主進行的政治策劃，它不可能走到君主的對面而成為現代民主的生發者。並且，「民」只是一個大類名，表徵著一個整體性抽象存在，而凡是抽象的巨大存在都容易被僭取作高尚的名義和旗號。通過對「民」之三心二意的重視和關懷，專制王權為自己打上了一層來於天道的神聖光彩；通過自立為「民」的代表，儒家增強了自己對君主說話的分量，擴充了參與權力的資本——如此而已。

47　尼采對凸喻的定義是：「將意蘊深長的辭語置於句子之首或尾而產生的強調。」（見屠友祥譯，《古修辭學描述》，上海人民出版社 2001 年，第 58 頁）。本人的用法有所不同。

第七章　自我主體的淪喪

　　本章將通過分析儒家的自我主體來證明儒家思想與現代民主制度的不相容性。主體是人類一定歷史階段的產物，是人類在巨大的非人力量（自然、鬼神）面前自我挺立的努力，是人類自我觀的強化和昇華。它強調的是與他者的關係中自我的地位與價值。因而，它既是人類生產實踐進程中主客體相互作用的產物，也是人類社會關係的產物，直接反映著一種文化的格調與色彩。

　　儒家具有強烈的主體意識，但這種主體意識並不導向「具有堅強的主體性格的自由自在的個性」（黑格爾語），並不導向民主制度所賴以建立的自我主體，而只體現為一種類主體，即人作為一個族類面對作為對象的自然界時的自我確認、自我張揚，以及作為類主體性之表現形式之一的道德主體。他們從個我出發，在向外擴展的過程中層層內捲，泯己於群，融我於物，主動放棄了作為獨立思想者的立場，也就放棄了賴以為主體的前提條件和實際內容——對於其對象的主導地位以及自由認識與批判的能力，最終導致了自我主體的淪喪。

第一節　類人：個體的消彌

　　中華文明有一個引人注目的現象，就是很早就開始了對人性的思考，幾乎包括儒家在內的各派思想家都是以人性論為基礎建構其理論框架的。這是因為，對自然和宗族的嚴重依賴，使中華先民發展起了一種有機聯繫的自然主義世界

觀，人被看作宇宙的有機組成部分，同其他物類一樣，紮根在大自然的深處。在進行理念推演和制度建構時，「人」首先被作為一個整體進行想像和把握，人的「本性」自然而然成為思考的前提。所以，研究儒家的自我主體觀，應先考察他們對「人」的理解——他們的人類觀，而要理解其人類觀，必須以人性論作為入口處。

儒家的人性論出現過三種基本形態六種主要觀點：發端於孔子的性同一說（認為所有人都具有相近的本性），以董仲舒、韓愈為代表的性品級說（分為上民之性、中民之性和下民之性三種），以及以張載、朱熹為代表的、統合性同一說（人人皆具天地之性）和性品級說（因人而異的氣質之性）的複性說。其中性同一說又分為性善論（孟子）、性惡論（荀子）、性善惡相混論（楊雄），性無善無惡論（告子、蘇軾）等。以上諸家之說，各各論之有據，言之成理，看起來似乎方圓難諧，實際上還是可以統合在一起的：在對人性的理解上，他們並沒有本質性的差異；他們的區別主要在於下手立論處的不同和論證的粗細程度的不同。

同道家、法家一樣，儒家的人性論可以稱作是一種自然主義的人性論。在他們看來，性乃天所賦予，與生俱來，是人類作為一個紮根於自然深處的種屬的類本質——內在於人的生命的「天」（道）。**作為一種本體性存在，「性」時刻準備著應答外物的召喚，時刻準備著外化為「情」進入世界而成為人類實踐的能動力量，「性」由內而外的轉化者、規制者就是「心」**。就是說，儒家的人性論的內容分為三部分：性之「體」、性之「用」——情，和性之「器」——心。宋以前的儒家沒能區分性體和性用，因而得出了性善、性惡絕然相反的結論。實際上，性體即本然之性的存在是儒家各派共同的理論預設。我想，也許對儒家和西方基督教文明的人論作一個對比有助於加深對這個問題的理解：基督徒的「人」是一種二元存在，靈魂來於上帝，肉體則屬於魔鬼，人除了上帝之外一無所依，此生不過是在一個異己的世界裡為最後的救贖所做的準備，因而每一個靈魂都必須為自己的行動負全部責任；儒家的人是像禽獸草木一樣由大自然所孕育的一個物類，是生生不已的大宇宙的有機組成部分，靠了聖人的制禮作樂才從萬古蒙昧中超升出來，因而每一個個體都必須遵行共同的大道；而只要虔誠地接受聖人指導、發揮出內心中的善良根性（孟子），化去本性中的情欲雜質（荀子），就能夠歸於天道的永恆，實現生命的意義：此世就是通

過踐行天道實現自己生命意義的場所。因而，如果說基督徒對人生意義的追求做的是加法：通過積累善行獲得救贖；儒家做的則是減法：通過對情欲的淨化和規制回歸天道。

漢唐諸儒的性品級說是王權大一統之後的產物，通過將人分為上、中、下三等論證專制王權的神聖性（聖）和刑殺教化的必要性、合理性；宋代理學通過將性分為天地之性和氣質之性兩部分強化性體即天理的絕對性，實際上是「以性統情」，企圖實現對人之感性的全面控制。兩者的專制主義精神都是顯而易見的，因而無需討論（其實也不是本文用心所在）。下面通過對先秦儒家人性論的內涵的分析揭示其專制主義實質。

一、此在的本源：天命之性

儒家人性論發端於孔子。由於孔子對「怪力亂神」之類非切於現實的事物採取了懸置態度，在「性與天道」問題上措意甚少，只是籠統地提出過「性相近也，習相遠也」、「有教無類」（《論語 · 衛靈公》），以及「富與貴是人之所欲也，不以其道得之，不處也」（《論語 · 里仁》）之類看法，致使當時子貢即感慨：「夫子之言性與天道，不可得而聞也」（《論語 · 公冶長》）。可以肯定的是，孔子認為人的本性是一致的。在《論語 · 泰伯》中，他說：「君子人與？君子人也。」說明他認為君子擁有和一般人共同的本質屬性。他把「仁」看作人之為人的依據，認為「行仁」就是「愛人」[1]、「立人」、「達人」[2]，人生的最高成就就是「成仁」[3]，而「成仁」就是「成人」。說明他把人性看作是一個感性統一體，是一個需要在實踐中加以塑造才得以完成的東西。在此路向上進一步向現實靠近，便很容易轉生出荀子「以禮化性」的性惡論主張；但他又說「克己復禮為仁」，已經暗合了「人」與「天」擁有共同的本然之「善」的意思在內：通過克服一己私欲造成的蒙蔽和隔閡，主動融入宇宙本然而在的秩序（禮），以一種敞開的心靈狀態與天地同流，這種「仁」的境界就是人性的完美狀態。由此開啟了思孟學派「盡性知天」的性善論致思方向。因此，孔子思想中已經包含了儒家人性論的「基因」，孟善荀惡只是它在不同

1　《論語 · 顏淵》：樊遲問仁。子曰：「愛人」。

2　《論語 · 雍也》：「夫仁者，己欲立而立人，己欲達而達人，能近取譬，可謂仁之方也。」

3　《論語 · 衛靈公》：「志士仁人，無求生以害仁，有殺身以成仁。」

路向上的邏輯展開。新儒家鑒於孔子「為仁由己」所體現的人格獨立精神，便認為儒家富有現代民主制度所要求的自我主體意識，這實在是一種沒有歷史依據的邏輯推演。孔子所表現出來的人格獨立是一個學派的開創者所必須具備的前提條件，因而，評價孔子的理論，除了分析它直接表達的觀念含義，還應當關注它為人類精神所開啟的方向、空間。我的看法是，**儘管孔子通過將「性與天道」之類形而上問題放入括弧、通過強調親身踐行保持了內外之間的平衡，維持了獨立思考者的地位，但他並沒有為後世儒家自我個體的成長開拓出足夠的空間，因為他擔承著過於沉重的「述往開來」和「立人達人」的抱負，他全心關注的是如何代表、如何博施於大眾的問題。**

子思及其門人對孔子語焉不詳的的人性論進行了發揮，實現了人性、物性與天道的貫通，確立了儒家理論大廈的形而上高度。其思想主要體現在《禮記》中的《中庸》、《大學》兩篇裡。

子思認為，性是天之本然，性之生發、律動為天道。故《中庸》開篇即稱「天命之謂性。率性之謂道。修道之謂教」。對人來說，「道」是通向天之本真的途徑，「教」則是在實踐中「修道」的動態過程。這樣，人性、天道與作為人類存在形式的文化貫通為一體。這段話一共有三層意思：

第一層意思：性乃天之本然。「天」即人之「性」的本源，人和自然萬物沒有本質上的隔閡。在這裡，「命」並不意味著一種託付和接受關係，而是一種生成。《中庸》在說過「今夫天，斯昭昭之多，及其無窮也，日月星辰係焉，萬物覆焉」之後，引《詩經》「惟天之命，於穆不已」為證，並解釋說：「蓋曰：天之所以為天也，於乎不顯」。顯然，「天命」乃天性之化顯。

第二層意思：指出了人生自我實現的途徑——率性。「率性之謂道」是說性之生發、律動即為天道，這是就動態言；如果作靜態觀，則「自誠明，謂之性」。子思認為，「誠」是貫通天人的媒介，「天之性」呈現出的那種本然純粹、精光自明的狀態就是「誠」：「誠者，天之道也」[4]。人類性之本然向天道的歸依也是「誠」的體現。因而「率性」即「誠之」即「體道」。子思認為人生的意義就是「誠之」，即自覺而虔誠地歸依、融合於「天道」，在一種與物無間的自由之境裡展開、實現自己本性中的固有之善，用他自己的話說就是：「誠

4　《禮記・中庸》。本節以下未注明出處的都引自《中庸》。

之者，擇善而固執之者也」──誠即意味著「虔誠」、「投誠」。因而子思又說：「誠者，自成也……是故君子誠之為貴。」

第三層意思：通過「教」可以「修道」、「盡性」。在說過「自誠明，謂之性」後，子思又說「自明誠，謂之教。誠則明矣，明則誠矣」。第一個「明」是天道自明，第二個「明」則是「去蔽」，指通過「教」認識到自己感性生存的局限性（明性），從而虔誠地向「天道」投誠：不誠則不明，明則自然誠。

「誠」能夠「明性」，「至誠」則可以「盡性」──不僅盡己之性，而且能盡人之性，盡物之性；能盡物之性，則可進入上下與天地同流的自由之境：「唯天下至誠為能盡其性。能盡其性，則能盡人之性；能盡人之性，則能盡物之性；能盡物之性，則可以贊天地之化育；可以贊天地之化育，則可以與天地參矣。」而這，只有「不勉而中，不思而得，從容中道」即作為天道之化身、天性之體現者的「聖人」才能做到。宋朝朱熹曾說過「聖人即是天」，其實這個意思子思已經說出來了：

> 故至誠無息，無息則久，久則徵，徵則悠遠，悠遠則博厚，博厚則高明。博厚所以載物也，高明所以覆物也，悠久所以成物也。

博厚載物，非地而何？高明覆物，非天而何？聖人籠萬物，變古今，同天地，將一切都掌握在手中了。

至此，我們可以明白，子思的人性論導致的是天道對人類之感性的統攝，聖人對眾人之精神的籠罩：人性成了天性的有機成分，人生成了向絕對者投誠的歷程。在這裡，除了生活在虛無縹緲之中的聖人，不存在任何自由的主體。子思在形而上領域實現了天人的合一，他的人性論後來成為宋明理學最重要的思想資源。

《易傳》的人性論當承繼《中庸》而來，諸如「乾道變化，各正性命，保合大和」（《易‧乾‧彖》）、「窮理盡性以至於命」（《易‧說卦》），以及「一陰一陽之謂道，繼之者善也，成之者性也」（《易‧繫辭上》）等，與《中庸》之總綱「天命之謂性。率性之謂道。修道之謂教」絕無二致，故在此無需具論。

二、人之被代表的依據：性善論

孟子是性善論的首倡者。為了推銷和捍衛自己的主張，他不辭勞苦奔走四方，奮其峭拔恣肆的滔滔雄辯與對手反復辯難。當告子稱「性猶湍水也，決諸東方則東流，決諸西方則西流。人性之無分於善不善也，猶水之無分於東西也」時，孟子反駁說：「水信無分於東西、無分於上下乎？人性之善也，猶水之就下也。人無有不善，水無有不下。今夫水，搏而躍之，可使過顙；激而行之，可使在山。是豈水之性哉？其勢則然也。人之可使為不善，其性亦猶是也。」他把性之本然和性之發揮的外在條件作了區分，強調是由於「勢」之不同導致了「性」的表現迥異。當告子以「以堯為君而有象，以瞽瞍為父而有舜；以紂為兄之子且以為君，而有微子啟、王子比干」為論據來證明「性無善無不善」時，孟子回答說「乃若其情，則可以為善矣，乃所謂善也。若夫為不善，非才之罪也」。意為：按你的說法，就是只有那些可以做出的「善」才叫「善」，人們做不善之事，與其本性沒有關係。孟子認為，性之善只是一種潛質、一種可能性，它的實現有賴於人心的激揚發揮。

> 《孟子・告子上》：惻隱之心，人皆有之；羞惡之心，人皆有之；恭敬之心，人皆有之；是非之心，人皆有之。惻隱之心，仁也；羞惡之心，義也；恭敬之心，禮也；是非之心，智也。仁義禮智，非由外鑠我也，我固有之也，弗思耳矣。

孟子認為「惻隱之心」等「四心」是「不慮而知」、「不學而能」（《孟子・告子上》）的良知、良能，是仁義禮智的生發點，他稱之為「四端」：「惻隱之心，仁之端也；羞惡之心，義之端也；辭讓之心，禮之端也；是非之心，知之端也」（《孟子・公孫丑上》），並認為人之「四端」如「四體」一樣是先天而具的。為了增強其觀點的說服力，孟子舉了一個非常樸素但卻容易發人共鳴的例子：「今人乍見孺子將入於井，皆有怵惕惻隱之心。非所以內交於孺子之父母也，非所以要譽於鄉黨朋友也，非惡其聲而然也」，並由此進一步推論：「無惻隱之心，非人也；無羞惡之心，非人也；無辭讓之心，非人也；無是非之心，非人也」（《孟子・公孫丑上》）。因而孟子強調，「仁」就是這種「善端」的培育、生發和擴展。在〈告子上〉中，他以五穀作喻說：「五穀者，種之美者也；苟為不熟，不如荑稗。夫仁亦在乎熟之而已矣」，意為將「善端」培育成熟了

就是「仁」。「仁」不斷擴充，就可以包舉四海，澤被天下：「凡有四端於我者，知皆擴而充之矣，若火之始然，泉之始達。苟能充之，足以保四海；苟不充之，不足以事父母」（《孟子・公孫丑上》）。

因為「人皆有此心」，「人皆有此性」，人與人之間即便聖人與小人之間也沒有本質的區別，聖人不過是「出乎其類，拔乎其萃」而已。在〈公孫丑上〉中，孟子借有若的口說：「麒麟之於走獸，鳳凰之於飛鳥，太山之於丘垤，河海之於行潦，類也。聖人之於民，亦類也」；在〈告子上〉中，他說：

> 凡同類者，舉相似也……聖人與我同類者。口之於味也，有同嗜焉；耳之於聲也，有同聽也；目之於色也，有同美焉；至於心，獨無所同然乎？心之所同然者何也？謂理也，義也。聖人先得我心之所同然耳。

因而，只要持之以恆地發揮仁心、充揚善性，則「人皆可以為堯舜」（《孟子・告子上》）。孟子認為，聖人之所以不同於眾人，大人之所以不同於小人，是因為他們能夠「存其心」、「盡其性」。〈離婁下〉有「君子所以異於人者，以其存心也。君子以仁存心，以禮存心」。當被問到「鈞是人也，或為大人，或為小人，何也？」時，孟子回答：「從其大體為大人，從其小體為小人」（《孟子・告子上》）。所謂「大體」、「小體」，朱熹注曰：「大體，心也；小體，耳目之類也」（《孟子集注》卷十一〈告子上〉）。孟子認為，「心」是本然之善與外在德行之間的轉化者，通過心的「思」、「養」、「充」，人之內在善性就會沛然洋溢，「所過者化，所存者神，上下與天地同流」（《孟子・盡心上》）。在〈告子上〉篇中，他說：「心之官則思，思則得之，不思則不得也。此天之所與我者，先立乎其大者，則其小者弗能奪也」。又說：「學問之道無他，求其放心而已矣」。在他看來，「心」時刻處於外物的引誘之下，時刻面臨著放於邪僻的危險，需要著意涵養，用力把持。

> 《孟子・告子上》：故苟得其養，無物不長；苟失其養，無物不消。孔子曰：「操則存，舍則亡；出入無時，莫知其鄉」，惟心之謂與？

至於「存心」、「收放心」的手段，實際上即孟子提出的一整套修養功夫，包括「寡欲養心」、「動心忍性」、「集義養氣」、「反身而誠」等。在〈盡

心下〉中，他說：「養心莫善於寡欲。其為人也寡欲，雖有不存焉者，寡矣；其為人也多欲，雖有存焉者，寡矣」。孟子強調，大人所以為大人，君子所以為君子，是因為他們恬然於本然之性，不為私欲所動搖。故〈離婁下〉有：「大人者，不失其赤子之心者也」。「動心忍性」，按朱熹的解釋就是「謂竦動其心，堅忍其性也。然所謂性，亦指氣稟食色而言耳」（《孟子集注》卷十二〈告子下〉）。在〈公孫丑上〉中，孟子自稱「我四十不動心」。所以講「集義養氣」，是因為「志壹則動氣，氣壹則動志也」（《孟子・公孫丑上》），有「氣」之浩然，則可成「志」（心）之堅固──〈公孫丑上〉曰：「我善養吾浩然之氣」，「其為氣也，至大至剛，以直養而無害，則塞於天地之間。其為氣也，配義與道；無是，餒也。是集義所生者」。「反身而誠」乃謂一心敞開，合己之性於天道之善，恬然與萬物同流。[5]

心性修為的這種艱苦卓絕性意味著只有士、君子、賢人、大人、聖人才能夠盡性，實現生命的本質之「善」。沒有恆產就沒有恆心的、註定了要「治於人」的小人是不可能成就正果的。在〈盡心上〉中，孟子說：「行之而不著焉，習矣而不察焉，終身由之而不知其道者，眾也」。眾人只能等待著君子、聖人的教化和治理：「無君子莫治野人，無野人莫養君子」（《孟子・滕文公上》）。

綜上所述：孟子把天然而在的樸素情感本體化為絕對的「善」，而稱之為性，認為這是人之生命的本然稟賦，是人內在之「天」。由此，「人」與「天」聯結到一起。人所內含的這種善性是「天」之絕對之「善」的種子，通過「心」的能動作用不斷外化、擴充，就能克服由於外在情欲造成的物我之間的對立與隔閡，進入天人合一的崇高境界，這就是「盡性」──實現自己的本質。孟子堅信通過盡心盡性就可知天：「盡其心者，知其性也。知其性，則知天矣。存其心，養其性，所以事天也」（《孟子・盡心上》）。在〈盡心上〉篇中，他還說：「形色，天性也；惟聖人，然後可以踐形」。所謂「踐形」，程頤的解釋是：

此言聖人盡得人道而能充其形也。蓋人得天地之正氣而生，與萬物不同。既為人，須盡得人理，然後稱其名。眾人有之而不知，賢人踐之而未盡，能充其形，惟聖人也。

5　參見本書第五章第三節。

　　因為聖人貫通了天人之性，他就是人類的最高楷模，是人倫的絕對尺度：
「規矩，方員之至也；聖人，人倫之至也」（《孟子‧離婁上》）──性善論
的必然邏輯是：聖人是人性的代表，是所有人的代表。總之，**性善論凸顯並神
聖化了那個只有儒家的君子才有資格、有能力接近的絕對者──天道，直接提
供了芸芸大眾被代表、被統攝的宇宙論依據。**

　　性善論體現於社會事務則是道德主義，因而孟子式的主體只是一種道德主
體。關於這種道德主體的虛幻性和意識形態實質，在第三章第一節已有論述。
這裡要再一次強調的是，道德主體是一種類主體，其主體性是以人類整體的名
義、以天道這個絕對者的名義確立的，它以被視為一種類存在（擁有共同的善
之根性）的芸芸眾生作為對象，以一種虛幻的自我想像為追求目標。以主體名
義出現的個體（即儒家「弘道」的君子）實際上只是那個唯一的主體──天道
──的碎片，它只有通過「立德、立言、立功」等修養和實踐功夫才能獲得其
歸宿並實現自己生命的意義（這裡說的是在實踐領域。在精神領域裡，個體可
以通過盡性而成聖，從而與天地同流，籠罩萬類。現實生活中是不存在聖人的。
所謂聖人，不過是自立為人類代表的統治者面對天道這面凸透鏡時無限放大了
的自我映射）。性善論在將無以比擬的榮耀加諸聖人之身時，掏空了其肝肺，
榨乾了其血肉，使之成了漂浮在眾生頭頂上的、道貌岸然的渺渺巨靈。

三、人之被規訓的理由：性惡論

　　如果說孟子的性善論論證的是「小人」被統攝的合理性、被代表的當然性，
荀子的性惡論強調的則是「小人」被規訓的必要性。孟、荀一內一外，相輔相成，
共同完善了儒家的統治理論。

　　荀子旗幟鮮明地主張性惡論。在《荀子》中，他專門寫有〈性惡〉一篇來
論證自己的觀點。

　　首先，他從人天生即有「好利惡疾」之心這個「人性事實」和「從人之性
則天下暴亂」這種社會現象來立論：

> 今人之性，生而有好利焉，順是，故爭奪生辭讓亡焉；生而有疾惡焉，
> 順是，故殘賊生而忠信亡焉；生而有耳目之欲，有好聲色焉，順是，
> 故淫亂生而禮義文理亡焉。然則從人之性，順人之情，必出於爭奪，

合於犯分亂理，而歸於暴。故必將有師法之化，禮義之道，然後出於辭讓，合於文理，而歸於治。用此觀之，人之性惡明矣，其善者偽也。

其次，他依據人性的「易變性」來論證性之「惡」：「今人之性，生而離其樸，離其資，必失而喪之。用此觀之，然則人之性惡明矣。所謂性善者，不離其樸而美之，不離其資而利之也」。他甚至顛倒因果，通過「禮義」的必要性強調自己的主張：「故性善則去聖王，息禮義矣。性惡則與聖王，貴禮義矣。故檃栝之生，為枸木也；繩墨之起，為不直也；立君上，明禮義，為性惡也。用此觀之，然則人之性惡明矣，其善者偽也。」

荀子性惡之「性」實際上只是「性之用」，是「性情」。實際上，荀子經常在論證過程中將「性」偷換為「情性」，如〈性惡〉篇有：「古者聖王以人性惡，以為偏險而不正，悖亂而不治，是以為之起禮義，制法度，以矯飾人之情性而正之，以擾化人之情性而導之也」，以及「故順情性則不辭讓矣，辭讓則悖於情性矣。用此觀之，人之性惡明矣，其善者偽也」。其實，荀子對「本然之性」和「情動之性」還是有所區別的。在《荀子‧正名》篇裡，他說：「性者、天之就也；情者、性之質也；欲者、情之應也」，又說：「生之所以然者謂之性……性之好、惡、喜、怒、哀、樂謂之情。」這都說明，荀子所謂「性惡」之性實際是「情性」。在〈性惡〉一文中，他也確曾直截了當地說過：「今人之性，饑而欲飽，寒而欲暖，勞而欲休，此人之情性也」。

因而，嚴格地說，荀子的人性論是一種無善無惡的自然主義的人性論。他把人性比作製陶器的泥土，做傢俱的木料，靠了聖人禮義的熔鑄、剪裁才得以成形成器：「夫陶人埏埴而生瓦，然則瓦埴豈陶人之性也哉？工人斲木而生器，然則器木豈工人之性也哉？夫聖人之於禮義也，辟則陶埏而生之也」（《荀子‧性惡》）。因為人性是中性的，它便是聖人、小人所共同具有的，聖人別於小人，是因為他們能「化性起偽」：

〈禮論〉：性者、本始材樸也；偽者、文理隆盛也。無性則偽之無所加，無偽則性不能自美。性偽合，然後成聖人之名，一天下之功於是就也。

〈榮辱〉：材性知能，君子小人一也；好榮惡辱，好利惡害，是君子小人之所同也；若其所以求之之道則異矣。

〈性惡〉：故聖人之所以同於眾，其不異於眾者，性也；所以異而過眾者，偽也。

可見，荀子主張性惡，只是為了強調聖人禮義的絕對必要性，說到底是對人性進行規制的絕對必要性。荀子把人積極向善的能動作為稱為「偽」：「心慮而能為之動謂之偽」[6]，認為「偽」是「可學而能、可事而成之在人者」；把聖人教化的效果稱為「積」：「人無師法，則隆性矣；有師法，則隆積矣。而師法者，所得乎積，非所受乎性」（《荀子・儒效》），認為能「積」才能夠成「偽」：「慮積焉，能習焉，而後成謂之偽」；持之不懈地學道修禮則可以「成積」，「成積」則可以「化性」，成為君子[7]，則可以通於天地神明。

《荀子・儒效》：性也者，吾所不能為也，然而可化也。積也者，非吾所有也，然而可為也。注錯習俗，所以化性也；並一而不二，所以成積也。習俗移志，安久移質。並一而不二，則通於神明，參於天地矣。

通過如此這般一連串推導，荀子得出結論：「今人之性惡，必將待師法然後正，得禮義然後治」，「故聖人化性而起偽，偽起而生禮義，禮義生而制法度」。

至此我們可以發現荀子理論體系的矛盾所在了：為了保留「聖人」對「眾人」的代表性，必須設定人作為一種類存在的共同本質，這樣「性」就不應當是「惡」的；但倘若性不「惡」，就無法突出禮義教化的絕對必要性。為了彌補這一漏洞，荀子不得不採取了偷換概念的小手段——這是其一；其二，由於沒有了「心」這一中間環節的憑藉，「知通乎大道，應變而不窮」（《荀子・性惡》）的聖人也便失去了獨立自足的依據，成了打著天道的旗號強行進入小人世界之中的人性規制者：毫無疑問，這個「聖人」不過是喬裝打扮的絕對權力而已——與邏輯上的偷換概念相一致，荀子在政治理念中已經悄悄地易幟投誠了。在此，我們又一次認識到，正是荀子揭開了秦帝國暴政的序幕。透過性惡論，我們看到的是鐵血獰厲之中正在走向頂峰的絕對權力投向整個世界的那

6　《荀子・性惡》。本節未注明的引文皆引自〈性惡〉。

7　《荀子・儒效》：「居楚而楚，居越而越，居夏而夏，是非天性也，積靡使然也。故人知謹注錯，慎習俗，大積靡，則為君子矣。縱情性而不足問學，則為小人矣。」

冷冰冰的蔑視！

　　綜上所述：**無論是性善論還是性惡論，都是對民眾進行類操作的依據，民眾僅僅作為同質性的純粹客體被代表、被規訓。**在本書的敘論中，我曾講到自由是民主思想的觀念基礎，社會大眾成為具有自由個性的權利主體是民主制度的前提。在這裡我要說的是，自由不是被給予和被占有的某種東西，它是表現為主體間性的一種相互尊重的關係方式——就是說，只有通過給予自由人們才能夠得到自由，監獄裡的看守同囚犯一樣是沒有自由的。所以，當芸芸眾生僅僅被當作客體的時候，自立為主體的儒家君子們，如果不選擇棄世遠舉獨行其道，則如同監獄中的看守一樣，也只能是一種工具性的存在。不論是孟子之儒還是荀子之儒，他們對世界的參與都是以其主體性的淪喪或者主動放棄為代價的：孟子憑著「居仁由義」的莊嚴道袍抗禮王侯，勉強維持的也不過是道義上的獨立性；荀子則主動把這一身閃爍著天道之光的行頭獻給了現實中的絕對者，自己則拉大旗作虎皮站在權力的寶座前等待著賞賜。

第二節　關係中的存在：自我的確立與沉淪

　　自我是一個看似平常卻非常棘手的概念（或範疇），它涉及哲學、心理學、社會學、文藝學、歷史學、經濟學、法學、思維科學、行為科學、倫理學等幾乎所有現代重要學科，每個學科都試圖從自己熟悉的側面對它作出定義或描述。因此，在這裡沒必要糾纏於對它的含義和源流的考察——那意味著過遠地偏離了既定的主題。我想，最簡潔的做法是開宗明義地亮出自己對「自我」的理解：自我不是一種實體，而是一定文化網路中的關聯式結構。美國學者 M. 布魯斯特・史密斯（M. Brewster Smith）主張在經驗結構的層面上研究「自我」，他把「自我」的表現形態稱為「自我性態」[8]（selfhood）。下面我將借用這個概念對儒家自我的性態結構進行分析，以揭示它是如何在自我確立的同時走向沉淪的。

　　受布魯斯特・史密斯啟發，我把「自我性態」分為以下 7 個層次：⑴作為「在者」的自我意識，包括作為一個種屬的類本質和類主體意識；⑵感受到生與死之間張力的生命意識；⑶對家庭和親族共同體的歸屬意識；⑷對文化共

8　〔美〕M. 布魯斯特・史密斯，〈自我性態的隱喻基礎〉，載於《文化與自我》，九歌譯，南京：江蘇文藝出版社 1989 年，第 59 頁。

同體的歸屬意識；⑸與社會其他成員交往與合作的關係意識，包括具體情境中自己的責任與義務感、對他人的期待與要求；⑹根據社會道德原則對思想行為自我校準的反思意識；⑺人生目標的自我設計、自我期許。本章第一節實際上是對第一個層次的分析；第二、三個層次將在下一節進行討論；本節將要著重研究的是第四、五、六、七四個層次，即在社會交互作用和自我實現的層面上分析儒家自我的表現形態。

一、焦點區域式自我

　　這是美國漢學家郝大維、安樂哲在分析儒家自我觀時使用的概念。他們認為，儒家的自我是處於環境中的，是關於一個人角色（roles）和關係的共有意識，是一個由各種關係構成的場域的「焦點」：「由特殊的家庭關係或社會政治秩序所規定的各種各樣的環境構成了區域，區域聚焦於個人，個人反過來又是由他影響所及的區域塑造的」[9]，因而「自覺意識的中心不是與賓格的『我』（me）分離的『我』，而是對賓格的『我』的意識」[10]。我認為這種概括是非常精闢的。儒家是在以親屬關係為中心的社會關係中確定個體自我的角色和意義的。儒家的個人從來不是追求客觀真理的認知主體，而是踐行某種義務的角色，他同時是君、臣、父、夫、子、兄、弟、師、徒、親、朋等，總之是一個人際網路中的焦點，其中不同的角色對應著不同的義務和行為方式，並且他不是被動地享有這個網路，而是通過自己的修行不斷創造性地強化和擴展這個網路。這個網路不是他生命的憑藉，而是他生命的展現形式本身；它通過「禮」與其他網路和諧地關聯、對接起來，同時在時間、空間上無限擴展至上下四方、古往今來。**因此，這種擴展的人際關聯生成、凸顯、強化著個體存在的意義，為之賦予一種整體性人類視野和族類歷史命運意識。在這個無限擴展的生命網路裡，他者不是「我」的對象，而是我的「延伸」，我的生命的有機構成要素，因而越是拓展自己去包容他人，自己的生命也就越充實、博大和光輝。**

　　下面分別以「沒有軀體的自我」（對應著上面第四個層次）和「網路中的存在」（對應著上面第五、第六個層次）為標題，對儒家區域焦點式自我的形式和機制展開分析。

9　郝大維、安樂哲，《漢哲學思維的文化探源》，南京：江蘇人民出版社1999年，第44頁。

10　郝大維、安樂哲，《漢哲學思維的文化探源》，南京：江蘇人民出版社1999年，第29頁。

1. 沒有軀體的自我

在儒家那裡，具備了肉體和靈魂並不就意味著是一個人了，因為人是在對「道」的踐行中形成的。故《禮記‧禮器》謂：「禮也者，猶體也。體不備，君子謂之不成人」。在講到何謂「成人」時，孔子說：「若臧武仲之知，公綽之不欲，卞莊子之勇，冉求之藝，文之以禮樂，亦可以為成人矣」，又說：「今之成人者何必然？見利思義，見危授命，久要不忘平生之言，亦可以為成人」（《論語‧子路》）。就是說，人不是一種自然存在，而是一種社會文化存在，人的生命是由道德所灌注、由仁義禮智信所塑造的──人是在傳統中、在相互作用的社會情境中自我創造、自我成就的。對這種人之為人的條件和意義的覺解，也即對構成其存在的社會文化環境的認同和歸屬意識，是儒家自我意識的主體內容──一句話，儒家的自我意識首先是一種社會性文化確認。

隱者長沮、桀溺曾勸子路「且而與其從辟人之士也，豈若從辟世之士哉？」子路把這話告訴孔子，孔子感慨說：「鳥獸不可與同群，吾非斯人之徒與而誰與？天下有道，丘不與易也」（《論語‧微子》）。在他看來，割離了與群體的文化聯繫，就是對「道」的違背，就是向禽獸的淪落。因此，他反復強調要「立於禮」[11]，他說自己「三十而立」，即是指融會貫通了安身其上的「禮」，挺立起了自我設準的道德主體。在〈離婁下〉中，孟子也說：「人之所以異於禽於獸者幾希，庶民去之，君子存之」。對孟子而言，正是通過存養異於禽獸的「幾希」之善端，人得以獲得其存在的尊嚴和意義，從而成為君子。因而，「修身」不僅是一種手段，而且是生命得以實現的狀態，故「自天子以至於庶人，壹是皆以修身為本」（《禮記‧大學》）。《論語‧憲問》有「修己以敬。修己以安百姓」；《孟子‧盡心上》有「修身以俟之」，〈盡心下〉有「修其身而天下平」；《禮記‧中庸》有「修身則道立」、「修身以道」；〈曲禮上〉有「修身踐言，謂之善行。行修言道，禮之質也」。對儒家來說，「身」在某種意義上不屬於自己，而是呈現為文化（禮）的「天道」藉以表現自身的手段和媒體──禮（禮）與體（體）的同語源關係也透露了個中消息。[12] 漢儒往往以「體」

11　《論語‧泰伯》：「興於詩，立於禮，成於樂」；《論語‧季氏》：「不學禮，無以立」；《論語‧堯曰》：「不知禮，無以立也」。

12　此處受了郝大維、安樂哲啟發，見《孔子哲學思微》，蔣弋為、李志林譯，南京：江蘇人民出版社 1996 年，第 63 頁。

及體的動作「履」來定義「禮」：《釋名》卷二有「禮，體也。得事體也」；《大戴禮記・曾子大孝》有「禮者，體此者也」；《韓詩外傳》卷五有「禮者，則天地之體，因人情而為之節文者也。無禮，何以正身」；《白虎通義・性情》有「禮者，履也。履道成文也」。都說明儒家的「身」是天道的殖民地，「修身」就是體「禮」、行「仁」、修「道」。因而，儒家的君子奉自己的品格為至寶，時刻用心呵護、修持，他們強烈的憂患意識不僅表現為天命時勢之憂，更有品行之憂：憂人格之有缺，恐修名之不立。孔子稱「君子疾沒世而名不稱焉」（《論語・衛靈公》），「德之不修，學之不講，聞義不能徙，不善不能改，是吾憂也」（《論語・學而》）；孟子稱「君子有終身之憂，無一朝之患也……舜為法於天下，可傳於後世，我由未免為鄉人也，是則可憂也」（《孟子・離婁下》）；孔子弟子曾參一生「戰戰兢兢，如臨深淵，如履薄冰」，直到臨死才長舒一口氣：「而今而後，吾知免夫」（《論語・泰伯》）。這種唯恐品行有虧的「終身之憂」表達了儒家文化自我的人格焦慮。

總之，儒家的自我首先是通過「身」對「禮」的「體」現而實現的。因為實行「禮」的活動不僅是一種由永恆天道所推動的人際網路互動，而且是對文化傳統的體認和創造活動——因為這一整套行為規範是一個文化共同體賴以生存的形式，內含著前人在其中灌注和累積的意義，每一個個體都通過「體禮」進入傳統之中，承繼和創造傳統——「體禮」的行為使本來有限的個體被整合到群體的無限之中，被整合到傳統的永恆之中，在獲得不朽的同時失去了思考和行動的能力。可以說，儒家的自我是被包裹在文化繭殼中的蝶蛹，只有在想像中的春天——先王盛世，在成仁成聖的迷夢裡才能夠凌空飛舞——當理學宣稱聖人就是天理時，意味著這只蝶蛹化成了彩蝶，飛進了遠離人間煙火的太空裡。將基督教與儒學做一個簡單對比，我們會發現一個有意思的現象：基督徒的靈魂可以遠離肉體而「獨行其道」，但往往經常返回來尋找自己的肉體以充實前進的動力；儒家的君子人格就寄生在肉體上，最後卻把肉體給籠罩、分解了——肉體不再存在。

2. 網路中的存在

通過上面的分析，我們可以認識到，與其說儒家網路式自我的中心是一個具有權利欲求的個體意志，還不如說是一個關於人的普遍性理念——在孔子那

裡是「仁」，在孟子那裡則具體化為「心」[13]。每一個「人」都是一個以「仁」為核心，以義、禮、智、信為經緯線的區域網路——五常作為最基本的人生信念和人際關係準則既是儒家的自我認識、自我設想、自我規定的依據，也是儒家自我創造、自我剪裁、自我持存的動力和技術，因而也是人與人之間相互作用的途徑與方式。

「仁」作為人的性能，是整個區域網路的動力源。孔子將「仁」定義為愛人，認為這種愛的表現是「己欲立而立人，己欲達而達人」（《論語・雍也》），就是以自我為中心推己及人，像對待自己那樣去對待別人，將別人納入我所關愛的範圍之內。人和人之間在一種敞開的狀態中相互支援，相互投射，相互灌注，得以別於禽獸而成為「人」——人和人是相互定義、相互成就的。孟子認為，「仁也者，人也」（《孟子・盡心下》），「仁，人心也」（《孟子・告子上》），人心本然地具有善的根性，這是人禽之別的先天依據。人生的意義就是通過涵養和擴充內在之仁而成為「居仁由義」的「大人」。這種擴充是由內向外的輻射：它始於「事親」——《孟子・離婁上》有「仁之實，事親是也」，「不得乎親，不可以為人」，〈盡心上〉有「親親，仁也」；然後通過「老吾老以及人之老，幼吾幼以及人之幼」，以我為中心無限外推，強恕而行，最後止於「萬物皆備於我」（《孟子・盡心上》）的仁者境界。與孔子的人相比，孟子的人具有更多的內外強制性（內：失掉「幾希」則為禽獸；外：不得乎親，不可以為人）。荀子也強調「仁，愛也，故親」（《荀子・大略》），但「仁」在他那裡不再是自我建構的要素，而是帝王實現霸業的手段。[14]

「義」則是網路繫聯及運行規則，它規定的是「自我」與「自我」之間相互作用之所「宜」。因為人與人之間在本能上是傾向於相互侵犯的，「義」實際上就是一種嚴格的自我剪裁：通過對本能情欲的裁制使自我適合於既定的禮儀秩序，個體因此被納入一個既自我約束又相互限定的人際關係網路之中。

知是網路內部的信息處理機制，是「自我」得以確立的前提條件。因為人是情境、網路中的存在而不是一個原子實體，「知」對「自我」的建構就具有本體論意義。一個人要「成人」，首先應該對自己的本性、命運、自己的局限性、

13　《孟子・盡心上》：「君子所性，仁義禮智根於心」；〈告子上〉：「仁，人心也」。
14　參見本書第二章第二節。

對人之為人的前提條件、對自我存在的意義和價值等等，有所知。《論語・堯曰》有「不知命，無以為君子也。不知禮，無以立也。不知言，無以知人也」。除了知命、知禮、知人這些最基本的「知」之外，最具現實性的「知」是知有所不為，即「知恥」、「知辱」、知所止。相對於基督教的罪感文化，儒家文化可稱為是一種恥感文化。因為道德修養訴諸個人的自覺，所以不「知恥」則不能保持不斷向上的動力。因而孔子說：「知恥近乎勇」（《禮記・中庸》）。當子貢問：「何如斯可謂之士矣？」時，他回答：「行己有恥，使於四方，不辱君命，可謂士矣」（《論語・子路》）。「恥」在《論語》中出現了 17 次，如〈里仁〉：「士志於道，而恥惡衣惡食者，未足與議也」，「古者言之不出，恥躬之不逮」；〈憲問〉：「邦有道，穀；邦無道，穀，恥也」；〈公冶長〉：「巧言、令色、足恭，左丘明恥之，丘亦恥之。匿怨而友其人，左丘明恥之，丘亦恥之」；〈泰伯〉：「邦有道，貧且賤焉，恥也；邦無道，富且貴焉，恥也」。孟、荀二人亦強調為人要「知恥」，如《孟子・盡心上》：「恥之於人大矣。為機變之巧者，無所用恥焉。不恥不若人，何若人有？」，「人不可以無恥。無恥之恥，無恥矣」；《荀子・非十二子》：「故君子恥不修，不恥見汙；恥不信，不恥不見信；恥不能，不恥不見用。」「恥」是一種隨時隨地的道德自覺，不僅是指品行砥礪上的自我鞭策，也意味著人際關係中的自我警懼，即通過恭敬從事免於恥辱。如《論語・學而》載有子言：「信近於義，言可復也；恭近於禮，遠恥辱也」；《禮記・表記》引孔子話：「君子慎以辟禍，篤以不揜，恭以遠恥。」

　　就在自我建構中的功能看，「知」主要體現為自「省」，即通過自我調諧融入人際網路之中。曾子稱「吾日三省吾身：為人謀而不忠乎？與朋友交而不信乎？傳不習乎？」（《論語・學而》）；荀子謂「君子博學而日參省乎己，則知明而行無過矣」（《荀子・勸學》）；《易・震・象》有「君子以恐懼脩省」。「自省」稱得上是聖人門中第一功夫：自我設准、自我剪裁、自我激勵。貫徹到人際互動中，則是「反求諸己」，即通過嚴責於己，以自己的德力去吸引、灌注、帶動他人。如《論語・衛靈公》：「君子求諸己，小人求諸人」，「躬自厚而薄責於人，則遠怨矣」，「君子病無能焉，不病人之不己知也」；《孟子・離婁上》：「愛人不親反其仁，治人不治反其智，禮人不答反其敬。行有不得者，皆反求諸己，其身正而天下歸之」；《易・蹇・象》：「君子以反身修德。」

總之，儒家追求的是「以我為主」，即通過道德修行強化自己對他人（即焦點對整個網路）的吸攝力。

「信」是網路進行雜質清理的維護技術。《釋名》卷二：「信，申也。言以相申束使不相違也」。「信」意味著，「自我」與（他人的）「自我」之間通過對共同信用機制的維護，保持信息傳遞的優質高效，從而減少人際間的摩擦和內耗，最終建立起一種人生道義上的相互承諾關係。故而孔子說「信則人任焉」（《論語・陽貨》）。他心目中那「天下為公」的大同之世的一個重要標誌就是「選賢與能，講信修睦」（《禮記・禮運》）。當然，儒家的「信」不單單是一種人為的相互作用機制，它是天道的內在屬性——《禮記・祭義》有「天則不言而信，神則不怒而威」，《左傳・襄公二十二年》有「忠信篤敬，上下同之，天之道也」。自我對他人的道德信用承諾是基於對「天道」的敬畏以及對「自我」的期許之上的，具有無比的莊嚴性。孔子把「信」看作自我成就的一個重要環節：《論語・衛靈公》有「君子義以為質，禮以行之，孫以出之，信以成之。君子哉！」。他還說，人如果沒有信，就不能作為一個人行立於世間：「人而無信，不知其可也。大車無輗，小車無軏，其何以行之哉？」（《論語・為政》）。孟子則把「信」看作行善的願望和能力，認為它是成仁成聖的內在資源：「可欲之謂善，有諸己之謂信」（《孟子・盡心下》）。作為一種人際作用機制，「信」以一種共振效應放大著網路自我的道德能量，使個體感應在群體意念和神聖天道的韻律裡，從而也強化著自我的「信心」——儒家追求的君子人格即「不矜而莊，不厲而威，不言而信」（《禮記・表記》）。

禮——在這裡作為一種意向性態度，包括「敬」與「讓」兩個方面，是人際網路的構建規則。「敬」即是通過「自卑以尊人」解除他人的戒備心，從而將自己的德力灌注於對方；「讓」則是通過「克己以從人」獲得對方的好感，從而將對方吸攝到「我」的區域網路中來。儒家將「敬」與「讓」視為禮的真精神：《論語・八佾》有「居上不寬，為禮不敬，臨喪不哀，吾何以觀之哉？」；《孟子・告子上》稱「恭敬之心，禮也」。關於「讓」，《論語・里仁》有「能以禮讓為國乎何有？不能以禮讓為國，如禮何？」《禮記・曲禮上》有「是以君子恭敬撙節，退讓以明禮」；《孟子・公孫丑上》有「辭讓之心，禮之端也」。「讓不失禮」（《左傳・襄公二十六年》），所有的儒家社交之禮都是「揖讓周旋之禮焉」（《左傳・昭公二十五年》）。總之，「敬」和「讓」是自我擴

展的主動姿態，通過互敬互讓，「自我」與「自我」之間相互灌注，相互扶持，一起成為社會整體性秩序的構成者。

綜上所述：仁義禮智信這些本來的超越性價值經過修道君子的轉化，灌注於個體生命之中，成為儒家「自我」的構成要素。儒家自我挺立的道德主體被分解、被消融，成為貫徹天道的網路性存在，也就成為社會整體性秩序的構成者。

有必要順便提一下的是，這種網路式自我與血緣關係及各種准血緣關係結合在一起，構成了一個無限綿延的、具有自修復能力的存在之網，籠罩了任何形式的社會領域，當然也就沒有留出現代民主制度所賴以孕育的私人空間。

二、成仁成聖與健行君子

「自我」通過道德修養不斷積累、強化自己的能量，不斷擴展自己的德性所能影響的範圍，澤被眾庶，化及萬有，則即「成仁」、「成聖」。成仁成聖是儒家人生意義的自我設計、自我期許，是儒家自我實現的最高目標。仁者與聖者都是超越了世俗人生限制，進入天道境界的人。仁是就德性言，成仁意味著恩澤普及眾生；聖是就智慧言，成聖意味「踐形」了宇宙人間的大道。由內聖而外王，將自己的道德智慧化為事功，澤惠大眾，為天下萬世開出合乎人性尊嚴的生活世界，這是儒家道德理想主義者們全心以之的夢想，而以天下為己任的健行君子則是儒家切實的人生追求。下面分別進行解析。

1. 仁人與聖人

儘管孔子總是隨時隨地地教導弟子怎樣做才合乎「仁」的要求，但他從來沒有將「仁人」之名輕許與人，包括他自己。請看《論語》中孔子的有關議論：

〈述而〉：若聖與仁，則吾豈敢？抑為之不厭，誨人不倦，則可謂云爾已矣。

〈雍也〉：孟武伯問：「子路仁乎？」子曰：「不知也。」又問。子曰：「由也，千乘之國，可使治其賦也，不知其仁也。」「求也何如？」子曰：「求也，千室之邑，百乘之家，可使為之宰也，不知其仁也。」「赤也何如？」子曰：「赤也，束帶立於朝，可使與賓客言也，不知其仁也」。

〈公冶長〉：子張問曰：「令尹子文三仕為令尹，無喜色；三已之，

無慍色。舊令尹之政，必以告新令尹。何如？」子曰：「忠矣。」曰：「仁矣乎？」曰：「未知，焉得仁？」

〈憲問〉：子路曰：「桓公殺公子糾，召忽死之，管仲不死。」曰：「未仁乎？」子曰：「桓公九合諸侯，不以兵車，管仲之力也。如其仁！如其仁！」

可見，即便具備了傑出的才能（子路、冉有、公西華）和高尚的節操（令尹子文）都不能算做「仁」。「仁」意味著慈惠和教化的施與——「我」對於世界的主動奉獻。因此，像管仲那樣有大庇護於民生的，儘管同時有這樣那樣的毛病（《論語・八佾》篇裡，孔子曾指責管仲「器小」、「不懂禮」），孔子仍然以「仁人」許之（當然很勉強，只是相對而言）。「仁」和「聖」的不同之處在於，後者是一個高懸的理想，可望而不可及；前者則是有待施用於現實的尺度，必須體現到具體的行動之中。所以，對現實中的人來說，「成仁」是一個過程，倘若某個人走在「求仁」路上了，即使仍然處在較低的層次，也可以針對其某種具體的作為稱之為「仁人」（在這個意義上，「仁人」指的是「有行仁之心的人」）。前面提到的孔子對管仲的贊許就是一個例子：所謂「如其仁」，完整的意思是：在當今社會，有誰比他更有資格被稱為仁人呢！[15]就是說，「仁人」既是現實情境中的，也是理想境界中的。理想境界中的「仁人」即最高的「成仁」、亦即終極的「成人」，便等同於「聖人」了。

能得「仁」之全體，參天地之化育的人，就是「聖人」[16]。「聖」的本意是指上古大巫師（往往同時是大酋長）交接天地鬼神的神通。《說文解字》釋聖曰：「聖，通也。從耳，呈聲」。在第六章第二節我們曾提到，上古人們相信通過「聽風」能辨吉凶。把耳朵聽到的「祕密」翻譯出來，使人神之間實現溝通，這樣的人就是「聖人」。故《白虎通義・聖人》稱聖人為「與神通精者」：「聖者通也、道也、聲也」。孔子稱「博施於民而能濟眾」（《論語・雍也》）的先王為聖人，是僅就其德行言，其實他心目中的聖人如堯帝那巍巍氣象煥煥文章是只有「天」堪為比擬的（《論語・泰伯》）；《中庸》稱「仲尼祖述堯舜，憲章文武，上律天時，下襲水土，辟如天地之無不持載，無不覆幬……溥博如

15　朱熹的解釋是：「如其仁，言誰如其仁者，又再言以深許之。蓋管仲雖未得為仁人，而其利澤及人，則有仁之功矣。」（見《四書集注・論語・子路》）

16　參見本書第四章第四節。

天，淵泉如淵……肫肫其仁，淵淵其淵，浩浩其天」，是「聰明聖知達天德者」；孟子稱「大而化之之謂聖，聖而不可知之之謂神」。強調的都是聖人參天覆地的神通。

因而，嚴格地說，「聖人」不是人，他是具象化了的天道，通過自己的「踐形」使天道呈現出來。《爾雅・釋言》曰：「獻，聖也。」聖人無我，聖人是為群體而自我獻祭的犧牲。

2. 君子

「聖人，吾不得而見之矣；得見君子者，斯可矣」（《論語・述而》）。君子人格才是儒家切實的人生追求。那麼，什麼樣的人才是君子、怎樣做才能成為君子呢？儒家認為，君子是「道」的擔承者和弘揚者：《論語・衛靈公》有「君子謀道不謀食……君子憂道不憂貧」；《論語・子張》有「百工居肆以成其事，君子學以致其道」；《論語・學而》有「君子務本，本立而道生」；《孟子・離婁下》有「君子深造之以道，欲其自得之也」；《孟子・告子下》有「君子之事君也，務引其君以當道，志於仁而已」。要成為君子，應當自強自立，健行不已──《易・乾・象》有「天行健，君子以自強不息」。行什麼呢？《論語・公冶長》曰：「子謂子產，有君子之道四焉：其行己也恭，其事上也敬，其養民也惠，其使民也義」；《易・乾・文言》有「君子體仁足以長人，嘉會足以合禮，利物足以和義，貞固足以乾事。君子行此四德者」。可見，除了「行事」之外，主要是「行仁」、「行禮」、「行義」。三者一言以蔽之，曰「行德」──〈乾・文言〉即有「君子以成德為行」，《易・蒙・象》有「君子以果行育德」，《漸・象》有「君子以居賢德善俗」，《坤・象》有「君子以厚德載物」。

無論是「行德」還是「行事」，君子貫徹的都是「道」的意志，體現的是「禮」的規範。他的每一個舉止都必須具有莊嚴的意味──《論語・泰伯》載曾子之言曰：「君子所貴乎道者三：動容貌，斯遠暴慢矣；正顏色，斯近信矣；出辭氣，斯遠鄙倍矣」。君子的每一個行動都應當有助於天道的推行──《易・困・象》有「君子以致命遂志」，《鼎・象》有「君子以正位凝命」。總之君子是一個敞開的熱力源，他的自我在與他人的互動中形成，他的意義在對他人的施與中凸顯。因而，嚴格地說，沒有什麼真正內在於儒家之君子的「自我」：

「君子」不過是一個符號，一種功能。

第三節 被統籌的存在

我們知道，儒家走的是由齊家而治國平天下的路子，儒家的「自我」首先是在家族中孕育並歸屬於家族的。下面我們著重分析儒家「焦點區域式」自我在家族領域內的表現。

通過對孝道的尊崇，通過對生死冠婚等人生禮儀的鋪排，儒家不遺餘力地在人們心中灌注個體對於群體的從屬和義務觀念，強化家族共同體的命運意識：一種當下的永恆感。這使每一個個體都喪失了其獨立性，而成為建構家族共同體的不可或缺的部件，成為雙向度嵌入族類發展與延續之流的中間環節。

在儒家看來，人的生命不屬於自己，而屬於他生活於其中的群體。甚至在他還沒有下生以前，他就已經作為家族的資源被規劃、被統籌了。這充分體現在儒家對孝道和有關出生、成人、結婚、死亡等人生禮儀的追求與計較上。

「孝」是一個淵源久遠的家族道德觀念和社會倫理範疇。它當是隨著私有制的產生、父家長權力的確立而出現的，是父系氏族社會祖先崇拜的題內應有之義。至遲在夏商時期，它已經成為一種具有普遍性的社會價值。《尚書‧堯典》記載舜的美德之一就是在「父頑，母嚚，象傲」的家庭中依然「克諧以孝」；武王征殷，最說得出口的理由是殷紂不孝「昏棄厥肆祀，弗答。昏棄厥遺王父母弟，不迪」（《尚書‧牧誓》）。《尚書‧康誥》中，周公幾乎將不孝不友者視同為禍國殃民的元惡大憝，告誡成王「刑茲無赦」：「元惡大憝，矧惟不孝不友……天惟與我民彝大泯亂，曰：乃其速由文王作罰，刑茲無赦。」

「孝」有兩重含義：一是「死孝」，即對先祖的追念緬懷；二是「生孝」，即對父母的敬順奉養。其實兩者是可以統合起來的，因為正是通過父母，個體的生命得以繫連於一個更幽深的源頭，得以依附於一個比家庭本身更偉大的存在。對父母的「孝」就是對家族共同體的珍重和敬畏，無論是生養還是死敬，都是「事之以禮」，都是對家族的延續和發展所盡的義務；對父母的孝也是對生命本身的珍重和敬畏，因為每個人都會成為父母，都將成為祖先，都是承上啟下的一個環節。因而，孝是一種絕對性的道德律令，它要求個體無條件地

奉獻出自己，以自己的存在本身去構築家族共同體的利益和父家長的權威——「敬」和「順」是它的內在精神。作為傳統孝倫理的弘揚者，儒家的進步性在於：他們強調「孝」的自然親情基礎，致力於使之由一種外在規範變為內心的自覺，由一種強制性要求變為自願的報答和順從，此其一；其二，他們把「孝」視為人生踐履的根本途徑，自我實現的主要內容，使個體不僅在家族的永恆裡獲得歸宿，而且由家而國，注仁於孝，衍孝於忠，將自己的生命繫連於民眾福祉，發展起一種以天下為己任的崇高道義感，個體由家族統籌進而轉變為君國所有。

一、自願的順從

《論語‧為政》：孟懿子問孝。子曰：「無違。」樊遲御，子告之曰：「孟孫問孝於我，我對曰『無違』。」樊遲曰：「何謂也？」子曰：「生，事之以禮；死，葬之以禮，祭之以禮。」

顯然，孔子強調的「無違」，不僅僅是指「無違」父母的心志，更重要的是指保持敬畏之心，「無違」事奉父母之禮。在《論語‧為政》中，孔子說：「今之孝者，是謂能養。至於犬馬，皆能有養；不敬，何以別乎？」當弟子子夏問怎樣做才稱得上孝時，他回答：「色難」，即謂在養護父母時始終保持顏色和悅才是難能可貴的，才算真正的「孝」。因而，「孝」責之於人的，不僅僅是對父母的奉養，更重要的是一種敬順態度。這種態度，《禮記‧祭義》概括為：「父母愛之，喜而弗忘。父母惡之，懼而無怨。父母有過，諫而不逆」。總之是完全以父母為中心，好父母之所好，惡父母之所惡。故而《禮記‧祭義》謂：「孝子之有深愛者，必有和氣。有和氣者，必有愉色。有愉色者，必有婉容。孝子如執玉，如奉盈，洞洞屬屬然如弗勝，如將失之。嚴威儼恪，非所以事親也」。

「孝」是一種單方面的義務。為了論證這種義務的合理性，儒家擺出了一個天經地義的事實：父母的養育之恩。父母給了子女生命，子女的一切包括生命本身都是屬於父母的，因而對父母的回報是無條件的，並且應當是發自內心的。當弟子宰我認為三年之喪為期太長、而一年比較合適時，孔子問：「食夫稻，衣夫錦，於女安乎？」當宰我回答「安」時，孔子說：「女安則為之！夫君子之居喪，食旨不甘，聞樂不樂，居處不安，故不為也。今女安，則為之！」宰我離開後，孔子評論曰：「予之不仁也！子生三年，然後免於父母之懷。夫三

年之喪，天下之通喪也。予也，有三年之愛於其父母乎？」（《論語・陽貨》）孔子認為三年之喪的依據是「子生三年然後免於父母之懷」這個人生事實在子女那兒喚起的感戴之情，因而盡三年之喪的孝道應當是一種心甘情願的回報。

無條件的回報並不意味著被無償剝奪，現在的放棄意味著將來的擁有——每個為人子女者將來都會為人父母。這樣，個體的人被抽象為臺詞已定的角色，成為家族利益方程式裡被代出代入的符碼。「孝」，這種對父母的伺服便轉變成了對家族生存原則的伺服：所有成員對中心和源頭的無條件依附。因為「父」是家庭或家族的核心，「孝」主要體現在對父的「敬」上。《孝經・廣至德》之「君子之教以孝也，非家至而日見之也。教以孝，所以敬天下之為人父者也；教以悌，所以敬天下之為人兄者也」，可謂一語道破：子女將自己的敬畏之情投向父親，每一個父親又將同樣的敬畏之情投向自己的父親，這種敬畏之情層層放大，最後聚集於那個唯一的原點——被神明化了的祖先，於是便形成一種關於家族共同體的神聖想像和莊嚴的歷史命運意識，個體被牢牢統攝進族類整體的無限裡。

「父」的權威不僅通過譜系傳遞貫穿並支配了歷史，而且通過人們心中的宇宙表象和陽尊陰卑觀念直接繫連於上天：

> 《孝經・聖治》：天地之性，人為貴。人之行，莫大於孝。孝莫大於嚴父，嚴父莫大於配天。

> 《孝經・感應》：昔者明王，事父孝，故事天明。事母孝，故事地察。長幼順，故上下治。天地明察，神明彰矣。

這樣，父權意志便籠罩了世間一切——天，皇帝、祖宗便是其具象代表。因為天地神明是飄渺的，祖宗只生活在想像裡，現實中的皇帝便成了父權的最高體現者。這就是專制皇帝都大力推行孝道——表面上看來是一種社會公益投資——的原因：他是這種投資的最終受益者——「以孝事君則忠，以敬事長則順」，孝子必定是忠臣。而「推孝為忠」正是儒家為專制帝王所開出的王道之術的重要內容：《論語・為政》引有子之言曰：「其為人也孝弟，而好犯上者，鮮矣；不好犯上，而好作亂者，未之有也」；《孝經・聖治》直接強調「孝」是治國理民的因天之道：「聖人因嚴以教敬，因親以教愛。聖人之教不肅而成，

其政不嚴而治。其所因者本也。父子之道，天性也，君臣之義也」；《禮記‧祭統》則稱：「忠臣以事其君，孝子以事其親，其本一也。上則順於鬼神，外則順於君長，內則以孝於親，如此之謂備」；《孝經‧廣揚名》亦有：「君子之事親孝，故忠可移於君。事兄悌，故順可移於長。居家理，故治可移於官」。

還有，因為父母是自己生命的來源，對父母的尊重就是對自己生命的尊重。曾子謂「身體髮膚，受之父母，不敢毀傷」。不敢毀傷身體就意味著不敢放肆言行，就意味著奉持一種恭敬誠懼的生活態度——《禮記‧祭義》有：「壹舉足而不敢忘父母。是故道而不徑，舟而不遊，不敢以先父母之遺體行殆；壹出言而不敢忘父母，是故惡言不出於口，忿言不反於身。不辱其身，不羞其親，可謂孝矣」——就意味著嚴格以禮行事，尊崇權威：「崇事宗廟社稷，則子孫順孝。盡其道，端其義，而教生焉」（《禮記‧祭統》）。**所以，「孝」是一種社會自組織結構力，它使每一個人都成了帶有叫作「敬」（畏）和「順」（從）的正負磁極的鐵屑，「自願地」歸依於那唯一的吸引力中心；它通過對「父父子子」的倫理秩序的維護，來維護王權的天經地義性。**

二、雙向度的嵌入

既然身體不屬於自己，既然個體存在的意義只在於宗族的延續和繁榮，個人就沒有權力隨意處置自己的生命。故《禮記‧祭義》有「天之所生，地之所養，無人為大。父母全而生之，子全而歸之，可謂孝矣。不虧其體，不辱其身，可謂全矣」。因而，諸如結婚、生育等等，都不是個人的事情，而是家族的再生產。不能貢獻於這種再生產的，就是不孝。故孟子謂：「不孝有三，無後為大」（《孟子‧離婁上》）。

「孝」還意味著，父母對子女的擁有不僅是肉體上的，而且是精神上的。這體現在兩方面：一是「無改於父之志」，二是「無忝爾所生」。前者是要後代繼承先輩的遺願、遺業。《論語‧學而》載孔子曰：「父在，觀其志；父沒，觀其行；三年無改於父之道，可謂孝矣」；《禮記‧中庸》則曰：「愛其所親，事死如事生，事亡如事存，孝之至也」，並借孔子之口稱道武王與周公之孝：「子曰：武王、周公其達孝矣乎！夫孝者，善繼人之志，善述人之事者也」。後者是要為父母、祖宗增光賦彩，起碼不能辱沒先人名聲。《孝經‧開宗明義》：「立身行道，揚名於後世，以顯父母，孝之終也」；《禮記‧祭義》謂：「父

母既沒慎行其身，不遺父母惡名，可謂能終矣」。《禮記‧祭義》稱：

> 曾子曰：身也者，父母之遺體也。行父母之遺體，敢不敬乎？居處
> 不莊，非孝也；事君不忠，非孝也；蒞官不敬，非孝也；朋友不信，
> 非孝也；戰陳無勇，非孝也。五者不遂，災及於親。一無可取，遺
> 父母先人羞，便是不孝。故曾子曰：孝有三：大孝尊親，其次弗辱，
> 其下能養。

這樣，個體的存在便被雙向度地嵌入家族共同體的延續之中，成為家族統籌使用的資源：承上啟下，繼往開來。《禮記‧內則》謂：「孝子之身終。終身也者，非終父母之身，終其身也。」對個體來說，活著就是盡「孝」的義務，就是按照群體的要求去籌畫和安排自己──他沒有一分鐘是為自己生活的。

這種雙向度的嵌入集中體現在儒家繁瑣至極的人生禮儀中。綜合兩戴《記》、《儀禮》、《周禮》，儒家人生禮儀有：祈子禮、胎教禮、出生禮、命名禮、保傅禮、教世子禮、冠禮、婚禮、婦禮、養老禮、祭禮、喪禮、奔喪禮等。每一種禮都是對個體對家族的義務的提醒和強調。請看有關「冠禮」的描述：

> 《禮記‧冠儀》：故冠於阼，以著代也。醮於客位，三加彌尊，加
> 有成也。已冠而字之，成人之道也，成人之者，將責成人禮焉也。
> 責成人禮焉者，將責為人子，為人弟，為人臣。

「著代」象徵子承父業，前後相續；「加有成」意為鼓勵新成人者有所作為，光宗耀祖；「責成人禮」即要求對方從此後自覺承擔起為人子、為人弟、為人臣的義務。再看婚禮：《禮記‧婚義》謂「夫禮始於冠，本於昏」。儒家對婚禮極為重視，正式舉行婚禮之前要經過納采、問名、納吉、納徵、請期等程式，舉行婚禮之時更要經過「子承命以迎。主人筵幾於廟，而拜迎於門外。婿執鴈入，揖讓升堂，再拜奠鴈……降出，御婦車，而婿授綏。御輪三周，先俟於門外。婦至，婿揖婦以入，共牢而食，合巹而酳」等繁文縟節。之所以如此「敬慎重正昏禮」，是因為「昏禮者，將合二姓之好，上以事宗廟，而下以繼後世也」（《禮記‧婚儀》）。再如祭禮：「祭者，所以追養繼孝也。孝者畜也。順於道，不逆於倫是之謂畜」（《禮記‧祭統》）。所謂「順於道，不逆於倫」意

為「合於天時，設於地財，順於鬼神，合於人心」（《禮記・禮器》）。《禮記・祭統》謂「凡祭有四時：春祭曰礿，夏祭曰禘，秋祭曰嘗，冬祭曰烝」。四時之祭與天道相循環，以其肅穆景象引導著孝子們的想像力，在他們心中灌輸著一種家族共同體的命運意識，激發著他們慎終追遠、報本反始的莊嚴責任感。祭禮的每一個細節都像喻著家族對其成員的無條件統籌，如「尸」：「夫祭之道，孫為王父尸。所使為尸者，於祭者子行也。父北面而事之，所以明子事父之道也。此父子之倫也」；以及「銘」：「銘者自名也，自名以稱揚其先祖之美，而明著之後世者也」（《禮記・祭統》）。

在第四章第三節中，我們曾提到儒家「生活在敞開的永恆裡」。「永恆」的呈現除了天道的直接下注外，還賴於族類整體意志對歷史的全面籠罩：生活成為儀式化場景，個體感性的向量存在被群體意志所殖民、所馴化，而成為專制秩序的建構和維護者。

第八章　語言清洗與意識過濾——專制權力的營衛功能

如果把專制王權看作一個肌體，則儒學就是這個肌體自我持存的營衛功能：它通過對社會意識的清洗、過濾、分解、消化，使之轉化成養體表、潤臟腑的營衛之氣，維持著專制王權的內在生機——這主要表現在兩個方面：語言清洗與意識過濾。實際上，語言清洗也是一種意識過濾，因為語言是意識的載體。之所以分開來談，只是為了強調兩者的內外之別：前者關注於觀念的形式，後者則直涉觀念本身。

第一節　語言清洗

語言是人類存在的形式。誰掌握了話語權，誰就支配了他人的生存。《左傳·襄公二十四年》稱：「大上有立德，其次有立功，其次有立言。」「立言」是儒家的人生抱負之一。對儒家來說，言不僅是真理的表述，也是德性的體現，故《論語·憲問》謂「有德者，必有言」，《禮記·儒行》謂「言談者，仁之文」。顧炎武則徑稱：「典謨、爻象，此二帝三王之言也。《論語》、《孝經》，此夫子之言也。文章在是，性與天道亦不外乎是」（《日知錄》卷十九）。要保證真理（道）不受玷染，必須維護語言的純潔性。因而，通過對語言的清洗和過濾，使之合乎「天道」，合乎既定的規範與準則，便是儒家政治思想中的一

項重要內容。所謂六藝之教，就是一套系統的語言清洗與過濾技術。孔子謂：「溫柔敦厚，詩教也；疏通知遠，書教也；廣博易良，樂教也；絜靜精微，易教也；恭儉莊敬，禮教也；屬辭比事，春秋教也」（《禮記・經解》），在很大程度上講的都是「說什麼」和「如何說」。

概括起來，儒家對語言的過濾主要體現在以下三點：《易》之修辭立誠、《春秋》之微言大義、《詩》之思無邪。

一、修辭立誠

語出《易・乾・文言》：「子曰：君子進德修業。忠信，所以進德也。脩辭立其誠，所以居業也。知至至之，可與幾也；知終終之，可與存義也。」「修辭」在這裡指對語言的嚴格規制，即《論語・顏淵》所謂「非禮勿視，非禮勿聽，非禮勿言，非禮勿動」。儒家將「修辭」看作安身立命的基本條件。如《論語・泰伯》載曾子之論曰：「動容貌，斯遠暴慢矣；正顏色，斯近信矣；出辭氣，斯遠鄙倍矣」；《論語・學而》記有子之言稱：「信近於義，言可復也；恭近於禮，遠恥辱也」。以恭敬戒懼之心，修飾、規整自己的態度言辭，才能端正自己的姿態，確立自己的位置，找准契入天道的角度──此即「立誠」的功夫。「誠」即《禮記・中庸》「誠者，天道也；誠之者，人道也」及「誠者，自成也」之「誠」。通過「修辭」而「誠之」，才能確立、凸顯本然之善，從而進入「知幾」、「知義（宜）」的天道流行之中。並且，「辭」本身是意義的載體，「修辭」就是體會和領悟意義的過程。《易・繫辭上》有「鼓天下之動者存乎辭」，劉勰謂：「辭之所以能鼓天下者，乃道之文也」（《文心雕龍》卷一〈原道〉）──「修辭」亦即「體道」。

經過修飾的「辭」帶有了「天道」的魔力，因而由「修辭立誠」進而推之，就是「治國」、「平天下」。《詩經・大雅・板》即有「辭之輯矣，民之洽矣；辭之懌矣，民之莫矣」；《孟子・盡心下》有「言近而指遠者，善言也；守約而施博者，善道也。君子之言也，不下帶而道存焉」；《禮記・曲禮上》謂「修身踐言，謂之善行。行修言道，禮之質也」；《禮記・緇衣》謂「下之事上也，身不正，言不信，則義不壹，行無類也」。強調的都是修辭的社會治理功能。

對儒家來說，「言」是進入大道的途徑，因而「修辭」即是「修身」、「修道」，立言即「立功」、「立德」。我們知道，在上古時期，真理和知識都是

口口相傳的，誰能夠有所「言」，誰就是權威。因而三王養老，有「乞言」、「合語」之禮。[1] 儒家所標榜的「先王之教」，不外乎《尚書・說命》之「學於古訓」，〈康誥〉之「紹聞衣德言」。作為傳統的自覺繼承者，儒家一直將能否「誦先王之言」看作德行修養的重要標誌，如《詩・大雅・桑柔》以「聽言則對，誦言如醉」諷刺輕忽先王之言的在位者；《大戴禮記・衛將軍文子》載子貢評價顏回：「夙興夜寐，諷誦崇禮；行不貳過，稱言不苟，是顏淵之行也」。

　　先王、聖人之言中所內含的、以仁義禮智信為核心的道德原則是儒家對社會大眾進行語言過濾的依據。孔子稱：「君子有三畏：畏天命，畏大人，畏聖人之言。小人不知天命而不畏也，狎大人，侮聖人之言」（《論語・季氏》）。他心目中「好學」的君子是「敏於事而慎於言，就有道而正焉」（《論語・學而》）。在他看來，不尊奉聖人之言的小人往往「群居終日」而「言不及義」，這樣的人生可謂「難亦哉」（《論語・衛靈公》）──是不可救藥的。他還說，「巧言亂德」、「巧言令色，鮮矣仁」（《論語・陽貨》），意即不以先王之言為據，則言越巧離大道越遠。因而，「君子道人以言，而禁人以行」（《禮記・緇衣》）。「道人以言」不是教人以客觀知識，而是教人如何做一個合乎社會道德規範的「人」：《論語・述而》稱孔子雅言「詩、書、執禮」，教人以「文，行，忠，信」，說明他追求的是通過教化使人人雅言詩書禮樂，「思不出其位」（《論語・憲問》），而「言中倫，行中慮」（《論語・微子》）。

　　孟子把「知言」看作「養浩然之氣」的前提條件。怎樣才算「知言」呢？他說：知言即「詖辭知其所蔽，淫辭知其所陷，邪辭知其所離，遁辭知其所窮」，詖、淫、邪、遁之言「生於其心，害於其政；發於其政，害於其事」（《孟子・公孫丑上》）。因而，放棄了對「言」的嚴格規範，就是捨正路而入邪道，不可以立於世間。在《孟子・離婁上》中，他說：「自暴者，不可與有言也；自棄者，不可與有為也。言非禮義，謂之自暴也；吾身不能居仁由義，謂之自棄也」。他引用《詩經・大雅・板》「天之方蹶，無然泄泄」，指責那些口不擇言的統治者為昏庸蒙昧的蠹國之賊：「泄泄，猶遝遝也。事君無義，進退無

1　《禮記・內則》：「凡養老，五帝憲，三王有乞言。五帝憲，養氣體而不乞言，有善則記之為惇史。三王亦憲，既養老而後乞言」；〈文王世子〉：「凡祭與養老、乞言、合語之禮，皆小樂正詔之於東序，大樂正學舞干戚。語說、命乞言，皆大樂正授數，大司成論說，在東序」。

禮，言則非先王之道者，猶逕逕也。故曰：責難於君謂之恭，陳善閉邪謂之敬，吾君不能謂之賊」。「泄泄」、「逕逕」都是散漫昏瞶無所定止的意思。

　　如果說孔孟的「修辭」強調的是對民眾的道德栽培——通過語言過濾——的一面，那麼荀子強調的則是社會（即專制權力）對語言的統制。他把「言偽而辯」看作同「心達而險」、「行辟而堅」、「記醜而博」、「順非而澤」並列的、「不得免於君子之誅」的五大惡之一（《荀子・宥坐》），主張「明君臨之以埶，道之以道，申之以命，章之以論，禁之以刑」，強調君主要將話語權牢牢掌握在手中，以克服辯言囂囂的混亂狀態。

　　《荀子・正名》：今聖王沒，天下亂，奸言起，君子無埶以臨之，無刑以禁之，故辨說也。實不喻，然後命，命不喻，然後期，期不喻，然後說，說不喻，然後辨。故期命辨說也者，用之大文也，而王業之始也。

　　他把聖人君子之言視為全天下人之言的源泉和依據，在《荀子・大略》篇中，他說：「多言而類，聖人也；少言而法，君子也；多言無法，而流湎然，雖辯，小人」；在〈儒效〉篇中，他宣稱：「言必當理，事必當務，是然後君子之所長也。聖人也者，道之管也：天下之道管是矣，百王之道一是矣。故詩書禮樂之道歸是矣」。意謂只有聖人君子才有說話的權力：「凡言不合先王，不順禮義，謂之奸言」；芸芸眾生只能乖乖地聽從教訓：「故禮恭，而後可與言道之方；辭順，而後可與言道之理；色從而後可與言道之致」（《荀子・非相》）。

　　這使人們很自然地想起荀子的兩個弟子：韓非和李斯。前者直接繼承了老師的觀點，認為「上不明，則辯生焉」，強調「言無二貴，法不兩適，故言行而不軌於法令者必禁」（《韓非子・問辯》）；後者更是有過之而無不及，竟至主張「有敢偶語《詩》、《書》者棄市，以古非今者族」（《史記・秦始皇本紀》），直接促成了秦始皇的焚書坑儒。說明荀子的思想已走向絕對的專制主義，而從孔孟的語言過濾到荀子的語言禁錮，不過是一個順勢而下的斜坡而已。漢學直承荀學，亦主張「諸不在六藝之科、孔子之術者，皆絕其道，務使並進」（《漢書・董仲舒傳》）；理學追宗曾、孟，不僅要「濾言」，而且要「洗心」。陳白沙〈夢作洗心詩〉云：「一洗天地長，正教還先王；再洗日月

光，長令照四方；洗之又日新，百世終堂堂。」（《白沙集》，〈夢作洗心詩〉）
理學追求的就是由洗己心而洗天下人之心，最終洗出一個堂堂世界。

二、春秋筆法與微言大義

春秋筆法又稱春秋書法[2]，指孔子作《春秋》時採用的寓褒貶於文詞、見善惡於行事的歷史敘述手法。它不僅影響了後世的史書編纂，而且作為一部以其「微言大義」為萬世立法的政教法典，深刻地影響了後世的國家政治和人們的日常生活──漢儒以《春秋》決獄[3]，以《春秋》行政；朱熹以「春秋書法」作《通鑑綱目》「昭鑑誡」、「定人倫」，從而統治了南宋以後的社會思想與學術，就是例證。春秋筆法是一個精緻的語言清洗系統，它精心剔除了人們行為中不合「禮」的因素，並為之打上規範性話語的標籤，告訴人們如何去理解、敘說已經發生和正在發生的事件。《史記・太史公自序》載孔子自道曰：「我欲載之空言，不如見之於行事之深切著明也」。《春秋》是載之於行事的「言」，是雕刻於時間之上的「言」（法家將刑書刻於金石，儒家將刑書刻於歷史）。春秋筆法於細微處見大義，善善而惡惡，於行事之間昭示人們如何「誅亂臣，討賊子，內中國，外夷狄，貴王賤伯」（《朱子語類》卷八三《春秋》），如何「為尊者諱，為親者諱，為賢者諱」（《春秋公羊傳・閔西元年》）。故《左傳》稱《春秋》「微而顯，志而晦，婉而成章，盡而不汙，懲惡而勸善」（《左傳・成公十四年》）；《孟子・滕文公下》謂：「世衰道微，邪說暴行有作，臣弒其君者有之，子弒其父者有之。孔子懼，作春秋。春秋，天子之事也」。漢儒直承孟子之論，稱孔子作《春秋》「立新王之道，明其貴志以反和，見其

2　關於春秋筆法，向來聚訟紛紜。一般說來，宋以前儒生特別是漢儒斤斤計較於微言大義的闡發，專在一字褒貶上作文章，將《春秋》視為夫子誅惡賞善的王者判詞。宋以後持異議者漸多，如蘇轍、朱熹、毛奇齡（《春秋屬辭比事記》）、石光霽（《春秋書法鉤元》）等，認為《春秋》只是孔子因魯史原文，據周禮之義略作筆削，其中並沒有許多義例，更非任私意賞罰，對漢儒所謂「書法」云云不甚在意，如朱熹就稱「春秋只是直載當時之事，要見當時治亂興衰，非是於一字上定褒貶」（《朱子語類》卷八三）。我認為，「書法」的存在是一個客觀事實，漢儒去聖人未遠，且淵源有自，其經解當非空穴來風。夫子所因魯史舊文，固然有成例可據，想必是一本泥於形式的流水帳；孔子之筆削，自有隱諱褒貶之義在，否則不至於當時即有「罪我者，其《春秋》乎！」之歎，只是聖人之用筆，溫而屬，切而婉，正大光明，非如漢儒之所謂刻刻碎碎者。

3　如《史記・儒林列傳》：「（呂）步舒至長史，持節使決淮南獄，于諸侯擅專斷，不報，以《春秋》之義正之，天子皆以為是」；《漢書・食貨志》：「自公孫弘以《春秋》之義繩臣下，取漢相」。

好誠以滅偽」（《春秋繁露》卷第一〈楚莊王〉），「明素王之道，以示後人」（《說苑》卷五）。

細加分析，則「春秋筆法」不外「尊貶」、「隱諱」四字而已。「尊貶」指以禮義為據，或抑或揚，或刺或美，或誅或賞。又分為兩種情形：就事直斷，或比事屬辭以見義。

就事直斷者如昭公二十年秋，衛司寇齊豹緣一己私憤殺死衛侯之兄縶，孔子書曰：「盜殺衛侯之兄縶」，直斥齊豹為盜，可見孔子厭惡之甚；昭公三十一年冬，邾人黑肱以其采邑濫叛投魯國，孔子書曰：「邾黑肱以濫來奔」。《左傳》釋之曰：「賤而書名，重地故也。君子曰：名之不可不慎也，如是夫！……以地叛，雖賤必書。地以名其人，終為不義，弗可滅已」；宣公二年九月，晉國趙穿攻殺晉靈公，趙盾身為正卿「亡不越竟，反不討賊」，按《禮》與弒君同罪，故晉大史董狐記為「趙盾弒其君」。孔子因晉史原文而書曰：「秋九月，乙丑。晉趙盾弒其君夷皋」。此類褒貶在遣詞造句上的講究，都是《周禮》本身的要求，並非出於夫子私意，實屬孔子所謂「秉筆直書」——據《左傳》記載，當孔子聽說趙盾事件時，曾評論說：「董狐，古之良史也，書法不隱。」再如，關於臣民「弒君」，文公十六年有「宋人弒其君杵臼」；文公十八年有「晉弒其君州蒲」以及「莒弒其君庶其」；昭公二十七年有「吳弒其君僚」。稱「國」（莒、晉、吳）稱「人」（宋）弒其君，在強調君臣之禮（用弒字）的同時，直接表明其君之罪大難逃。其他如《閔公二年》「鄭棄其師」，乃徑下針砭；《昭公三十年》「公在乾侯」則直舉大義 [4]。

比事屬辭者又分四種情況：「變易」、「權衡」、「凸顯」、「反襯」。

「變易」指通過改變名稱或說法，來表達自己的傾向性。如閔西元年，齊仲孫湫出使魯國，按《左傳》的說法是「省難」，即打探魯國內亂情況，故《春秋》記為「冬，齊仲孫來」，而不言「使」，以砭斥齊國為大不尊；隱西元年冬，天子之大夫祭伯朝魯，《春秋》不記「來朝」而只記為：「冬，十有二月，祭伯來」。《公羊傳》釋之曰：「來者，來朝也。其弗謂朝何也？寰內諸侯（天子畿內大夫有采邑者稱寰內諸侯），非有天子之命，不得出會諸侯。不正其外

---

4 石光霽，《春秋書法鉤元》卷一：「歲首必書公之所在者，蓋以存君，不與季氏之專國也。」

交，故弗與朝也」。

「**權衡**」是指通過區別內外、輕重、主次，體現「尊尊親親」、「內華外夷」之義。如成公十三年秋，魯大夫叔孫氏僑如代魯君赴齊迎親，《春秋》書為「叔孫僑如如齊逆女」，《左傳》釋曰：「稱族（即冠氏於名上），尊君命也」；九月，迎親歸來，《春秋》記為：「僑如以夫人婦姜氏至自齊」，《左傳》釋曰：「舍族（即直書其名），尊夫人也」。關於「夷夏之辨」，只舉一個例子：成公十五年冬，叔孫僑如與晉、齊等國大夫同會吳人於鐘離，這是吳與諸夏交往的開始，《春秋》書曰：「冬，十有一月。叔孫僑如會晉士燮、齊高無咎、宋華元、衛孫林父、鄭公子鰍、邾人，會吳於鐘離」。先說諸夏之會，再提諸夏與吳之會，按《公羊傳》的說法，是「外吳也」，因為「《春秋》內其國而外諸夏，內諸夏而外夷狄」。

「**凸顯**」即通過著意強調使非禮之處驟顯於人。一般來說，《春秋》「常禮不書」，即各種常規性的典禮若能得其時、合其宜，則不書；倘若不合時宜，則鄭重其事地記上一筆，以示譏刺。如《春秋·閔公二年》載：「夏五月乙酉，吉禘於莊公」。依禮，孝子服滿三年之喪（當服二十五個月），則換吉服，大祭於太廟，稱吉禘。從莊公之死到閔公二年五月舉行吉禘之禮，才二十一個月，故《穀梁傳》發揮孔子之意稱：「吉禘者，不吉也。喪事未畢，而舉吉事，故非之也」；《公羊傳》亦有：「吉禘於莊公何以書？譏。何譏爾？譏始不三年也」。類似的例子在《春秋》中俯拾皆是。再如〈隱公五年〉有「公矢魚於棠」，「矢魚」是卑者之事，在隱公則聊以為樂，夫子特記之，以譏隱公為君不尊。〈莊公二十三年〉有：「夏，公如齊觀社。」一國之君越境觀社，實屬輕舉妄動，故《左傳》釋經曰：「非禮也。」

「**反襯**」類似於「正話反說」或「反話正說」，即通過塗黑背景顯出欲表達之意。如隱西元年夏五月之「鄭伯克段於鄢」：「克者力勝之辭」[5]，鄭伯以兄逐弟，如戰敵國，則弟固不弟，兄亦不兄明矣。又，文公十八年十月，文公次妃敬贏與襄仲相勾結，殺死新君（文公葬於六月）惡及其弟視，立敬贏之子倭（宣公），文公夫人姜氏棄魯歸齊，《春秋》記曰：「夫人姜氏歸於齊」。古代婦人既嫁，無大事不歸，姜氏既非被出，亦非省親，更非奔逃，而書曰「歸

5　孫復，〈春秋尊王發微〉，引自傅隸樸，《春秋三傳比義》上冊，北京：中國友誼出版公司 1984 年，第 11 頁。

於齊」，則姜氏之義無反顧，足以彰顯宣公及敬嬴之罪不可免。

　　「隱諱」分為四種情況：「省略」、「遮掩」、「影射」和「託辭」。「省略」即選擇有所不書，或點到為止，如昭公七年，昭公懾於楚人威勢，親赴楚國參加章華台落成典禮。以華夏望國朝聘蠻夷之邦，違背了「內諸夏而外夷狄」的禮義之防，然實屬無可奈何之舉，故《春秋》但書「三月，公如楚」，一筆帶過而已；再如，莊公二十二年，魯君與齊大夫高傒盟於防，《春秋》書為：「秋七月丙申，及齊高傒盟於防。」因為以國君之尊下盟於大夫，有失國體，故不言與盟者為莊公。「遮掩」指故意掩蓋真相，如隱公十一年，魯隱公被弒，而《春秋》只記為「冬十有一月壬辰，公薨」；桓公與齊侯會於濼，齊使公子彭生殺桓公，而《春秋》記為「夏四月丙午，公薨于齊」。「影射」即隱言暗指，或以虛見實，或以輕見重。如「天王狩于河陽」（《春秋・僖公二十八年》），隱晉文公召周天子與會，此以虛見實；「公孫（遜，自出曰遜）於齊，次於陽州」（《春秋・昭公二十五年》），隱魯昭公被季氏所逐，此以輕見重。「託辭」指的是「假他言隱此事」，如桓西元年，桓公與鄭伯會於垂，雙方達成協議，鄭以祊邑交換魯之許田。因為許田是周公祠宇所在，依禮不當易於人，《春秋》為桓公諱，記為「鄭伯以璧假許田」。說璧，則其為鄭伯贄見之禮，不為無據；說假，則謂臨時借用，於禮無損。然而「假不言以，言以非假也。非假而曰假，諱易地也」（《穀梁傳・桓西元年》）。這種手法在《春秋》中用得比較少，因為它過於偏離據事直書的原則。

　　需要說明的是，「春秋筆法」並不是孔子的憑空發明，它來於一個幽深的史官文化傳統。毛奇齡《春秋屬辭比事記》稱：「魯史記事，全以周禮為表志，而策書相傳，謂之禮經，凡其事其文一準乎禮，而從而比之屬之，雖前後所書，偶有同異，而義無不同。」其實不止魯史如此，三代之史皆如此。《禮記・玉藻》謂，天子玄端而居，「動則左史書之，言則右史書之」，書言書行，皆有規制，因事而見禮，即為書法。班固稱孔子「以魯周公之國，禮文備物，史官有法，故與左丘明觀其史記，據行事，仍人道，因興以立功，就敗以成罰，假日月以定歷數，籍朝聘以正禮樂」（《漢書・藝文志》），可謂得之。

　　這種對「言」的極力修飾和打磨，使「言」成了脫離了人的控制而具有了自足性的神物。人不再是「言」的主體，而成了「言」所言說者。

三、思無邪

儒家在文學藝術領域對語言的過濾首先體現在對詩經的闡釋上。從孔子開始，儒家代代相繼，以解《詩》為主線建構起了獨具特色的美學理論體系：以「載道化人」為宗旨，以「溫柔敦厚」為風格的中庸美學。孔子論《詩》曾曰：「詩三百，一言以蔽之，曰『思無邪』」（《論語・為政》）。對儒家累積兩千年的龐雜詩學，我們也可以一言以蔽之曰：以無邪之思，正人心，化情性，美風俗。

我們在第二章提到，《詩》所展示的是一個生機盎然的天人世界。在這個世界裡，人與萬物雜處，與鳥獸共鳴。〈毛詩序〉稱：「詩有六義焉：一曰風，二曰賦，三曰比，四曰興，五曰雅，六曰頌。」唐以後學者如孔穎達、朱熹等人將「六義」分為兩組：「賦、比、興」與「風、雅、頌」，認為前者是做詩的手法，後者是樂類與詩體。這種區分在揭示了一些東西的同時，遮蔽了一些更重要的東西。古人將六者相提並論，自有其道理在。我的意見是，無論是「賦比興」還是「風雅頌」，都不過是心之所至而已：「賦」為直陳胸臆，「比」為連類取喻，「興」為感物而動，「風」乃同氣相應，「雅」乃鼓舞政教，「頌」乃通感鬼神[6]：草木、蟲魚、鳥獸、民人，雜然共在；天意、人心、傳統、現實，渾然無間。這就是為什麼孔子稱：「詩，可以興，可以觀，可以群，可以怨。邇之事父，遠之事君。多識於鳥獸草木之名」，而〈毛詩序〉謂：「詩者，志之所之也。在心為志，發言為詩。情動於中而形於言，言之不足故嗟歎之，嗟歎之不足故永歌之，永歌之不足，不知手之舞之足之蹈之也。情發於聲，聲成文謂之音。」詩乃性情所至，既為人文，又是天籟。正是在這個意義上，孔子說，詩三百篇，一言以蔽之曰：「思無邪。」「思無邪」是聖人化下的天真狀態，因而孔子教人「興於詩，立於禮，成於樂」。「興於詩」即〈毛詩序〉之「發乎情」。但孔子又反對縱情任性，故強調「立於禮」，即〈毛詩序〉之「止乎禮義」。孔子認為用情過度就是「淫」，故在顏淵問如何「為邦」時，他回答：「行夏之時，乘殷之輅，服周之冕，樂則韶舞。放鄭聲，遠佞人」，因為「鄭聲淫，佞人殆」（《論語・衛靈公》）。在《論語・陽貨》篇中，他更是強調：

6　《釋名》卷三〈釋典藝〉：「詩，之也，志之所之也。興物而作謂之興，敷布其義謂之賦，事類相似謂之比，言王政事謂之雅，稱頌成功謂之頌，隨作者之志而別名之也」；《周禮・春官・大師》鄭注：「風，言聖賢治道之遺化也；賦之言鋪，直陳今之政教善惡；比，見今之失，不敢斥言，取比類以言之；興，見今之美，嫌於媚諛，取善事以喻勸之；雅，正也，言今之正者，以為後世法；頌之言誦也，容也，誦今之德廣以美之」。

「惡紫之奪朱也，惡鄭聲之亂雅樂也，惡利口之覆邦家者」。他所讚賞的是像〈關雎〉那樣「樂而不淫，哀而不傷」、合乎中庸之道的雅正詩篇。孔子稱自己對「斯文」的貢獻之一是正「雅頌」，他曾不無自負地說：「吾自衛反魯，然後樂正，雅頌各得其所」（《論語‧子罕》）。

《禮記‧經解》引孔子曰：「溫柔敦厚，詩教也」。通過「正雅頌」、「放鄭聲」，發揚「無邪」之思（興於詩），化成敦厚之俗，這便是孔子詩教的主要內容。無邪意味著蒙昧，因而孔子詩教的深層觀念是：民眾不是認識的主體而是教化的對象。這使我們又一次想起《論語‧顏淵》中的孔氏名言：「君子之德風，小人之德草。草上之風，必偃。」蒙昧不僅僅是教化的理由，它往往還是教化的結果。《論語‧述而》有「子所雅言，詩、書、執禮，皆雅言也」，孔子要培養的是像他那樣雅言詩書禮樂、溫柔敦厚思無邪的、專制權力所需要的標準化社會產品：君子。

漢儒以孔子詩教為陣地，不斷旁通發揮，把詩三百篇解說成「正得失，動天地，感鬼神」、因而「經夫婦，成孝敬，厚人倫，美教化，移風俗」（《毛詩‧序》）的政教經典。〈毛詩序〉稱：「風，風也，教也。風以動之，教以化之……上以風化下，下以風刺上。主文而譎諫，言之者無罪，聞之者足以戒，故曰風」，「言天下之事，形四方之風，謂之雅。雅者，正也，言王政之所由廢興也」，「頌者，美盛德之形容，以其成功告於神明者也」。《風》、《雅》又有「正」、「變」之分：《正風》、《正雅》作於聖人垂教於上、小民鼓舞於下的王道盛世，「至於王道衰，禮義廢，政教失，國異政，家殊俗，而變風變雅作矣」。「變風」、「變雅」是「國史明乎得失之跡，傷人倫之廢，哀刑政之苛，吟詠情性，以風其上，達於事變而懷其舊俗者也」。〈毛詩序〉的作者——其實幾乎所有的漢儒——把《詩》看作是聖人之遺跡、王教之典籍，認為它的功能體現在兩個方面：「美」和「刺」。《毛詩》採取附會史實的辦法，致力於探討每一首詩創作時的政治歷史背景，對號入座式地指出該篇是「美某事」、「褒某人」還是「刺某人」。如〈關雎〉：「關關雎鳩，在河之洲。窈窕淑女，君子好逑」，本來是聞鳴雎而興春情，見淑女而思好逑，《毛詩》卻牽扯為「后妃之德也。風之始也，所以風天下而正夫婦也……哀窈窕，思賢才，而無傷善之心焉，是〈關雎〉之義也」。再如《鄭風‧狡童》：「彼狡童兮，不與我言兮，維子之故，使我不能餐兮」，顯而易見是失戀女子的怨歎之辭，《詩‧小序》卻說：「刺忽也，不

能與賢人圖事，權臣擅命也」。「忽」即鄭太子忽，魯桓公十一年與鄭莊公的另一個兒子突二人為爭奪君位發生衝突，致使鄭國大亂，但這與〈狡童〉之詩有什麼關係？顯然是移河就牛，牽強附會。

通過以美刺、教化解《詩》，不斷向其他領域延伸、滲透，漢儒實現了孔子詩教對文學藝術世界的全面殖民。這首先體現在以「抒下情而通風諭，宣上德而盡忠孝」（班固，〈兩都賦序〉）為宗旨的漢代大賦上。作為體現著一個時代之精神風貌的文學形式，漢賦固然反映著剛剛熔鑄成形的大漢民族對一個正在展開的偉大世界的夢想和渴望，它更直接表達的卻是專制君主的自我標榜、自我張揚與自我欣賞──賦家以侍臣之心推測君主之意，極力迎合一統天子予神予聖的帝王心理。於是，《詩經》中那誠心向化的莊敬之「美」，變成了鋪張揚屬的無恥之「頌」；怨而不怒的嚴正之「刺」，變成了舉止得體的溫柔之「諷」。因此，漢賦使由孔子開其源、經《毛詩》揚其波的儒家美學理論獲得了其最恰當的表達形式：繁文盛彩，如君子之容飾；頌功箴過，實妾婦之奉迎。故而也可以說，漢賦是儒家投身於專制君主時的自我表白、自我期許[7]：「不歌而誦謂之賦。登高能賦，可以為大夫」（《漢書‧藝文志》）。既能以歌功頌德承歡侍宴，又能以「諷一勸百」補缺拾遺，才能做一個合格的「大夫」──就像君夫面前相夫教子（芸芸眾生皆子也）、溫柔敦厚的賢夫人。

綜上所述：孔子通過《詩經》開始的語言和情感過濾工程，經過漢儒的輿論炒作（《詩》之注疏）和恭行實踐（賦），實現了對文化藝術領域的全面占領，「文以載道」成為中國傳統美學的特色所在，王權專制主義精神也借此滲透進了人們的思想和情感的深處。

第二節　意識過濾

「任何社會都有它自己的社會篩檢程序。只有特定的思想、觀念和經驗才得以通過」。[8] 所謂意識過濾，是指以自然化、神化、卑化、禁忌、福音啟示等

7　眾所周知，漢賦還有一個源泉：屈騷。屈原在主要價值取向上是儒家，只是他的崇聖忠君思想帶有過多的巫師獻祭色彩。他那悲天憫人的怨婦情懷實際上是儒家溫柔美刺的自然延伸。

8　〔美〕艾瑞克‧弗洛姆，《佛洛德思想的貢獻與局限》，長沙：湖南人民出版社1986年，第5頁。

策略對社會意識進行的淨化處理。這種過濾作用是意識形態所固有的功能。在這裡我將證明，儒學在最基本的意義上（不僅僅是作為國家統治思想而言）充當了意識形態的角色。所以，現在有必要——實際上是無法繼續迴避——給意識形態下一個定義了。

卡爾‧曼海姆區分了「特定意義的」和「總體性意義的」意識形態。前者是指某個主體（個體或群體）通過各種陳述、命題以及觀念體系對其生活情境之現實本性的、多少帶有一些故意成分的掩飾：「因為對於這種現實本性的真實認識不符合他的利益」；後者指的是一個時代或一個具體的歷史—社會群體所具有的總體性精神結構和特徵。[9]這兩種概念有一個共同的地方，就是根據人們所處的生活情境和意願而不是他們實際經歷和感受過的事情去理解真正要表達的內容。正如齊澤克所指出，「意識形態是一種系統地扭曲的交往：它是這樣一種文本，在祕而不宣的（如控制等等）社會利益影響下，其『官方的』、公開的意義與其實際意圖之間存在著裂隙」[10]。這樣，意識形態所內含的觀念，就變成了堅持這些觀念的人所具有的一種本能——維持其既得利益所自然而具的本能。因而，可以說，意識形態是處於某種情境之中的人所自我持存的本能，是對現存秩序的下意識的「合法化」——作為一種權力話語，其目的是說服別人相信其「真理」，而實際上卻服務於某種祕而不宣的特殊的權力利益。意識形態所揭示的「真理」是經過修飾（有所遮蔽、有所凸顯、有所賦彩）了的，因為，「使得控制關係合法化的邏輯真正要行之有效，就必須保持在隱藏狀態」[11]。

把人為的說成自然的，把自然的說成神聖的，是意識形態的根本策略。黑格爾聲稱「存在的就是合理的」，顯然是在為剛剛走上歷史舞臺的資產階級尋找統治理據。同樣，儒家將人為的禮制宣布為萬世不易的「天理之節文」，自是在論證、表述專制統治秩序的不可置疑性：在「一切本然如此」以及「不如此則逆道違天」的宣傳、昭示、規訓、禁制、誘導下，人在不知不覺之間就被解除了武裝，從而心甘情願地接受思想意識的洗禮。因此，儒家天人合一、內外雙修的美妙理論，實際上是一套精緻的意識形態機器：諸如關於統攝萬類的

9　〔德〕卡爾‧曼海姆，《意識形態和烏托邦》，艾彥譯，北京：華夏出版社 2001 第 66—67 頁。

10　〔斯洛維尼亞〕斯拉沃熱‧齊澤克，〈意識形態的幽靈〉，見方傑譯，《圖繪意識形態》，南京大學出版社 2002 年，第 13 頁。

11　同上，第 10 頁。

絕對中心、宇宙社會的天然和諧、王道蕩蕩的太平盛世、神明關注的族類遠景、聖王革命、聖王譜系與偉大道統、君子人格與道德典範、民本觀念、明君聖主神話、以及華夷之辨、公私義利之辨、陽尊陰卑觀等等觀念與理論虛構，全是具有意識過濾作用的意識形態要素。下面選取前文未曾涉及的幾個綱紐性理念加以解析。主要有：華夷之辨、公私之辨、烏托邦與革命論、明君清官神話、卑賤意識等。

一、華夷之辨

儒家從孔子開始，即屬行「夷夏之大防」。孔子稱「夷狄之有君，不如諸夏之亡也」（《論語‧八佾》），主張「裔不謀夏，夷不亂華」（《左傳‧定公十年》）。《春秋》筆法精嚴，其原則之一就是「內其國而外諸夏，內諸夏而外夷狄」（《春秋繁露》卷四〈王道〉）、「不予夷狄，而予中國為禮」（《春秋繁露》卷二〈竹林〉）。公羊學派於發揮《春秋》華夷之辨最為在意，如董仲舒《春秋繁露》之〈竹林〉有「故春秋之於偏戰也，猶其於諸夏也，引之魯，則謂之外，引之夷狄，則謂之內」；〈觀德〉有「是故吳魯同姓也，鐘離之會，不得序而稱君，殊魯而會之，為其夷狄之行也；雞父之戰，吳不得與中國為禮」。《左傳》則借季文子之口稱「非我族類，其心必異」（《左傳‧成公四年》）。《孟子‧藤文公上》有「吾聞用夏變夷者，未聞變於夷者也」。荀子則將「夷俗」與「邪音」等視齊觀，《荀子‧樂論》篇稱「故先王貴禮樂而賤邪音。其在序官也，曰：『修憲命，審詩商，禁淫聲，以時順修，使夷俗邪音不敢亂雅，太師之事也。』」《禮記》對夷狄朝聘之禮有專門詳細規定，就連稱呼都不一樣，如：

> 〈明堂位〉：九夷之國，東門之外，西面北上；八蠻之國，南門之外，北面東上；六戎之國，西門之外，東面南上；五狄之國，北門之外，南面東上；九采之國，應門之外，北面東上；四塞，世告至。此周公明堂之位也。明堂也者，明諸侯之尊卑也。

> 《禮記‧曲禮下》：九州之長入天子之國，曰牧。天子同姓，謂之叔父；異姓，謂之叔舅。於外曰侯，於其國曰君。其在東夷、北狄、西戎、南蠻，雖大曰子。

儒家後學於捍衛「夷夏之防」更是不遺餘力，如陳亮徑稱：「是聖人於中

國夷狄混然無辨之中而致其辨，則所以立人道，扶皇極，以待後世也」（《陳亮集‧問答下》）；王夫之強調：「人不自畛以絕物，則天維裂矣；華夏不自畛以絕夷，則地維裂矣」（王夫之，〈船山遺書〉，《黃書‧原極》，同治四年刻本）。

而要談華夷之辨，必須再次提到儒家大一統的宇宙圖式，因為，在儒家的政治學說體系中，華夷之辨是大一統理論的構成之一。然而，以往人們研究華夷之辨，只是把它看作思想家們關於民族關係的理論，或中央政府的一項政治原則與統治策略[12]，因而關注較多的是其內容、性質以及對政治決策和民族心理的影響等。到目前為止，還少有人從專制王權政治系統運作原理的角度，從意識形態進行意識過濾的角度，分析華夷之辨在傳統政治中承擔的角色、發揮的作用。

我的的觀點是：作為名詞，華夷之辨指的是王權大一統內部核心系統與次級系統之間的邊界；作為動詞，則是該系統為維持自己的穩定所設立的一種調節、防衛機制——施諸社會成員個體則是一種意識過濾機制。

前文已經提到，儒家大一統宇宙圖式描述的是一個以王為中心的、盡善盡美、無所不包、天人合一的宇宙、政治圖式，它包含了時間、空間、人倫三個緯度，形成一個向心式的球形系統。如圖 8–1 大一統示意圖。

其中據核心的，是道以及作為道之體現者的王與聖人。這裡是宇宙的原點、秩序的樞紐，萬物由此生發並最終歸依於此。

系統 1 是「大一統」的核心系統，屬天地之中，其地稱中國，乃天地正氣薈萃之地；其族稱華夏，乃禮義廉恥文明所在。宋陳亮云：「臣竊惟中國，天地之正氣也，天命之所鐘也，人心之所會也，衣冠禮樂之所萃也」（《陳亮集》，〈上孝宗皇帝第一書〉）。華夏作為宇宙中心，據萬物根源處，是天地秩序綱維所繫，人類文明正統所在。它是天地之道（理）向人倫之道（理）的轉換者，為整個大一統體系提供了一種泛宗法化秩序構成機制——趨中歸一，辨異求同。

12　如翁獨健先生在其專著《中國民族關係係史綱要》（中國社會科學出版社 1990 年）、劉鋒燾先生在其〈艱難的選擇與融合〉（《文史哲》，2001 年第 1 期）、焦潤明先生在其〈中華傳統民族精神及其在近代的弘揚與發展〉（《安徽史學》，1997 年第 4 期）、郭洪紀先生在其〈儒家的華夏中心觀與文化民族主義〉（《河北學刊》，1994 年第 5 期）中，都在民族觀、民族意識、民族政策、外交關係等層面上評價華夷之辨。

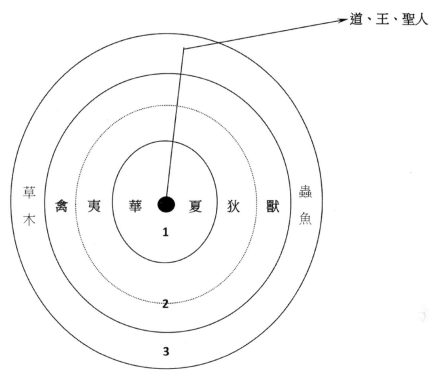

圖 8 － 1　大一統示意圖

　　系統 2 由一條虛線分為兩部分。內邊一圈為夷狄，外邊一圈為禽獸。有時候虛線消失，夷狄直接混同於禽獸。到底屬於哪種情況，要看系統 1 與系統 2 之間的界限——華夷之辨是否嚴格。在有的思想家那裡，夷狄只是後進於文明的野蠻人，是可以禮樂教化的。孔子就以能否行禮儀作為劃分夷夏的標準；二程認為：「禮一失則為夷狄，再失則為禽獸」（《二程集 · 遺書》卷二上），對夷狄、禽獸作了區別；李覯也說：「德勉刑中政修事舉，雖夷曰夏可也；反之，則謂之夏可乎？」（《直講李先生文集》卷二十二，〈慶曆民言 · 敵患〉）也有一些人認為，夷狄性同禽獸，不可教化。在華夷衝突加劇、華夏生死存亡之際，這種調子尤為普遍。如《漢書 · 匈奴傳贊》：「夷狄之人，貪而好利，被髮左衽，人面獸心」；《後漢書 · 魯恭傳》：「夫夷狄者，四方之異氣也。蹲夷踞肆，行同鳥獸」；蘇軾云：「夷狄不可以中國之治治之也，譬若禽獸然，求其大治，必至於大亂。」

　　系統 3 由植物及蟲魚類低級生命構成。古人往往將草木蟲魚統而言之。

　　從作為核心的「道」向外推衍，經由系統 1 至系統 3，隨著構成它們的存在物的粗精之別，他們在價值上呈梯度遞減。就整個大系統看，道是吸引力中心，是動力源，為整個系統提供著能量支援；王（聖人）是解碼者，負責把上天的祕密轉換成人間的語言，也是乾綱獨斷的決定者，掌握著秩序的樞紐；華夷之辨是系統 1（核心系統）與系統 2 之間的邊界；作為華夏文明之體現的禮樂制度則是系統 1 與系統 2 之間信息輸入與輸出的轉換裝置（以夏變夷）；以三綱五常為紐帶的宗法等級秩序則構成了系統 1 內部的結構和通信網路。

　　顯然，這是一個孤立的封閉系統。對任何孤立系統來說，未來都意味著熵的增加。因而，它需要一種週期性的漲落來打破平衡態，補充新能量。因為系統 1 是聖王所據，發揮著在人間實現和捍衛天道的功能，規定著整個大一統的方向和性質，它與系統 2 之間的對立統一便構成了維繫大一統穩定的正負兩種因素的內在張力。這樣，從功能角度看，作為系統 1 與系統 2 之邊界的華夷之辨就是為了使大一統在振盪中不致徹底崩潰而設立的一種自我調節與防衛機制。

　　這種自我調節與防衛是通過對社會成員的意識過濾實現的。首先，它通過一個他者鏡像的設立，每時每刻都在強化著人們的文化認同意識，使人們自覺歸依於安身立命於其中的禮樂秩序，從而成為維護專制王權的功能性存在。

　　根據力學原則，活動的球體內部都是分層的，越往裡密度越高，巨型系統尤其如此。比如地球，分地核、地幔、地殼三個子系統，地核的密度比地幔大得多，只有這樣，才能維持足夠的引力，使系統不至於因離心力而崩潰。作為一個球形系統，大一統要保持穩定，必須有一個明確的邊界，對系統的信息和能量進行約束，使之不致無序擴散。華夷之辨就發揮了這樣一條邊界的作用：它把系統 1 與系統 2 嚴格區分開來，避免了由於「蠻夷猾夏」（《尚書・堯典》）而導致的系統同質化——禮義文明的淪喪。在儒家看來，人類生來如同禽獸[13]，靠了聖人的禮樂教化，才成其為人。《禮記・曲禮上》云：「鸚鵡能言，不離禽獸，今人而無禮，雖能言，不亦禽獸之心乎？是以聖人作為禮以教人，使人有禮，知別於禽獸」。人獸之間，「壁立萬仞，只爭一線」[14]，如果人不以禮儀

13　孟子就曾說：「人之所以異於禽獸者幾希，庶民去之，君子存之」（《孟子・離婁下》）；
　　王夫之亦言：「太昊以上，其猶禽獸乎？」（思問錄・外篇）。

14　見王夫之，《俟解》，原文是：「明倫、察物、居仁、由義，四者禽獸之所不得與。壁立萬仞，只爭一線，可弗懼哉？」

自持，則人禽莫辨，天地混沌：華夷之辨使系統 1 維持了更大的精神能量「密度」，使中心能夠對外部保持足夠引力，從而保障了萬物并然、各得其宜的大一統宇宙秩序。

在防止系統 1 與系統 2 均質化的同時，它強調了系統 1 內部的同質化。華夷之辨為華夏人樹立了一個「他者」鏡像──類於禽獸的夷狄，使華夏人隨時意識到自己民族的優越性，這無疑可以加強華夏人的族類認同意識：遵行仁義禮信的華夏人是人，沒有尊卑廉恥的夷狄是非人。這樣，在系統 1 內部，一種基於倫理道德的類本性便銷弭了社會成員的個體性，血緣和文化上的諧同性便掩蓋了經濟和政治中的差異性：社會在一種刻意渲染的和諧裡實現了高度同質化。而根據系統論的理論，系統內部同質性越強，通信速度就越快，抵抗外來入侵、維持自身穩定性的效率就越高。並且，由於區分華夷的標準主要是文化而不是族屬，華夷之辨作為一種社會禁忌便具有了一種懲罰功能：將系統內不守規矩之徒，貶為夷狄，斥為非類，使迷亂之眾懼而向化，系統得以代謝自新，從而具有了自我修復、自我持存的能力。

其次，「華夷之辨」落實到政治操作層面，則體現為「尊王攘夷」：對專制王權的無條件侍奉。

王一人之身關係著整個系統的安危。中國的歷史已經證明，如果帝王雄才大略，乾綱獨斷，則國泰民安，四海升平；如果君主暗昧卑弱，權柄旁落，則暴亂蜂起，災異流行。這是因為，作為道的化身，王是系統的引力中心；作為德的肉體，王是天下秩序的最終結點。王者失位，會使系統陷於無序狀態而趨向崩潰。「尊王」就是組織性的強化，它使系統的能量按規定方向動員並集中起來，形成向心合力，從而加強對外層子系統的吸引和統攝。

尊王攘夷構成一個回饋環：通過尊王組織起攘夷的能量，沒有王，群龍無首，則天下莫知所以；在攘夷的過程中又可以強化王的權威，因為王是攘夷大業的旗幟，他的地位沒有人能取代。這樣，「尊王」與「攘夷」相互強化，從不同的方向維護著系統的安全和穩定。歷史上，凡是華夏民族陷於內憂外患的危急關頭，「尊王攘夷」就成為華夷之辨的主旋律。

總之，「華夷之辨」的策略就是把文化上的區別解說為本性上的不同──《禮記・王制》即有「中國戎夷，五方之民，皆有性也，不可推移」：把「禮」

視為人之為人的前提條件，把無「禮」的夷狄貶斥為禽獸；把社會個體對既定秩序的伺服解說為人類本性的要求，使每個人都不得不自覺接受禮樂教化的洗禮，不得不參與到「尊王攘夷」的族類群體的共同事業裡。因此說，「華夷之辨」是典型的意識形態。

二、公私之辨

公私觀念的來源可謂尚矣古矣。一開始它們是附著於具體的事物之上的：「公」指的是作為宗族共同體的「大家」，「私」指的是相對於「大家」的「小家」。如《詩 ‧ 豳風 ‧ 七月》有「言私其豵，獻豜於公」，《小雅 ‧ 大田》有「雨我公田，遂及我私」，說的是基層聚落裡「公」、「私」之間的分別。在周朝嚴格的宗法體系中，各級小宗對代表「公」的大宗而言，都是「私」。春秋時代的「私家」和「公室」之分就是這種制度和觀念的衍變。

這可以在詞源學上得到證明。「公」字在甲骨文中寫作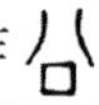，有學者認為像甕口之形，是「甕」之初字，假借為王公之「公」[15]。這種觀點是有問題的，因為迄今為止，還沒有發現一種周、商之前的、稱作「公」（甕）的陶器或銅器。即使將來有所發現，也說明不了問題，認為古人會從一種非常次要的器具中抽象出一個普遍性觀念，這於情理斷然不合（從「尊」中能引申出「尊貴」的意義，是因為「尊」是一種重要禮器。據《儀禮 ‧ 燕禮》，在「燕禮」之類重要禮義場所，只有「君」才能夠「面尊」）。並且倘若認定「公」出自甕器，則「厶」字便沒有了著落。也有學者撰文指出「厶」像人側鼻之形，「公」為人臉正面之像，意乃「側面為厶，正面為公」[16]。這種說法巧則巧矣，征諸史實亦不在情理之內。「側面為厶，正面為公」對初始造字的先民來說，實在是過於抽象的觀念。古人思維，循的是由具體而抽象的路子，造字皆出於實用而「近取諸身」，因而斷不會先有了抽象觀念再去「擬諸形容」。

日本學者溝口雄三認為，「公」字指的是公共作坊、祭祀場所等公宮、公堂，以及支配它們的共同體首領。[17] 我認為此論得之，只是講得不夠確切。「公」

15　徐中舒，《甲骨文字典》，成都：四川辭書出版社 1988 年。

16　范德茂、吳蕊，〈關於「厶」字的像意特點及幾個證明〉，載《文史哲》2002 年第 3 期，轉引自劉暢，〈公私觀念研究綜述〉（未刊稿，《南開大學公私觀念與中國社會研討會論文》）。

17　溝口雄三，〈中國公私觀念的發展〉，載《國外社會科學》，1998 年第 2 期，汪婉譯。

當是個會意字，上面的「八」字有通衢之形，下面的「口」形乃建築之像[18]，合起來會「公共廣場」之意：場所與建築總言為「公」，建築單言為「宮」——即「我稼既同，上入執宮功」（《詩・豳風・七月》）之「宮」，亦即「躋彼公堂」（《詩・豳風・七月》）之「堂」——故「公」、「宮」可以相互假借。由此生發出「公共」的觀念。引申之，在公共事務中擁有發言權的首領稱為「公」，祖廟中供奉的家族的祖先稱為「公」。由家而國，則君主稱「公」——《爾雅・釋詁》云：「公，君也」；〈白虎通〉曰：「臣子于其國中皆褒其君為公」。德高望重的大臣被尊稱為公，周成王敬老臣，「立太師，太傅，太保，茲惟三公」（《尚書・周官》）。公羊家謂據周禮「天子三公稱公，三王之後稱公」（《春秋公羊傳・隱公五年》）。然征諸史實，則平王以後，諸侯通稱為公矣。進一步引申，每個家庭中年老的家長（祖父）也可稱為「公」（後世外祖父亦稱「外公」），甚至「夫之兄」亦可稱「公」。[19]

在氏族成員的生活中，建有村社、祖廟及公堂的公共廣場具有絕對性的意義構建作用，不僅是氏族成員物質生活的中心，也是其全部精神生活的中心。前面已經提到，「道」與「君」都是由「中」觀念生發出的，所以「公」首先是一個權力概念，意味著「中心」對「邊緣」，「整體」對「個體」的無條件要求。因而，對上的「忠」就是「公」：《左傳・文公六年》有「以私害公，非忠也」。在上古氏族社會，「公」是眾利所係，眾望所歸，氏族公共事務的基本原則是公開、均平，所以「公」很早便被賦予一種正面倫理價值，成為最古老的道德觀念之一，相對於「私」具有絕對優先性。統治者往往以公義的化身自相標榜[20]，以「去私奉公」要求於臣下民眾——《尚書・周官》即稱「以公滅私，民其允懷」；《左傳・昭公二十六年》亦有「王不立愛，公卿無私，古之制也」。說明權力與道德一開始就是一對親密盟友。

私（厶）字在先秦古文中寫作 ，作封閉狀，代表與「大家」相對的「小家」。由於「大家」對「小家」具有絕對優先性，進入階級社會後，隨著各級統治者通過對「公」（公堂、公器）的竊奪自立為大眾的代表、實現對「大家」

18　馬敘倫認為「口」字是牆垣之「垣」之初文，亦通。只是牆垣即指代建築本身，上古宗廟類公共建築都沒有另外的圍牆。

19　《釋名》卷二：「夫之兄曰公」。

20　《釋名》卷二謂「公，廣也，可廣施也」；〈白虎通・爵〉有「公者，公正無私之意也」。

的獨占後，「小家」逐漸被排擠到不見陽光的陰暗角落裡。於是，由小家、個人等中性義，漸次引申出私自、私下、私利、私情、私欲等等貶性義，私有甚至成了「邪惡」的代詞。許慎《說文》說：「厶，奸邪也。韓非曰：『蒼頡作字，自營為厶』。凡厶之屬皆從厶」，又說：「公，平分也。從八、厶。八，猶背也。韓非曰：『背厶為公』。」獨占了天下之「公」的專制統治建立之後，**統治者將「公」修飾為天地自然的本然德性，為之賦予廣大、光明等色彩，而與「公」相對的「私」不可避免地被打上了「狹隘」、「陰暗」等卑賤的羞辱性印記。自在自足、自利自為的芸芸眾生於是乎成了有待天下為公的聖人救濟的道德沉淪者。這正是儒家公私之辨的意識形態邏輯。**

有學者認為，先秦儒家尤其是孔孟重義利之別而未有公私之辨。[21] 這種觀點只在字面意義上是成立的。仔細分析來，「利」即個體之「私」自不待言，「義」作為本然之善實際上即天道之「公」。「義」的現實依據是「禮」，「義」的形而上依據是「天」和「道」，「義」的目的則是「仁」。作為實現「仁」的途徑，「義」直接指向「仁」所體現的大公無私的天道境界。所以，當孔子說「克己復禮為仁」（《論語・顏淵》）時，當他說「巍巍乎！舜禹之有天下也，而不與焉」（《論語・泰伯》）時，已經內含了公私之間的對立。在他那裡，「四時行焉，百物生焉」而無聲無臭的「天」即是絕對之「公」。每提到心目中的聖人，如堯舜禹等，他總是以上天相比況，如《論語・泰伯》即有「大哉，堯之為君也！巍巍乎！唯天為大，唯堯則之」。《禮記》則直接將「無私」的桂冠戴在了聖王們的頭上，把「天下為公」視為「大道之行」的首要標誌：

〈孔子閒居〉：子夏曰：三王之德，參於天地。敢問何如斯可謂參於天地矣？孔子曰：奉三無私以勞天下。子夏曰：敢問何謂三無私？孔子曰：天無私覆，地無私載，日月無私照。奉斯三者以勞天下，此之謂三無私。

〈表記〉：子言之曰：後世雖有作者，虞帝弗可及也已矣。君天下，生無私，死不厚其子，子民如父母，有憯怛之愛，有忠利之教，親而尊，安而敬，威而愛，富而有禮，惠而能散。

〈禮運〉：孔子曰：大道之行也，與三代之英，丘未之逮也，而有志焉。

21　楊澤波，〈公與私：義利詮釋中的沉屙痼疾〉，載《中國文化研究》2002 年，春之卷。

大道之行也，天下為公。

　　當然，上引《禮記》所載不一定是孔子本人的言論，但表達的基本是孔子的思想。另外，在儒家經典《尚書》之〈洪範〉篇中，即有「無偏無陂，遵王之義。無有作好，遵王之道。無有作惡，遵王之路。無偏無黨，王道蕩蕩。無黨無偏，王道平平。無反無側，王道正直」，實際上已經宣布了「公」對於「私」的無條件統籌，故《荀子・修身》篇釋此句曰：「此言君子之能以公義勝私欲也」。

　　如果說，在孔子那裡，公私之辨還可以理解為具體情境之中行為主體當下的決斷（表現為義利之分，「公」作為「義」的超越性依據而存在），那麼在孟子那裡，則開始帶有了抽象的、普適性的道德意義。例如，在「雞鳴而起，孳孳為善者，舜之徒也。雞鳴而起，孳孳為利者，蹠之徒也。欲知舜與蹠之分，無他，利與善之間也」（《孟子・盡心上》）中，「善」、「利」與「公」、「私」完全可以相互替換。

　　在荀子那裡，公私之辨成為直接針對人們當下言行的嚴厲的道德裁斷。在〈君道〉篇中，荀子詳細描繪了心目中「至道大形」：

隆禮至法則國有常，尚賢使能則民知方，纂論公察則民不疑，賞克罰偷則民不怠，兼聽齊明則天下歸之；然後明分職，序事業，材技官能，莫不治理，則公道達而私門塞矣，公義明而私事息矣。

　　在〈不苟〉篇中，他區分了通士、公士、直士、愨士和小人，指出「不下比以闇上，不上同以疾下，分爭於中，不以私害之」者為「公士」，「言無常信，行無常貞，唯利所在，無所不傾」者為小人。在〈臣道〉篇中，則強調「上不忠乎君，下善取譽乎民，不恤公道通義，朋黨比周，以環主圖私為務」乃篡臣之為，而「爭然後善，戾然後功，生死無私，致忠而公」則是忠臣之行。這說明隨著專制王權的強化，「公」逐漸成為加諸人們頭上的符咒。

　　在第六章第二節中，我們曾證明了，儒家的「君子、小人之辨」內涵著對現存秩序的合法性論證。其實這只是意識形態工作的第一步：把人為的論證為自然的，即「讓自然而在的事實說話」。而我們知道，「事實」本身是不會說話的，「事實」為話語所規定，從來都是被一個話語網路所推動著「說話」。當孔子宣稱「君子喻於義，小人喻於利」（《論語・里仁》）以及「唯女子與

小人為難養也」（《論語・陽貨》）時，當孟子宣稱「仁，人心也；義，人路也」（《孟子・告子上》）時，實際上已把仁義禮智之類人為的道德規範解說為君子固有的屬性，君子「以身作則」為民表率。「公私之辨」即儒家意識形態工作的第二步：把自然的解說為神聖的，即「讓天理本身說話」──「公」被解說為道的本質、上天的德性、只有替天行道的聖人才能具備的偉大情懷。這樣，「公私之辨」作為一種美妙的意識過濾機制，規範著人們的思想與情感，在尋常日用之間發揮著「勸人向化」意識形態功用。

　　首先，它把現實中的殘缺解釋為世人道德淪喪、以私蔽公的結果。孔子稱「一日克己復禮，天下歸仁焉」（《論語・顏淵》）；孟子謂「楊墨之道不息，孔子之道不著，是邪說誣民，充塞仁義也。仁義充塞，則率獸食人，人將相食」（《孟子・滕文公下》），「上下交征利而國危矣……苟為後義而先利，不奪不饜」（《孟子・梁惠王上》）；荀子稱「旁辟曲私之屬為之化而公，矜糾收繚之屬為之化而調，夫是之謂大化至一」（《荀子・議兵》）。強調的都是抑私崇公的重要性和行私廢公的害處。這種公私之辨的言外之意是：大公無私的聖人君子捍衛著人類的價值和尊嚴，維繫著社會的存在使之不至於淪為「人將相食」的動物世界；靠了聖人的教化和引導，人類總有一天將實現天下為公的大同理想；對現實中的邪惡和不平，芸芸小人們不僅不應當有所抱怨與質疑，而且應當為自己私心害公而深懷歉疚，從而自覺地「克己」、「鬥私」。因為「公」在日常生活中的體現是倫理綱常（公理），崇公抑私的首要途徑就是自覺接受綱常的規制與裁割，忠君尊上，捨身忘我──誠如劉澤華先生所言：

> 在綱常面前，「我」是個很麻煩的問題，是個離心的力量，是個壞東西……於是與「我」的鬥爭，便是儒家最關心的問題之一。為了抑制「我」提出「克己」、「無我」、「無意」、「無私」、「無心」、「忘己」等等。[22]

　　儒家追求的目標就是使每個人都成為沒心沒肺的「無我」的道德軀殼，成為構築專制王權的標準化產品。

　　其次，它把君主一人之私論證為天下萬民之公。通過表面上的巫術式比附

22　劉澤華，〈天人合一與王權主義〉，載《天津社會科學》，1996 第 4 期。

類推，「公私之辨」在天地萬物、君主大眾之間建立起一種對應關係，使君主成為蒼生之天、萬民之父，擁有了撫育萬類、澤被天下的無私德性。作為「天意」與「天道」的化身，君主就是肉體的「公」，是公義與公意的體現者。《大戴禮記・勸學》載孔子言曰：「夫水者，君子比德焉：偏與之而無私」。而荀子稱聖王：「上察於天，下錯於地，塞備天地之間，加施萬物之上」（《荀子・王制》），因而「無欲、無惡、無始、無終、無近、無遠、無博、無淺、無古、無今，兼陳萬物而中縣衡焉」（《荀子・解蔽》），意謂「天下無二道，聖人無兩心」（《荀子・解蔽》）。至理學家，則徑稱「無我，聖人也」（《河南程氏遺書》卷一一），「聖人都忘了身，只是個道理」（《朱子語類》卷九）。聖人是抽象的「理」，仰賴於聖人教化的眾人就只能是為「理」所熔鑄、所推蕩的「物」了。於是，**聖人便從根本上實現了對眾生的支配；篡竊了聖人之名號的君主一己之「私」便以天理之「公」的名義一舉統攝了天下萬民之「私」：臣民被「大公」剝奪得一乾二淨，連自己的身體都是屬於君主的**。在這種意識形態語境裡，任何權利欲求都只是逆道違天的非分之想，臣民唯一正確的選擇就是逆來順受，期待著澤被眾生的真龍天子的出現和天下一家的太平盛世的降臨。

三、烏托邦與革命論

烏托邦與革命論是儒家意識形態中的兩大重鎮。前者指的是儒家孜孜以求的「王道理想」——天下為公的「太平盛世」，是對人世完美性的美好想像；後者則是指聖人受命於天，除舊制、作新民的歷史創新，是對偉大聖王的深情期待。

1. 烏托邦

烏托邦一詞在英語中寫作 utopia，是拉丁文，源於希臘文 ou（沒有）和 topos（地方），意為「不存在的地方」。英國早期空想社會主義者湯瑪斯・莫爾首先用這個詞描繪他理想中的人類社會：沒有私有制，沒有貧富差別和階級對立，人人參加勞動，人人平等。後來，人們往往把不能實現的願望、幻想等，都稱為「烏托邦」，使之成了「空想」的同意語。

《意識形態和烏托邦》的作者卡爾・曼海姆將意識形態與烏托邦作了區分。他認為烏托邦觀念具有兩個特點：一是對現實的超越性，在這一點上與意

識形態是一致的 [23]；二是對現存的歷史—社會秩序產生某種變革性影響。他說：

> 當一種心靈狀態與它在其中發生的那種實在狀態不相稱的時候，它
> 就是一種烏托邦心態……（這種心靈狀態）是以那些並不存在於實
> 際情境之中的對象為取向的……而當這些烏托邦心態貫徹到舉止行
> 為之中的時候，它們就會或者部分、或者全部地破壞當時處於主導
> 地位的事物的秩序。[24]

> 那些被後來的事實證明只不過是對某種已經成為過去的，或者對潛
> 在的社會秩序的歪曲反映的觀念，都是一些意識形態觀念；而那些
> 在後來的社會秩序中得到適當實現的觀念則是相對的烏托邦觀念。[25]

我的觀點是，烏托邦也是意識形態，是一種比較特殊的意識形態。烏托邦
通過一種虛假的期諾來引導人們的想像力，撫慰人們緣於不滿現實而躁動不安
的情緒，發揮的正是意識形態的功用。只是，現實與理想的強烈對比，在某些
情境下會激發失意者對既存秩序的仇恨，從而產生拋棄舊世界、「適彼樂土」
的破壞性衝動。因此說，烏托邦中含有誘致革命的「種子」。

儒家通過神化三代之治使之成為一種理想性的政制想像，在現實之上創建
了一個天下為公的大同盛世烏托邦，其內容集中體現在《禮記 • 禮運》中：

> 大道之行也：天下為公，選賢與能，講信修睦；故人不獨親其親，
> 不獨子其子，使老有所終，壯有所用，幼有所長，矜寡孤獨廢疾者，
> 皆有所養。男有分，女有歸。貨惡其棄於地也，不必藏於己；力惡
> 其不出於身也，不必為己。是故謀閉而不興，盜竊亂賊而不作，故
> 外戶而不閉，是謂大同。

卡爾 • 曼海姆有言：「與其說人類常常會全神貫注於其生存狀態所內在
固有的對象，還不如說常常全神貫注於那些超越其生存狀態的對象。」[26] 作為理

23　〔德〕卡爾 • 曼海姆：有兩種主要的超越情境的觀念類型，與各種與情境一致的、
　　適當的觀念形成了對照，它們就是意識形態和烏托邦（見《意識形態與烏托邦》，艾
　　彥譯，北京：華夏出版社 2001 年，第 228 頁）。
24　卡爾 • 曼海姆，《意識形態與烏托邦》，艾彥譯，北京：華夏出版社 2001 年，第 228 頁。
25　同上，第 242 頁。
26　同上，第 229 頁。

想的彼岸世界，烏托邦將其燦爛光輝反射回人間，為現實中的制度提供著合法性證明，也為創新力量確定著合理的方向和目標。因此，關於烏托邦的設想，是任何完善的政治理論體系所不可或缺的內容——它是以「革命」的面目裝扮起來的、最具魅惑性的意識形態，因而是操作大眾的一種最得力的工具。[27]〈禮運〉在暢想了大同之治的美好景象之後，接著描繪了聖人禮義教化下的「小康」之世的情景。實際上，「大同」正是為「小康」懸設的神聖價值依據，它為「小康」賦予了一種天道恢宏的神聖光彩。這就是為什麼在近代國門洞開、儒家禮教體系瀕臨崩潰之際，烏托邦成了儒家士人所據守的最後一個據點——以「古已有之」來反抗、抵消來於陌生世界的強力影響：康南海稱「孔子撥亂升平，托文王以行君主之仁政；尤注意太平，托堯舜以行民主之太平」[28]；蒙文通認為漢代今文家所講之「一王大法」乃是「萬民一律之平等制度」[29]，即是明證。故早有學者指出：「康子的大同理想看似指向人世聖境，實為支持儒家民族國家的文教制度理念不墜的現世使命。」[30]

將烏托邦話語等同於現實中的價值追求，會得出似是而非的錯誤結論。康有為如此，蒙文通如此，現代新儒家更是如此。熊十力以〈禮運〉篇證孔子「同情天下勞苦小民，獨持天下為公之大道，蕩平階級，實行民主，以臻天下一家、中國一人之盛」[31]，可謂典型。

大同理想實在是中國人最隱祕的情結。它是大一統專制世界裡所能滋生的惟一的民眾之花。《易》中即有〈同人〉卦，其象上天下火，天日朗朗，故其象辭曰：「文明以健，中正而應，君子正也。唯君子為能通天下之志。」君子在位，天下通志而親[32]，這便是〈同人〉卦的訴求。「同人」強調的是人的同質化，故此卦之象辭有「君子以族類辨物」。「以族類辨物」即意味著對同類之物一視同仁。〈同人〉之六二爻稱「同人于宗，吝」，意為「倘若只認同本族

27　儘管烏托邦是空想社會主義者之作俑，但歷史已經證明，專制主義、極權主義的統治者無不熱衷於烏托邦的營建。也許洪秀全的太平天國、希特勒雅利安人的純粹世界，以及史達林的共產主義社會可看作其中的典型。

28　康有為，〈孔子改制考〉，見《康有為全集》卷三，上海古籍出版社1992年，第1233頁。

29　蒙文通，〈孔子與今文學〉，見氏著，《經史抉原》，成都：巴蜀書社1995年，第198頁。

30　劉小楓，《儒家革命精神源流考》，上海三聯書店2000年，第25頁。

31　熊十力，《原儒》卷上。轉引自劉小楓，《儒家革命精神源流考》，上海三聯書店2000年，第23頁。

32　《易雜卦》：「同人，親也。」

之人，則無所作為」。相應地，相「同」之人不可以拉幫結派。故《易》又有〈渙〉卦，其六四爻曰：「渙其群，元吉」，其象曰：「渙其群元吉，光大也」。朱熹釋曰「能渙小人之私群，成天下之公道，此所以元吉也」（《朱子語類》卷七三）。這種「渙其群」的「同人」理念在《尚書》即被強調——其〈洪範〉篇有「無偏無黨，王道蕩蕩；無黨無偏，王道平平」。歷代統治者對臣民「結黨」都非常敏感，因為「結黨」就意味著破壞權力的大同。因此，儒家構建烏托邦的行為本身，就是在從事王權一統的建設工程：通過設置一個美好的誘惑來規制、馴化人們的情感欲求。

大同理想落實到經濟和政治權利上則是「均平觀」，這正是中國歷代百姓所夢寐以求的。在為天災人禍逼得走投無路、對均平天下的聖人的期待也不再耐煩時，天下草民就會鋌而走險，以刀劍向當權者索求他們許諾已久的大同烏托邦。

2. 革命論

「革命論」是儒家政治思想中最具意識形態色彩的內容之一。它啟端於三代，沉潛於孔子，倡言於孟、荀，弘揚於秦漢之際，發燦於宋明理學，迴光返照於現代新儒家。那麼，何謂儒家之「革命」？《說文》曰：「獸皮治去其毛曰革。革，更也」；《易·雜卦》曰：「革，去故也」。《易·革·九四》有「悔亡，有孚，改命吉」。「革命」即「改命」，用現代新儒家牟宗三的話說，就是「革命者，變更其所受於天之命也」[33]。

「革命」一詞來於《尚書·多士》之「乃命爾先祖成湯革夏」、「殷革夏命」。指的是聖王通過修德保民而承接天命，除舊（為天所棄的舊統治者及其弊政）布新。因此，它的法理基礎是強調統治合法性淵源的「受命」說。「受命於天」的觀念由來已久，《尚書·皋陶謨》中即有「天命有德，五服五章哉」，〈盤庚上〉亦有「先王有服，恪謹天命，茲猶不常」。周初統治者更是滿懷對「天命靡常」的誠惶誠恐，在《尚書·君奭》篇中，周公一上來就向召公披瀝自己的憂患之情：「天降喪于殷，殷既墜厥命，我有周既受，我不敢知曰，厥基永孚於休；若天棐忱，我亦不敢知曰，其終出於不祥。嗚呼！君已曰時我，我亦不敢寧於上帝命」。因為「皇天無親，惟德是輔」（《尚書·蔡仲之命》），「革

---

33 引自劉小楓，《儒家革命精神源流考》，上海三聯書店 2000 年，第 27 頁。

命論」最終顯揚的是代天牧民的統治者之「德治」的神聖與莊嚴：經過艱難的德性積聚贏得民心從而獲得上天的眷顧和認可，失去天意的舊統治者也就失去了存在的法理依據，革命行動本身便是新生事物對腐敗勢力的摧枯拉朽。所以，「革命論」是「小邦周」殪滅「天邑商」之後，為籠絡天下而進行的輿論策劃，為自壯聲色而樹立的道義旗幟。

　　三代革命論沉潛於孔子（其微言大義寄託於對聖王之制和太平盛世的想像與期盼，經今文學家的發揮得以顯揚），經戰國而流為《易傳》與孟、荀兩脈。前者灌注於漢之「京易」與「齊詩」的「四時」、「五際」說，後者則直接孕育了公羊學派的「素王革命論」，進而生發了宋明理學個體自我通過洗心革面以「成聖」的內在革命觀。當然，兩者並非截然異致，而是相互灌溉、相互支持，最後合而為一。

　　《易・革・象》稱：「天地革而四時成。湯武革命，順乎天而應乎人。革之時大矣哉」。這裡強調的是「革命」的自然法理：自然與人事新陳代謝的內在節律。它首要關注的不是「革命」的社會性道義，而是其天道依據和行動的時機。漢代的《京房易》與《齊詩》繼承了這一思想，依據天人合一的理念，把自然時氣的變更與社會倫理政治的興衰融為一氣，天道自然的變化於是乎成為革命的法理。如《齊詩》之「五際」革命說：

　　五際，卯、酉、午、戌、亥也。陰陽終始際會之歲，於時則有變改之政也。

　　卯酉之際為革政，午亥之際為革命。神在天門，出入候聽……亥為革命，一際也；亥又為天門，出入候聽，二際也；卯為陰陽交際，三際也；午為陽謝陰興，四際也；酉為陰盛陽微，五際也[34]。

　　這種自然性革命釋義的意識形態含義在於，它通過強調革命的艱難和應持的戒懼之心──事關重大，不可輕易進行，即非到不革則天地乖錯之時不可訴諸此最後手段──來為現存秩序建立了一道必要的防護牆。更重要的是，它向人們揭示了族類存在的淵深背景，激發著人們對神密天道的敬畏和對掌握了天道的聖人的景仰。因為人類社會是自然的有機組成部分，天道的衍變便進入歷

34　轉引自劉小楓，《儒家革命精神源流考》，上海三聯書店 2000 年，第 47 頁。

史之中成為人事的最高依據。「五百年必有王者興」，在天人一體的莽莽蒼蒼的事件之流裡，聖人（王）凸顯出來，以其德、言和事功的建樹為眾生構築起生存的框架；聖人應天順人而行革命，通過革命而布新政、作新民。這樣，「革命」的話語便在恢宏聖王偉大使命的同時，消彌了眾生的任何非分之想。

　　孟、荀的革命論強調的是道義上的正當性：革命是仁者替天行道的「義舉」。當齊宣王對「湯放桀，武王伐紂」的正當性提出異議時，孟子回答：「賊仁者謂之賊，賊義者謂之殘，殘賊之人謂之一夫。聞誅一夫紂矣，未聞弒君也」（《孟子·梁惠王下》）。按孟子的看法，君主如果殘仁害義，就失去「作民之主」合法性，就是獨夫民賊。孟子革命論的法理依據依然是「天授之命」，但他更強調通過「行事」積德而獲得上天的眷顧：「昔者堯薦舜於天而天受之，暴之於民而民受之，故曰：天不言，以行與事示之而已矣。」在孟子這裡，「天命」不再是皇天上帝自上而下的「指派」，而是聖人在「居仁由義」的擔承中自覺向上求得的「首肯」——在孟子看來，天命所在的證據就是「民歸之，由水之就下」（《孟子·梁惠王上》）。在這一點上，荀子與孟子的觀點完全相同：「誅暴國之君，若誅獨夫。若是，則可謂能用天下矣。能用天下之謂王。湯武非取天下也，脩其道，行其義，興天下之同利，除天下之同害，而天下歸之也。」（《荀子·正論》）

　　孟、荀強調的都是革命的主體即聖王的重要性，他們都認為聖王個體的修為是人類生死存亡之所繫。由此再進一步，則是漢代公羊學家的「素王革命論」：革命由聖王受天命行道轉變為孔子受天命立法，其倫理基礎由道德領袖的德性論轉變為宗教先知的覺性論——革命被神化為一種宗教信仰。「素王革命論」的要義有兩點[35]：

⑴孔子立革命義法

　　《公羊傳》釋《春·哀公十四年》之「春，西狩獲麟」曰：「撥亂世，反諸正，莫近諸春秋……制春秋之義以俟後聖。以君子之為，亦有樂乎此。」何休注曰：

　　　得麟之後，天下血書魯端門曰：「趨作法，孔聖沒……子夏明日往

35　此處參考劉小楓，《儒家革命精神源流考》，上海三聯書店 2000 年，第 45—59 頁。

視之，血書飛為赤鳥，化為白書，署曰演孔圖，中有作圖制法之狀。孔子仰推天命，俯察時變，卻觀未來，豫解無窮，知漢當繼大亂之後，故作撥亂之法以授之。」[36]

孔子被神化為萬世立法的革命先知。董仲舒則稱孔子為素王：「孔子作《春秋》，先正王而係萬事，見素王之文焉。」（《漢書・董仲舒傳》）素王之名出於《莊子・天道》：「以此處上，帝王天子之德也；以此處下，玄聖素王之道也。」儒家因孔子無天子之名而行天子之事，處王之「空位」，故頌之為「素王」，「素王之文」即孔子垂世之法。這種「法」主要體現在《春秋》的「屬辭比事」之中。孟子說「孔子作《春秋》而亂臣賊子懼」，因為《春秋》「正人心，息邪說，距詖行，放淫辭」，乃「天子之事也」（《孟子・滕文公下》）。此「天子之事」實乃理想中的天子之作為，於是，「聖之時者」的素王之文就成了在無限將來的任何亂世憑之儒家以「撥亂反正」的革命義例。「革命不再只是歷史事件，也是現實乃至未來的應然之舉」[37]。聖人通過立法確立了人類社會的政制及行為典範，人類歷史的正確方向得到了保障，而素王的身位就是天道進入歷史的樞紐。

⑵孔子受天命改制

在《春秋繁露・三代改制質文》中，董仲舒稱「王者必改正朔，易服色，制禮樂，一統於天下，所以明易姓非繼人，通以己受之於天也」，又稱「故必徙居處，更稱號，改正朔，易服色者，無他焉，不敢不順天志，而明自顯也」。從表面上看，孔子之改制「非改其道，非變其理」（《春秋繁露》卷一〈楚莊王〉），似乎只是權力象徵系統的改變。但不要忘記，孔子改制之時並沒有人心向背之類天命徵兆，是聖人挺立中區，仰觀俯察，於滄海橫流、天下囂囂之際「應天作新王之事，時正黑統，王魯，尚黑，絀夏、親周、故宋」（《春秋繁露》卷七〈三代改制質文〉），因而本身就是一種立法，具有革命的含義——預知了天命而貫徹之，推行之。

素王改制還有更深一層意思，即「繼周損益」。近代今文家蒙文通認為，

36 何休，《春秋公羊傳何氏解詁》，轉引自劉小楓，《儒家革命精神源流考》，上海三聯書店 2000 年，第 51 頁。

37 劉小楓，《儒家革命精神源流考》，上海三聯書店 2000 年，第 51 頁。

孔子微言大義的內容是「經世之志」，是「天子之事」，是「一王大法」，是繼周損益的一整套制度創新。這套制度見於禮家如《兩戴記》之類。這種說法是有道理的，只是應該換一個客觀的角度去認識它。禮學家根據自己的理想和願望，對流傳下來的三代之禮加以損益，托之於素王孔子，形成了一套系統的近似於宗教儀軌的儒家禮制。堯舜等先王成了「知通乎大道，應變而不窮」的通天神明，孔子則儼然氣塞天地的萬世教主。[38] 儒家把孔子神聖化，只是為了把他們為專制帝王準備的意識形態產品賣個好價錢而已。

⑶素王以文教顯普世之道

孔子作《春秋》，厲行「華夷之辨」，「辨」的標準是文化而不是種族，目的是維護華夏文明的命脈——三王文教政制。因而，素王據亂世而垂制法，要義之一就是護持先王創制的禮法文教，使之不至隳頹於地而混同夷俗。故皮錫瑞稱：「異內外之義與張三世通。當競爭之時，尤當講明春秋之旨。」[39] 通過「嚴夷夏之大防」，保持華夏文明的內在純潔性和對外擴張的勢能；通過「以夏變夷」，「將革命推向世界」[40]，使聖人文教之光照亮大地上的每一個角落，實現天下大同的太平盛世——這便是素王立法向人們提供的美好遠景。正是對這一美好遠景的想像，激發著代代儒生為了捍衛聖教而生死以之的革命情懷。歷史上，每當夷狄入侵、特別是「夷俗」進逼，威脅到聖王文教的根本，就會有儒生起而倡革命之議，以求「撥亂世反諸正」：公羊學在清末的復興，新儒家在現代的奮起，就是明證。素王身位的超越性（既置身於歷史又超越於歷史而與天道相關聯）使這種文化民族主義的革命追求具有了普世道義性。然而，儒家的文化革命理念是由內外推的（即所謂「內華夏而外夷狄」），是「以夏變夷」，因而在與世界其他文化的交流中，以天下主義相標榜的儒家總顯得有點狹隘。

最後簡要分析一下宋明理學（這裡指廣義的包括心學的理學）的革命觀。如果說素王革命是一種文化革命論，那麼理學家追求的就是「靈魂深處爆發革命」——革「性」之命。無論是程朱派的「存天理、滅人欲」，還是心學家的「明

38　轉引自劉小楓，《儒家革命精神源流考》，上海三聯書店 2000 年，第 56 頁。

39　皮錫瑞，《經學通論》（《春秋卷》），北京：中華書局 1982 年，第 8 頁。

40　眾所周知，這是現代馬克思主義革命者的詞彙。在精神氣質上，主張尊王大一統、致天下太平的儒家與追求解放全人類的馬克思主義者是一致的。劉小楓先生對此有詳論，請參閱《儒家革命精神源流考》，上海三聯書店 2000 年。

心見性成聖人」，都是訴諸心性的內在革命：把人性中固有的卑劣因素閹割、置換出去，充實以純粹無瑕的道性。例如，理學的集大成者朱熹將人性分為「天命之性」和「氣質之性」，認為人生的意義就是克服「人欲」對純真本性的污染，恢復「天命之性」固有的至善。在解釋《大學》中「大學之道，在明明德，在親（新）民，在止於至善」一句時，他說：「新者，革其舊之謂也，言既自明其明德，又當推以及人，使之亦有以去其舊染之汙也」；心學家的代表王陽明宣稱「良知」是昭然之天理，認為人生之至要在於摒除見聞習染之蔽，發明我心固有之理（《王文成公全書》卷二十五，〈祭國子助教薛尚哲文〉）。這是最徹底最殘酷的革命：它訴諸靈魂因而蔑視肉體——「作新民」意味著，如果頭腦灌輸不成，就堅決從肉體上消滅。這就是為什麼一派莊嚴氣象的理學家最後露出了冷冰冰的殺機，這就是為什麼中國的文化大革命在「狠鬥私字一閃念」的同時，一度陷入血腥的相互殘殺。

　　《大學》之「正心、誠意、修身、齊家、治國、平天下」，概而言之，即所謂「內聖外王」，是這種革命的內在邏輯。「正心」、「誠意」即無比虔敬地把自己「放正」，將自己調諧於天道的韻律——此即《易・繫辭上》之「聖人以此洗心，退藏於密」；「修身」是依據天理進行的自我裁制；「齊家、治國、平天下」乃是革命的必然指向，即外王之事功：政制性地教化萬民。韓愈〈原道〉稱：「古之所謂正心而誠意者，將以有為也」。此革命邏輯的可怕之處在於，它必然地要推己及人、由私而公：不僅要「盡己之心」，而且要「滌人之妄」（《陸九淵集》），因為任何人欲之私，都是對公理的損害；不僅要修治室家，而且要平定天下，因為只有全天下公理彰明，才算革命成功。這樣，「革命」不可避免地成為一種總體性道德運動：以聖王之「天理大公」革眾人之「人欲小私」。於是乎革命成了一種名義——僭取公義的獨裁者實行絕對專制（肉體和精神的雙重專制）的名義。在轟隆隆開進的革命壓路機之下，任何自我個體都將被碾成碎片。

　　這是一種最具麻醉性的意識形態。首先，種種繁瑣又莊嚴的革命儀典、無孔不入的革命措施，使革命成為一種宗教狂歡節式的氛圍性存在。滌腸蕩肺的「革命洗禮」，會濾去革命會眾們的「私心雜念」，激發起他們為事業、為領袖而獻身的激情，從而忘卻或無視現實的醜陋與殘缺，而沉浸在對革命遠景的美好想像裡，而這種超越現實的美好想像又會必然地成為激發群體性暴力的致

幻劑———一旦崇高的道義成為現實利益矛盾中行動的理由，大眾心底的動物本能便會迅速發酵起來，產生巨大的破壞性力量。縱觀歷史，我們自然會得出這樣的結論：正是儒家意識形態中無法去魅的魔力，為「文革」式群體動亂提供了深厚的溫床。

其次，它天然地培育著一種聖人意識。在把革命領袖奉為聖人崇拜的同時，它使革命的每一個分子都因為沾上了「總體性」的光而具有了一種中天獨立、身關天下的聖人感，使每個人都一時間無比重要起來，即便阿Q之類也會飄飄然「咸與維新」，於是在一種「止於至善」的虛假的自我賦彩裡，整個社會喪失認識和批判現實的能力，導致集體的迷醉和沉淪。

四、明君與清官神話

儒家最成功的地方之一，就是創造了一套關於明君與清官的神話，並把它全面灌注於社會，使之成為民眾的潛意識，而支配了他們的思想和行為。

孔子第一個用淵默而仁慈的「天」來比擬他理想中的「聖王」。在《論語‧泰伯》中，他用「巍巍」、「蕩蕩」而又「煥乎有文章」來形容堯帝的聖德，稱「唯天為大，唯堯則之」；在〈雍也〉篇中，他強調聖人的標準是「博施於民而能濟眾」。兩者結合起來，便樹立起了儒家既聖且仁的明君形象。以後儒家各大師紛紛增色添彩，使這個形象更加莊嚴、輝煌。孟子從道義的角度，強化了它的德性光輝，宣稱明君「樂以天下，憂以天下」（《孟子‧梁惠王下》），與民同憂樂，而「視民如手足」（《孟子‧離婁下》）。荀子在強調聖王「塞備天地之間，施加萬物之上」的仁德的同時，從社會學立論，指出君是「善生養人」、「善班治人」、「善顯設人」、「善藩飾人」的「能群」者（《荀子‧君道》），是「民之唱（倡）」、「下之儀」（《荀子‧正論》）。《易傳》與《禮記》則強調明君聖主交通天人、教化民眾的神聖職能，如《易‧兌‧象》有「剛中而柔外，說（悅）以利貞，是以順乎天而應乎人」；《革‧象》有「湯武革命，順乎天而應乎人」；《觀‧象》有「風行地上，觀。先王以省方觀民設教」；《禮記‧經解》有「天子者與天地參，故德配天地，利兼萬物」。董仲舒在宇宙論與歷史哲學合一的層面上，宣稱「王者，人之始也」（《春秋繁露‧王道》）、「王者，民所往」，認為明主在世則元氣和順，天降吉祥，因而萬民歸之，無敵於天下。總之，儒家心目中的明君聖王對小民來說既是嚴父，

又是慈母；既是政治領袖，又是道德楷模；既是應天順人的革命先知，又是交通上下的神道教主，是上天之子、人中之龍、文化道德之根本。歷代儒家都不遺餘力地渲染仁君與暴君、明王與昏王之間的對立——尤以孟子為甚：於仁政與暴政、明主與殘賊之間反復致意——把人間所有的罪惡都推在暴君身上，把人間任何一點光明和溫暖都歸於明君陽光的照耀。這種神話經過反復言說滲透於社會，使真龍天子的意念成為大眾心頭永難解除的迷夢——使人充滿了即將被解救的幸福感，卻四肢無力不知何所作為。如果將專制王權比為一座大廈，明君觀念則為這座大廈整體性地打上了一層金碧輝煌的輝光，使芸芸小民再也睜不開認識真相的眼睛。

　　「清」、「廉」在孔、孟、荀那兒是評價士人品行的形容詞，如《論語‧微子》有「虞仲、夷逸，隱居放言，身中清，廢中權」；《孟子‧萬章下》有「伯夷，聖之清者也」；《孟子‧離婁下》有「可以取，可以無取，取，傷廉」。對「臣」的正面評價一般是根據他們對君國的態度和作為，稱為「忠臣」、「賢臣」、「順臣」、「爭臣」、「拂臣」、「諫臣」、「功臣」、「聖臣」等等。[41]漢武帝獨尊儒術後，儒生集體接受收編，成為體制內的功能性存在。而正是出於體制本身的「裝飾」性需要，清官作為一個名詞出現在人們的社會政治思維裡——它指的是那些忠於君國、清正廉潔的「民之主」，他們的存在本身是王道坦蕩、皇帝聖明的標誌。因此，同「明君」、「聖王」一樣，「清官」一開始就是一個意識形態概念。

　　「清官」觀念的意識形態性表現在：第一，它把人們的注意力引到表面性的事物上，從而掩蓋了本質的東西。在談到資本主義的自由時，馬克思曾一針見血地指出：「虛偽的自由主義的表現方式通常總是這樣的：在被迫讓步時，它就犧牲人這個工具，而保全事物的本質——當前的制度。這樣就轉移了表面看問題的公眾的注意力」[42]。對清官的期待是建立在這樣的信念之上的：天道是公正的，制度也沒有問題，皇帝也許會一時被蒙蔽但他仁慈的光輝終將普照於大地，所有的問題都緣於個別人的道德敗壞，因而只是一種暫時性的不正常現

41　參考劉澤華先生，《中國傳統政治思想反思》，北京：生活‧讀書‧新知三聯書店 1987 年，第 174 頁。

42　轉引自劉澤華先生，《中國傳統政治思想反思》，北京，生活‧讀書‧新知三聯書店 1987 年，第 173 頁。

象，一旦皇恩照臨，為民作主的清官高懸明鏡除殘去穢，一切問題都可迎刃而解。正像馬克思所揭示的，無論是殺貪官還是褒清官，其作用和目的都是一樣的：掩蓋專制主義的制度本質。

第二，「清官」意識從反面強化著「草民」意識，是對民眾潛在反抗衝動的精神催眠。清官們保民如子──沒有任何政治與民事責任能力的「赤子」，一手托起小民們的身家性命和對美好未來的希望；小民們浸淫在關於清官的宣揚和傳說裡，沉湎在對聖主的想像和期待裡，迷迷糊糊之中就被解除了武裝：真的相信自己什麼也不能做什麼也做不了甚至根本就不應該想，只能老老實實地等待著清官救世主的降臨。

與明君清官神話相關的另一個神話是禪讓。在禪讓神話中，政權的更易不是通過被修飾了的暴力──革命，而是通過讓於有德實現的。有關禪讓的史料最早見於《尚書》。據《尚書‧堯典》記載，在對舜進行了三年嚴格考察後，堯帝決定傳位於舜：「帝曰：格！汝舜。詢事考言，乃言厎可績，三載。汝陟帝位。」而舜一開始「讓於德，弗嗣」。後來可能很勉強地接受了推舉，「受終於文祖⋯⋯肆類於上帝」，舉行了即位典禮。

孔子及其弟子強調、敘述了這一上古傳說。《論語‧堯曰》在記敘孔子與子張關於「何如斯可以從政矣」的答問時，很不倫類地加上了一段有關堯舜禪讓的史事：

> 堯曰：「咨！爾舜！天之曆數在爾躬。允執其中。四海困窮，天祿永終。」舜亦以命禹。曰：「予小子履，敢用玄牡，敢昭告於皇皇後帝：有罪不敢赦。帝臣不蔽，簡在帝心。朕躬有罪，無以萬方；萬方有罪，罪在朕躬。」周有大賚，善人是富。「雖有周親，不如仁人。百姓有過，在予一人」。

說明在《論語》的編纂者看來，堯舜禪讓的史實是政治的永恆典範，同聖人之言一樣具有不朽的教育意義。

孟子強調禪讓不是以天下私相授受，而是「天與之」。禪讓雙方都成了大公無私的天意的表達者：「昔者堯薦舜於天而天受之，暴之於民而民受之，故曰：天不言，以行與事示之而已矣。」（《孟子‧萬章上》）他引用《尚書‧泰誓》

之「天視自我民視，天聽自我民聽」，論證自己的觀點：「堯崩，三年之喪畢，舜避堯之子於南河之南。天下諸侯朝覲者，不之堯之子而之舜；訟獄者，不之堯之子而之舜；謳歌者，不謳歌堯之子而謳歌舜，故曰天也」（《孟子‧萬章上》）。這就打通了「革命」與「禪讓」之間的隔閡：「唐虞禪，夏後、殷、周繼，其義一也」（《孟子‧萬章上》）。

在複雜的社會歷史矛盾運動中形成的禪讓制度，經過儒家的修飾與吹捧，成為一種政治神話，成了「天命有德」、「明君聖主大公無私」、「天子代天牧民」等德政理念的強有力論據。荒蕪的、亂石嶙峋的歷史被先王聖德碾平為交通天地鬼神的道場，現實中的君主僅僅憑著道統的傳承而占據了人類生活的絕對中心。因而，它仍然是一種為現實權力上光打彩的意識形態。只是這種光太強烈了，使現實政治中的醜陋暴露無遺，因而不容易為專制君主所接受。並且，它內含著對現實中的專制權力之合法性的質疑，容易成為野心家別有企圖的藉口，因而除了天真的漢儒打算付諸實踐並有幾個人為此丟了腦袋外，後世儒家僅僅把它作為一個理想懸置在先王盛世的烏托邦裡。

五、卑賤意識

卑賤意識是無價值者或自以為無價值者面對高貴和尊嚴時心甘情願的自我放棄。綜觀儒家歷史，我們就會發現這樣一個令人困惑的現象：儘管有孔子的聖人氣象、孟子的大丈夫氣度以及荀子的帝王師風範楷模於前，儘管一直以「從道不從君」（《荀子‧王制》）、「高尚其志」[43] 相激勵、相標榜，委身於專制權力後的儒生群體卻像卑順取容的妾婦，不僅日甚一日地自陷於卑賤的泥淖，而且還通過現身說法，把卑賤意識灌注於社會，滲透於群生，成為替專制王權進行意識過濾的作倀者。

現代新儒家極力推崇儒家在人格上的追求和期許，毫不吝嗇地為它貼上「獨立」、「自由」等現代性標籤。可是，征諸於史實，我們就會認識到這只是一廂情願的想當然。那些充斥我們眼底的碌碌之眾──規行矩步的俗儒、貌似忠厚的鄉原、蠅營狗苟的勢利之徒等等──不算，因為卑賤已成為他們的生活本身，即便德如朱（熹）、王（陽明），文如韓（愈）、柳（宗元），武如岳（飛）、文（天祥），政如諸葛（亮）、司馬（光），風骨如漢、明兩季黨人，

43　《孟子‧盡心上》：王子墊問曰：「士何事？」孟子曰：「尚志。」

全都或多或少地帶有一種不可救藥的卑賤氣質。其主要表現是在最高權力面前的枉屈自賤。劉澤華先生曾著專文，以韓愈、柳宗元的表奏為案例資料，分析傳統政治思想中君尊臣卑觀念的根源、功能和種種表現方式[44]。劉先生指出，君尊臣卑既是一種社會關係體系，又是一種思想體系，因而是中國傳統思想文化的大框架。在這個框架中，君是絕對的「唯一」，是「無限偉大、光榮、正確」的人間神明；臣則是同質的「眾多」，是「卑賤、無知、謬誤、罪過的載體」[45]。在韓、柳的表奏之中，充斥著諸如「愚陋」、「瑣劣」、「謬膺」、「濫居」、「伏鑕」、「昧死」等自輕自賤的形容詞。[46] 其實即便在程、朱、陸、王這些准聖人的表章裡，此類詞彙也在在皆是——「卑賤」已成為一種社會性意識滲透進每一個臣民的思維和語言中。

為什麼孔子那無可無不可的真君子、孟子頂天立地的大丈夫，最後都蛻化成在專制權力面前誠惶誠恐的忠順臣民？卑賤是怎麼產生的？

首先，卑賤產生於對在上者的無限崇拜和無條件投向。儒家以禮治國，而禮的根本精神是「尊尊」、「敬上」，其首要功能是「立尊卑之制」、「等貴賤之差」（《春秋繁露》卷六〈保位權〉）。《禮記 ‧ 曲禮上》稱「夫禮者，自卑而尊人」——「禮」本來就意味著「自卑」。前面（第六章第一節）我們已經講到，通過對尊卑貴賤的編序，「禮」在縱向上強化著整個社會對君主中心的無條件歸依：通過層層相遞的「尊尊長長」，全社會的能量由低層向高層、由四周向中心呈累級放大效應集中，最後統聚於王——尊尊的結果必然是尊「天下之一尊」：王。在這個向心式禮制網路中，王是絕對的「尊」、「貴」，臣民就是絕對的「卑」、「賤」。因而，對儒學來說，從其誕生的那一天起，走向「卑賤」的邏輯程序就已經啟動了。看一下《論語 ‧ 鄉黨》中記載的有關孔子的言行舉止：

> 入公門，鞠躬如也，如不容。立不中門，行不履閾。過位，色勃如也，足躩如也，其言似不足者。攝齊升堂，鞠躬如也，屏氣似不息者。出，降一等，逞顏色，怡怡如也。沒階趨，翼如也。復其位，踧踖如也。

44　見劉澤華，《中國的王權主義》，上海人民出版社 2000 年，第 244—279 頁。

45　同上，第 271 頁。

46　劉澤華先生詳有條析，參看上引書第 274—277 頁。

我們就會明白，這種近似宗教儀軌的嚴行細謹，一旦脫離生命感性而流為純粹形式，就會變成猥瑣不堪的規行矩步。

那麼，為什麼先秦儒家——孔、孟、荀及其門徒，能夠保持人格的相對獨立和尊嚴呢？因為王權還沒有實現對社會的全方位統制，個體還有較大自由活動的縫隙，也因為他們還能夠有所憑藉——這就是我所要講的第二點：**卑賤產生於自我所安身立命的基礎和依據的喪失**。先秦儒家所以能「高尚其志」抗禮諸侯，是因為他們至少有三種可以憑依的資源：道義；象徵化、儀式化、審美化的「禮」；以及人格操守。下面分別作一個簡要分析。

作為歷史文化的繼承者，他們擁有對「道」的解釋權，因而能夠以「道」的承擔者和弘揚者自居，一旦不得其志可以「獨行其道」，還能保持心理的平靜。對他們來說，「道」主要指的是「道義」，即安身立命的基本準則，而不是虛無縹緲的宇宙本體。因而，他們是自己的立法者，不被權力所重用的事實只會增強而不會削弱他們對自己的存在意義的信念。秦漢大一統之後，「道」作為支配一切的宇宙規律被聖明天子所獨占，士人一旦離開王權的引力中心就會喪失靈魂的著落。在這種情勢下，利祿之徒必將不擇手段追腥逐臭，志高見棄的真君子們則難免怨女出婦般自歎自憐——除非修道參禪另求解脫。

作為宗法社會的主要組織因素，「禮」在序尊卑貴賤的同時，以其莊重容飾顯揚著行禮者的地位和尊嚴。就是說，它通過象徵化、儀式化、審美化為主體賦予一種堂而皇之的神聖光彩，將種種現實的差別歸攝到符號的統一性之中，掩蓋在互不相容之物和卑賤之物的深淵之上。儘管只是一個符號結構，「禮」畢竟為其主體提供了一個安身立命的基礎（孔子曾多次向子弟們強調：不學禮，無以立）。金字塔式的科層制專制王權建立之後，「禮」喪失了其貴族文化內涵，而淪為純粹的統治手段；士人失去了維繫其尊嚴的符號系統，也就失去了作為一個獨立階級的身分認同，不得不傾身投靠於專制權力。

因而人格操守是士人最後的據點。道德修養本來只是個人的事情，一旦把它作為政治資源，就存在一個自我推銷和市場建設問題：不通過標榜與相互標榜就不能形成市場信用，道德就不能發揮作為政治資源的作用。這樣，「結黨」就成為必然。然而，臣民「結黨」是專制王權最大的忌諱之一，因為它直接違犯了專制所要求的「同質化」、「絕對化」原則：要實現「王道蕩蕩」，必須

「無偏無黨」。這就是為什麼儘管漢、明兩季的黨人近乎逆來順受般忠君憂國，依然未能免於聖明天子的雷霆之怒而橫遭荼毒──對專制君主來說，形式上的、義理上的侵犯比實質上的侵犯更難以容忍，因為專制權力是一個統一整體，不能出現任何裂縫（這就是為什麼清朝皇帝對割地賠款不甚在意，在夷人是否行跪拜禮方面卻絕不含糊；這就是為什麼凡是專制政權都要實行嚴酷的言論控制，因為「自由」哪怕是最基本的言論自由，也是直接威脅專制的革命性因素）。我的結論是：儘管道德修持是士人尊嚴的源泉之一，但只靠人格的自我挺立不僅不能擺脫被奴役的卑賤境地，就是身家性命也難以必保。

儒家卑賤意識的意識形態性在於，他們不僅安於卑賤，而且把卑賤論證為天理，解釋為榮耀，號召社會大眾都安於卑賤，樂於卑賤。

首先，儒家以陽尊陰卑論在天道的高度上論證了臣民卑賤的絕對性。「天尊地卑，乾坤定矣；卑高以陳，貴賤位矣」（《易・繫辭上》）。在儒家看來，世界上的事物無不兩兩成對：一陰一陽，有主有次，尊卑貴賤相須以成是宇宙自然固有的秩序；天屬陽，地屬陰，陽尊陰卑像天上地下一樣不可移異。因而，崇尚「尊尊」的儒家必然地把陽之德陰之性分別賦予君主和臣民。《春秋繁露・基義》稱：「君臣父子夫婦之義，皆取諸陰陽之道……陰道無所獨行」。君主為陽，主動而自足，盛大、剛健、光輝；臣民為陰，被動而從順，卑微、柔弱、暗昧。因而君主永遠是正確的，像清曠的上天一樣普其照而下其施；臣民則只能以待罪之身承順君上，像蒙昧的溝洫一樣忍之詬而納之汙。理學聖人朱熹說：「臣子無說君不是的道理，此便見得是君臣之義處。」臣民的卑賤是天定的，根本沒有資格議論君上的是非短長。《禮記・曲禮下》稱：「為人臣之禮不顯諫。三諫而不聽，則逃之。子之事親也，三諫而不聽，則號泣而隨之」，「君有疾飲藥，臣先嘗之。親有疾飲藥，子先嘗之」（《禮記・曲禮下》）。為人臣子，類同奴隸，而儒家以不容置疑的口氣教育人們要爭取做一個合格的奴隸。

其次，儒家以父母生養相比擬在倫理層面上論證臣民卑賤的根源性。儒家認為，君是臣民的父母，臣民的一切包括性命都是君主所賜予的。《尚書・洪範》中即有「天子作民父母，以為天下王」之說；孟子稱：「無父無君，是禽獸也」（《孟子・滕文公下》）；荀子認為，君主是使人得以「成群」的人，沒有君主，人類根本沒法過上合乎人道尊嚴的生活：「無君以治臣，無上以制下，天下害生縱欲」（《荀子・富國》）；極富改革思想的文學大家柳宗元竟宣稱「臣

等得生邦甸，幸遇聖明。身體髮膚，盡歸於聖育；衣服飲食，悉自於皇恩」[47]。既然一切都歸屬於君上，「自我」便成了沒有價值的存在，於是「卑賤」成為身分性的標籤。問題在於，儒家不僅恬然接受了卑賤，而且把卑賤解釋為榮耀：能做君主的僕隸，為之獻身，為之效死，便是無上的恩寵：「臣等蒙國寵恩，備位班列，無任懇望之至」[48]，「恩重命輕，不知所效」[49]……此類誠惶誠恐的卑瑣之辭成為儒家士君子們表奏皇上的通用話語。在他們看來，「君造臣命，進退唯君」[50]，因而「雷霆雨露，均屬聖恩」[51]，倘若「君賜臣死」，則「死且不朽」（《左傳·成公十六年》）——不是以卑賤為榮耀又是什麼？

　　再次，儒家為「卑賤」賦予一種「平等」的道義光輝。其策略是無限拔高君主，把君主威權的金字塔建得高入雲天，使天下臣民成了一個共同的「類」，從而實現一種抽象的「平等」。當孔子把堯帝擬象為巍巍蕩蕩的「天」時，實際上已把天下大眾歸入了沐天子光輝而長、仰君主恩澤而生的草木一類存在。秦漢以後，儒家為強化君主專制權威可謂竭忠盡力，費盡心機，頌揚君主的馬屁文章也做到了人間極致：「神化旁暢，皇風遠揚」、「保合太和，緝熙庶類」、「移造化之玄功，革陰陽之常數」、「邇密之中，施雨露以被物；遐邇之地，睹日月之繼明」、「神聖之功，貫於天地；文武之道，超乎今古」[52]……史冊榛蕪，比比皆是此類。**專制王權的金字塔建得越高，下面的建造者就越渺小，因而就越平等——平等成一個符號一個數字或者一個名稱：奴隸。**做奴隸也許並不舒服，好在大家都是平等的，平等就好，平等使人心平氣和——儒家在尊揚君主的同時極力貶低自己，除了以此獲得君主的垂憐外還有一個功效，這就是獲得社會大眾的認同：連我們仁德君子都安心做奴隸，你們草木之人還有什麼話可說呢？接受卑賤的本份吧，這是你們惟一的美德！

47　柳宗元，〈代京兆府耆老請復尊號表〉，載董浩等編，《全唐文》卷 570，北京：中華書局 1983 年，第 5763 頁。

48　柳宗元，〈禮部為百官上尊號第一表〉，載董浩等編，《全唐文》卷 570，北京：中華書局 1983 年，第 5761 頁。

49　柳宗元，〈為劉同州謝上表〉，載董浩等編，《全唐文》卷 571，北京：中華書局 1983 年，第 5774 頁。

50　黃宗羲，《明儒學案·東林學案二·御史錢啟新先生一本》，北京：中華書局 2008 年，第 1446 頁。

51　魏裔介，《兼濟堂文集》卷 11〈孫征君先生傳〉。

52　參見劉澤華，《中國的王權主義》，上海人民出版社 2000 年，第 267—269 頁。

第九章　綜論

　　證明了儒學在精神上是專制主義的，是不是就意味著證明了它只是一堆腐朽了的文化垃圾，既喪失了現實合理性，又沒有指向未來的可能性？是不是意味著它不可能實現現代化的自我轉化，並且在人類新型文明基礎的建設中已被淘汰出局？

　　我的答案當然是否定的。首先，有必要再一次強調的是，「專制」是一種有別於「獨裁」和「暴政」的健康的制度形式，它與民主只有在觀念上才是截然對立的，在人類歷史實踐中它們是相互纏繞的陰陽兩極，存在著相互灌注的可能性和必然性；其次，「現實」與「傳統」不可以被打為兩橛，「進步」不能以對歷史的割裂為條件，並且對人類的理想來說，「進步」也不是第一位的價值。也許帶有保守性格的儒學在舉世追求「進步」的現代性狂熱中有點不合時宜，但它充實而光輝的人道理想、深遂而清明的現世智慧，剛健有為的進取精神，必將在未來全球性人類倫理的構建中發揮不可或缺的建設性作用。本文前面的論證在很大程度上可以說是對儒學進行的病理學解析，自然而然的要採取「抓一點（抓它的毛病）不計其餘」的路數，並沒有對儒學進行歷史性的全面評價，這樣很容易給人一種對儒學「深惡痛絕」的印象，因而，最後作一個「澄清」式的說明是有必要的。下面，我將盡可能全面地談一下對儒學的基本看法——它的發生學初始條件與文化心理根源、它在民族文化心理的塑造中發揮的作用、它在正在發生的現代化過程中的適應和奉獻即它的現實意義以及它對於

未來的可能性等等——並順便涉及對專制與民主之相互關係的認識。

一、儒學發生的初始條件和文化心理根源

儒學也許可以「代表」但不能等同於中華民族的傳統文化，它只是凝聚和凸顯了一個源遠流長的偉大傳統。它的性格早在中華文明發軔之初就已經被決定了：天造地設的自然環境，由自然環境所決定的獨特的生產、生活方式，造就了它日後成長壯大的文化基因。

如果說古埃及與巴比倫是由大河所灌注、神明所賜福的綠洲文明，希臘是諸神於嬉戲之中創造的、進退有據的山地—海洋文明，古希伯來是四面無依、期待著救世主降臨的曠野文明，印度是顛蕩於季風之輪迴、耽迷於幻想的熱帶亞熱帶次大陸文明，則華夏古國可稱為天荒地老的、仰賴於上天之陽光雨露的內陸文明。

中華先民生活在一片四面隔絕的孤獨大陸裡：東有大海，西有流沙，北是荒寒之地，南是瘴癘之域。自然條件，可用「中中」兩個字來形容：不過分嚴酷，但也絕不寬鬆。四季分明的溫帶氣候，巨大的可耕地資源，肥力適中的土壤，以及頻頻發生的水旱災害等。這決定了中華文明的三個基本特質：對自然的依賴、對人的依賴，對「中心」的嚮往。

在談到環境對文化的影響時，黑格爾指出：「大海邀請人類從事征服，從事掠奪，但是同時也鼓勵人類追求利潤，從事商業。平凡的土地、平凡的平原流域把人類束縛在土壤上，把他捲入無窮的依賴性裡邊，但是大海卻挾著人類超越了那些思想和行動的圈子。」[1]對中華先民來說，在黑格爾所談到的「無窮的依賴」裡最大的依賴就是「對自然的依賴」，這使中國人逐步發展起了一套以「天人合一」為特徵的大一統宇宙圖式和思維體系，「天道」成為支配人類生活的最根本法則。這就是為什麼儒家同其他各派一樣，認為人天之間沒有絕對界限，人與萬物同質同構，可以相互滲透、相互參與，而人性與天性、人心與天心的契合是相參的基點。這使得人化的自然和自然的人化首先表現為倫理

1　黑格爾，《歷史哲學》，北京：生活・讀書・新知三聯書店 1956 年，第 154 頁。轉引自楊善民，《中國社會學說史》，濟南：山東大學出版社 2002 年，第 45 頁。

化的自然和自然的倫理化——倫理價值作為天道的體現成為社會的第一價值。

其次是對家族的依賴。相對艱難的環境條件，使中華先民不得不靠家族集體的力量維繫生存：只有通過宗族協作，才能抵禦自然力的壓迫，維持群體的生存和衍續；而只要群體成員團結一致，就有可能戰勝困厄，實現宗族的繁榮和富強。因而，宗族組織作為一種重要制度資源被長期保留下來，成為一種具有民族特色的生產、生活方式。這導致了傳統文化中以自我為中心無限外推的家天下觀念、政治與倫理相互滲透的社會組織原理、「不患寡而患不均」的倫理原則和強烈的祖先崇拜情結——家長與族長成為眾人希望所托，情感所繫，而那些對家族邦國的發展有所建樹的祖先受到後人長久的感戴。而所有這一些，正是支持儒家理論的最重要的社會—文化資源。另外，這種生產生活方式也導致社會個體被血緣紐帶緊密束縛在一起，沒能拉開相互客體化的距離，使得人類只能作為一種類存在去面對世界，從而整體性地陷進萬物之間。這樣，認識自然的任務只能委託給群眾中的少數聖人先知，從而進一步導致知識的神祕化，導致知識被壟斷為一種絕對性的權力資源——這就是為什麼儒家和專制王權得以達成共謀，以「天道」為名義實現了對大眾的全方位統制。

中華文明的第三個特質是對「中心」的崇拜。「中心的即根源的」，此乃中華民族最執著的信念之一。這是因為，封閉型的生存環境，使不同集團之間對生存空間的競爭最終表現為對中心地帶的爭奪。逐鹿的結果是，勝利者占據天地之中，以天與上帝的名義對四方發布號令；失敗者被逐向邊裔，並被迫向勝利者稱臣納貢。這樣就形成一種向心機制：四周的能量向中央集中，強化著中央權威的合法性；中央則通過文化輸出，照耀著遠方的荒野之地。於是中央成為道統所在，成為文化的根源。處於天地中央、集天道人道於一身的天子，既是天下人的政治共主，也是天下人的道德教父。

可以說，專制王權是中華民族別無選擇的選擇，而儒學則是民族心智覺醒後一種清醒、智慧的選擇：三皇（通常指伏羲氏、燧人氏、神農氏）五帝（一般指黃帝、顓頊、帝嚳、唐堯、虞舜）篳路藍縷，披荊斬棘，開創了中華民族不斷前進的光榮之路。此後，從夏禹、商湯到周朝的文王、武王、周公，天縱賢哲千載相繼，塑造了中華文化的偉大傳統。而創立儒學的孔子，則是這個傳統截斷眾流、灌溉千秋的集大成者。在他身上，體現著中華文明的偉大性格——荒野大澤所凝聚的精神：寬宏、厚重、平和而堅忍。

二、儒學在民族文化心理的塑造中發揮的作用

儒學的思想資源直接來源於被後世稱為「六經」、凝聚著民族文化基因的傳統典籍:《詩》、《書》、《禮》、《易》、《樂》、《春秋》。「六經」揭示的是一個萬物和諧、天人相應的整體性世界:萬事萬物盈虛有數,沉浮在大道消長的永恆律動裡,通過「觀象」、「演數」就能窮究天地人生的祕密;以聖王為中心,人類社會構成一個融入天道自然的有機整體,任何人的是非功過都將在群體事業的延續裡得到評價;這個整體以血緣關係構成一個向心式等級網路,每個人都是這個網路上的一個節點,按照被規定好了的方式與他人關聯在一起,「和諧而有序」是這個社會所追求的理想狀態;古聖先王治國理民的理念和教言,是處理國家政治的最高原則。總之,「六經」已基本確立了儒學的思維框架、內容和致思方向:既是一種世界觀、方法論,又是一種社會倫理、政治意識形態、生活方式。

孔子及其後學對「六經」所承載的傳統進行了更具人文主義色彩的創造性轉化,這表現在:以血緣關係為基礎、以自然親情為訴求、以人道關懷為目標、以個體修養為手段,注仁愛於禮制、推孝道成忠心、證人性於天道,打通了人倫與天理、倫常與權力、認識與實踐之間的隔閡,將學術繫連於政治、將治國落實於士人君子以身作則的教化、將民生福祉訴求於明君賢臣的道德修為,從而催生了一個具有清醒使命意識的知識群體,開創了一個「學而優則仕」的士大夫政治傳統,塑新了整個民族的性格和氣質。杜維明先生認為,儒學從「作為創造性轉化的自我、作為人類繁榮必要工具的社群、作為為我們的生活方式提供適當家園的自然以及作為終極性自我實現之根源的天道」[2] 四個向度,塑造了我們民族的文化—心理結構,其構成原則有三:「個人和社會的健康互動,人類和自然的持久和解,人心和天道的合一合德」[3]。具體分析來,儒學對漢民族文化—心理的整塑主要體現在以下幾點。

1. 大一統世界觀

儒家將民族心理深處天人合一的宇宙意識進行了政治哲學的話語轉換並加

---

2 杜維明,《東亞價值與多元現代性》,北京:中國社會科學出版社2001年,第120頁。
3 同上,第101頁。

以凝聚、凸顯，使之成為論證專制王權合理性的大一統宇宙圖式。在這個宇宙內，自然與社會在一種相互糾纏的狀態中共生共存，歷史體現為宇宙自然的大框架下人類生活場景的不斷轉換——這導致了一種循環論的歷史觀和「厚古薄今」的後饋式價值取向；在這個宇宙內，華夏處天地之中，是澤邇化遠的禮儀之邦，「王」是惟一的價值原點——這形成了儒家士大夫強烈的「忠君愛國」情結。這個宇宙圖式為中國士人確立了一個以天道為根據的整體性人類視野，培育了一種以「治國平天下」為己任的淑世情懷，其反面是基於宗族姻親、鄉黨同年或門生故吏等私人關係之上的地方本位主義、小圈子心態和江湖義氣——因為「國」始於「家」，「天下」起於「地方」。「內聖外王」是儒家人生追求的經典概括：個體要實現其生命價值，成為一個仁人志士，必須「修己以安人」（《論語・憲問》），治國平天下。這使中國知識分子形成了對權力非同尋常的熱衷，使整個社會形成了嚴重的官本位意識。這個宇宙圖式也為平頭百姓灌輸了一份生為天朝帝國之子民的自豪感——芸芸草民惟一能夠分享的榮耀。

2. 實用主義的價值取向

　　李澤厚先生概括為「實踐理性」，其內容是：「對待人生、生活的積極進取精神，服從理性的清醒態度，重實用輕思辯，重人事輕鬼神，善於協調群體，在人事日用中保持情欲的滿足與平衡，避開反理性的熾熱迷狂和盲目服從……」[4]此外還應補充的有：對自然親情和私人關係的重視，對個人信用和「面子」的講求等。這種實踐理性表現在方法論上則是強調「折中」以求「無過無不及」、強調「時中」以求「隨時變通」的「中庸之道」——「中庸之道」在今天已成了中華智慧的重要體現；走向過度則容易滋生玩味當下的、耽於感官的享樂主義，獨善其身、追求風雅的個人主義，靜觀待時、不思進取的保守主義，見風使舵、八面玲瓏的機會主義，以「難得糊塗」相標榜、實則一塌糊塗的老好人主義，結黨營私的山頭小團體主義等等。

3. 自我人格追求

　　儒家把人格修養視為人生自我成就的目標，高度重視身體的保全、靈明的

4　李澤厚，《中國古代思想史論》，北京：人民出版社 1986 年，第 32 頁。

開悟、情操的培養、以及最重要的——道德的建樹。總之追求的是成為一個感性的、自我立法的、具有遠大人生目標的真正的「人」。孔子說：君子「不患無位，患所以立」（《論語・里仁》）。在他看來，「立」的途徑就是「志於道，據於德，依於仁，游於藝」（《倫語・述而》），最終成為一個「不惑」、「不憂」、「不懼」的「智者」、「仁者」、「勇者」。《論語》實際上是一部有關修身立命的聖者教言集，其中諸如〈子罕〉之「三軍可奪帥也，匹夫不可奪志也」，〈里仁〉之「朝聞道，夕死可矣」，〈泰伯〉之「士不可以不弘毅，任重而道遠。仁以為己任，不亦重乎？死而後已，不亦遠乎？」等等道德格言所體現的君子風範，已經溶進了中華民族的血液，成為激勵代代仁人志士潔身自好、奮發自強的內在動力。而孔子「博施於民而能濟眾」的仁者情懷，孟子「居天下之廣居，立天下之正位，行天下之大道……富貴不能淫，貧賤不能移，威武不能屈」的大丈夫氣概（《孟子・滕文公下》），荀子「因天下之和，遂文武之業」（《荀子・儒效》）的帝王師抱負，成為中華民族的精英分子自我設准、自我期許的人生信念和目標。而正是他們挺起了民族的脊樑，維繫斯文根脈使之得以屢顛而不墜。然而，對道德的過度追求造成了道德與政治的相互覆蓋、相互遮蔽，不僅導致了政治的腐敗與沉淪，而且導致了道德的意識形態化和品質退化，使孔、孟那自我設准的義理訴求，變成了盛氣凌人的道德主義；自我揚厲的品操修為，變成了假仁詐義的虛飾偽習。

4. 情境式的人生姿態

　　這主要體現在知行合一的認識—實踐觀上。對被束縛於整體性關係之中的中國人來說，任何事物都不是獨立自足的有待認識的對象，而是踐行其人生理想（立功、立言、立德之類）的環境條件；發現真理的過程是向世界深處的不斷沉入，而不是理性之光對物質奧祕的層層照亮：對世界、對人生的認識是當下情境之中的感悟、體知，因而知即是行，知行合一。知的目的在於行，行的自知自覺即為知。[5] 這種知行合一的人生立場和姿態使中國古人擺脫了西方靈肉分裂的形而上焦慮，能夠以一種從容的心態享有世界、體悟人生，但也導致了兩種價值偏向：一是側重於道德行為與道德意識。在人生追求中，把人格修養和道德建樹放在凌駕於其他一切價值之上的首要地位；在現實事務中，則注重

5　對此，王陽明概括得最為精當：「知之真切篤實處即是行，行之自覺精細處即是知。知是行之始，行是知之成。」（王陽明，《傳習錄》第五條）

行為的動機、過程而非行為的後果，這使傳統社會有「道統」而無「政統」，重義理而輕技術，沒能發展出一套完善的法律制度和科學的行政管理理論。二是側重於「行」而非側重於「知」，經世致用之學成為學術主流，純知識的科學探求遭到極度壓抑。這使知識失去其獨立性而成為權力的奴婢，整個民族為此付出了沉重代價。

三、儒學的現實意義和未來可能性

對於儒學能否通過現代化自我轉化在人類新型文明的形成中發揮建設性作用，人們的爭論向來是圍繞著儒學在性質上是「民主」的還是「專制」的、以及儒學是否能夠與民主制度相「相容」這個中心問題展開的。觀點不外乎三種：一派認為儒學是專制主義的意識形態，有待於繼續清算以為民主建設掃清障礙；以新儒家為主的另一派則認為儒學經過自我轉化可以「開」出民主來，或者至少在性質上與民主制度是相容的，因而應當發揚光大；處在中間的是絕對正確卻又說明不了任何問題的「折中」之論，即認為儒學既有專制的內容又有民主的成分，因而應當「棄其糟粕，取其精華」。

三種觀點誰也說服不了誰，這是因為他們是在同一個框架內、以同樣的方式思考問題的：這就是他們採用的都是簡單的線性思維，都預設了民主制度之「進步性」的絕對性。第一種觀點強調了儒學與專制制度的親和性；第二種觀點千方百計論證儒學「內涵」民主或「能夠」民主；第三種觀點則打算從任憑宰割的傳統中挑挑揀揀，挑出「民主」的元素來催化現實。

我的觀點是，認為儒學在精神上是專制主義的，並不意味著認為它一無是處，也不意味著它不能參與對現實的指導和對未來的建設。要對這個問題作出全面解答，首先涉及到對專制與民主及其相互關係的認識，對傳統與現實及其互動方式的理解。

1. 民主與專制的關係

在本文緒論中我已再三聲明，我是從生活方式這個層面上來理解民主和專制的：把民主和專制看作兩種性質相反的社會構成原理，即一個社會進行資源組織的方式和能量運作的機制。前者建立在權利個體（公民）的契約性合作上，

後者則建立在原發性的等級秩序上；前者強調的是理性妥協，後者追求的是「道義」集中。

　　毫無疑問，民主在今天已成為一種廣為接受的社會制度，甚至是政治或社會組織的最高形式。如果有人公然宣稱自己是「反民主」的，他肯定會被歸入不正常群體——如黑社會、恐怖分子之類。聰明的政治家、理論家們都宣稱他們捍衛的制度或理論的民主性質，而指責他們對手的行為或態度「違反民主」。民主真的可以如此居高臨下，以至於成為評判其他一切制度的標準嗎？難道其他類型的制度文化只是一個有待於爬出來的泥坑？

　　我的答案是否定的。首先，民主制度本身是一種歷史性存在，是一系列社會歷史條件綜合的結果，它的合理性體現在它的歷史過程之中。把民主作為社會制度的最高目標和標準，意味著將人類歷史理解為一個不斷走向「進步」的直線過程，且孕育了民主的西方社會的制度和理念正處在全人類需要追趕的先進階段上。這種觀點實際上混淆了理性邏輯和生活現實。人類只是存在著，他並沒有一個早已確定的、需要匆匆奔赴的目標。人類社會是一個海洋，有潛流、有浪峰，也有旋渦、泡沫，一切都處在生成之中，一切又都作為元素有待於促成新的生成——考察一下民主所發端的古希臘世界，我們就會得出這樣的結論：「民主」首先從「專制」中蛻變出來，在與周圍專制世界的交流與鬥爭中不斷發展壯大，然後走向極端成為多數人的專政（蘇格拉底是「民主」的第一個祭品），最終又融入專制主義的汪洋大海裡。如果非得用一個盡可能規範的、使人感到略微踏實的「模型」來描述人類歷史，可以說它是一條穿越一個統一的磁場的螺旋形曲線，行進在上面的人們時而面對 S 極時而面對 N 極。因而，只有當處在被割裂的某個階段上時，才可以說某種事物或價值是進步的或是落後的。並且，民主本身是一種正在形成中的制度，現實的、經驗的民主與理想中的民主並不是一回事。以高度發達的現代資本主義民主社會——比如說美國——為例，且不說法律經常被作為工具貫徹少數人的意志、作為名義進行對民眾的強制，也不說巨大的體制力量（如市場、傳媒）對人的同質化整塑，就是標榜中立的科研、學術機構，往往傳達的也是當權者的意志：「民主的」小民個體實際上並沒有多少真正的自由。如果僅僅從民主是指「人民」的權力這個字面意義上理解，我們有理由認為美國式的民主只是資產階級的「虛偽」的民主。

　　其次，把民主奉為制度典範意味著以下三個觀念前提：一，「人民」的意

願是絕對正確的；二，民眾的理性是值得信賴的；三，「自由」和「平等」是具有絕對性的人類價值。在我看來，這三條沒有哪一條是絕對不可商量的。先看第一條：「人民」是一個抽象概念，在不同的歷史時期有不同的內涵，需要一個複雜的技術系統來對它的對象進行分別、過濾、篩選——「人民的意願」很可能只代表少數人的利益。並且，內涵的空洞性使它很容易被用作極權、暴政的名義和藉口——人類歷史上的大多數暴政，都是打著「人民」的旗號進行的；再看第二條：把民眾視為理性的權利個體，這是民主制度最重要的理論預設之一。這在小國寡民的希臘城邦裡也許是成立的，但在大生產、大流通的現代商業社會裡，一般群眾很難擺脫體制的模塑和傳媒的遮罩，很容易被誘導被煽動而陷入群眾性的歇斯底里：所謂「理性」其實並不值得信賴——別忘了，墨索里尼、希特勒法西斯政權都是民主政治的產物；第三條：這是上述觀點最堅實的理論依據，但同樣經不起仔細推敲。且不說不同時空的人們會有不同的價值取向，就是同一個時代同一個地方的人，對「自由」、「平等」之類抽象價值也會有不同的理解和感受。也許人們能夠證明的只是：「自由」和「平等」是一種不錯的價值，它們能在很大程度上保護弱者的利益不受侵犯或把侵犯減輕到可以忍受的程度——倘若這樣，我們便同樣證明了民主的非絕對性：就我們目前所能掌握的知識來說，只能說民主是一種較專制更為可取的制度。

把民主和專制視為一個對子，這只是一種理論抽象，實際上它們都是在各自環境中成長起來的自足的文化生命體，內部包含著自己的反制因素——它們本身就內涵著相互對接的基因，內涵著相互走向對方的衝動。我們不是生活在空洞的制度裡，而是生活在活生生的現實中。研究一下人類的歷史實踐，我們就會明白：民主與專制是像陰陽兩極一樣相互包容的。民主制度固然美好，但我們無法設想一條永往直前的「民主」之路，因為每一條徑直的路都有走到盡頭或碰到阻礙的時候。專制對於民主的意義，並不局限於提供一種外部壓力和自我批判、自我認識的他者鏡像，也許「專制」通過改良能夠參與「民主」（理想的民主）的生成：從對立面出發有時能最快達到目標——就像挖隧道，兩邊同時開掘更容易成功。

作為一種生存方式，專制制度存在了幾千年，它理所當然地內涵著普適性的人類價值，包含著有助於人類文明建設的原理和法則。作為一種專制主義的社會政治學說，儒學與現代價值並非絕對不可相容，因而沒有必要非得證明它

的「民主性」，沒必要將它內涵的所有高尚價值都算在「民主」頭上。用現代西方民主話語來比類、修飾儒學不過是緣木求魚，即使能從中發現「民主」、「自由」，也不是原來意義上的了。這樣做反而會混亂我們的認識，局限我們的視野和想像力。曾有分子生物學家形容在非平衡中努力保持穩定的生命系統如同山脊上的跋涉，絕對的民主和絕對的專制一樣，都是毀滅的深淵，人類其實是在兩個深淵之間那若隱若現的山脊上跋涉的。**民主只是手段，為合乎人道尊嚴的人類未來文明奠定一個堅實的基礎才是我們的目標：也許最終我們應當追求的是可以不稱作「民主」的另外一個東西。**

我這樣說絕對不是將民主與專制等量齊觀，更不是對現代民主不屑一顧。毫無疑問，民主是迄今為止最合乎人道的制度形式。誠然，它還只是一套「制度形式」，但這套形式本身就是人類最了不起的成就了：它將社會各階層的欲望納入理性規範之中，為社會設置了一系列安全機制，使之不至於因為內部壓力缺乏疏通管道而崩潰。而專制社會將天下繫於一人之身，缺少的正是這樣一系列安全機制。因而，指責別人實行的是「表面上的民主」，並不是實行專制或者「更表面」的民主的理由——我並不認為中國不能夠採用民主制度（像梁漱溟所做的那樣），也不認為實行專制制度其實也不錯。

2. 傳統與現實的關係

什麼是傳統？它在多大程度上、以什麼方式影響著現實？作為民族傳統文化的主流，儒學對今天的我們意味著什麼？是仍未擺脫的夢魘還是長喚不回的離魂？

海外學人余英時先生是「離魂論」者的代表人物。他認為：儒學不只是一種單純的哲學和宗教，而是一套全面安排人間秩序的思想觀念體系，故傳統儒學一方面透過制度化來支配傳統文化，另一方面又托身於中國傳統的制度；因此，傳統儒學和中國傳統制度之間形成了一種緊密而不可分的聯繫。由於中國傳統制度之逐步解體，儒學在現實社會中逐漸失去立足點，以至於儒學與現實之間的聯繫完全斷絕，成了遊魂[6]。而相當多的大陸學者及港臺自由派人士認為儒學至今陰魂不散，是一個仍然有待於清算的千年牛圈，如金觀濤就認為，儒學的核心價值仍存在於當代中國人的心理積澱中，繼續支配著他們的思想方式

6　轉引自李明輝，《當代儒學的自我轉化》，北京：中國社會科學出版社2001年，第3頁。

和行為方式。[7] 李澤厚也認為意識形態化的儒學是實現現代化的嚴重障礙，批判的任務遠沒有完成。[8] 面對同一個事物，卻得出了完全相反的看法，只說明他們的觀點帶有過於濃厚的主觀色彩：由於生活處境不同、感受不同而導致結論迴異。

　　《儒教中國及其現代命運》的作者列文森（Joseph R. Levenson）認為，儒家傳統在近代西方文化衝擊下已失去了生命力，並且由於脫離了它所賴以生長的宗法封建社會而博物館化了。共產主義中國之興起證實了儒家傳統的這種命運。[9] 之所以得出這樣的結論，是因為他把傳統理解為可以切割、打包的文化遺存。這等於說所有民族在不久的將來，就都生活在資本主義理性的照耀之下，所有文化上的差別都將像陽光下的霧氣一樣消失。僅憑經驗事實，我們就能輕而易舉證明這種結論的荒謬性。我發現，學者們最易犯的錯誤之一就是將理論抽象與活生生的現實混同起來：比如，先歸納出一個「傳統」，然後把「傳統」與「現代」對立起來。豈不知現代即傳統在當下的表現，傳統不是沒有生命的靜態存在，「而是人類以主體的身分主動地參與創造歷史的過程」[10]。徐復觀先生將傳統分為「低次元」的傳統和「高次元的傳統」，認為前者是表現於具體事象之中的、各種靜態的風俗習慣，後者是代表某一民族之精神自覺的、隱藏在具體事象背後的原始精神和原始目的，處在不斷的形成之中，是繼承過去的又是超越過去的。[11] 我要進一步指出的是，**傳統是一種具有方向（取決於某個文化切入世界的角度）的文化生成力，無論是對傳統的維護還是抨擊，都是傳統的內在張力面對外部刺激時的反映方式**──以新儒家為代表的為儒家辯護的文化保守主義思潮正形成於全盤反傳統思想達到頂點之際，這個事實本身就是證明。歷史在這種矛盾鬥爭中釋放熵流、吸取能量，不斷開闢前進的道路，於是乎形成人們所理解的「傳統」。

　　所以，傳統不在別處，它就在當下。它不是僵化的固定結構，不是一座盛滿古董破爛的、一把火就可以燒掉的房子，也不是不可清除的基因病毒。它是一種創造之力，一種組織事物的關係方式。我們說傳統內化於大眾的心理結構，

　7　轉引自李明輝，《當代儒學的自我轉化》，北京：中國社會科學出版社 2001 年，第 7 頁。

　8　李澤厚，《中國古代思想史論》，北京：人民出版社 1986 年，第 37 頁。

　9　李明輝，《當代儒學的自我轉化》，北京：中國社會科學出版社 2001 年，〈導論〉第 1 頁。

　10　李明輝，《當代儒學的自我轉化》，北京：中國社會科學出版社 2001 年，第 100 頁。

　11　轉引自同上書第 98—99 頁。

並不是說形成了不可改變的觀念，而是指形成了較固定的觀察問題的角度、方式和價值取向。觀念是刻在石頭上的花紋，禁不住風吹雨蝕，但雕刻花紋的手法樣式卻是難以改變的。

那麼，傳統需不需要用心護持呢？既然它總是存在在那裡，順其自然不就行了？我想，傳統是應當用心護持、大力發揚的。作為一種創生力，它必須隨時落實於行為，灌注於風俗，固化為制度，沉潛於心理，凝顯為理論：它必須有所依附，有所鼓舞，才能保持活力狀態。微火餘燼，只有不斷增薪添柴，才能煥發出光和熱。只有通過對歷史與現實的批判、激揚，獲得民族精神的自覺，傳統才會煥發出生機，成為建構未來的偉大動力。

傳統是支撐著我們生存的精神資源之一，因而也是國家競爭力的偉大源泉。一個人可以全盤西化，做一個假洋鬼子或真洋鬼子，但一個民族不能失去根本，因為不能設想一個只有泡沫和浪花的海洋——傳統便是波峰浪穀之下那深沉的潛流。在現實中迷失了方向的民族必然同時是丟掉了傳統的民族。

3. 儒學價值實現的途徑

我們整個民族正處在一片失迷了傳統的荒野地帶上。新儒家籠統地把專制視為一種「不好」的制度，極力想為他們珍愛的儒學洗刷乾淨，實際上使儒學喪失了活力，成為一個抽象的道統，成為一縷飄渺的遊魂，因而總是事與願違，直到現在對傳統進行的「現代性轉化」也沒有得到什麼結果；持「儒學有害論」者則對傳統深懷疑忌，擔心對傳統的發揚會侵蝕舉步維艱的民主建設的努力，重新為專制權力提供藉口和旗號。我認為，保持警覺是應該的、必要的，但不能因噎廢食。民主的建立固然不能靠籠統地恢復傳統，但抱著閉視塞聽的態度迴避傳統，卻也不是切實的辦法；而通過強行革傳統之命所建立的「民主」，恐怕只是經過整容的暴政。

那麼，儒學的價值如何實現？是否應像新儒家認為的那樣，致力於儒學的「現代化自我轉化」，使之適合於現代民主制度的要求？

我想，這並不是我們應當關心的問題：我們應關心的不是恢復儒學這個學術傳統，而是弘揚儒學內涵的民族精神和普適性價值。新儒家的錯誤之處在於，他們把傳統（我指的是「高次元的傳統」）完全混同於儒學，認為中華民族要

培元固本，就必須全面「復興」儒學，因此千方百計曲證回護，要對儒學與現代價值所有扞格乖違之處進行「創造性轉化」，故而開出了諸如「倫理與政治分途」、「道德與法制兩立」之類治療方案。[12] 全是書齋中的杞人之論！完善的民主制度不會為道德對政治的干涉留出多大餘地。因而，不必為了尋求文化上的認同、為了撫慰失落世界中的鄉愁而懷著一種國粹主義的傷感去庇護一個哪怕確實具有永恆價值的偉大學說。不合時宜的東西自然會被現實實踐所拋棄，再怎麼轉化也於事無補。一個有生命的價值體系如同一個水果，過了屬於它的季節就會腐爛掉，但它的種子將在新的土地上生根發芽——當然那不是「民主的種子」。我的觀點是，不要在理論上的障礙面前依違不定，讓行動說話，實踐將解決一切理論上的難題——具體說來就是：大膽地引進民主，因為民主毫無疑問是迄今為止最合乎人道理想的制度形式。不要擔心引進的「民主」只是形式，能嚴格地遵守形式便是了不起的進步——其實形式也是由觀念構築的，哪裡有沒有內容的形式？對傳統，則更應根據民主的原則無所顧忌地因時損益：根據現實需要，對陳規陋習予以革新，對有問題的觀念加以糾正，對依然具有普適性的價值則大力弘揚。比如說，經典可以精讀，但不必弦歌揖讓；敬天祭祖之類風俗習慣可以順其自然，然孝親敬老、崇師尊上，應作為社會美德大力宣導；至於天人和諧的價值追求，經濟天下的志士懷抱，君子風範，仁者情懷，還有無過無不及的中庸態度，則應當確立為人生教育的內容和目標。如此，則傳統中有生命力的東西自然會找到現代制度的結合點，新的文化將與時生成。

4. 儒學未來展望

　　關於儒學的未來可能性，人們主要從三個角度進行了論證和設想：一是論證儒學超越於（以梁漱溟為代表）、「包含著」或「相容於」民主，這是現代新儒家宣導的觀點；二是以東亞四小龍的經濟發展為例，證明儒學不僅無礙於現代化，而且是這些國家走向現代化的生力因素。這種觀點被新儒家後學引為奧援，成為支持他們觀點的最重要論據。其中最有代表性的是康恩（Herman Kahn）的「後儒家假說」和柏格（Peter L. Berger）的「兩型現代化」理論。根據康恩之說，儒家倫理是日本和亞洲四小龍在經濟發展上的傑出成就之重要因

12　如徐復觀認為：「由中國的政治思想以接上民主政治，只是把對於政治之『德』，客
　　觀化出來，以凝結為人人可行的制度。」（李明輝，《當代儒學的自我轉化》，北京：
　　中國社會科學出版社 2001 年，第 109 頁。）

素，但因為這種儒家倫理與傳統的儒家倫理有所不同，故稱為「後儒家的」；柏格則指出：在當今世界中，除了西方國家所發展出來的現代化之外，另有一種具有東亞特色的現代化正在形成，而在後一形態的現代化之中，一種「世俗的儒家思想」發揮了極大作用。[13] 第三種視角是由美國學者羅思文（Henry Rosement Jr.）提出來的。他把儒學看作一個完全不同於西方民主政治的話語系統，認為應該將儒家作為與現代西方人權（和民主）理論不同的真正可供選擇的另一類型，意即儒學可能導向一種超越於西方自由主義傳統的新型民主制度——也許那才是真正的民主。他的主要論點是：西方民主政治的倫理前提——自律的權利個體觀——既缺乏自然依據，又不合乎人道理想：「人權及與其相關的概念如自由權限、個體、財產、自治、自由（freedom）、理性選擇等，並不能反映我們所相信的人之為人的根本⋯⋯它們並不能用來建構一個上下貫通和前後一致的思想體系，更不能建立一個可以反映我們基本道德直覺的理論。」[14] 羅思文的觀點富有想像力，它超越了西方話語傳統而具有了一種全球性視野和未來眼光，對儒學的未來指出了一種鼓舞人心的可能性——一個晨輝朦朧的遠景。

沒有必要通過列舉建立在個人主義基礎上的西方文化陷入困境的種種表徵——人際疏離、政治冷漠、物質主義的熱病導致的人類精神的萎靡和墮落、意義失落後的人生空虛感等等——來將儒學論證為人類文明的拯救者。作為一個偉大的文化傳統，西方文明肯定內在著自勵自新的機制與動力。東西方文化之間不存在誰比誰更優秀的問題。但儒學啟示了人類進入世界的另一條道路、建設人生的另一種方式，這一點是毋容懷疑的。並且，它所宣導的整體性人類視野，情境式的虔敬的、審美的人生態度，對感性的、自我立法的、具有遠大人生目標的真正的「人」的期許和追求，以及利用厚生、盡物之性的現世進取精神，也許更合乎人之為人的道義和理想。儒學凝聚、凸顯了我們這個民族的根本價值，因而它既不能作為傳統的替罪羊，也不能作為崇揚國粹的圖騰柱。中華民族從自己獨特的角度對宇宙人生的感受、體悟、規劃和夢想，將成為人類共同的財富。不承認這一點，就等於不承認一個歷史悠久、規模宏大的文明體

13　參考李明輝，《當代儒學的自我轉化》，北京：中國社會科學出版社 2001 年，第 5 頁。

14　羅思文，〈誰的民主？何種權利？——一個儒家對當代自由主義的批評〉，商戈今譯，載於哈佛燕京學社、三聯書店主編，《儒家與自由主義》，北京：生活・讀書・新知三聯書店 2001 年，第 227—255 頁。

的存在的合理性。在未來人類文明的建設中，東西方文化定將互依互補、相輔相成——我們不應忘記，**中外傳統之間的融合不是文化要素之間的摻合，而是其內在生成力的融匯**。如果說將來會形成一種全球性人類文化，那它肯定不會是平面的，而應當是一個多面的結晶體——含有不同「化學成分」的文化溶液彙集到一起形成的晶體。而中華民族的傳統文化——特別是儒學也許將成為其中最具活力的元素之一。

當然，如同非洲人食用的木薯，雖然富有營養，但在食用之前必須除去其毒素。儒家的價值要發揮作用，必須經過一個去魅的過程：經過現代意識的浸泡和分解，除去其內涵的專制主義毒素，它的合理內核才會轉化成滋育人類新型文明的普適性價值。而這種轉化，當然只能發生在以民主建設為訴求的實踐過程中，而不是在理論家的書齋裡。

5. 余論

上面的論述似乎贊助了新儒家的觀點：實行民主並不需要否定既有的傳統，相反傳統是建設民主的重要資源。籠統地這麼說，似乎也未嘗不可。那麼說，揭示儒家的專制主義性質，就沒有什麼實際意義了？不對！在這個問題上如果我們不能澄清認識，就不能真正理解民主與專制的實質，也就會喪失對陷身於其中的社會現實清醒的認識和批判能力，從而也就不能理解傳統對現實、對未來的意義和作用方式。因為專制主義精神凝進了我們民族的文化—心理結構，它隨時隨地都會冒出來，憑著一種歷史慣性從消極方面影響人們的思想和行為，隨時隨地存在著被用作修飾政權的裝飾物、重新淪為意識形態的可能性。（想想袁世凱的尊孔和蔣介石的新生活運動！）非**要把儒學論證為「民主」的，會遲鈍我們對現實的洞察力**：既然古已有之，或者既然通過道德主體的自我「坎陷」就可以「開」出來，有什麼理由不遵循「中體西用」的路數，當權者為什麼不可以繼續以「德」要求天下民眾？天下民眾有什麼理由對現實表示不滿呢？——沒有任何現實針對性的新儒學，只會麻木人們對現實的警覺，不是意識形態又是什麼？

傳統是現實的構成因素，因此永遠不要指望通過弘揚傳統就能解決現實中的矛盾和衝突——相反，對傳統的過渡弘揚會導致現實真問題的遮蔽和消解。我們不應否認傳統文化涵有許多積極的甚至是普世性的內容，也不應反對「對

傳統進行創造性的轉化與開新」；我們要反對的是把傳統奉為拜物教的對象，反對未經現代意識去魅的傳統再度成為控制人們思想與行為的意識形態。在這個充滿高度不確定性的價值混亂的時代裡，能夠拯救我們的不是傳統，當然也不是儒學，而是我們作為自覺的歷史主體的熱忱和良知，是我們向著人類崇高價值理想一往無前的勇氣和決心！

參考文獻

一、政治學類：

劉澤華，《中國政治思想史》，杭州：浙江人民出版社，1996。

劉澤華，《中國的王權主義》，上海人民出版社，2000。

劉澤華，《中國傳統政治哲學與社會整合》，北京：中國社會科學出版社，2000。

劉澤華，《中國傳統政治思想反思》，北京：生活・讀書・新知三聯書店，1987。

劉澤華，《士人與社會：先秦卷》，天津人民出版社，1988。

劉澤華，《中國傳統政治思維》，長春：吉林教育出版社，1991。

劉澤華、汪茂和、王蘭仲，《專制權力與中國社會》，長春：吉林文史出版社，1988。

龐朴，《沉思集》，上海人民出版社，1982。

龐朴，《薊門散思》，上海文藝出版社，1996。

葛兆光，《中國思想史：第一卷》，上海：復旦大學出版社，1998。

楊陽，《王權的圖騰化——政教合一與中國社會》，杭州：浙江人民出版社，2000。

葛全，《立命與忠誠——士人政治精神的典型分析》，杭州：浙江人民出版社，
　　2000。

〔美〕鄧尼斯・郎，《權利論》，北京：中國社會科學出版社，2001。

〔美〕喬・薩托利，《民主新論》，北京：東方出版社，1992。

〔美〕達爾，《民主理論的前言》，北京：生活・讀書・新知三聯書店，
　　1999。

施治生、劉欣如，《古代王權與專制主義》，北京：中國社會科學出版社，
　　1993。

〔德〕卡爾・曼海姆，《意識形態與烏托邦》，北京：華夏出版社，2001。

〔英〕安東尼・吉登斯，《民族—國家暴力》，北京：生活・讀書・新知三
　　聯書店，1998。

任劍濤，《倫理政治研究——從早期儒學視角的理論透視》，廣州：中山大學
　　出版社，1999。

〔英〕邁克爾・H. 萊斯諾夫，《二十世紀的政治哲學家》，北京：商務印書館，
　　2001。

〔斯洛維尼亞〕斯拉沃熱・齊澤克，《圖繪意識形態》，南京大學出版社，
　　2002。

慈繼偉，《正義的兩面》，北京：生活・讀書・新知三聯書店，2001。

陳永國，《文化的政治闡釋學》，北京：中國社會科學出版社，2000。

余湧，《道德權利研究》，北京：中央編譯出版社，2001。

〔德〕恩斯特・凱西爾，《國家的神話》，北京：華夏出版社，1999。

〔美〕大衛・伊斯頓，《政治生活的系統分析》，北京：華夏出版社，1999。

〔義〕薩爾沃・馬斯泰羅內，《歐洲政治思想史》，北京：社會科學文獻出版
　　社，1998。

〔義〕薩爾沃・馬斯泰羅內，《當代歐洲政治思想》，北京：社會科學文獻出
　　版社，1998。

應克復等，《西方民主史》，北京：中國社會科學出版社，1997。

〔英〕約翰・鄧恩，《民主的歷程》，長春：吉林人民出版社，1999。

〔美〕馬庫斯・拉斯金，《民主與文化的反思》，北京：新華出版社，2000。

〔瑞士〕漢斯・昆，《世界倫理構想》，北京：生活・讀書・新知三聯書店，2002。

〔英〕特倫斯・霍克斯，《結構主義和符號學》，上海譯文出版社，1987。

李澤厚，《中國古代思想史》，北京：人民出版社，1986。

李澤厚，《歷史本體論》，北京：生活・讀書・新知三聯書店，2002。

梁啟超，《先秦政治思想史》，香港：中華書局，1986。

蕭公權，《中國政治思想史》，臺北：中國文化學院出版部，1980。

馮友蘭，《貞元六書》，上海：華東師範大學出版社，1996。

張岱年，《中國古代哲學概念範疇要論》，北京：中國社會科學出版社，1987。

侯外廬，《中國古代思想學說史》，瀋陽：遼寧教育出版社，1998。

張豈之主編，《中國思想史》，西安：西北大學出版社，1989。

張光直，《中國青銅時代》，臺北：聯經出版事業公司，1983。

饒宗頤，《符號・初文與字母——漢字樹》，上海書店出版社，2000。

臧克和，《漢字單位觀念史考述》，上海：學林出版社，1998。

蔡尚思，《中國古代學術思想史論》，廣州：廣東人民出版社，1990。

呂思勉，《先秦學術概論》，北京：中國大百科全書出版社，1985。

二、哲學、社會學、語言學、文化人類學、經濟學等類：

〔法〕蜜雪兒・福柯，《詞與物——人文科學考古學》，上海：上海三聯書店，2001。

〔法〕蜜雪兒・福柯，《知識考古學》，北京：生活・讀書・新知三聯書店，1998。

〔法〕蜜雪兒・福柯，《必須保衛社會》，上海人民出版社，1999。

〔英〕阿蘭・謝里登，《求真意志——蜜雪兒・福柯的心路歷程》，上海人民出版社，1997。

〔法〕吉爾・德勒茲，《哲學與權力的談判——德勒茲訪談錄》，北京：商務印書館，2000。

〔法〕海然熱，《語言人——論語言學對人文科學的貢獻》，北京：生活 · 讀書 · 新知三聯書店，1999。

〔法〕亨利 · 柏格森，《道德與宗教的兩個來源》，貴州：貴州人民出版社，2000。

〔法〕賈克 · 阿達利，《噪音——音樂的政治經濟學》，上海人民出版社，2000。

〔法〕尚 · 布希亞，《物體系》，上海人民出版社，2001。

〔法〕雅克 · 德里達，《聲音與現象》，北京：商務印書館，1999。

〔法〕朱麗亞 · 克利斯蒂瓦，《恐怖的權力——論卑賤》，北京：生活 · 讀書 · 新知三聯書店，2001。

〔美〕喬治 · H. 米德，《心靈、自我與社會》，上海譯文出版社，1992。

〔法〕路易 · 加迪，《文化與時間》，杭州：浙江人民出版社，1988。

〔德〕馬克斯 · 韋伯，《新教倫理與資本主義精神》，北京：生活 · 讀書 · 新知三聯書店，1987。

〔德〕馬克斯 · 韋伯，《儒教與道教》，南京：江蘇人民出版社，1993。

〔法〕列維 · 布留爾，《原始思維》，北京：商務印書館，1981。

〔法〕列維 · 斯特勞斯，《野性的思維》，北京：商務印書館，1987。

〔德〕恩斯特 · 凱西爾，《人論》，上海譯文出版社，1985。

〔美〕克特 · W. 巴克主編，《社會心理學》，天津：南開大學出版社，1984。

〔法〕愛彌爾 · 塗爾幹、馬塞爾 · 莫斯，《原始分類》，上海人民出版社，2000。

〔英〕艾德蒙 · 利奇，《文化與交流》，上海人民出版社，2000。

〔德〕埃利希 · 諾伊曼，《大母神——原型分析》，北京：東方出版社，1998。

張志揚，《偶在論》，上海三聯書店，2000。

〔德〕米夏埃爾 · 蘭德曼，《哲學人類學》，上海譯文出版社，1988。

〔美〕柯利弗德 · 格爾茲，《文化的解釋》，上海人民出版社，1999。

〔美〕J. 希利斯 · 米勒，《重申解構主義》，北京：中國社會科學出版社，1998。

〔德〕弗里德里希·尼采，《古修辭學描述》，上海人民出版社，2001。

〔德〕威廉·馮·洪堡特，《論人類語言結構的差異及其對人類精神發展的影響》，北京：商務印書館，1999。

蕭兵，《楚辭與神話》，南京：江蘇古籍出版社，1986。

蕭兵，《中庸的文化省察———一個字的思想史》，武漢：湖北人民出版社，1997。

〔美〕道格拉斯·C.諾斯，《經濟史中的結構與變遷》，上海三聯書店，1991。

〔美〕加里·S.貝克爾，《人類行為的經濟分析》，上海三聯書店，1995。

〔美〕曼瑟爾·奧爾森，《集體行動的邏輯》，上海三聯書店，1995。

〔美〕查理斯·林德布洛姆，《政治與市場——世界的政治—經濟制度》，上海：三聯書店，1994。

〔德〕黑格爾，《歷史哲學》，北京：生活·讀書·新知三聯書店，1956。

〔英〕傑佛瑞·巴勒克拉夫，《當代史學主要趨勢》，上海譯文出版社，1987。

〔德〕阿多諾，《否定的辯證法》，重慶出版社，1993。

L. R.帕默爾，《語言學概論》，北京：商務印書館，1983。

三、儒學類：

熊十力，《新唯識論——原儒》，濟南：山東友誼書社，1989。

牟宗三，《心體與性體》，上海古籍出版社，1999。

徐復觀，《中國人性論史：先秦篇》，上海三聯書店，2001。

國際儒學聯合會編，《國際儒學研究：1—11輯》，北京：人民出版社，1995—2001。

龐朴，《儒家辯證法研究》，北京：中華書局，1984。

丁四新，《郭店楚墓竹簡思想研究》，北京：東方出版社，2000。

邢文，《帛書周易研究》，北京：人民出版社，1998。

鄒昌林，《中國禮文化》，北京：社會科學文獻出版社，2000。

李澤厚，《己卯五說》，北京：中國電影出版社，1999。

陳啟雲，《中國古代思想文化的歷史論析》，北京大學出版社，2001。

〔美〕艾蘭，《早期中國歷史思想與文化》，瀋陽：遼寧教育出版社，1999。

〔澳〕李瑞智、黎華倫，《儒學的復興》，北京：商務印書館，2001。

〔美〕費正清，《中國：傳統與變遷》，北京：世界知識出版社，2002。

哈佛燕京學社、三聯書店編，《儒家與自由主義》，北京：生活・讀書・新知三聯書店，2001。

余英時，《中國思想傳統的現代詮釋》，南京：江蘇人民出版社，1998。

余英時，《錢穆與中國文化》，上海：上海遠東出版社，1996。

〔美〕成中英，《合外內之道——儒家哲學論》，北京：中國社會科學出版社，2001。

〔美〕杜維明，《東亞價值與多元現代性》，北京：中國社會科學出版社，2001。

張灝，《張灝自選集》，上海教育出版社，2002。

〔美〕列文森，《儒教中國及其現代命運》，北京：中國社會科學出版社，2000。

〔美〕郝大維、安樂哲，《孔子哲學思維》，南京：江蘇人民出版社，1996。

〔美〕郝大維，安樂哲，《漢哲學思維》，南京：江蘇人民出版社，1999。

〔美〕墨子刻，《擺脫困境——新儒學與中國政治文化的演進》，南京：江蘇人民出版社，1995。

何信全，《儒學與現代民主》，北京：中國社會科學出版社，2001。

陳昭瑛，《臺灣儒學的當代課題：本土性與現代性》，北京：中國社會科學出版社，2001。

〔美〕杜維明，《道學政——論儒家知識分子》，上海人民出版社，2000。

〔韓〕黃秉泰，《儒學與現代化——中韓日儒學的比較研究》，北京：社會科學文獻出版社，1995。

李明輝，《當代儒學的自我轉化》，北京：中國社會科學出版社，2001。

勞舒編，《劉師培學術論著》，杭州：浙江人民出版社，1998。

劉小楓，《儒家革命精神源流考》，上海三聯書店，2000。

唐凱麟、曹剛，《重釋傳統——儒家思想的現代價值評估》，上海：華東師範
　　大學出版社，2000。

張立文，《中外儒學比較研究》，北京：東方出版社，1998。

殷海光，《中國文化的展望》，北京：和平出版社，1988。

韋政通，《儒家與現代中國》，上海人民出版社，1990。

馮達文，《宋明新儒學略論》，廣州：廣東人民出版社，1997。

李景林，《教養的本原——哲學突破期的儒家心性論》，瀋陽：遼寧人民出版社，
　　1998。

許洪興，《思想的轉型——理學發生過程研究》，上海人民出版社，1996。

陳來，《人文主義的視界》，南寧：廣西教育出版社，1997。

許蘇民，《人文精神論》，武漢：湖北人民出版社，2000。

方克立、鄭家棟主編，《現代新儒家人物與著作》，天津：南開大學出版社，
　　1995。

黃克劍，《百年新儒林——當代新儒學八大家論略》，北京：中國青年出版社，
　　2000。

趙吉惠等主編，《中國儒學史》，鄭州：中州古籍出版社，1991。

鄭家棟，《現代新儒學概論》，南寧：廣西人民出版社，1990。

啟良，《新儒學批判》，上海三聯書店，1995。

羅義俊編著，《評新儒家》，上海：上海人民出版社，1989。

宋仲福等，《儒學在現代中國》，鄭州：中州古籍出版社，1991。

徐復觀，《儒家政治思想與民主自由人權》，臺灣：學生書局，1988。

錢穆，《中國歷代政治得失》，臺灣：東大圖書公司，1989。

韓達編，《評孔紀年》，濟南：山東教育出版社，1985。

嚴正，《儒學本體論研究》，天津人民出版社，1997。

匡亞明，《孔子評傳》，濟南：齊魯書社，1985。

張秉楠，《孔子傳》，長春：吉林文史出版社，1989。

林存光、郭沂，《曠世大儒——孔子》，石家莊：河北人民出版社，2000。

林存陽，《清初三禮學》，北京：社會科學文獻出版社，2002。

黃壽其、張善文編，《周易研究論文集：第一輯》，北京：北京師範大學出版社，1987。

黃壽其、張善文編，《周易研究論文集：第四輯》，北京：北京師範大學出版社，1990。

方克立、李錦全主編，《現代新儒學研究論集》，北京：中國社會科學出版社，1989。

方克立、李錦全主編，《現代新儒學研究論集：二》，北京：中國社會科學出版社，1991。

中國孔子基金會編，《孔子誕辰 2540 周年紀念與學術討論會論文集》，上海三聯書店，1992。

四、古籍類

《十三經注疏》，北京：北京大學出版社，1999。

楊伯峻譯注，《論語譯注》，北京：中華書局，1980。

王雲五主編，史次耘注譯，《孟子今注今譯》，臺北：商務印書館，1978。

廖名春、鄒新明校點，《荀子》，瀋陽：遼寧教育出版社，1997。

黃懷信等撰，《逸周書匯校集注》，上海：上海古籍出版社，1995。

清・蘇輿撰，鐘哲點校，《春秋繁露義證》，北京：中華書局，1992。

傅隸樸，《春秋三傳比義》，北京：中國友誼出版公司，1984。

李宗侗，《春秋公羊傳今注今譯》，天津古籍出版社，1988。

顧馨、徐明校點，《春秋穀梁傳》，瀋陽：遼寧教育出版社，1997。

林尹譯注，《周禮今注今譯》，北京：書目文獻出版社，1985。

胡樸安，《周易古史觀》，上海古籍出版社，1986。

王世舜，《尚書譯注》，成都：四川人民出版社，1987。

南懷瑾、徐芹庭，《周易今注今譯》，天津古籍出版社，1987。

王夢鷗，《禮記今注今譯》，天津古籍出版社，1987。

高明，《大戴禮記今注今譯》，天津古籍出版社，1988。

楊伯峻，《春秋左傳注》，北京：中華書局，1981。

宋 · 張載著，《章錫琛點校》，張載集，北京：中華書局，1978。

宋 · 程顥、程頤著，《二程集》，北京：中華書局，1981。

宋 · 黎靖德編，王星賢點校，《朱子語類》，北京：中華書局，1986。

宋 · 胡宏著，吳仁華點校，《胡宏集》，北京：中華書局，1987。

宋 · 朱熹撰，《四書章句集注》，北京：中華書局，1983。

宋 · 陳亮著，鄧廣銘點校，《陳亮集》，北京：中華書局，1987。

宋 · 陸九淵著，鐘哲點校，《陸九淵集》，北京：中華書局，1980。

漢 · 董仲舒撰，清 · 凌曙注，《春秋繁露》，北京：中華書局，1975。

漢 · 班固撰，《白虎通義》，上海古籍出版社，1992。

陳奇猷校釋，《呂氏春秋校釋》，上海：學林出版社，1984。

春秋 · 老子著，張玉春、金國泰譯注，《老子注譯》，成都：巴蜀書社，1991。

戰國 · 韓非著，秦惠彬校點，《韓非子》，瀋陽：遼寧教育出版社，1997。

上海師範大學古籍整理組校點，《國語》，上海古籍出版社，1978。

袁珂校譯，《山海經校譯》，上海古籍出版社，1986。

廖名春，鄒新明校點，《孔子家語》，瀋陽：遼寧教育出版社，1997。

漢 · 司馬遷撰，〔日〕龍川資言考證，〔日〕水澤利忠校補，《史記會注考證附校補》，上海：上海古籍出版社，1986。

漢 · 班固撰，張烈主編，《漢書注譯》，海口：海南國際新聞出版中心，1997。

明 · 王守仁著，吳光等編校，《王陽明全集》，上海古籍出版社，1992。

清 · 黃宗羲著，《黃宗羲全集》，杭州：浙江古籍出版社，1985。

清 · 王夫之著，傅雲龍、吳可主編，《船山遺書》，北京出版社，1999。

清 · 顧炎武著，清 · 黃汝成集釋，《日知錄集釋》，鄭州：中州古籍出版社，1990。

蒙文通，《經史抉原》，成都：巴蜀書社，1995。

皮均瑞，《經學通論》，北京：中華書局，1982。

五、工具書類：

《不列顛百科全書》（國際中文版），北京：中國大百科全書出版社，1999。

《中國大百科全書》，北京：中國大百科全書出版社，1992。

《布萊克維爾政治學百科全書》（中文版），北京：中國政法大學出版社，1992。

李德順，《價值學辭典》，北京：中國人民大學出版社，1995。

馮契，《哲學大辭典》，上海辭書出版社，1992。

《東西方哲學大辭典》，南昌：江西人民出版社，2000。

《思維辭典》，杭州：浙江教育出版社，1996。

《當代西方思潮辭典》，上海：華東師範大學出版社，1995。

《世界著名思想家辭典》，石家莊：河北人民出版社，1994。

《倫理學大辭典》，長春：吉林人民出版社，1989。

清・段玉裁，《說文解字注》，上海古籍出版社，1981。

清・桂馥，《說文解字義證》，上海古籍出版社，1987。

清・沈自南，《藝林匯考》，北京：中華書局，1988。

清・郝懿行，《爾雅義疏》，北京：中國書店，1982。

馬敘倫著，《說文解字六書疏證》，上海書店出版，1985。

《金石大字典》，天津古籍出版社。

徐中舒主編，《甲骨文字典》，成都：四川辭書出版社，1988。

中國社會科學院考古研究所，《甲骨文編》，北京：中華書局，1965。

郭沫若主編，《甲骨文合集》，北京：中華書局，1978–1982。

彭邦炯、謝濟、馬季凡編，《甲骨文合集：補編》，北京：語文出版社，1999。

于省吾著，《甲骨文字釋林》，北京：中華書局，1979。

容庚，《金文編》，北京：中華書局，1985。

六、外文類：

W. Theodore de Bary. *The Liberal Tradition in China*. Hongkong: The Chinese University Press, and New York Columbia University Press.

Benjamin Schwartz. *The World of Thought in Ancient China*. Cambridge: Belknap Press 1985.

Ray Huang. *Broadening the Horizons of Chinese History: Discourses, Syntheses, and Comparisons*. Hu Armonk, N. Y.: M. E. Sharpe, 1999.

Davies, John Kenyon. *Democracy and Classical Greece*. London: Fontana Press, 1993.

Krejc Jaroslav. *The civilizations of Asia and the Middle East: Before the European Challenge*. Houndmills, Basingstoke, Hampshire: Macmillan, c1990.

七、論文部分：

劉澤華，〈天人合一與王權主義〉，《天津社會科學》，1996（4）。

劉澤華，〈分層研究社會形態兼論王權支配社會〉，《歷史研究》，2000（2）。

劉澤華，〈王權主義概論〉，《錦州師範學院學報》，2001（3）。

劉澤華，〈開展思想與社會互動和整體研究〉，《歷史教學》，2001（8）。

劉澤華，〈傳統思維方式與行為軌跡〉，《天津社會科學》，2001（4）。

劉澤華，〈禮學與等級人學〉，《河北學刊》，2001（4）。

劉澤華，〈論中國古代的亦主亦奴社會人格〉，《南開學報》，1999（5）。

劉澤華，〈論先秦人性說與君主專制主義〉，《中國文化集刊》，1984（5）。

劉澤華，〈道、王、孔子與儒生〉，《天津社會科學》，1987（6）。

劉澤華，〈中國傳統的人文主義思想與王權主義〉，《南開學報》，1986（4）。

劉澤華，〈先秦禮論初探〉，《中國文化集刊》，1986（4）。

劉澤華，〈中國傳統政治文化導論〉，《天津社會科學》，1989（2）。

劉澤華，〈論先秦人性說與君主專制主義〉，《中國文化集刊》，1984（1）。

劉澤華，〈戰國百家爭鳴與君主專制主義理論的發展〉，《學術月刊》，1986（12）。

劉澤華，〈中國政治思想史研究對象與方法〉，《天津社會科學》，1985（5）。

龐朴，〈《中庸》評議〉，《中國社會科學》，1980（1）。

龐朴，〈中庸與三分〉，《文史哲》，2000（4）。

龐朴，〈孔孟之間──郭店楚簡的思想史地位〉，《中國社會科學》，1998（5）。

龐朴，〈「仁」字臆斷〉，《尋根》，2001（1）。

龐朴，〈初讀郭店楚簡〉，《歷史研究》，1998（4）。

李學勤，〈從簡帛佚籍《五行》談到《大學》〉，《孔子研究》，1998（3）。

李學勤，〈郭店簡與《禮記》〉，《中國哲學史》，1998（4）。

李學勤，〈《詩論》說〈關雎〉等七篇釋義〉，《齊魯學刊》，2002（2）。

韓旭暉，〈《郭店楚簡》與早期儒家思想研究的新拓展〉，《孔子研究》，
　　2000（5）。

鄧立光，〈從帛書《易傳》析述孔子晚年的學術思想〉，《周易研究》，2000（3）。

陳來，〈帛書易傳與先秦儒家易學之分派〉，《周易研究》，1999（4）。

郭沂，〈《易傳》成書與性質若干觀點評議〉，《齊魯學刊》，1998（1）。

宋德宣，〈論中庸的發展及其在儒學中的地位〉，《孔子研究》，1991（2）。

張政烺，〈易辨──近幾年根據考古材料探討周易問題的綜述〉，《中國哲學》，
　　第 14 輯。

陳鼓應，〈先秦道家易學發微〉，《哲學研究》，1996（7）。

饒宗頤，〈容成遺說鉤沉──先老學初探〉，《北京大學學報》，1998（3）。

金晟煥，〈陰陽五行說與中國古代天命觀的演變〉，《周易研究》，1999（3）。

陳久金，〈陰陽五行八卦起源新說〉，《自然科學史》，1986（2）。

李紹連，〈殷的「上帝」與周之「天」〉，《史學集刊》，1990（1）。

馮時，〈河南濮陽西水坡 45 號墓的天文學研究〉，《文物》，1990（3）。

羅祖基，〈論中和的形成及其發展為中庸的過程〉，《南京大學學報》，1995（3）。

湯一介，〈略論儒學的和諧觀念〉，《船山學刊》，1998（1）。

蒙培元、任文利，〈儒家哲學中關於「命」的學說〉，《齊魯學刊》，1998（4）。

劉曉虹，〈從群體原則到整體主義──中國傳統價值體系中的群己觀探析〉，
　　《文史哲》，2002（4）。

周繼旨，〈論先秦時代的「心」、「性」、「理」與中國傳統哲學發展的基本軌跡〉，《孔子誕辰2540周年紀念與學術討論會論文集》，上海三聯書店，1992。

李景林，〈從郭店簡看思孟學派的性與天道論──兼談郭店簡儒家類著作的學派歸屬問題〉，臺北：《孔孟月刊》，第38卷第5期。

張建群，〈簡、帛〈五行〉篇「心」作用概探〉，臺北：《孔孟月刊》，第37卷第9期。

馬育良，〈先秦儒家性情觀之演進及其文化闡釋〉，臺北：《孔孟月刊》，第39卷第6期。

朱嵐，〈傳統孝道生發的文化生態根源探析〉，臺北：《孔孟月刊》，第39卷第7期。

葛榮晉，〈「孝」的二重性及其社會價值〉，《孔子研究》，1991（2）。

王文亮，〈聖人觀念考論〉，《孔子研究》，1992（1）。

何曉明，〈道統、學統與政統──從牟宗三看中國文化保守主義的續統情結〉，臺北：《孔孟月刊》，第39卷第2期。

楊海文，〈孟子心性論的邏輯架構〉，臺北：《孔孟月刊》，第39卷第9期。

鄭小江，〈試析中國傳統倫理道德價值之源的「天」〉，臺北：《孔孟月刊》，第39卷第9期。

劉景山、孫萬智，〈是論孔子「仁」的結構〉，《北方論叢》，1982（1）。

李澤厚，〈孔子再評價〉，《中國社會科學》，1980（2）。

車載，〈孔子論仁〉，《文史哲》，1961（3）。

蕭弓，〈先秦民本思想述評〉，《中州學刊》，1982（5）。

李凌，〈試論《詩經》和孔子思想中的「民本」因素〉，《中國史研究》，1981（4）。

倪南、馮濤，〈「中」論───一個字所體現的中國哲學思想精髓〉，《西安交通大學學報》，2000（12）。

李勤德，〈《周易》爻變與「得位」、「中正」說〉，《廣州師院學報》，1995（4）。

晏昌貴，〈郭店儒家簡中的「聖」與「聖人」觀念〉，《江漢考古》，2000（3）。

〔美〕成中英，〈儒家道德的辯證法和關於人的形而上學〉，《東西方哲學》，

1971（1）。

〔美〕成中英，〈自目的論與責任論分析與重建儒家道德哲學〉，《孔子研究》，
　　1989（1）。

杜維明，〈理學關於人的觀念〉，《東西方哲學》，1971（1）。

許杭生，〈《性自命出》、《中庸》、《孟子》思想的比較研究〉，《孔子研究》，
　　2002（1）。

歐陽禎人，〈〈太一生水〉與先秦儒家性情論〉，《孔子研究》，2002（1）。

閻步克，〈樂師與「儒」之文化起源〉，《北京大學學報》，1995（5）。

林存光，〈漢代儒學的意識形態功能分析與批判〉，《孔子研究》，2002（1）。

易建平，〈酋邦與專制政治〉，《歷史研究》，2001（5）。

葛志毅，〈《公羊傳》大一統釋義發微〉，《管子學刊》，1998（4）。

白奚，〈儒家禮治思想的合理因素與現代價值〉，《哲學研究》，2000（2）。

張文，〈和——儒家學的最高境界〉，《中國哲學史》，1997（4）。

鄭樹梅，〈述中國古代哲學天人合一思想的形成、發展和完善過程〉，《江西
　　社會科學》，2001（3）。

陳道德，〈言、象、意簡論〉，《哲學研究》，1997（6）。

方爾加，〈論中國古代哲學中的緣象比附〉，《中國哲學史》，2000（3）。

張其成，〈易學象數思維與中華文化走向——對「易道」內核的探討之一〉，《哲
　　學研究》，1996（3）。

鄭萬耕，〈陰陽變易學說的思維特徵〉，《中國哲學史》，2000（3）。

王前，〈李約瑟對中國傳統科學思維方式研究的貢獻〉，《自然辯證法通訊》，
　　1996（2）。

吳予敏，〈巫教、酋邦與禮樂淵源〉，《北京大學學報》，1998（4）。

鐘年，〈巫的原始及流變〉，《東南文化》，1998（2）。

尤西林，〈巫——人文知識分子的原型及其衍變〉，《文史哲》，1996（4）。

塗白奎，〈釋「巫」〉，《華夏考古》，1997（1）。

宋瑞凱，〈陰陽五行觀與西周時期的天道音律思維〉，《國際關係學院學報》，
　　1992（2）。

唐繼凱，〈中國古代天文曆法與律呂之學〉，《交響──西安音樂學院》，
　　2000（3）。

苗建華，〈鄭聲辨析〉，《星海音樂學院學報》，2000（2）。

胡企平，〈釋宮商角徵羽五聲階名的由來〉，《黃鐘──武漢音樂學院報》，
　　1996（4）。

陳其射，〈中國古代律學觀〉，《交響───西安音樂學院學報》，2000（9）。

杜亞雄，〈中西樂理之比較研究〉，《中央音樂學院學報》，1999（3）。

陳其翔、陸志華，〈中國古代樂律系統的形成和發展〉，《音樂藝術》，2000（4）。

張學智，〈儒家文化的精神與價值觀〉，《北京大學學報》，1998（1）。

王確，〈論儒家的救世精神〉，《齊魯學刊》，1998（4）。

顧士敏，〈論「儒家精神」〉，《中國哲學史》，2000（4）。

顏炳罡、劉光本，〈先秦儒家的義理開合與邏輯建構〉，《孔子研究》，2001（3）。

張祥龍，〈現象學視野中的孔子〉，《哲學研究》，1999（6）。

楊陽，〈90年代復興儒學運動批判〉，《天津社會科學》，1998（4）。

郭洪紀，〈儒家的華夏中心觀與文化民族主義濫觴〉，《河北學刊》，1994（5）。

林麗娥，〈從正名思想談《公羊傳》對孔子華夷大義的闡發〉，《管子學刊》，
　　1994（1）。

方克立、李翔海，〈現代新儒學發展的邏輯與趨向〉，《中國社會科學院研究
　　生學院報》，1995（3）。

范希春，〈現代新儒學的轉向省察〉，《山東大學學報》，2000（6）。

丁原，〈海外新儒家及其外王學〉，《天津社會科學》，1998（5）。

樂炳南，〈徐復觀對儒家思想的詮表與創發〉，臺北：《中華雜誌》，1982（5）。

王其水，〈鵝湖系：臺灣新儒學的新趨向〉，《孔子研究》，1998（2）。

〔美〕成中英，〈當代新儒家的界定與評價〉，臺北：《哲學與文化》，第12
　　卷12期。

陳錦鴻，〈傳統的重建──牟宗三先生思想初探〉，臺北：《哲學與文化》，
　　第11卷第11期。

林安梧，〈當代新儒家述評〉，臺北：《中國論壇》，第13卷第10、11期。

余英時，〈從傳統邁入現代的思想努力〉，臺北：《中國論壇》，第 15 卷第 1 期。

范正宇，〈民本主義：在孟子和他身後〉，《湖北大學學報》，1994（4）。

陳寒鳴，〈儒學與現代民主〉，《天津社會科學》，1998（1）。

李俊琳，〈儒家民本思想的積極意義〉，《寧夏大學學報》，1997（3）。

巴新生，〈試論先秦「德」的起源與流變〉，《中國史研究》，1997（3）。

孫曉暉，〈風說〉，《交響——西安音樂學院》，1997（1）。

李石根，〈鄭聲和鄭風〉，《中國音樂學》，1997（3）。

〔美〕傅偉勳，〈儒家思想的時代課題及其解決線索〉，《孔子研究》，1987（4）。

牟鐘鑒，〈儒學在現代中國的命運及其展望〉，《孔子研究》，1989（2）。

趙吉惠，〈現代學者關於「儒」的考釋和定位〉，《孔子研究》，1995（3）。

李存山，〈中國的民本與民主〉，《孔子研究》，1997（4）。

李錦全，〈從孔、孟到程朱——兼論儒學發展中的雙重價值效應〉，《孔子研
　　究》，1998（2）。

陳贇，〈與鬼神結心：儒教祭祀精神〉，《孔子研究》，1998（3）。

鄭家棟，〈九十年代儒學發展與研究中的幾個問題〉，《孔子研究》，1999（1）。

王明珂，〈歷史事實、歷史記憶與歷史心性〉，《歷史研究》，2001（5）。

孫向晨，〈馬丁・布伯的「關係本體論」〉，《復旦學報》，1998（4）。

馬丁・布伯，〈東方精神與猶太教〉，洪敏譯，《哲學譯叢》，2000（6）。

馬丁・布伯，〈道的教言〉，劉傑譯，《哲學譯叢》，2000（4）。

劉傑，〈馬丁・布伯論「東方精神」的價值〉，《文史哲》，2000（6）。

莫偉民，〈論福柯非歷史主義的歷史觀〉，《復旦學報》，2001（3）。

莫偉民，〈福柯與結構主義〉，《復旦學報》，1994（5）。

余章寶，〈傳統歷史話語的顛覆〉，《廈門學報》，2001（2）。

陳勝雲，〈阿多諾與總體性〉，《江蘇社會科學》，1999（5）。

張亮，〈辯證法內部的爭論：阿多諾和《歷史與階級意識》〉，《江海學刊》，
　　2001（5）。

應國良，〈政治意識的過濾〉，《呼和浩特：前沿》，2000（4）。

方向紅，〈理性自身的啟蒙——阿多諾「祛魅」觀重構〉，《江蘇社會科學》，

2000（4）。

張慶熊等，〈合法性的危機和對「大敘事」的質疑〉，《浙江社會科學》，
　　2001（5）。

甘陽，〈自由的敵人：真善美統一說〉，香港：《二十一世紀》，2001（4）。

楊豔萍，〈論利奧塔的「科學遊戲」與「合法化」〉，《哲學研究》，2001（3）。

周小儀，〈拉康的早期思想及其「鏡像理論」〉，《國外文學》，1990（3）。

朱士群，〈公共領域的興衰──漢娜·阿倫特政治哲學述評〉，《社會科學》，
　　1994（6）。

第一版後記

本書是由我的博士論文修改而成的。關於書稿背後的故事——寫作過程中所發生的的種種思想的震盪、情感的漣漪，特別是恩師劉澤華先生耳提面命的情景，在論文的後記中有較詳盡的敘述。為尊重歷史，在此有必要原本照存：

世界上有一門學問幾乎是什麼人都能做的，這就是歷史。像其他學科一樣，它需要真正的天才，但如果一個人其他什麼也做不了，搞點歷史也未嘗不是一條出路。好處起碼有兩個：一是只要勤奮就能有所成就並贏得尊重；二是如果想悠哉遊哉求個自在也容易混得下去。

當初我選擇史學，是看中了第二點。記得十六歲上大學時，正是多感多夢的早春時節，一心想做一個歌唱鮮花、美酒和愛情的詩人。之所以沒有選擇文學而選擇了歷史，完全出於這樣一個先入之見：枯燥的學院式教育只會消磨一個人的靈性，詩人只能在曠野的樹林裡而不是在教室的課桌旁學習歌唱；學歷史不僅可以拓展心靈的空間，而且能保證足夠的閒暇從事自己的夢想。本科四年，幾乎沒有善始善終上完一門課（一看到老師拿著講稿念就煩得要命），算起來曠課的時間比坐在教室裡的時間還要多。平常如果不是泡在圖書館裡不務正業，就是留連林邊月下，遊蕩在古今歌人的寂寞心路上。

臨近畢業時，終於明白了一個冷峻的事實：這是一個不需要也不會產生詩人的時代，做一個詩人不僅謀生艱難而且處境尷尬。那麼幹

什麼呢？不能為了活著而活著吧？總該幹點有意義的事情。想來想
去，還是做個思想家吧！分配到聊城師院（現在的聊城大學）後，
教課之餘，一頭鑽進了西方哲學的迷離雲霧裡。看似廢寢忘食，實
則隨心所欲，完全是黑瞎子掰棒子。結果四年下來，依舊兩手空空。
這時突然感到應該走出去了。狠下心來拼了三個月，於是得以成為
劉澤華先生開山以來最為不訓的弟子之一。

進入南開後，一開始還真有龍歸大海的感覺，意氣風發要做出點聲
色。可越學越心灰意冷找不到感覺，因為越學就越理解橫亙在前面
的思想之群峰的高度：每一座山峰都是不可逾越的。這使我意識到，
三五十年內中國不會產生自己的思想家，除了心平氣和地去消化別
人的東西外別無選擇──思想家的夢也無情地破碎了，學問只剩下
了消遣和謀生的意義。更令人喪氣的是，「思想家」做不成，就連
做一個「好學生」都噫嘻難哉。儘管算不上懶惰，但天生疏狂的個
性，總使我不屑於嚴守學術規範、扎扎實實地「搞」研究，因而寫
的東西往往天馬行空，點到為止。這給先生添了不少麻煩，師徒之
間也沒少產生「衝突」。先生之道德學問，可謂淵渟山峙，氣象渾
然；而我小子則野哉由也，鋒芒畢露，眼高手低。先生學風謹肅，
立論講求證據，行文必有出處；而我卻坐井談天，以為歷史研究不
過是一種解說而已，能說明點什麼就行了，一萬條證據也不能證明
一個結論的真理性。因而先生的諄諄告誡，對我來說都「猶如東風
射馬耳」。先生卻不因我冥頑而姑容。每一次去先生家，總是不厭
其煩乃至苦口婆心地力禁勢導，「威脅利誘」，最後，往往還拖著
那極富特色的河北普通話長調，來上一句「要讀書啊！不讀書怎麼
行呢？」他認為我學問不扎實是不讀書的結果。記得92年元旦前夕，
先生看過我的碩士論文初稿後，把我叫到家裡去，批了個一塌糊塗。
本來還想能得到點表揚呢，沒有思想準備，並且不服氣得很，氣鼓
鼓地站在旁邊也不理他。於是先生又反過來安慰我：「也別喪氣嘛！
回去好好改改還可以啊。」回來後我躺在床上悶悶不樂，同宿舍的
潘敏問怎麼回事，我說論文被老頭槍斃了，正傷心呢。後來一起上
課時他添油加醋地把這情況告訴了先生，惹得大家拿我好一頓開心。
直到現在，當著人多時先生高興了還會拿我打趣一番，說我挨了批
評不思悔改卻絕食抗議。現在成了一件趣事，當時確實鬱悶得很。

元旦那天，我買了個大大的賀年卡，填上一首〈滿江紅〉，給先生送了去。其中有這麼幾句：

> 敢道孺子猶可教／不辭云階親拾履／問先生／肯聽大風歌／銅琶賦？

以張良、劉邦自況，可謂狂到了家。這次重回南開，先生拿給我看，我臉皮一陣臊熱，順手就撕掉了。先生大呼可惜。

碩士畢業時，先生曾表示，如果我能保證老老實實地待在學校裡搞研究，可以幫我聯繫留校。我不以為意。為稻粱謀尋章摘句，沿著一條從這頭看到那頭的路吭吭哧哧地走下去，這是當時的我所難以接受的。既然都是為了糊口，幹點什麼不好？為什麼非要擠在一起為了一點稀粥冷飯費心勞形？為什麼不去體驗一下別樣的生存呢？於是，近乎無所謂地，以這樣一首不合律條的小詩，揮揮手告別了憂傷而又迷惘的青年歲月：

> 堪笑當年輕誇口
>
> 人間要占最風流
>
> 春衫冷月入塵夢
>
> 花落花開生孤愁
>
> 名利成心絆行客
>
> 東風無力送遠遊
>
> 只今放浪歸何處
>
> 踏遍青山恨未休

用當時流行的一個詞：我下海了。義無反顧地走進了社會和人生深處，一晃就是七年。期間做過編輯、記者、公司高管等多種工作。酸甜苦辣嘗盡，燈紅酒綠曾經。並不是沒有適應能力，但碌碌塵勞的間隙，茫然回神的剎那，總有一種莫名的感覺悄然浮起：我所在的其實並不是我真正在的地方，我所過的其實並不是我真正想過的生活。突然有一天，發現身上落滿了塵土，心底再沒有靈波翻湧。於是明白，必須回去了：在這個註定無所作為的時代，也許書齋裡

更容易找到心靈的居所。我這樣勸自己：你反抗的其實不是學術本身，而是學術的沉悶和平庸。

從千丈紅塵深處又來到南大寧靜的書桌旁。人變得深沉了些，但惡習一時難改。儘管一再宣稱要安下心來做學問，但骨子裡對「搞」出來的學問依然不屑一顧。於是師徒之間戰爭又起。開題報告和論文提綱拿出來後，先生正在美國。通過網路發過去，基本上遭到了否定，原因是太哲學化了。我發伊妹兒據「理」力爭，先生回信直斥我非。七八個回合下來不分勝負。後來我擔心先生身體吃不消，主動休戰，也是口服心不服。每一次去先生家，哪怕是因為別的事情去的，他跟我談的也只是論文問題，並且每一次都要接受一番「再教育」。有那麼一兩次，老頭指著我的鼻子進行威脅：「我就是要壓制你！我沒有別的辦法，就用論文卡你。你要不把論文寫好就不讓你畢業。」每當這時，我便嬉著臉皮耍無賴：「不讓我畢業，我就到您這兒來吃飯。」要不就是：「您不能拿要求自己的標準來要求學生嘛！」內心裡卻另有話說：「哼！簡直是專制主義！能用自己的頭腦思考豈不已難能可貴？為什麼不讓我保持一點自己的個性？」

這種情況師母看在眼裡，很為我著急。經常，當我挨訓後，她會悄悄地安慰我：「別著急，沒事的。其實老頭背後裡經常誇你呢。他說你要是在哲學系肯定是個非常優秀的學生。」或者：「回去好好想想，按他的要求做不就行了。」有一天晚上，我正在吃飯，師母打過電話來，說：「憲堂啊，告訴你個好消息，今天老頭在別人面前把你好一個誇呢！他說你寫得有些地方精彩得很。」我大喜過望，趕緊問是真的嗎。師母說：「是真的，我在旁邊聽到的。」臨了，還特意叮囑：「別讓老頭知道這是我告訴你的。」後來先生知道了這件事，稱師母是「奸細」。

論文第一部分的初稿出來後，還是預料中的不滿意。但這一次我卻像頓悟了似的接受了批評。近幾年先生身體一直不很好，有一個階段一到下午根本看不成書，但我的論文先生認認真真看了一遍，連注釋中的錯誤都沒有放過。頁面上寫滿了這樣的批語：「不能宣布一下即可，要論證！」，「這樣的意思一層層揭示、一層層論證該多好啊！」也許我是被感動了，心想，再不好好幹，能對得起誰啊？

於是決心痛改前非。這篇論文能以今天這個樣子問世，完全是先生耳提面命的結果。在論及修身時，荀子曾說：「庸眾駑散，則劫之以師友」。相信這篇論文的完成，將對我的人生產生深遠影響。也許正是賴於此番嚴師之「劫」，我得以從無所作為的庸懶中超升出來，做一點庶幾不負此生的事情。

三年如一瞬。想當初一切從頭開始，面對一片殘山剩水，心意蒼茫：不僅資料要重新熟悉，重新積累，就是以前讀過的哲學、社會學類書籍，也得重新過一遍。其任重勞煩，當時不敢設想，迄今尤然後怕。不論怎麼說，經過無數個日夜的苦熬硬撐後，現在終於可以鬆一口氣了。此時心情，難與人說。記得在鍵盤上敲完最後一個字時，濛濛然不知今夕何夕，真有一點強弩之末不能穿魯縞的感覺。當時曾吟成七律一首，現附錄於此以為永念：

> 天外飛來染世塵
>
> 桐花落盡現此身
>
> 眼前風景遊絲亂
>
> 夢裡山河草木深
>
> 魂迷呵破中宵壁
>
> 蠹倦凋殘百世心
>
> 寫盡心灰倍惆悵
>
> 於無人處看浮雲

值得一提的是，有那麼多美好的朋友在支持著我，關懷著我。他們真誠的友誼是本文得以完成的重要因素。史學博士、電腦專家王文濤，為我查閱資料提供了極大便利；史學博士馬亮寬，以前的同事，多年來無論在生活還是在學業上對我的照顧都體貼入微；大師兄秦進才，在搜集與核查資料方面給了慷慨而及時的幫助；經濟學博士李建標、曹立群，國內學界的未來之星，與他們的對話使我受益匪淺；社會學博士宣朝慶，與他在社會學、文化人類學領域進行的討論使我深得教益；經濟學博士、電腦碩士姜磊，每一次電腦出毛病總是隨叫隨到；秀外慧中的陳果女士，不僅繪製了文中的插圖，而且以

罕有的耐心對頁面版式作了全面修整。當然，最應當感謝的是我的妻子侯林莉。她在我最需要的時侯走進了我的生活。在我失落迷茫時她給我以安慰，在我畏難不進時她鼓勵我奮起。她不僅承擔了大量校對文稿之類輔助性工作，不僅作為一個優秀的對話者總能在需要的時候提出中肯的建議，而且以其特有的細膩總能在我還沒有說出的時候把急需的資料送到面前。知音相伴，解人在旁，使得這篇論文得以如期順利殺青，也使我在煩難勞瘁之中仍得以安享一份舒貼與溫馨。

念我天生不才，於勿用之世，徬徨乎廣漠之野，鼓荒風、煉頑石，成此零金碎玉文字。嗚呼，浮世塵飛，滄桑情老；野徑雲迷，名山何期！

感謝策劃編輯潘宇女士為本書的出版所付出的辛勞。感謝責任編輯翟江虹女士，賴於她嚴謹而細緻的把關，本書才得以付梓面世。在文稿編輯過程中，她不僅及時提供了大量富有價值的修改意見，而且主動承擔了許多本該由作者負責的資料核對工作。與她的合作對我來說是一次深得教益的愉快經歷。

李憲堂

2003/4/21

再版後記

　　本書在作者博士論文的基礎上修訂而成，初版於 2003 年十月，中國人民大學出版社發行。本書付梓之時，正值中國經濟頻復上行之際，文化自信隨國勢振作成為社會大眾心理訴求，形形色色的「後新儒家」如雨後菌類乘勢而興，到處扯旗揚幡做道場，意欲借弘揚傳統騁其阿世取容之志，故本書的面世使他們祖墳被掘般氣急敗壞，於是群起而攻，如狂犬之吠日。筆者與三五同志艱貞以之，掣紫電，奮青霜，雖左支右絀，而戰馬高嘶，旌旗飄飄。如今二十年條忽將盡，回首來路，感慨良多！蟲豸營營，興滅幾度，不廢日月高懸，大河橫流！風塵驚飛，青山高矗；滄桑看盡，而初心未改。知我罪我，付諸春秋！

　　感謝党明放教授推薦，感謝蘭臺出版社責任編輯沈彥伶女士斧琢繩謬。同氣相應，萍水有緣，發生的就是值得珍重的。是為記。

李憲堂

2022 年 2 月 16 日於南開

國家圖書館出版品預行編目資料

中國文化研究叢書. 第一輯9,先秦儒家的專制主義精神 / 李憲堂著. -- 初版. --
臺北市：蘭臺出版社, 2024.06
　　冊 ; 公分. -- (中國文化研究叢書. 第一輯 ; 9)
ISBN 978-626-96643-9-9(全套：精裝)

1.CST: 中國文化 2.CST: 文化史 3.CST: 中國史

630　　　　　　　　　　　　　　　　　　　　　112008792

中國文化研究叢書第一輯9

先秦儒家的專制主義精神

作　　　者：李憲堂
總 編 纂：党明放　盧瑞琴
主　　編：沈彥伶
編　　輯：沈彥伶　凌玉琳
美　　編：陳勁宏
校　　對：楊容容　盧瑞容　古佳雯
封面設計：陳勁宏
出　　版：蘭臺出版社
地　　址：臺北市中正區重慶南路1段121號8樓之14
電　　話：(02)2331-1675或(02)2331-1691
傳　　真：(02)2382-6225
E - MAIL：books5w@gmail.com或books5w@yahoo.com.tw
網路書店：http://5w.com.tw/
　　　　　https://www.pcstore.com.tw/yesbooks/
　　　　　https://shopee.tw/books5w
　　　　　博客來網路書店、博客思網路書店
　　　　　三民書局、金石堂書店
經　　銷：聯合發行股份有限公司
電　　話：(02) 2917-8022　　傳真：(02) 2915-7212
劃撥戶名：蘭臺出版社　　　　帳號：18995335
香港代理：香港聯合零售有限公司
電　　話：(852) 2150-2100　　傳真：(852) 2356-0735
出版日期：2024年6月 初版
定　　價：全套新臺幣18000元整（精裝，套書不零售）
ISBN：978-626-96643-9-9

近代中日關係史

一套10冊，陳鵬仁編譯　　定價：12000元（精裝全套不分售）

精選二十世紀以來最重要的史料、研究叢書，從日本的觀點出發，探索這段動盪的歷史。是現今學界研究近代中日關係史不可或缺的一套經典。

第一輯
ISBN：978-986-99507-3-2

9 789869 950732　12000

第二輯
ISBN：978-626-95091-9-5

9 786269 509195　12000

9 786269 509195　12000

中國藝術研究叢書第一輯 党明放 總編纂

從考古和人類學的角度看，各種生活內涵形成特有文化，藝術是其中之一。中國藝術博大精深是文化根源，在民族綿延數年中，因歷史悠久數量繁多且內容豐富，有大量珍貴的古籍文獻留存。今蘭臺出版社廣邀海內外各藝術領域研究專家，將藝術文獻普查、整理和研究成果，出版成《中國藝術研究叢書》，每輯十冊；擬以第一、第二輯、第三輯，陸續出版，除發揚前人文獻成果外，並期待文化藝術有所增益。

作者：
陳雪華、易存國、
柏紅秀、賀萬里、
張　耀、張文利、
李浪濤、黃　強、
劉忠國、羅加嶺

全套10冊不分售 精裝本
定價：新台幣18000元
ISBM：978-626-95091-6-4

9 786269 509164　18000

《臺灣史研究名家論集》

這套叢書是四十三位兩岸台灣史的權威歷史名家的著述精華,精采可期,將是臺灣史研究的一座豐功碑及里程碑,可以藏諸名山,垂範後世,開啓門徑,臺灣史的未來新方向即孕育在這套叢書中。展視書稿,披卷流連,略綴數語以説明叢刊的成書經過,及對臺灣史的一些想法,期待與焦慮。

一編 ISBN:978-986-5633-47-9

9789865633479 28000

臺灣史研究名家論集(套書) 定價:28000

王志宇、汪毅夫、卓克華、
周宗賢、林仁川、林國平、
韋煙灶、徐亞湘、陳支平、
陳哲三、陳進傳、鄭喜夫、
鄧孔昭、戴文鋒

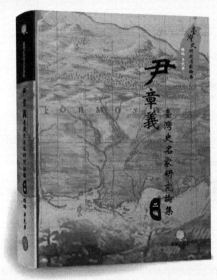

二編 ISBN:978-986-5633-70-7

9789865633707 30000

臺灣史名家研究論集二編 (精裝) NT$:30000

尹章義、李乾朗、吳學明、
周翔鶴、林文龍、邱榮裕、
徐曉望、康 豹、陳小沖、
陳孔立、黃卓權、黃美英、
楊彥杰、蔡相輝、王見川

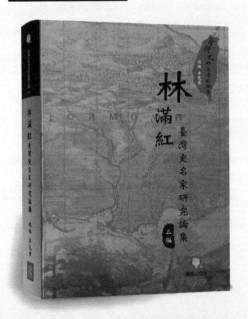

三編 ISBN:978-986-5633-70-7

尹章義、林滿紅、林翠鳳、
武之璋、孟祥瀚、洪健榮、
張崑振、張勝彥、戚嘉林、
許世融、連心豪、葉乃齊、
趙祐志、賴志彰、闞正宗

9789865633707 30000

臺灣史名家研究論集二編 (精裝) NT$:30000

錢穆著作選輯最後定稿版

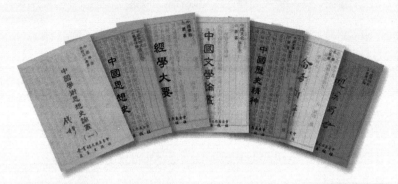

本版特色

1. 全書在觀點上和研究成果上已多不同於其他書局所出的同名書。
2. 對原書標點進行整理，全書加入私名號、書名號及若干引號，以顯豁文意，方便讀者閱讀。
3. 字體加大，清晰明顯，以維護讀者之視力。
4. 《經學大要》為首次出版；《中國學術思想史論叢》原八冊，新增了（九）、（十）兩冊，補入現代部份，選輯四十九本書，共新增文章二百三十餘篇，在內容上，本選輯是錢先生畢生著作最完整的版本。

ISBN:957-0422-00-9
9789570422009
錢穆叢書系列套書 定價:2850元
一、中國學術思想史小叢書（套書）定價:2850元

ISBN:957-0422-12-2
9789570422122
錢穆叢書系列套書 定價:1230元
二、孔學小叢書（套書）定價:1230元

ISBN:957-0422-17-3
9789570422177
錢穆叢書系列套書 定價:1780元
三、中國學術小叢書（套書）定價:1780元

ISBN:957-9154-64-3
9789579154642
錢穆叢書系列套書 定價:1460元
四、中國史學小叢書（套書）定價:1460元

ISBN:957-9154-62-7
9789579154628
錢穆叢書系列套書 定價:850元
五、中國思想史小叢書甲編（套書）定價:880元

ISBN:957-9154-63-5
9789579154635
錢穆叢書系列套書 定價:1860元
六、中國思想史小叢書乙編（套書）定價:1860元

ISBN:957-9154-61-9
9789579154611
錢穆叢書系列套書 定價:2390元
七、中國文化小叢書（套書）定價:2390元

ISBN:957-0422-11-5
9789570422115
八十憶雙親、師友雜憶合刊本 定價:290元
《八十憶雙親、師友雜憶合刊本》定價:290元

勞榦先生學術著作選集

勞榦是居延漢簡研究的先驅，他的相關考證和專題論文也開啟了此後研究的先河。漢代邊塞遺留下來的這些簡牘文書，內容十分豐富。它們直接、生動地記錄了大約從西漢中晚期至東漢初，當地軍民在軍事、法律、教育、經濟、信仰以及日常生活各方面活動的情形，為秦漢代史研究打開了一片新天地。

《勞榦先生選集1~4冊》，收錄其論著十一類一百二十四種，共分四冊出版，展現了勞榦先生畢生的研究成果，突出了論著之精華，為廣大學仁提供了研究之便利，更是對勞榦先生學術風範的繼承和發揚，意義非凡。

16開圓背精裝 全套四冊不分售
定價新臺幣 18000 元
ISBN：978-986-99137-0-6

9789869913706
18000